共建共治共享中的城市治理

广州城市管理研究联盟　主编

中山大学出版社
·广州·

版权所有　翻印必究

图书在版编目（CIP）数据

共建共治共享中的城市治理/广州城市管理研究联盟主编．—广州：中山大学出版社，2020.12

ISBN 978-7-306-07025-8

Ⅰ. ①共… Ⅱ. ①广… Ⅲ. ①城市管理—研究—广州 Ⅳ. ①F299.276.51

中国版本图书馆 CIP 数据核字（2020）第 214279 号

出 版 人：王天琪
策划编辑：徐诗荣
责任编辑：徐诗荣
封面设计：曾　斌
责任校对：邱紫妍
责任技编：何雅涛
出版发行：中山大学出版社
电　　话：编辑部 020-84111996，84113349，84111997，84110779
　　　　　发行部 020-84111998，84111981，84111160
地　　址：广州市新港西路 135 号
邮　　编：510275　　　传　真：020-84036565
网　　址：http://www.zsup.com.cn　E-mail：zdcbs@mail.sysu.edu.cn
印 刷 者：佛山市浩文彩色印刷有限公司
规　　格：787mm×1092mm　1/16　21 印张　388 千字
版次印次：2020 年 12 月第 1 版　2020 年 12 月第 1 次印刷
定　　价：49.00 元

如发现本书因印装质量影响阅读，请与出版社发行部联系调换

本书为广州城市管理研究联盟 2019 年度课题研究成果

目　录

第一部分　优秀论文

协同治理视角下的社区垃圾分类管理研究
　　——以上海田林十二村为例　吴巧玉 / 3
城市居民垃圾分类行为选择研究
　　——以 D 市 TH 区为例　张　强　张小禹 / 25
青岛市公共文化服务均等化评价研究　李　丹 / 42
再论社会动员：基于社会理性和精英治理　李晓燕 / 62

第二部分　调研报告

市民主动参与生活垃圾分类动力源研究　叶　林 / 81
广州市街道与社区城市管理安全隐患排查机制研究报告　李伟权 / 117
激发广州老城市新活力，提升粤港澳大湾区核心城市形态、功能与品质
　对策研究　陈　述 / 178
全面提高广州城市精细化管理水平研究　黄丽华 / 244

第三部分　获奖案例

社区治理中的"角色迷失"与利益协调
　　——以 E 小区生活垃圾分类为例　本研究小组 / 269

以人民为中心：城市社区治理创新的动力机制与行动逻辑
　　——基于西村街的考察
　　　　　谢治菊　陈一仪　范嘉雯　卢荷英　陈　郏 / 292
被遗忘的角落
　　——Y市盲道的"鸡生蛋、蛋生鸡"困境
　　　　　陈德权　彭　旭　张　莹　卢晶芳　杜天翔 / 308

第一部分

优秀论文

协同治理视角下的社区垃圾分类管理研究

——以上海田林十二村为例

吴巧玉

(武汉大学政治与公共管理学院)

摘　要：社区垃圾分类管理是一个系统性的工程，分类的目的是提高社区生活垃圾的资源价值和经济价值，力争物尽其用。本文以上海市徐汇区田林十二村为个案，探究该社区垃圾分类管理的现状、问题、成因与对策。近年来，田林十二村的社区垃圾分类管理工作取得显著进步，但是依然存在相关法律法规不完善、垃圾分类市场化程度不足、部分居民垃圾分类意识不强等问题。这些问题的存在，是与国家法律法规的制定、垃圾分类市场化进程、社区的管理力度和市民自身观念等综合因素紧密相连的。因此，需要在细化法规、引入市场、加强教育宣传、整合社会力量和完善人员配备等方面来改善社区垃圾分类管理工作，以提升社区垃圾分类管理能力。

关键词：协同治理；社区垃圾分类管理；垃圾分类产业化

一、上海田林十二村社区垃圾分类管理的现状

田林十二村位于上海市徐汇区田林东路钦州路，房型以小面积为主。田林十二村的房屋是1985年建成的售后公房，建筑面积为9.4万平方米。户数为2067户，常住人口6019人，其中60岁以上的老人为1633人；党员为286人，下设9个支部；居委会社工有9人。田林十二村有将近三分之一的人是外来人口，其房屋的出租率在30%左右。

(一) 田林十二村社区垃圾分类管理的缘起

作为中国首批垃圾分类八个试点城市之一的上海十分重视垃圾分类工作，从20世纪90年代中期就逐步开始进行垃圾分类的试点工作，并在全市范围内

选取小区进行垃圾分类试点工作。田林十二村在 2018 年被列为上海市徐汇区的垃圾分类试点小区，并在 2018 年 3 月 28 日正式启动第一阶段的垃圾源头分类示范工作。该小区依托智能社区平台，结合小区综合治理改造经验，逐步开展生活垃圾分类推广工作。

田林十二村自被选为试点小区后，在全社区范围内，逐步开展垃圾分类管理工作，成立社区垃圾分类管理小组，完善社区垃圾分类投放制度，进行垃圾厢房智能化改造，并通过组建志愿者监察队伍等来培养居民垃圾分类意识，以促进垃圾分类工作的顺利开展。

（二）田林十二村社区垃圾分类管理的主体

1. 政府

在党中央的指导下，上海市政府积极推进垃圾分类工作的落实。自 2011 年以来，上海已连续多年将生活垃圾分类减量工作列入市政府实事项目，2014 年正式将垃圾分类提上日程，并选取各试点小区大力推广垃圾分类。

首先，上海市政府为垃圾分类工作的贯彻落实提供法律保障，先后出台多项法规和政策以保障垃圾分类工作的顺利开展，如表 1 所示为上海市与垃圾分类相关的法规和政策。从表 1 中可以看出，上海市自 20 世纪 90 年代就开始推行垃圾分类政策，至今仍在不断完善相关的法规和政策。上海市在制定相关政策时依据"谁污染谁付费"的原则，不断完善激励机制，正负激励相结合，制定严格的考核标准以促进垃圾分类工作的开展。2019 年 1 月出台的《上海市生活垃圾管理条例》更是明晰了各主体的职责，从鼓励转向强制，自此，社区进行垃圾分类管理时可依法对不履行垃圾分类的居民进行罚款。

表 1　上海市与垃圾分类相关的法规和政策

颁布时间	法规和政策	内　容
1999 年 3 月	《上海市区生活垃圾分类收集、处置实施方案》	明确上海市社区日常生活垃圾实施分类的规定
2004 年 9 月	《上海市单位生活垃圾处理费征收管理暂行办法》	依据"谁污染谁付费"原则，制定严格的收费制度，从负向激励机制方面减少生活垃圾的污染

续表 1

颁布时间	法规和政策	内 容
2004 年 12 月	《上海市生活垃圾计划管理办法》	制定正向激励机制，鼓励单位、居民对废弃物分类回收
2009 年 2 月	《上海市市容环境卫生管理条例》（二次修订）	指出违反生活垃圾分类投放规定的单位，由城管执法部门责令改正；拒不改正的，处一百元以上一千元以下罚款
2010 年 12 月	《上海市城市生活垃圾收运处置管理办法（2010 修正）》	规定上海生活垃圾逐步实现分类收集，制定严格的考核标准，评议不合格的单位将被处以数额不等的罚款
2014 年 9 月	《上海市促进生活垃圾分类减量办法》	实行"绿色账户"制度，让市民加快形成良好的分类投放习惯。从精神文明创建评选、表彰奖励等方面对生活垃圾分类激励机制进行明确的规定
2018 年 3 月	《关于建立完善本市生活垃圾全程分类体系的实施方案》	明确规定要建立生活垃圾分类投放、分类收集、分类运输、分类处理的全程分类体系
2018 年 4 月	《上海市生活垃圾全程分类体系建设行动计划（2018—2020 年）》	提出到 2020 年年底，基本实现单位生活垃圾强制分类全覆盖，居民区普遍推行生活垃圾分类制度
2019 年 1 月	《上海市生活垃圾管理条例》	通过地方立法形式，规范生活垃圾分类投放、收集、运输、处置等全流程，完善源头减量和资源化利用的措施

（资料来源：上海市人民政府网。）

其次，为开展垃圾分类工作提供资金支持，由政府进行拨款改造，上海市每年都有上亿元的资金专门用于垃圾分类项目的开展。

最后，不断进行垃圾分类基础设施建设。2018 年，上海市重新开始进行生活垃圾末端设施建设的工作，现在全市范围内已经配置了湿垃圾专用车约 650 辆、干垃圾专用车约 3000 辆、有害垃圾专用车 15 辆。

2. 社区管理者

田林十二村在进行垃圾分类管理工作时充分发挥基层党组织的作用，党建引领，党组织将社区的居委会、物业公司、业主委员会组织起来，让居委会、物业公司以及业主委员会这"三驾马车"在垃圾分类工作上齐头并进。居委会书记和主任、物业公司经理与业主委员会主任，垂范进行库房坚守，带头值班，从各方面为居民着想，认真听取居民对垃圾分类工作开展的意见和建议，不断完善垃圾分类管理制度。同时，社区为垃圾减量提供"硬件"和"软件"保障，进行垃圾箱房智能化改造，采用多样化的形式开展垃圾分类宣传活动。

3. 志愿者队伍——"益循环"自治团队

垃圾分类工作在田林十二村开展得如此顺利离不开志愿者们的全面参与。田林十二村的居民志愿者自发组织"益循环"自治团队。该团队现有10位骨干成员，垃圾库房引导志愿者达到了36人，每周都会进行排班，保证每天都有人在库房前值守4个小时。同时，在小区内巡视垃圾分类的志愿者多达62人。在田林十二村垃圾分类工作开展初期，志愿者们会对居民倒垃圾的习惯、特点进行仔细的观察，并不辞辛苦地在垃圾箱房边对垃圾投放的高峰时段和垃圾投放量等进行统计，还与居民沟通垃圾分类情况，收集到第一手资料后，反馈到居委会，大家一起讨论完善小区垃圾分类推行方案。

4. 第三方组织——上海霏霖公益事业发展中心

上海霏霖公益事业发展中心建立于2014年，以"以人为本、多元协作"为中心理念。上海霏霖公益事业发展中心专注于环保绿化相关领域，在社区生活垃圾分类减量推进、儿童环保教育、展览宣传推广等领域具有较为丰富的经验。田林十二村的智能垃圾箱房改造工程就是由上海霏霖公益事业发展中心承办并进行相关数据的处理和分析的。同时，上海霏霖公益事业发展中心的工作人员还会定期在社区举办垃圾分类宣传活动，推广垃圾分类知识。

（三）田林十二村社区垃圾分类管理的举措

1. 成立社区垃圾分类管理小组

田林十二村为了更好地推进垃圾分类工作，成立了垃圾分类管理小组，发挥社区基层党组织的作用，党建引领，将社区居委会、物业公司和业主委员会组织起来，共同进行垃圾分类的管理，制定社区垃圾分类管理制度，同时不断强化社区垃圾分类管理小组的组织建设及人员配备。

2. 完善社区垃圾分类投放制度

（1）智能垃圾分类系统直接对接上海"绿色账户"。田林十二村实行"绿色账户"激励机制。"绿色账户"是上海绿化管理部门以"普及垃圾分类知识、鼓励再生资源回收、倡导低碳生活方式、助力绿色文化传播"为主旨设立的。作为社会化绿色公益活动的其中一个环节，其主要是通过积分兑奖的正激励方式促使居民自觉进行垃圾分类。在进行垃圾分类管理时，田林十二村将智能垃圾分类系统对接上海"绿色账户"，直接在系统中给予那些正确进行垃圾分类的居民积分，既减轻了志愿者及相关工作人员的工作量，提高了工作效率，又方便了群众。居民每进行一次正确的干湿垃圾分类投放就能获得10个积分，一天最多能获得两次，也就是20个积分。绿色积分可以进行奖品兑换和积分抽奖，"绿色账户"的兑换每两周一次，其奖品基本为居民生活所需用品。[1]部分奖品及所需积分如表2所示。

表2　绿色账户可兑换奖品及所需积分

可兑换奖品	积分
共青森林公园门票（1张）	300分
滨江森林公园门票（1张）	300分
皓乐齿亮白净色精致牙膏（1盒）	450分
花王（KAO）洗衣粉（1袋）	600分
资生堂洁面乳（1瓶）	700分
牛牌美肤沐浴乳（1瓶）	1000分
狮王强效洁净洗衣液（1瓶）	1800分

（资料来源：上海"绿色账户"官网。）

（2）严格进行生活垃圾处理"四分类法"。田林十二村严格按照上海市规定的"四分类法"标准进行垃圾分类，即按照干垃圾、湿垃圾、可回收垃圾和有害垃圾进行分类，其具体处理流程如图1所示。在田林十二村中，每类垃圾都有专门的垃圾桶，志愿者和相关工作人员也会对居民进行监督，若发现未分类的情况会予以制止，并对其进行宣传教育。

（3）"定时定点"投放制度。田林十二村在垃圾分类工作推行之始，就明确了"定时定点"投放制度，自2018年3月起逐步撤走了社区内分散在各栋楼旁的小垃圾桶，统一使用小区内的6个垃圾箱房回收所有垃圾。垃圾箱房每天7点至9点、18点至20点各开放2个小时，其他时间都是关闭的。后期为了更加现代化地进行垃圾分类管理，小区引入了智能垃圾箱房后，更加严格地实行"定时定点"投放制度，居民只有在每天7点至9点、18点至20点才能刷卡打开垃圾箱房，其余时间则无权限打开，只有管理员们才有权限打开箱房。

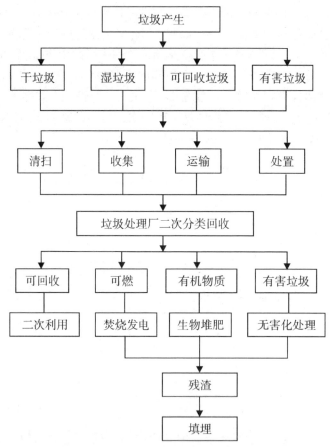

图1　上海"四分类法"生活垃圾处理流程

3. 组建志愿者队伍——"益循环"自治团队

自田林十二村垃圾分类项目开展之初，就有居民志愿者自发组成"益循环"自治团队来帮助社区开展垃圾分类工作。"益循环"自治团队已经发展成一支较为成熟的志愿者队伍，现已有10名骨干成员，在垃圾库房引导居民进行垃圾分类投放的志愿者有36人，每个垃圾箱房每周有固定的6名志愿者轮流值岗并有专门的值班表和记录手册。同时，在社区内自愿进行垃圾分类值守巡逻的志愿者多达62人。"益循环"自治团队的成员多为退休职工，他们十分愿意为社区建设出自己的一份力。"益循环"自治团队每周会举行一次例会，志愿者们在例会上就一周的值岗巡逻的情况，向社区垃圾分类管理小组进行情况反馈并提出建议，一起讨论完善小区垃圾分类推行方案。在社区人力不足的情况下，"益循环"自治团队的筹建大大缓解了社区垃圾分类管理小组的压力，对田林十二村垃圾分类工作的开展有极大的帮助。

4. 垃圾分类的智能化

为了减轻志愿者、管理员等工作人员的工作，进一步加强田林十二村居民垃圾分类的自觉性，田林十二村从 2018 年 5 月开始进行垃圾箱房的智能化改造。

智能垃圾箱房的设计严格贯彻"四分类法"，共有 7 个小箱房，包括 1 个湿垃圾箱房、4 个干垃圾箱房、1 个可回收垃圾箱房和 1 个有害垃圾箱房，每个箱房里都有 2 个垃圾桶和 1 个监控摄像头（见图 2）。智能垃圾箱房在其外观处醒目直观地注明各类常用垃圾的分类归属，方便居民进行垃圾分类。在每个垃圾箱房上都设有一块电子屏，上面实时发布相关信息，如湿垃圾总量、运输车牌和户均湿垃圾量。其设有照明灯、雨棚，方便居民夜晚、雨天进行垃圾投放，侧面设有洗手池，方便居民垃圾分类后清洁。

图 2　田林十二村智能垃圾箱房

智能垃圾箱房实行"定时定点"刷卡投放制度。田林十二村的门禁卡与居民一一对应绑定，每张身份证只能办理一张门禁卡，将智能垃圾箱房的开关与门禁卡相关联。垃圾箱房每天 7 点至 9 点、18 点至 20 点各开放 2 小时，其余时间只能通过志愿者及相关工作人员的专门卡才能打开垃圾箱房。这种"定时定点"刷卡投放制度不仅可以识别垃圾投放居民的身份，还能够弄清楚其垃圾分类的质量。

智能垃圾箱房能实现全方位的监控，其内部装有监控摄像头，可以进行实时监控，结合居民刷卡时所用门禁卡的信息，基本上可以判断出混装倾倒垃圾的居民，相关人员就可以据此上门进行宣传教育。

总的来说，田林十二村的智能垃圾箱房在很大程度上促进了居民进行垃圾分类、定时定点投放，同时又能实现责任到人。

5. 开展多样化的宣传活动

田林十二村在进行垃圾分类管理时，十分重视垃圾分类的宣传工作，通过入户宣传、分发宣传品、举办垃圾分类专题讲座等形式向居民宣传垃圾分类知识及其重要性。田林十二村在进行宣传活动时致力于通过促进居民认知上的转变，而使其在行动上予以配合，形成全社区人人关心环保、人人参与环保的良好氛围。田林十二村的宣传活动内容丰富，如闹元宵签名活动、专场情景剧活动、暑假问卷调查活动、组织居民参观老港垃圾处理厂等。

（四）田林十二村社区垃圾分类管理的效果

笔者在评价田林十二村社区垃圾分类管理的效果时，主要从两个方面进行考虑：智能垃圾箱房数据和田林十二村社区垃圾分类管理调研情况。

1. 智能垃圾箱房数据

笔者前往上海市进行调研，在田林十二村的居委会和上海霁霖公益事业发展中心职员的帮助下获取了2019年3月田林十二村6个垃圾箱房的实际数据。笔者在数据库的原始数据上加以汇总，形成了较为明晰的数据分析表。表3为上海市田林十二村2019年3月居民垃圾投放数据。

表3　田林十二村2019年3月居民垃圾投放数据

（单位：次）

日　　期	湿垃圾	干垃圾	可回收垃圾	有害垃圾	总投放数
2019.03.01	1195	505	77	24	1801
2019.03.02	1060	474	72	9	1615
2019.03.03	1273	607	98	24	2002
2019.03.04	1134	517	102	18	1771

续表 3

日　　期	湿垃圾	干垃圾	可回收垃圾	有害垃圾	总投放数
2019.03.05	1077	496	69	15	1657
2019.03.06	1234	522	75	12	1843
2019.03.07	1234	522	75	12	1843
2019.03.08	1209	557	82	27	1875
2019.03.09	1068	468	80	18	1634
2019.03.10	1217	570	62	18	1867
2019.03.11	1273	564	70	10	1917
2019.03.12	1178	547	95	15	1835
2019.03.13	1168	505	99	18	1790
2019.03.14	1169	548	71	12	1800
2019.03.15	1270	555	78	14	1917
2019.03.16	1228	564	97	24	1913
2019.03.17	1276	579	97	14	1966
2019.03.18	1220	532	75	13	1840
2019.03.19	1273	560	97	15	1945
2019.03.20	1209	510	74	20	1813
2019.03.21	1090	436	61	20	1607
2019.03.22	1326	574	111	21	2032
2019.03.23	1211	575	73	17	1876
2019.03.24	1263	593	102	14	1972
2019.03.25	1278	507	83	29	1897
2019.03.26	1269	566	73	17	1925
2019.03.27	1137	481	69	13	1700
2019.03.28	1236	562	97	16	1911
2019.03.29	1233	552	93	24	1902
2019.03.30	1190	544	100	15	1849

续表3

日　　期	湿垃圾	干垃圾	可回收垃圾	有害垃圾	总投放数
2019.03.31	1261	629	105	17	2012
总　　量	37459	16721	2612	535	57327
日　　均	1208	539	84	17	1849

（资料来源：上海霏霖公益事业发展中心智能垃圾箱房数据库。）

综上所得，2019年3月，田林十二村的垃圾总投放次数为57327次，日均投放1849次。湿垃圾总投放次数为37459次，日均投放1208次，占比65.3%[①]；干垃圾总投放次数为16721次，日均投放539次，占比29.2%；可回收垃圾总投放次数为2612次，日均投放84次，占比4.54%；有害垃圾总投放次数为535次，日均投放17次，占比0.9%。（见图3）总的来说，田林十二村实现了将近90%的垃圾投放率，大部分居民都能自觉进行垃圾分类。

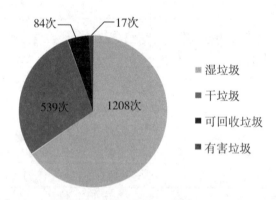

图3　田林十二村2019年3月各类垃圾日均投放次数

2. 田林十二村社区垃圾分类管理调研情况

笔者前往上海市田林十二村进行实地调研，以访谈的方式分别对上海市田林十二村居委会、居民、志愿者、保洁员进行深入调研，在保证信息、数据真实的基础上尽量获取较多的一手资料；在不同的时间段分别观察社区居民进行垃圾分类、志愿者活动、居委会宣传活动等情况；同时进行问卷调查，共发放

---

① 本书小数点后的数据采用四舍五入的方法取值。

了 150 份问卷，回收有效问卷 131 份，无效问卷 19 份，回收率为 87.3%。接受问卷调查的居民的基本情况如表 4 所示。

表 4 接受社区生活垃圾分类问卷调查的居民的基本情况

调查样本基本情况		N（人）	所占比例（%）
性别	男	56	42.7
	女	75	57.3
年龄	18 岁以下	9	6.9
	18～30 岁	12	9.2
	31～40 岁	21	16.0
	41～50 岁	23	17.6
	51～60 岁	29	22.1
	60 岁以上	37	28.2
社区居住年限	1 年以内	16	12.3
	2～5 年	21	16.0
	6～10 年	43	32.8
	11 年以上	51	38.9

（资料来源：根据调查问卷汇总整理。）

（1）居民对待垃圾分类的看法。关于田林十二村居民对待垃圾分类的看法的调查情况如下：在 131 名填写问卷的居民中，有 121 位居民觉得有必要且自愿进行垃圾分类，占比 92.4%；有 1 位居民觉得没有必要，认为这是浪费人力财力，占比 0.8%；有 23 位居民认为无所谓，占比 17.6%。从上面的数据可以看出，大部分居民是赞同垃圾分类的，少数人抱有无所谓的态度，不支持垃圾分类的人极少。

（2）居民日常垃圾分类频率。关于田林十二村居民日常垃圾分类频率的调查情况如下：在 131 名填写问卷的居民中，有 124 位居民的家中每周都进行三次以上的垃圾分类，占比 94.7%，其中大多数居民都是每天进行垃圾分类；有 7 位居民的家中每周都进行 1～3 次的垃圾分类，占比 5.3%，这 7 位居民都较为年轻，年龄在 18～30 岁之间。从上面的数据以及图 4 可以看出，田林十二村的居民对垃圾分类的积极性很高，居民都很自觉地进行垃圾分类。

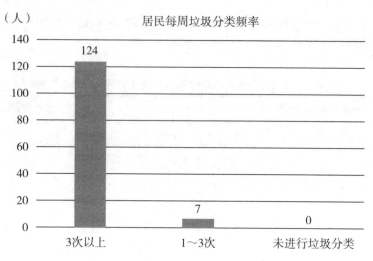

图 4　田林十二村居民每周垃圾分类频率

（3）实行垃圾分类存在的不便之处（多选）。关于田林十二村居民认为实行垃圾分类存在不便之处（多选）的调查情况如下：在131名填写问卷的居民中，有103位居民觉得并无不便之处，占比78.6%；有27位居民觉得定时过于麻烦，和方便扔垃圾的时间不匹配，占比20.6%；有13位居民认为社区垃圾箱离自己的楼栋太远，没有之前方便，占比9.9%；有5位居民觉得不知道如何将垃圾正确分类，占比3.8%；有1位居民觉得社区垃圾分类之后还是统一处置，做了无用功，占比0.8%。从数据中可以看出，大部分居民都认为垃圾分类并没有造成什么不便，但仍有少部分居民觉得垃圾分类存在不便之处。

（4）田林十二村垃圾分类管理面临的难题（多选）。关于田林十二村居民认为社区垃圾分类管理面临的难题（多选）的调查情况如下：在131名填写问卷的居民中，有43位居民认为垃圾分类还是不太精细，占比32.8%；有112位居民觉得仍有部分居民无垃圾分类意识，屡教不改，占比85.5%；有76位居民认为进行垃圾分类的激励作用不明显，没什么奖励，占比58.0%；有1位居民觉得社区垃圾分类之后还是统一处置，无法达到垃圾分类的目的，占比0.8%。从数据中可以看出，大部分居民都认为社区垃圾分类现今的难题还是在于部分居民不能自觉地进行垃圾分类，屡教不改。部分居民认为"四分类法"还是不够精细，有些垃圾可以分得更细一点。同时，也有居民表示目前垃圾分类只有绿色账户的奖励机制，两个月才能兑换一次，激励作用不大。

综上所述，在志愿者、管理员等工作人员的监督之下，大多数居民能自觉进行垃圾的有效分类与投放，但是仍不能避免垃圾箱房外面零散垃圾的出现，部分居民不能自觉进行"定时定点"投放。经过各方一年的努力，田林十二村生活垃圾分类的成效显著，社区90%的居民能自觉进行垃圾分类，湿垃圾的分拣率由当初的每日4桶上升到每日12桶，各类垃圾的分拣质量也有明显的提高。

二、上海田林十二村社区垃圾分类管理中存在的问题

（一）社区未进行市场化和产业化引导

田林十二村在进行垃圾分类时并未进行垃圾分类的市场化和产业化引导，垃圾分类工作的推广、运行、管理等环节所需的人力、物力和财力均来自政府财政投入和社区物业公司的资金支持。虽然引进了第三方组织——上海霏霖公益事业发展中心，但其也只是负责智能垃圾箱房的基础运作、数据管理以及一些垃圾分类知识的宣传等基础性工作。而社区垃圾分类行动涉及对象较多，再加上周期较长，其在后期往往会造成较大的财政压力，单纯地依靠政府和物业公司提供资金来维持社区垃圾分类回收及资源化管理明显是不足的。

（二）部分居民不进行垃圾分类

在实际调研中，有将近10%的社区居民未进行垃圾分类，仍然将垃圾混装投掷，尽管社区工作人员对其进行多次教育，但并没有起到明显的作用。这10%的居民大致可以分为两类：一类人是年轻白领工作者，另一类是外来流动人口。田林十二村有将近三分之一的外来流动人口，近2000人，其中不乏搬进社区不足一年的住户。在进行问卷调研时，共有11位居民搬入田林十二村不到一年。在这11位居民中，有6位每周只进行1～3次垃圾分类，而调查中总共也只有7位居民每周只进行1～3次垃圾分类，由此可以看出，流动人口进行垃圾分类的主动性较低。

（三）未充分进行垃圾分类精细化

田林十二村垃圾分类的精细化程度还是稍显不足。笔者在实地调查中发现，在总量将近6万次的垃圾投放中，可回收垃圾总投放次数仅为2612次，

日均投放 84 次，占比 4.5%；有害垃圾总投放次数为 535 次，日均投放 17 次，占比 0.9%。总的来说，可回收垃圾和有害垃圾的投放次数并不多，但是，按照我们生活的习惯来说，这种情况是不合理的。仅以可回收垃圾来看，它包括了塑料瓶、报纸、包装用纸等，在居民的生活中，这些物品的使用频率非常高，但在 2000 多户的小区中，可回收垃圾日均投放次数仅为 84 次，无疑是较少的，有害垃圾的投放情形同样如此。不仅如此，在上述的数据中，可回收垃圾和有害垃圾中仍有将近 30% 是由志愿者或管理员进行二次分拣后投放的，这也反映出居民现今较为关注的仍是干湿垃圾的分类，对于可回收垃圾和有害垃圾的分类自觉意识不足，还需管理人员和志愿者等相关工作人员在后期进行二次分拣，这说明该小区还未充分地进行垃圾分类精细化。

（四）部分居民不遵守"定时"规定

笔者在实地调查中发现，部分居民对现今定时定点中"定时"的规定存在不满，主要是认为每天 7 点至 9 点、18 点至 20 点的时间段不匹配其作息时间。在访谈时，有一位年轻主妇直接提出："时间有点不合理，我上下班的时间，还有接小孩的时间都不能扔垃圾。"由于接送孩子、上下班等原因，部分居民发现自己在这两个时间段都无法投递垃圾，只能将垃圾放置在垃圾箱外面，由志愿者们将其投进垃圾箱内。在 2019 年 3 月的总投放数中，有 9370 次是由志愿者或管理员进行投放的，日均 302 次，占比 16.3%，这说明有将近六分之一的居民未按照规定的时间进行垃圾投放。（见表 5）

表 5 田林十二村 2019 年 3 月志愿者投放垃圾次数和垃圾总投放次数

（单位：次）

日　　期	志愿者投放数	总投放数
2019.03.01	363	1801
2019.03.02	211	1615
2019.03.03	490	2002
2019.03.04	303	1771
2019.03.05	225	1657
2019.03.06	353	1843
2019.03.07	353	1843

续表5

日　期	志愿者投放数	总投放数
2019.03.08	327	1875
2019.03.09	302	1634
2019.03.10	393	1867
2019.03.11	310	1917
2019.03.12	161	1835
2019.03.13	324	1790
2019.03.14	108	1800
2019.03.15	285	1917
2019.03.16	395	1913
2019.03.17	430	1966
2019.03.18	260	1840
2019.03.19	339	1945
2019.03.20	248	1813
2019.03.21	199	1607
2019.03.22	356	2032
2019.03.23	305	1876
2019.03.24	273	1972
2019.03.25	255	1897
2019.03.26	264	1925
2019.03.27	250	1700
2019.03.28	339	1911
2019.03.29	228	1902
2019.03.30	351	1849
2019.03.31	370	2012
总　量	9370	57327
日　均	302	1849

（资料来源：上海霏霖公益事业发展中心智能垃圾箱房数据库。）

三、上海田林十二村社区垃圾分类管理存在问题的原因

(一) 法律法规不完善,无强制性措施

我国现在针对垃圾分类的法律法规还不完善,未强制公民实行垃圾分类,也没有相应的处罚措施。虽然2017年3月颁布的《生活垃圾分类制度实施方案》提出,在全国46个城市实施生活垃圾强制分类,动员全社会参与,但该法规却没有强制个人进行垃圾分类,也没有相应的强制性措施,这一点也未在上海市的法规中提及。2019年1月30日,上海市十五届人大二次会议表决通过的《上海市生活垃圾管理条例》明确强制个人进行垃圾分类,并制定了详细的惩罚措施。这个法规在2019年7月1日正式生效,但其施行效果还有待观察。所以,田林十二村在开展垃圾分类工作时,管理人员并没有权力对不按照规定进行垃圾分类的居民进行处罚,仅是以宣传、教育、监督等手段为主,对于一些拒不执行的居民也无计可施,这无疑阻碍了社区垃圾分类工作的开展。

(二) 垃圾分类市场化发展不足

田林十二村在垃圾分类管理中并未进行市场化和产业化的引导,其原因和我国的大环境有关。生活垃圾分类收运处置是一种朝阳产业和环保产业,产业规模和效益正在逐步扩大,也许将来会成为大于传统产业的新型经济支撑。[2] 但是,在现今的市场中着重从事垃圾分类业务的环保企业数量并不多。笔者通过企业工商数据平台查询得知,截至2018年9月,全国经营范围涉及垃圾分类的公司或机构大约为4000家,在环保行业中所占的比例仍较小。另外,着眼于垃圾源头分类的环保企业或机构较少,垃圾分类企业或机构更多参与的是垃圾分类后期的转运、资源化利用,而垃圾源头分类管理却鲜有企业自发参与。这是因为企业在参与垃圾源头分类管理时,前期投入较大,后期难以盈利,基本上是处于"赔本赚吆喝"的状态,并且政府补助相对较少,大多数企业难以维系。

(三) 缺乏有效的激励机制

田林十二村垃圾分类管理模式中的激励措施主要为正向激励,没有负向激励;主要为物质激励,缺乏精神激励。

田林十二村对居民进行激励的方式主要是以上海市"绿色账户"的积分兑换为主,这一激励方式为物质激励和正向激励。"绿色账户"积分兑换是一种正向激励制度,以积分兑换奖品的方式,呼吁全市市民共同参与生活垃圾分类,但其给予的一般为物质奖励,且品类较为单一,无法对居民起到较好的激励作用。笔者在之前所做的一项关于上海市"绿色账户"激励作用的调查中发现:在127人参与的问卷调查中,有32位居民觉得有较强的激励作用,比例为25.2%;78位居民觉得有一定作用,比例为61.4%;17位居民觉得没有什么作用,比例为13.4%。由此可见,大部分居民认为这种较为单一的物质激励效果并不理想。

同时,在笔者进行社区实地调研时,部分居民表示其并不缺少物质的奖励,他们更希望获得一种荣誉感,有一种"获得感"。尽管社区开展了一定的活动进行精神激励,但总的来说,激励机制并不是特别完善,居民感觉缺少精神激励。

(四)部分外来人口社区归属感不强

居民参与是社区治理中必不可少的要素之一,甚至可以说是社区治理的核心要素,而社区归属感则是推动居民参与社区治理的主要原因。田林十二村中有2000多名外来人口,他们流动性强且难以管理。其中,部分外来人口不进行垃圾分类的一大原因是其社区归属感较差。这些外来人口对社区缺乏归属感,由于居住在社区的时间并不长,他们对社区的环境也不是特别关注,其往往抱着"短期的租住并不值得为此投入过多的心力"的态度,所以垃圾分类的意识也较为薄弱,尽管社区工作人员多次进行宣传教育,他们仍无动于衷。

四、强化或优化社区垃圾分类能力的建议

我国现在的城市垃圾分类管理基本上是一种以政府为单一管理主体、由政府统筹安排的单一中心治理模式,一般是由政府部门即市绿化和市容管理局统筹安排垃圾的处理,以社区为单位开展具体垃圾分类工作。这种管理体制有其优点,却也难以吸引社会主体自动参与到垃圾分类管理中,社会治理主体的积极性较低,配合度也较低。传统的单纯由政府主导的城市生活垃圾分类管理模式容易存在效率低下、部门不协调并且无法满足日益增多的社会需求等问题。多元主体协同参与社区垃圾分类管理是打破这种局面的有效途径,可以充分发挥各主体的优势,聚合各方力量,在垃圾分类过程中形成政府、企业、社区等

各方治理主体互动的局面,共同促进社区垃圾分类的有效进行,形成各主体对社区垃圾分类的协同治理。[3]

(一) 政府:细化法规、引入市场、加强教育宣传

1. 完善法律、法规、政策体系

自党的十八大以来,在党和国家的高度重视下,全国各个地区都在积极开展垃圾分类工作,但是相关的生活垃圾分类法律法规体系却仍有待完善。首先,我国在垃圾分类方面的法律规定并不是很多。其次,与垃圾分类相关的法律规定还是比较粗略简单的,部分法规较为抽象,不够具体,缺乏可操作性,各主体的法律责任也比较模糊。最后,法规的实施效果不明显,只有部分城市在大规模地实施生活垃圾分类,许多城市还都在观望之中,并未将这些法规要求落到实处。

垃圾分类工作作为一项长期国策,完善的法律、法规、政策体系可以为其提供坚实的保障。首先,从国家层面上要制定具体明确、可操作性强、各主体权责明晰的垃圾分类法律体系,依据生活垃圾性质的不同及从垃圾中回收利用资源的不同情况制定相关的法律法规,并根据实际情况不断进行完善和修改。垃圾分类政策应由鼓励居民进行垃圾分类转向强制居民进行垃圾分类,完成以罚代奖的政策转型;或将垃圾分类的实施情况纳入居民的个人征信中。此外,经济手段的刺激往往能使居民更加遵守垃圾分类制度。其次,可采用划分城市生活垃圾分类标准、明确各级管理部门的法定职责、制定明确的垃圾分类政策以及相应的垃圾分类管理收费制度等措施,以便能够更好地促进垃圾分类工作的开展。

2. 引入市场机制,加强政企合作

垃圾本质上是一种配置错位的资源。垃圾分类需要技术,也需要持续创新,而单纯由政府相关部门主导的城市生活垃圾分类管理制度效率较低,创新能力也不足,垃圾分类应该是企业的用武之地,垃圾分类需进行市场化改革。政府相关部门应采取措施,吸收社会资金和国内外专注于垃圾分类与处理的相关企业参与到城市垃圾分类中,推进垃圾分类的产业化。

首先,政府相关部门应建立健全生活垃圾终端处理设施项目的投资回报补偿机制,可通过财政补贴、税收优惠、土地无偿或低偿供应、特许经营等政策方式,支持一批专业的生活垃圾分类处置企业,让城市生活垃圾分类处置工作走上以市场为引导方向的产业化道路。[4]

其次,政府相关部门应促进垃圾分类产业链条的完善。应在前端源头分

类、中端收运、二次分拣、资源化利用、末端处理等方面进行系统化的规划布局，由此才能形成完整的垃圾分类产业链条，从而进一步促进垃圾分类产业的发展。

再次，政府相关部门应发挥监督作用，建立有效的监督机制，加强对垃圾分类企业的监管。同时，为了弥补政府相关部门监管的不足，应同时引入第三方进行绩效评估，以此来共同推进垃圾分类处理。

最后，政府相关部门应落实企业的回收责任，对企业的产品包装材料回收进行收费。借鉴德国的经验，对企业产品包装材料回收进行收费可以很好地规制企业的生产行为。对于易于回收和循环使用的材料收取的费用较低，反之则较高，这样可促使生产企业为降低成本而不断简化包装，以充分体现"垃圾减量"的原则，从而达到源头减量的目的。

3. 大力开展宣传教育

政府相关部门应将垃圾分类知识纳入国民教育体系，让垃圾分类知识成为幼儿园、中小学和社区学校等的必修知识模块，让孩子们从小树立正确的垃圾分类观念，掌握垃圾分类的基本知识和能力。[5]同时，要大力宣传垃圾分类知识，通过公益广告、讲座、会议等形式将垃圾分类知识传授给市民，逐步提高居民垃圾分类的意识和能力。

（二）企业：发挥市场作用，形成垃圾分类产业链条

垃圾分类是一个开放的产业生态体系，企业是垃圾分类协同治理中的关键主体之一。单纯地依靠政府部门和物业公司提供资金来维持社区垃圾分类回收及资源化管理明显是不足的，必须引入企业参与垃圾分类。

首先，企业应有社会责任感，主动承担起垃圾治理的责任。居民手中的消费品是由企业提供的，根据产品生命周期理论，企业是生活垃圾的源头制造者，因此，企业有垃圾治理的责任和义务。企业应主动减少包装量，通过不断简化包装来减少垃圾的产生；同时，要使用可循环使用和方便回收的材料进行包装，以便后期进行垃圾分类。我国大部分企业商家为了能进一步减少成本，提升产品的竞争力，往往会使用较为便宜的非环境友好型的材料进行包装。因此，企业应对自己的生产行为进行规制和引导，承担相应的社会责任。

其次，从事与垃圾分类有关的企业和机构应抓住中国大力推行垃圾分类的机遇，加强政企合作，积极承包政府相关的垃圾分类项目，不断探索垃圾分类的商业模式，完善垃圾分类产业链条，促进垃圾分类产业化和市场化。垃圾分类行业具有特殊性，企业在承包垃圾分类项目时，早期应该以有效性和操作性

为主，为项目的稳定、持续运营打下基础；并逐步加强垃圾分类工作的科学性及规范性，形成一套规范的工作方法，不仅要达成当初政府所定的考核目标，还要尽可能地降低运营成本，提高利润。另外，企业还应充分发挥市场作用，积极探索分类产品的销路及去处，深入挖掘可回收物中的剩余价值，并尽量降低对政府补贴及运营费的依赖，实现经济效益和社会效益双赢。

最后，企业应自觉接受政府和社会的监督，自觉接受第三方的绩效评估，虚心接受各方的考察。同时，应建立自我纠错机制，在企业内部成立监察小组，对违反垃圾分类相关规定的行为应及时制止。

（三）社会组织：整合社会力量，发挥自身优势

社会组织在垃圾分类工作开展的各个方面都具有较为重要的作用，高校、科研机构、媒体和第三方组织等社会组织都应发挥其自身优势，不断促进垃圾分类工作的顺利开展，使垃圾分类观念深入人心。

高校和科研机构的学者们应不断探索完善垃圾分类的理论体系，建立一个科学的、系统的垃圾分类理论体系，明确垃圾分类的实现路径、动力机制、保障措施等，为我国的垃圾分类实践提供相应的指导。

新闻媒体是"人民喉舌"，对舆论具有导向作用，对社会大众具有较大的影响力。新闻媒体要大力宣传推广垃圾分类，积极报道政府、企业和社区推进城市生活垃圾分类工作的有关话题，在潜移默化中提高居民对生活垃圾分类的意识和能力。新闻媒体要充分发挥新闻舆论监督的作用，对公共管理部门或企业等违反垃圾分类的行为予以报道，形成社会反响，倒逼其进行改正。同时，新闻媒体应发挥上传下达的作用，不仅要将垃圾分类的相关政策传递给群众，也要把群众的意见转达给政府及相关部门。

第三方组织在垃圾分类管理中也发挥着重要的作用。在垃圾分类管理中，要充分发挥第三方组织的优势，动员公民参与环保事业，拓展公众参与层次和渠道，积极动员与整合社会力量。[6]同时，第三方组织要充分发挥其作用，根据自身垃圾分类实践的情况，为政府相关部门提供反馈，促进政策的制定、执行和修正，推动政策建立和优化效果。

（四）社区：加强人员配备，组建志愿者队伍

社区相关机构是居民区垃圾分类的直接管理层，是垃圾分类管理体系中的关键节点。

首先，要发挥社区基层党组织的作用，党建引领，将社区的居委会、物业

公司、业主委员会组织起来，让居委会、物业公司和业主委员会这"三驾马车"在垃圾分类领域齐头并进，不断强化社区垃圾分类管理机构建设及人员配备，让垃圾分类的工作更加顺利进行。

其次，各街道、社区在进行垃圾分类管理时，要结合自身实际与垃圾分类工作的实施计划，通过入户宣传、分发宣传品、举行垃圾分类专题讲座等向社区居民宣传垃圾分类常识及其重要性，定期进行入户采访，了解居民分类情况和意见。[7]

再次，组建垃圾分类志愿者队伍，招募社区党员骨干、公益性岗位人员、在校学生等成为垃圾分类志愿者，协助垃圾分类工作的开展，在居民投放垃圾时进行检查监督，通过适当的现场指导或示范，纠正错误的投放方式。

最后，重视娃娃教育，通过学生们的小手拉起家长的大手，将文明和谐的理念传播到家庭，进而全面提升公民素质和城市管理水平，带动各个家庭乃至全社会参与到垃圾分类中来。

（五）公民：树立分类观念，落实分类行动

公民是垃圾源头分类的执行者，应提升自我的垃圾分类意识，具有主人翁意识，将垃圾分类回收理念落实到行动上，真正把垃圾分类当成自己的事。

首先，居民应该明白垃圾分类的重要性与必要性，重视垃圾分类工作，认真学习垃圾分类知识、垃圾分类标准，按照规定进行垃圾分类。同时，应主动配合社区的相关工作，自觉接受他人的监督，真正做到垃圾合理分类。

其次，居民也要带动身边的人一起进行垃圾分类，积极参与社区内组织的垃圾分类宣传活动，督促他人进行垃圾分类。

最后，居民应对社区、企业和政府的垃圾分类管理进行监督，同时也要对垃圾分类的有关政策、法规以及相关规定提出意见和建议。

五、结论

城市生活垃圾的分类处理是实现垃圾减量化、资源化、无害化的重要手段，是推进生态文明建设、实现美丽中国的重要举措。为了更好地解决城市生活垃圾的问题，需要把垃圾源头分类处理纳入社区治理，从源头上尽量减少垃圾。本文以上海田林十二村为案例进行社区垃圾分类管理研究，既总结了该社区的有效经验，也指出社区垃圾分类管理有待完善之处：法律法规不完善、部分居民分类意识薄弱、缺乏有效的激励性措施、未进行垃圾分类市场化和产业

化引导等。社区垃圾分类管理是一个系统性的工程,仅仅靠政府相关部门的推动是解决不了根本问题的,需要政府、企业、社会组织、社区和居民有机结合,共同进行垃圾分类管理工作,进而共同打造政府、企业、公众全面参与、多方协同的垃圾分类新格局,从而探索出真正符合中国国情的社区垃圾分类管理模式。

【参考文献】

[1] 吴巧玉. "互联网+垃圾分类"模式存在问题与建议:以上海"绿色账户"为例[J]. 现代商业,2018(21):181-183.

[2] 蔡春铭. 绿色账户在行动[J]. 中国银行业,2017(1):114.

[3] 陈晓丽. 张家港市生活垃圾分类管理问题研究[D]. 咸阳:西北农林科技大学,2016.

[4] 陈海滨,王颖,黄建新,等. 强化居民区生活垃圾分类组织与管理的措施研究[J]. 环境卫生工程,2016,24(2):64-66.

[5] 李传军. 大数据技术与智慧城市建设:基于技术与管理的双重视角[J]. 天津行政学院学报,2015,17(4):39-45.

[6] 李文娟. 协同治理视角下民间环保组织推进大都市社区生活垃圾分类的探索与研究[D]. 上海:华东理工大学,2015.

[7] 王权典. 城市生活垃圾终端处理设施生态补偿机制:以广州相应的创制规范为例[C]//中国环境资源法学研究会,中山大学. 生态文明法制建设——2014年全国环境资源法学研讨会(年会)论文集:第二册. 北京:中国环境资源法学研究会,2014:235-238.

[8] 林琳. 城市生活垃圾减量化管理及NGO参与初探[D]. 厦门:厦门大学,2009.

城市居民垃圾分类行为选择研究

——以 D 市 TH 区为例

张 强 张小禹

(华南师范大学政治与公共管理学院)

摘 要：本文以 A－B－C 理论和计划行为理论为基础，通过在 D 市 TH 区实地调研垃圾分类情况，随机派发问卷进行调查，并对所收集的样本进行分析，试图从微观的个人心理和行为层面、从城市居民角度出发，探究法律强制政策、宣传教育政策、分类成本、集体环境（氛围）、价值感知和受教育程度这六个因素对城市居民垃圾分类行为选择的影响。研究发现，法律强制政策、宣传教育政策和价值感知这三个因素对城市居民垃圾分类行为选择结果有显著影响。这说明我国在法律强制政策和宣传教育政策的制定和执行上的缺失，以及在居民价值感知等精神层面的改善还不到位。最后，本文建议站在居民角度思考问题并制定政策，更利于垃圾分类相关工作的开展。

关键词：城市居民；垃圾分类；行为选择；影响因素

一、研究问题和文献回顾

生活垃圾污染治理已经成为世界性难题，尤其是对快速城市化的发展中国家而言。中国在 2004 年就已经成为世界上最大的垃圾生产国，城市生活垃圾污染已经逐渐成为环境改善和公众健康的一大挑战。据统计，我国居民垃圾产生量每年以 8%～9% 的速度增长，大幅增长的垃圾产生量使许多城市面临"垃圾围城"的困境。为缓解城市"垃圾围城"危机，我国于 2000 年将北京、上海、广州等 8 座城市设为全国首批生活垃圾分类试点城市，但是十几年来所取得的效果并不理想。

发达国家和地区的生活垃圾分类管理历程具有一些共性规律，围绕其内在逻辑存在一个循序渐进、逐步推进的发展过程。学者们对此有所共识。首先，要建立健全生活垃圾分类管理的基础设施体系。Domina 等学者认为,垃圾分类设施的配备与距离是影响居民垃圾分类的重要因素。[1]其次,在具备一定条件后,要以命令控制手段"强制"推行垃圾源头分类管理,并以必要的宣传手段推行垃圾源头分类管理。Callan 等学者研究了居民垃圾分类问题,指出激励与惩罚措施对居民垃圾分类效果具有显著影响。因此,在具备相关条件的基础上,生活垃圾分类的前期阶段一定要推行强制分类,强力推动全社会垃圾分类意识的养成。[2] Schultz 等学者也认为适当的宣传措施可以促进垃圾分类回收,而激励性措施对垃圾分类回收的短期促进作用更大;同时也指出激励性措施具有短期回报性,长期作用不明显。[3]最后,要不断完善体制机制建设,形成全社会共同参与、齐抓共管的有效格局。

现今,为了推行垃圾分类,我国设立了多个垃圾分类试点城市。但是,相关政策难以顺利推行,社会意识并未有效形成,垃圾分类的推行进展较慢。

我国推行了 20 年的生活垃圾分类,却没有取得较好的效果。学者们从经济学、心理学、社会学等不同角度探析了生活垃圾分类难以推行或者说效果较差的原因。

在经济学视角下,王小红等学者认为首要的就是促进垃圾回收,提高垃圾回收率,从而从源头上控制和减少垃圾产生量。相关政策要以经济为驱动促进市民垃圾分类的自觉性,以经济为刺激动力吸引城市居民、垃圾拾荒者、废品回收小贩以及废品回收企业等社会力量更多地进入垃圾回收产业。[4]我们要构建一套以公众为核心的激励机制,同时引入市场化企业,在垃圾分类回收各个环节形成一个稳定的、相互信任的垃圾分类政策执行网络。[5]例如,聂伟等学者提到的以积分激励系统为核心的垃圾分类回收方式。[6]当然,政府在其中也必须扮演重要的角色,政府补贴政策激励模式以及进一步完善的保障措施,可以在一定程度上弥补市场失灵,优化资源配置,从而更大地发挥补贴政策的激励作用。[7]在垃圾源头分类的过程中,环卫工人也是重要参与者。石文伟从环卫工人的角度,提出应适当提高环卫工人的财政性工资,以激发环卫工人的工作积极性,使环卫工人能高度负责地监督检查居民垃圾分类的准确性。[8]除相关激励政策的研究外,李冬梅认为,垃圾分类作为人类的一种行为选择,从行为经济学的视角来分析非理性人的垃圾分类行为,显然更加符合人性活动的实际。从行为经济学的视角总结,垃圾分类的低效性主要源于以下三个原因:一是城市居民互惠意识的缺乏和个体异质性偏好体现了居民协作的脆弱性;二是具有不同经济基础、行为习惯的城市居民生活在一个社会单元里,群体之间的相互作用会产生消极效应,即群体致弱效应;三是城市居民信念教育的缺失使垃圾分类的低效性成为可能。[9]

许多学者也从心理学的角度提出很多观点。Proshansky 提出"'地方认同'一词，指人对居住环境的自我认同，用于理解和测量'人—地关系'"[10]。Bonaiuto 对于地方认同的相关研究表明，"对居住地环境质量的感知会影响居民的地方认同，特别是在环境特征"[11]方面。也有国内学者从心理学角度进行分析。蒋妍从心理学的角度，整合环境意识、心理角色定位和环境行为三个因素进行研究，认为造成垃圾分类低效的因素主要是：公众的环境责任意识不强、对垃圾分类的处理认知不够以及居民对垃圾分类的心理角色仍处于被动的状态，很难实现垃圾分类"知行统一"[12]。王笃明以心理学视角，从城市居民"愿不愿分""会不会分"和"方不方便分"的角度出发，提出强化宣传教育以提高公众分类意向，完善分类设施以保障公众分类行为的执行的建议。[13]辛自强也认为，管理者不仅要想到罚款这类简单而直接的有效手段，也要深入思考如何营造垃圾减量的社会文化氛围，如何善用心理学策略促进人们的垃圾分类行为。[14]

从社会学视角来看，对于上海生活垃圾分类的一项研究表明，约68%的受访者认为缺乏意识阻碍了生活垃圾分类的推广，这个因素所占的比例远高于其他因素。[15]另一项调查也表明，63%的受访者认为垃圾分类难以实施的最重要原因在于"人们难以养成垃圾分类的习惯"[16]。但是也有实验表明，通过给居民传递"如果自身这样做，其他社区居民也会这样做"的信念，可以促进居民为了公共利益而实施更高水平的垃圾分类行为。[17]总的来看，由于缺乏有效的管理规制措施[18]，垃圾分类设施供给不足[19]，垃圾回收利用体系也不健全[20]，以及公众意识和参与缺乏[21]，中国生活垃圾分类管理效果与发达国家相比仍有较大差距。

综观我国有关垃圾源头分类行为影响因素的研究文献，我国学者的研究绝大多数是定性研究，研究内容上所考虑的因素较少，且在研究视角上较为单一。目前，在这个领域研究比较成熟的是西方国家。但是，由于东西方国家在生活方式、文化和管理体制上的差异，发达国家有关生活垃圾源头分类的研究结果并不完全适合我国国情。所以，在我国到底有哪些因素影响了城市居民垃圾分类的行为呢？本文试图从城市居民行为选择这一角度，多方面探析为何居民难以遵循垃圾分类原则进行生活垃圾的处理，以了解背后的真实原因，希望能为设计出让居民容易认同的政策和得到较好的宣传效果等提供参考和帮助，为我国垃圾分类的推行和环境保护出一份力。

二、研究设计

（一）研究框架

A－B－C 理论是 Guagnano（1995）等学者提出的用以预测生活垃圾循环利用行为的理论。[22] Stern 和 Oskamp 提出的复杂环境行为理论模型认为，环境行为是一系列内外部因素共同作用的结果。其中，内部因素包括一般的和特定的环境态度、信仰与行为意向，外部因素包括具体的环境结构、社会制度和经济激励政策。内部因素和外部因素的关系又是因果相关的。Guagnano 等学者在复杂环境行为理论模型基础上首次提出生活垃圾循环利用行为（Behavior，B）是个体对循环利用所持有的态度（Attitude，A）和外部条件（Condition，C）共同作用的结果。外部条件指的是所有有利于和不利于环境行为的外部资源（物质、资金、法律和社会资源等）。

根据计划行为理论，主观规范是指个体决定执行特定行为时所受社会参照群体的影响，强调周围人对居民行为的影响。计划行为理论因其对个体行为有良好的解释力和预测力，被大量应用于生活垃圾循环利用研究领域，为居民垃圾分类行为分析提供较为有效的理论框架，如 Chan 对香港居民垃圾回收行为的研究。尽管如此，仍有不少学者认为计划行为理论不能够充分解释垃圾分类行为，应纳入其他变量以提高复杂环境行为理论模型的解释力。

从政府层面来看垃圾分类的推行，借鉴发达国家和地区的经验，推行垃圾分类，政府部门必须做出表率，法律先行，无一例外。想要改变城市居民多年养成的处理垃圾的习惯，以强制的法律手段来改变和辅以宣传教育政策均是非常重要的。有学者提出，强制的法律手段仅仅只能维持短暂的城市居民垃圾分类的良好效果，而良好的宣传教育可以改变居民的思维方式和习惯，从而更深远地养成垃圾分类的习惯。

大多数的影响因素都被学者们所检验证实，且存在一定相关性。本文想要研究的是在外部因素的作用下，城市居民自身对于垃圾分类的行为选择的结果，并构建影响城市居民垃圾分类行为选择因素的模型，所以选取的研究角度为政府层面的法律政策和宣传教育政策。外部条件中，物质、资金和时间等都是居民进行垃圾分类所付出的成本。价值感知即是从自身心理层面影响行为选择。城市居民是一个庞大的群体，社会规范会影响大家合作互惠的行为。而在垃圾分类处理过程中，同时也会出现集体行动中的"搭便车"行为，进而反过来影响和打击部分居民垃圾分类的积极性。鉴于社会人口统计变量对居民生活垃圾管理行为的可能影响，本次调查问卷包括了被访问者的年龄、性别、户口、受教育程度、家庭年收入等因素。笔者认为，受教育程度对垃圾分类行为的选择最具有影响力，因为受教育程度不仅可以反映人的心理和价值观层面，也能从一定程度上反映经济能力情况。

本文所研究的模型（如图1所示）包含了法律强制政策和宣传教育政策等政府相关因素、集体环境和分类成本等社会因素以及自身的价值感知和受教育程度等自身因素，这些因素共同影响了居民对于垃圾分类的行为选择。

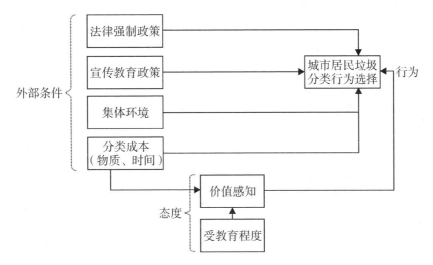

图1　居民垃圾分类行为选择影响因素模型

（二）研究假设

1. 外部环境维度与城市居民垃圾分类行为选择结果

王子彦认为，我国的垃圾分类回收政策难以实施的症结主要在于观念滞后、理论研究缺乏和政府相关部门的工作力度不够，社会对垃圾分类的重视程度还仅仅停留在表面，相关政策也存在一定的偏差。[23]孙昊对比了德国和我国的垃圾分类法律体系。德国从20世纪70年代末就开始制定垃圾分类相关法律，是第一个为"垃圾经济"立法的国家，经过几十年立法的完善，制定了严格的垃圾分类标准，收取垃圾处理的费用，对于未分类的垃圾投放采取"连坐式"的惩罚措施，力度较大，排查严格。而我国早在2000年左右就推出了一系列关于垃圾处理的法律、法规和政策,希望通过综合管理的手段,实现生活垃圾的减量化、资源化和无害化。但是,相应的法律法规没有形成体系,尤其是从源头控制垃圾产生的法律法规严重缺项,而且,这些要求不高、尚待完善的法律,在实际中也未得到严格的执行和遵守。[24]对比发达国家关于垃圾分类的立法和效果,本文提出研究假设:

H1:相关法律、法规、政策的完善程度,对城市居民垃圾分类行为选择结果有显著影响。

蒋妍和张肖阳等分析了北京市居民的垃圾分类行为,认为宣传教育工作不够深入细致也是导致北京居民的环境意识仍非常淡薄的原因。[25]王维平在访谈中提出我国垃圾分类推行效果不理想的原因,认为主要是大家对垃圾分类的系统性、公众性、复杂性认识不够。[26]其中,公众性和复杂性的具体原因是垃圾分类需要职业背景、教育水平、公共意识差异极大的居民全民参与,形成整体的行动,这是很不容易的。要在公众中建立起一种垃圾分类的行为习惯,这是一个长期渐进的过程,除了需要制度建设、配套体系,还需要宣传教育多方面的整体配合。因此,本文提出研究假设:

H2:垃圾分类宣传教育工作实施力度,对城市居民垃圾分类行为选择结果有显著影响。

Howenstine对美国芝加哥地区部分家庭不进行分类回收的12个原因进行归类,其中对垃圾分类回收感到麻烦、对于垃圾回收位置不满意和态度冷漠这三个因素占了54%。[27]。英国经济学家Barr发现居民循环利用行为的实施几乎与分类垃圾箱提供的水平呈线性关系。分类垃圾箱与居民楼的距离越近,居民实施垃圾分类行为的效果越好。Barr等经济学家主要分析了垃圾分类回收设施的便利性以及外部激励对垃圾分类行为的影响,例如垃圾分类行为的成本,包括金钱、时间和精力等成本。[28]研究显示,影响结果是显著的。因此,本文提出研究假设:

H3:垃圾分类所需成本的高低,对城市居民垃圾分类行为选择结果有显著影响。

社会学家分析居民垃圾分类行为受到道德规范、社会责任以及社会压力等因素的影响。杨方在对南京垃圾分类情况进行实地观察与深度访谈研究后,认为除了法规滞后、约束缺位外,缺乏整体社会氛围等因素也是造成垃圾分类低效的主要原因。[29]吴瀚文等对城市生活垃圾分类处理现状的调查分析显示,有的居民知道垃圾分类的重要性但难以形成分类投放习惯[30],而生活文化环境等因素对居民垃圾分类行为选择会产生影响也是必然的,周围居民的垃圾分类行为会相互影响，造成良性循环或者恶性循环。因此，本文提出研究假设：

H4：垃圾分类集体环境（氛围），对城市居民垃圾分类行为选择结果有显著影响。

2. 自身态度、价值观维度与城市居民垃圾分类行为选择结果

Lipsey（1977）等通过对居民环境态度的研究表明，环境态度与居民分类行为有很大的关系。蒋妍等从心理学的角度出发，分析态度等心理因素对个人行为选择的影响，认为公众的环境责任意识不强，是造成垃圾分类低效的主要因素之一。[31]因此，本文提出研究假设：

H5：环保价值观念的强弱程度，对城市居民垃圾分类行为选择结果有显著影响。

受教育年限越高，生活垃圾分类水平也越高，但是，这可能是出于经济价值的考虑而非因为环境问题的考虑。[32]Gamba和邓俊等学者认为，垃圾分类行为与受教育程度或者具体的垃圾分类的知识储备是有关的，尤其是具体的分类回收知识对行为选择的作用很明显。[33]由于现今较为年轻的人大多数受过高等教育，年龄较大的人受教育程度相对较低，因此，本文提出研究假设：

H6：自身受教育程度的高低，对城市居民垃圾分类行为选择结果有显著影响。

三、变量及操作化

（一）数据来源

2019年7月至2019年10月，本课题组对D市TH区21个街道的强制单位和样板小区的垃圾分类情况进行了调查（调查名单由TH区城管局提供），在不通知调查对象的情况下，根据TH区城管局提供的《社区生活垃圾分类评分表》（以下简称为"评分表"）进行记录评分。本次调查分别对强制单位和样板小区的"日常宣传""设施配置""运行体系"三个大的方面进行考核，三个方面分别占20分、35分、45分，合计100分，对街道垃圾分类情况进行观察和记录。除了按照评分表对这三个方面进行观察评分之外，我们还在各街道随机对256位居民进行了问卷调查，回收有效问卷240份，并对居民、相关负责人等进行结构性访谈，尝试收集更多数据和材料来反映目前垃圾分类的情况。

(二) 研究变量

1. 因变量

因变量是居民垃圾分类行为选择结果，即居民进行垃圾分类的频率，它是居民对于生活垃圾分类的意愿及其行为的体现，分为：从不进行垃圾分类（编码为1）、很少进行垃圾分类（编码为2）、有时进行垃圾分类（编码为3）、经常进行垃圾分类（编码为4）、总是进行垃圾分类（编码为5）。

2. 自变量

（1）法律强制政策。强制性的法律、法规以及奖惩政策对于居民垃圾分类的行为选择是有影响的。对于"奖惩等措施会促进居民进行垃圾分类"的说法，分为：非常不同意（编码为1）、比较不同意（编码为2）、一般（编码为3）、比较同意（编码为4）、非常同意（编码为5）。

（2）宣传教育政策。对于"垃圾分类宣传能提高居民对垃圾分类的认识，意识到垃圾分类重要性及有助于养成垃圾分类习惯"的说法，分为：非常不同意（编码为1）、比较不同意（编码为2）、一般（编码为3）、比较同意（编码为4）、非常同意（编码为5）。

（3）垃圾分类成本。对于"垃圾分类会花费您过多的时间和金钱"的说法，分为：非常同意（编码为1）、比较同意（编码为2）、一般（编码为3）、比较不同意（编码为4）、非常不同意（编码为5）。

（4）集体环境（氛围）。对于"周围居民不进行垃圾分类，会降低我进行垃圾分类的积极性"的说法，分为：非常同意（编码为1）、比较同意（编码为2）、一般（编码为3）、比较不同意（编码为4）、非常不同意（编码为5）。

（5）价值感知。对于"居民进行垃圾分类投放有必要"的说法，分为：非常不同意（编码为1）、比较不同意（编码为2）、一般（编码为3）、比较同意（编码为4）、非常同意（编码为5）。

（6）受教育程度。受教育程度是通过问卷测量受访者的最高学历来反映的，将没有受过教育或上过私塾和小学划分为小学及以下（编码为1），将初中学历划分为初中（编码为2），将普通高中、职高、技校、中专划分为高中（编码为3），将正规高等教育和成人高等教育划分为本科（编码为4），将硕士、博士、博士后等学历划分为研究生及以上（编码为5）。

3. 控制变量

韩洪云等经过调研发现，受访者年龄与其生活垃圾分类行为具有一定的正相关关系，性别对于垃圾分类水平的影响差异不大。已有研究分析了社会人口统计特征对环境和生活垃圾管理行为的影响,但社会人口统计变量与居民生活垃圾分类行为的关系仍存在争议。社会人口统计变量与居民的生活垃圾管理行为的关系并不稳定,其解释力十分有限。[34]为了研究的严谨,我们将性别和年龄作为控制变量进行研究分析。

(1)性别。

性别通过问卷受访者的"性别"一栏反映,分为:男(编码为1)、女(编码为2)。

(2)年龄。

(三)数据操作方法

我们将240份有效问卷按照居民垃圾分类行为选择结果、法律强制政策、宣传教育政策、垃圾分类成本、集体环境、价值感知和受教育程度进行编码录入,利用IBM SPSS Stastic19 和 STATA 软件对样本进行分析处理。因变量居民垃圾分类行为选择结果是一个五分变量,所以可以作为连续变量进行测量,因此,本文采用多元线性回归的方法分析法律强制政策、宣传教育政策、垃圾分类成本、集体环境、价值感知和受教育程度对居民垃圾分类行为选择结果的影响。

四、描述性分析

表1中,我们将垃圾分类频率中"有时""经常"和"总是"看作是合格的垃圾分类行为选择,认为做这些选择的居民是具有垃圾分类习惯的,共占69.6%。总体情况来看,超过半数居民是有意识地在进行垃圾分类行为。

表1 居民进行垃圾分类的频率

(单位:%)

垃圾分类频率	A6（垃圾）	A701（厨余垃圾）	A702（不可回收垃圾）	A703（可回收垃圾）	A704（有害垃圾）
1（从不）	9.6	20.6	16.4	10.5	14.3
2（很少）	20.8	29.4	23.1	19.3	26.5
3（有时）	37.1	20.2	27.7	29.4	22.7

续表1

垃圾分类频率	A6（垃圾）	A701（厨余垃圾）	A702（不可回收垃圾）	A703（可回收垃圾）	A704（有害垃圾）
4（经常）	25.8	20.2	24.4	26.1	19.3
5（总是）	6.7	9.7	8.4	14.7	17.2
总计	100.0	100.0	100.0	100.0	100.0

我们还对居民进行垃圾分类的影响因素进行了分析，设定如下。A801：罚款等措施促进居民的垃圾分类行为；A802：奖励等措施促进居民的垃圾分类行为；A803：垃圾分类相关措施的执行有利于推进垃圾分类；A804：宣传教育提高居民对于垃圾分类的认识；A805：宣传教育有利于居民养成垃圾分类的习惯；A806：宣传教育有利于居民认识垃圾分类的重要性；A807：社区垃圾桶分类标识清晰；A808：社区垃圾分类收运服务到位；A809：分类垃圾箱前有明确的分类标准说明；A810：社区垃圾分类设施方便我分类投放；A811：垃圾分类是环境保护行为，是个人责任感的体现；A812：居民有必要进行垃圾分类；A813：垃圾分类是居民的义务；A814：垃圾分类操作复杂给居民日常生活带来不便；A815：日常垃圾分类投放需花费较多时间和精力；A816：花费更多钱购买垃圾分类桶是应该的；A817：我会配合小区推行垃圾分类；A818：垃圾混收混运，会影响居民垃圾分类的积极性；A819：周围居民进行垃圾分类，我不做会感到内疚自责；A820：周围居民都不做垃圾分类，会降低我进行垃圾分类的积极性。其中，认可程度选择"一般"的居民占比较高，且态度不明确，因此，我们将对垃圾分类影响因素认可程度为"非常同意"和"比较同意"看作是居民认为影响其垃圾分类行为选择的重要影响因素。最后，从A801～A803的数据可以看出，认同法律强制政策是垃圾分类行为选择的显著影响因素的居民较多，占比均在50%以上；从A804～A807的数据可以看出，认同宣传教育政策对于垃圾分类行为选择结果有较为明显影响的居民占比均在60%左右；从A811～A813的数据可以看出，认同个人的环保意识以及道德约束等价值感知对于垃圾分类行为选择结果具有显著影响的居民占比均在60%以上；从A808～A810的数据可以看出，居民对垃圾分类收运服务、分类标准说明以及垃圾箱分布的便利情况感到不满，认可程度均不到50%；从A814～A816的数据可以看出，居民不认为分类成本（包括金钱和时间等）是阻碍其进行垃圾分类行为的显著影响因素，且A816中超

过 50% 的人认为应该再购买更多垃圾分类设备来进行有效的垃圾分类；从 A817～A820 的数据可以看出，认为集体氛围对于垃圾分类行为选择具有较为明显影响的居民占比均在 60% 左右。

五、垃圾分类行为低效的原因

（一）执法权难以落到实处，责任不明晰，使监督机制形同虚设

尽管当前的垃圾分类工作以鼓励为主基调，但有效的监督机制也是垃圾分类成功的重要保障。从居民个人角度来看，居民认为法律强制政策以及严格的执行方案对于其进行垃圾分类的规范性有着显著的影响。然而，当前基层缺乏执法主体，邻里间的相互监督机制尚未成形。下面对某位负责垃圾分类工作人员的访谈可以部分反映这种情况：

> 如果任由那些不愿意进行垃圾分类的居民将垃圾摆放在楼道里，不帮他们收拾，其他居民也会有意见。别说放在那里两三天，现在广州这种天气，只要放一下午，那味道就臭得不行。那样到头来还是罚我们的钱，等于说，做不好就是我们的责任。

（摘自 cx‑fz 的访谈资料）

这种情形造成居民对垃圾分类的重视程度不够，不但间接降低了宣传的效果，也对引导居民养成垃圾分类习惯不利。目前，基层对于居民的垃圾分类行为和环卫工作人员的垃圾分类工作都缺乏有效的监督机制。

（二）宣传主体、内容和形式单一，宣传工作形式化

为了创造 D 市垃圾分类的氛围，2013 年，D 市加强了在公共场合和媒体投放广告，这些投入也发挥了作用。宣传主体常在公共场合电子屏广告、新闻媒体、街道单位的宣传栏等处进行宣传，而较少使用面对面的、互动性强的宣传方式。在实地调研中，对单位工作人员或者居民的访谈中，很多人表示不清楚垃圾分类的宣传栏在哪里，经常出现"可能在某地"这样的回答。相关部门的宣传力度不够，分类专业知识普及率低，"居民掌握不了怎么分"。据调查，有相当大一部分市民不知道该市的"生活垃圾分类管理条例"，所以在垃圾投放过程中没有进行分类处理。另外，即使居民知道要进行生活垃圾的分类

回收，但是，由于居民并不能正确区分垃圾的类别，最终对垃圾进行了错误投放。

此外，笔者进行实地观察发现，许多单位和小区的相关宣传品未贴在显眼位置或者宣传橱窗里，而是经常贴在垃圾分类收集处理点或者某个角落，基本起不到良好的垃圾分类宣传效果，这使得垃圾分类宣传工作流于形式。而且，宣传教育内容不能仅仅针对垃圾分类，从长远来看，更要宣传环保的意识。居民的环保意识提高了，对垃圾分类行为会起到较好的推动作用。

（三）政策推行主体和目标群体垃圾分类动力不足

垃圾分类工作，从流程设计到执行，从宣传到收集、清运，都离不开街道、居委会、物业管理等社区层面的主体来完成。物业管理人员要处理的小区事务繁多，而在仅支付低物业费的小区，物业管理公司的人力、财力有限。笔者通过实地考察和调研访谈了解到，在街道大力推行垃圾分类，实际上加大了环卫工作人员的工作量，但是工资却没有明显的提高，这使得他们的工作效率并不高。

> 自从推行垃圾分类工作后，工作变得更加繁杂。我作为本小区垃圾分类的负责人，每个月满打满算只能拿3500元的工资，我手下的人工资就更低了。工资确实太低了！我堂弟在××科技园也是干类似的工作，一个月能拿5000元。
>
> （摘自 cx – hzg 的访谈资料）

> 现在小区里大约只有60%的居民能够配合垃圾分类工作，会将垃圾分类投放，剩下的40%的居民不太愿意这样做。比方说，现在还是有人直接就把垃圾扔到楼道里，我也说过很多次，他们就是不听。
>
> （摘自 cx – jm 的访谈资料）

对于单位工作人员或居民来说，如果没有相应的激励和惩罚措施，就难以快速地让居民养成垃圾分类的习惯。在调研过程中，笔者经常看到垃圾桶内的垃圾分类不正确，这说明居民分类投放的情况不算乐观。居民对垃圾减量化、资源化的认识还比较粗浅。在垃圾分类工作中，居民往往有一种被动应付的感觉，虽然有些人知道这个事情很重要，但是因为怕麻烦、"别人都不分，我为什么要分"等，形成意识和行动的严重背离。许多人认为，垃圾减量化和资源化的责任应该由政府来承担，应该让政府相关部门来想办法，自己不需要主动去配合。虽然在问卷的数据多元线性回归分析中，集体环境（氛围）对于垃圾分类行为选择结果的影响不显著，但这也可能是因为局限于 TH 区派发问卷，样本多是年轻人，由此导致样本的多样性不够。但是从描述性分析中我们可以看到，还是有相当多的人认为周围居民的行为会影响到自己的垃圾分类行为选择结果。

（四）垃圾分类基础设施设置不合理

垃圾分类设施位置不合理以及设施设计不合理的现象普遍存在。在实地调研过程中，笔者通过与当地居民、环保人员等的访谈了解到，单位或者社区的垃圾分类方式一直在变，目的是寻求更好的分类方式，但也导致很多问题。比如，笔者在某小区与居民访谈得知，该小区推行垃圾分类，从楼道每楼层设桶变为每栋楼只在一楼设桶，后来变为楼道不设桶，均需要居民扔至固定地点。但是，可能由于宣传工作不能让每户都清楚地了解分类方式，以至于有些住户在刚开始时找不到分类垃圾桶来处理垃圾，或者抱怨处理垃圾不够便捷，这也说明垃圾分类收集点的位置设置得不合理。

> 现在小区虽然说是要定时投放，但是我也没看到实施的可行性。一期的业主跟我说垃圾要定时投放，但是我后来按照规定时间在 19 点过去丢垃圾，发现垃圾箱锁上了。那我也不可能再把这袋垃圾带回去吧？！
>
> （摘自 cx‑fz 的访谈资料）

笔者在观察中发现，在垃圾分类的收集点，由于其中某一类垃圾桶装满，许多住户只能将垃圾袋放在垃圾桶旁，所以，在设计垃圾分类设施时应根据当地实际情况来设计。

六、结论与讨论

基于 240 份关于 D 市 TH 区居民垃圾分类行为选择影响因素的调研问卷，以及 D 市 TH 区 21 个街道垃圾分类情况的调研结果，本文主要以实地调研的方式了解了当地垃圾分类的实际情况以及存在的问题，并从居民角度了解居民对于阻碍其垃圾分类行为的影响因素的认同情况，通过考察法律强制政策、宣传教育政策、垃圾分类成本、集体环境（氛围）、价值感知和受教育程度对居民垃圾分类行为选择结果的影响,进而主要从居民对于垃圾分类的看法这一角度,对我国垃圾分类低效性进行剖析。本研究发现,法律强制政策、宣传教育政策和价值感知对居民垃圾分类行为选择结果有显著影响,而垃圾分类成本、集体环境(氛围)和受教育程度对居民垃圾分类行为选择结果的影响不显著。

由此可见,我国推行垃圾分类,第一,要在法律法规方面提供保障,逐步完善法律、法规、政策,明确执法主体和形成有效的监督机制,以形成健全的国家、地方公共团体、企业和国民分别承担责任的垃圾分类处理法律体系,使得垃圾分类处理立法完备、有法可依。[35]第二,垃圾分类相关设置要以人性化为前提,垃圾桶设置地点不仅要显眼,还要合理化、便捷化,在细节设计上也需要更加人性化。比如在日本,除了垃圾桶上的提示与图案,垃圾桶下半部分透明的设计也使人们可以从已有的垃圾来判断并准确分类;在细节上,报纸垃圾的投放口设计成扁平状,而瓶罐垃圾的投放口则是圆形。[36]第三,注重宣传教育,且要避免流于形式。让公民参与垃圾分类回收管理过程和参与监督自我和监督他人的过程,本身也是一种很好的宣传教育手段。第四,提高环卫工作人员的薪资待遇,引入经济与市场机制。政府相关部门根据对居民心理的了解,可通过各种调控、激励垃圾减量排放和垃圾分类的政策及措施来充分调动市民的积极性。

需要进一步讨论的问题有以下三个。一是数据分析显示,集体环境(氛围)对居民垃圾分类行为选择结果的影响是不显著的,但在本文的影响因素分析框架中,集体环境(氛围)对价值感知却是有直接影响的。虽然集体环境(氛围)对于居民垃圾分类行为选择结果没有直接影响,但是通过对居民价值感知的影响,进而间接对居民垃圾分类行为选择结果产生影响也是极有可能的。因为通过上述访谈内容我们可以看到,有不少居民认为他人的垃圾分类行为会对自己的行为产生影响。二是数据分析显示,垃圾分类成本对居民垃圾分类行为选择结果影响是不显著的。但在访谈中也有居民提到,垃圾分类相关的实施方法,比如定时定点投放或者误时定点投放,对其垃圾投放造成了不便,尤其是对上班族来说,更是造成了较大的麻烦感。在问卷数据分析中,垃圾分类成本这个因素未表现出显著影响的原因可能是老人对于随机发放问卷的形式较为抵触,导致样本多为年轻人,而年轻人对增加的少量金钱成本不太在意,而对于时间成本和精力成本的增加所带来的麻烦感却较为在意。虽然本研究未能证实假设H3,但是在提出假设H3的表述中提到,已有研究表明,时间、精力等垃圾分类成本对居民垃圾分类行为选择结果是有显著影响的。三是数据分析显示,受教育程度对居民垃圾分类行为选择结果没有显著影响,这更可能是受到了样本多样性的限制，因为年轻人大多具备本科及以上学历，而受教育程度较低的多是老人，因为年纪较大的样本数量较少，所以未能证实其影响作用。本文在提出假设H6时提到，已有学者进行研究，证实受教育程度对居民垃圾分类行为选择结果是有显著影响的。人口统计变量对于居民垃圾分类行为选择结果的影响仍饱受争议。

我们只有充分了解居民对于垃圾分类政策的接纳程度，以及不配合垃圾分类的深层原因，才能逐步改进垃圾分类政策。另外，我们要扩大宣传教育的影响力，并采取刚柔并济的措施，以有效促进我国垃圾分类政策的推行。

当然，本研究也存在一些局限。第一，本研究只局限在D市TH区了解垃圾分类情况，并只对在D市TH区居住或工作的人员派发问卷，这对于探究我国垃圾分类总体情况及影响因素来说就显得不够全面了。第二，由于部分居民排斥问卷调查等原因，数据样本的多样性可能不够，本文的一些假设也未得到证实。垃圾分类的推行是一个动态的过程，仅凭借几个月的调研和问卷数据的分析，是难以探究其更深层次的原因的。这些局限有待通过后续的研究来不断进行深化和完善。

【参考文献】

[1] Domina T, Koch K. Convenience and Frequency of Recycling Implications for Including Textiles in Curbside Recycling Programs [J]. Environment & Behavior, 2002, 34 (2): 216 – 238.

[2] Callan S J, Thomas J M. Analyzing Demand for Disposal and Recycling Services: A Systems Approach [J]. Eastern Economic Journal, 2006, 32 (2): 221 – 240.

[3] Schultz P W, Oskamp S, Mainieri T. Who Recycles and When? A Review of Personal and Situational Factors [J]. Journal of Environmental Psychology, 1995, 15 (2): 105 – 121.

[4] 王小红, 张弘. 基于经济学视角的城市垃圾回收对策与处理流程研究 [J]. 生态经济, 2013 (7): 145 – 148.

[5] 邓如顺. 广州市生活垃圾分类困境及其原因分析：基于政策网络的视角 [J]. 广东开放大学学报, 2015 (6): 34 – 38.

[6] 聂伟, 黄晓, 黄俊杰, 等. 基于激励理论的城市生活小区垃圾分类回收系统探讨 [J]. 物流技术, 2013, 32 (11): 30 – 33.

[7] 周安. 我国城市生活垃圾分类回收政府补贴政策激励模式研究 [D]. 哈尔滨：哈尔滨工程大学, 2016.

[8] 石文伟. 促进城市生活垃圾分类处理的财政政策研究：以广西壮族自治区为例 [J]. 财政研究, 2014 (8): 30 – 32.

[9] 李冬梅. 城市居民生活垃圾分类低效性分析：一个行为经济学视角 [J]. 知识经济, 2016 (20): 7-8.

[10] 庄春萍, 张建新. 地方认同：环境心理学视角下的分析 [J]. 心理科学进展, 2011, 9 (19).

[11] Bonaiuto M, et al. Multidimensional Perception of Residential Environment Quality and Neighborhood Attachment in the Urban Environment [J]. Journal of Environmental Psychology, 1999, 19 (4): 331-352.

[12] 蒋妍, 张肖阳, 郝明月, 等. 北京居民垃圾分类行为及其环境意识研究 [J]. 中国青年政治学院学报, 2008 (6).

[13] 王笃明. 从心理学看促进分类行为该这么做 [J]. 杭州（周刊）, 2018 (6): 34-35.

[14] 辛自强. 垃圾分类的心理学问题探究 [J]. 人民论坛, 2019 (22): 65-67.

[15] Zhang W, Che Y, Yang K, et al. Public Opinion about the Source Separation of Municipal Solid Waste in Shanghai, China [J]. Waste Management & Research, 2012, 12 (30): 1261-1271.

[16] 张锐珏. 生活垃圾分类：九成人支持, 不足两成人行动 [N]. 中国青年报, 2011-04-19 (7).

[17] 刘莹, 王凤. 农户生活垃圾处置方式的实证分析 [J]. 中国农村经济, 2012 (3): 88-96.

[18] 杨方. 城市生活垃圾分类的困境与制度创新 [J]. 唯实, 2012 (10): 89-93.

[19] Tai J, Zhang W, Che Y, et al. Municipal Solid Waste Source-separated Collection in China: A Comparative Analysis [J]. Waste Management, 2011, 31 (8): 1673-1682.

[20] Zhang Y, Wu S, Wang Y, et al. Source Separation of Household Waste: A Case Study in China [J]. Waste Management, 2008, 28 (10): 2022-2030.

[21] Wang H, Nie Y. Municipal Solid Waste Characteristics and Management in China [J]. Journal of the Air & Waste Management Association, 2001, 51 (2): 250-263.

[22] Fishbein M, Ajzen I. Belief, Attitude, Intention, and Behavior: An Introduction to Theory and Research [M]. Massachusetts: Addison-Wesley, 1975: 1-56.

[23] 王子彦, 丁旭. 我国城市生活垃圾分类回收的问题及对策：对日本城市垃圾分类经验的借鉴 [J]. 生态经济, 2009 (1): 176-178.

[24] 孙昊. 德国垃圾管理法律制度对我国城市垃圾分类立法的启示 [J]. 山西农经, 2017 (24): 35-36.

[25] 蒋妍, 张肖阳, 郝明月, 等. 北京居民垃圾分类行为及其环境意识研究 [J]. 中国青年政治学院学报, 2008 (6): 114-119.

[26] 张栋. 垃圾治理是个社会治理问题：王维平参事访谈 [J]. 团结, 2017 (5): 39-42.

[27] Howenstine E. Market Segmentation for Recycling [J]. Environment and Behavior, 1993, 25 (1): 86 – 102.

[28] Barr S, Ford N J, Gilg A W. Attitudes towards Recycling Household Waste in Exeter, Devon: Quantitative and Qualitative Approaches [J]. Local Environment, 2003, 8 (4): 407 – 421.

[29] 杨方. 城市生活垃圾分类的困境与制度创新 [J]. 唯实, 2012 (10): 89 – 93.

[30] 吴瀚文, 王金花. 城市生活垃圾分类现状和对策 [J]. 绿色科技, 2017 (20): 79 – 80, 84.

[31] 蒋妍, 张肖阳, 郝明月, 等. 北京居民垃圾分类行为及其环境意识研究 [J]. 中国青年政治学院学报, 2008 (6): 114 – 119.

[32] 蒋妍, 张肖阳, 郝明月, 等. 北京居民垃圾分类行为及其环境意识研究 [J]. 中国青年政治学院学报, 2008 (6): 114 – 119.

[33] 邓俊, 徐琬莹, 周传斌. 北京市社区生活垃圾分类收集实效调查及其长期效果 [J]. 环境科学, 2013, 34 (1): 395 – 400. 韩洪云, 张志坚, 朋文欢. 社会资本对居民生活垃圾分类行为的影响机理分析 [J]. 浙江大学学报（人文社会科学版）, 2016, 46 (3): 164 – 179.

[34] Oskamp S, Harrington M J, Edwards T C, et al. Factors Influencing Household Recycling Behavior [J]. Environment and Behavior, 1991, 23 (4): 494 – 519.

[35] 吕维霞, 杜娟. 日本垃圾分类管理经验及其对中国的启示 [J]. 华中师范大学学报（人文社会科学版）, 2016, 55 (1): 39 – 53.

[36] 叶基霖, 祝子蕴, 莫佳悦, 等. 日本垃圾分类经验对浙江省垃圾分类的启示 [J]. 现代商业, 2019 (6): 177 – 178.

青岛市公共文化服务均等化评价研究

李 丹

（东北大学文法学院）

摘　要： 公共文化服务的均等化是指全体公民都能公平可及地获得大致均等的公共文化服务。实现均等化是我国公共文化服务发展的重要目标。本文通过建立评价指标体系，对青岛市公共文化服务均等化情况进行评价分析，发现存在公共文化服务财政投入地区不均、专业人才匮乏且分布不均、文化服务内容形式单一且忽视民众个性化需求、服务范围狭窄等问题。在"互联网+"背景下，我们应从机制、人才、服务转型、观念变革等方面采取措施，促进青岛市公共文化服务均等化，提升城市文化质量，推动城市治理改革。

关键词： 公共文化服务；均等化；民众需求

《文化部"十三五"时期文化发展改革规划》提出全面推进基本公共文化服务标准化、均等化。2017年3月开始实施的《中华人民共和国公共文化服务保障法》也对保障公共文化服务区域均等、城乡均等、群体均等做出了具体规定。实现公共文化服务均等化成为我国公共文化服务发展的重要目标。

当前，伴随着信息技术的快速发展，"互联网+"成为促进资源深度融合、推动社会服务创新的重要手段。我们应充分利用互联网促进文化资源合理配置的独特优势和集成特色，推动"互联网+"与公共文化服务均等化有机结合，为实现公共文化服务均等化提供有效的解决路径。

一、公共文化服务均等化的内涵与原则

公共文化服务的均等化是公共服务均等化在文化领域的延伸，是指全体公民都能公平可及地获得大致均等的公共文化服务，其核心是促进机会均等，重点是保障人民群众得到公共文化服务的机会，而不是简单的平均化。[1]公共文化服务均等化的目标是通过向社会成员提供与当前经济发展水平基本适应的公

共文化物品和社会文化服务的形式,切实维护公民基本文化权利,使之得以公平行使。

尽管公共文化服务利惠万民,但是,政府在决定是否为某个或某类群体提供公共文化服务时,并不是任意、肆意而为,而是需要遵守基本原则,综合考虑多方面的问题和利益。因此,在实现公共文化服务均等化的过程中,应坚持以人为本原则和公平正义原则。

以人为本原则是指在工作中,牢固树立以人为本的态度,坚持"从群众中来,到群众中去",坚持"一切为了人民,一切依靠人民"。结合公共文化服务发展实际,政府决定是否提供、怎样提供服务时,需全面充分地考虑社会公众的最迫切的文化需求,坚决避免出现单纯强调上级政策落实,却忽略公众切身文化诉求的"面子工程",应尽可能创造有助于群众自身文化素养提升的条件和平台。

将平等作为其正义论的核心原则的罗尔斯认为,在现代社会中,应当平等地分配自由和机会、收入财富以及尊严,但是实际上,由于公民自身存在较大差距,造成了事实上的非平等状态。结合公共文化服务发展实际,相对不均衡状态是广泛存在的,不仅存在于发展中的中国,而且在任何国家都是无法避免的。公共文化服务需要避免给社会造成不良影响的过大差距。

二、青岛市公共文化服务均等化评价

2011年5月,青岛市被原文化部、财政部确定为首批国家公共文化服务体系示范区创建城市。该市在"公益性、基本性、均等性、便利性"原则的指导下,全面统筹城乡公共文化服务,努力实现城乡公共文化事业的均衡发展,推动公共文化服务体系建设迈上了一个新台阶。但是,由于城乡差别、区域发展不平衡、相关制度需要进一步完善等,该市的公共文化服务均等化水平还有待进一步提高。

(一)评价指标体系构建

本文以山东省青岛市为例,对该市10个区的公共文化服务均等化水平进行定量化研究,综合考虑包括政府投入、公共文化服务设施、公共文化服务数字化、公共文化服务人才队伍在内的4个方面的因素,运用运筹学、统计学工具,建立既具有青岛市地方特色,又具有一定解释力和普遍意义的公共文化服务均等化的评价指标体系,以期对其他城市在公共文化服务均等化建设方面具有借鉴意义。

基于科学客观、广泛代表、可操作性三个原则，本文从研究对象的性质和内涵出发，结合青岛市各行政区域实际情况，立足于统计学和测量学基础知识，制订了较为恰当客观的青岛市公共文化服务均等化评价指标体系（见表1）。具体而言，评价指标体系分为4大类别，共包括15个指标小项。

表1　青岛市公共文化服务均等化评价指标体系

类　别	具体指标	指标变量	单　位
政府投入	公共文化事业支出	X_1	万元
	公共文化事业支出占总财政支出的比重	X_2	%
	人均公共文化事业费用	X_3	元
公共文化服务设施	影剧院数量	X_4	个
	每万人拥有影剧院数量	X_5	个
	公共图书馆书籍总藏量	X_6	万册
	人均拥有公共书籍总藏量	X_7	册
	广播电视节目覆盖率数	X_8	%
	网络覆盖率	X_9	%
公共文化服务数字化	实体图书馆数量	X_{10}	个
	数字图书馆数量	X_{11}	个
	人均访问数字图书馆次数	X_{12}	次
	图书馆的公众号、客户端数量	X_{13}	个
公共文化服务人才队伍	公共文化事业从业人员总数	X_{14}	万人
	每万人拥有公共文化事业从业人数	X_{15}	人

（资料来源：《青岛统计年鉴2017》。）

青岛市公共文化服务均等化评价指标体系根据计算步骤和结果解释的不同，可分为两个部分。

第一个部分旨在通过计算变异系数（CV），客观描述、比较研究青岛市不同行政区域各个具体指标的离散程度，具体公式为：$CV = S/A$，即目标项的标准差（S）与其平均数（A）之比。结果解释：CV的数值大小与数据之间离散

程度的大小成正比，即 CV 数值越大，该指标项不同区域之间的离散程度越大，非均等化程度越高；反之亦然。（见表2）

表2 变异系数与均等化水平对照

变异系数	均等化水平
$CV<0.2$	差异不明显
$0.2<CV<0.4$	差异较明显
$0.4<CV<0.6$	差异较大
$CV>0.6$	差异巨大

第二个部分旨在总和已获得的计算结果与权重系数，得到总体评价指数 Z。Z 的数值大小与研究对象非均等化程度的大小成正比，即 Z 数值越大，研究对象内部差异越大，非均等化程度越高；反之亦然。

（二）青岛市公共文化服务均等化评价

本文的研究区域以青岛市10个行政区域为分析对象，具体是市南区、市北区、李沧区、崂山区、黄岛区、城阳区、即墨区、胶州市、莱西市、平度市。本文依据评价指标体系构成内容的具体数据，进行两个部分的公式计算，获得相应的变异系数和总体评价指数（Z），并以此为依据，分析得出青岛市公共文化服务均等化的整体状况和典型特征。

1. 政府投入

表3是2016年青岛市各行政区域的公共文化事业支出及其占总财政支出的比重情况，并细化到个体，得出了2016年青岛市人均公共文化事业费用情况。

表3 2016年青岛市各行政区域公共文化服务财政支出比较

行政区域	公共文化事业支出（万元）	公共文化事业支出占总财政支出的比重（%）	人均公共文化事业费用（元）
市南区	137187	1.79	383.03
市北区	66354	1.81	297.48
李沧区	28966	1.31	242.27

续表3

行政区域	公共文化事业支出（万元）	公共文化事业支出占总财政支出的比重（%）	人均公共文化事业费用（元）
崂山区	17912	1.62	305.98
黄岛区	52609	2.28	453.33
城阳区	47268	1.33	281.29
即墨区	25013	1.59	272.86
胶州市	48905	1.29	255.34
莱西市	29417	1.61	261.86
平度市	32363	1.59	381.46
平均值	48727.65	1.59	324.78
标准差	36561.634	0.262	68.64
CV	0.75	0.154	0.211

（资料来源：《青岛统计年鉴2017》。）

关于青岛市各行政区域的公共文化事业支出部分，由表3可知，在10个行政区域中，未达到青岛市平均水平的有5个；最低值出现在崂山区，与具有最高值的市北区相比，资金短板高达119275元。本指标的变异系数为0.75，远大于0.60的临界值，据此可知，青岛市各行政区域的公共文化事业支出差距悬殊，非均等化情况较为严重。

关于青岛市各行政区域的公共文化事业支出占总财政支出的比重，由表3可知，李沧区、城阳区、胶州市的比重均在1.30%左右，远低于全市的平均值1.59%，表明存在内部差异；另根据该项指标的变异系数为0.154可知，差异并不明显，尚在可控范围之内，但需要注意到尚有3个行政区域的占比低于全市平均值。

由表3可知，青岛市各行政区域人均公共文化事业费用存在较为明显的非均等化现象，70%的行政区域未能达到全市平均水平324.78元，变异系数达到0.211，大于0.2的临界值，虽尚处于可控范围，但仍需提高大部分行政区域的人均公共文化事业费用。

2. 公共文化服务设施

根据表4可知，2016年青岛市影剧院数量的平均值为5.2个，包括莱西市在内共有 4 个行政区域低于平均水平。最大值出现在市北区，该行政区域内共有 10 个影剧院，比具有最低值的莱西市多了 9 个。在极端值的影响下，青岛市各行政区域影剧院数量的标准差为 2.53，变异系数高达 0.487，属于差异较大，表明非均等化严重。而每万人拥有影剧院数非均等化情况更为严重，最大值的李沧区比最小值的莱西市高出 0.102，受极端值影响，变异系数大于 0.5。

2016 年青岛市各行政区域公共图书馆书籍总藏量的变异系数为 0.36，最大值出现在崂山区，其馆藏图书量高达 44 万册，最小值出现在城阳区，仅为 15 万册，两者相差近 2 倍。而人均拥有公共书籍总藏量的变异系数高达 0.753，这直接说明青岛市各行政区域在该项指标上严重失衡，区域不均等情况非常严重，需引起高度重视。

2016 年青岛市的网络覆盖率为 98.41%，稍高于广播电视节目覆盖率 97.45%，且其变异系数为 0.017，最大值 100% 同时出现在市南区和李沧区，最小值出现在即墨区为 95.30%，最大值和最小值差距较小，说明全市网络覆盖率基本实现均等化，不存在较大差异。

表 4　2016 年青岛市各行政区域公共文化服务设施比较

地区	影剧院数量（个）	每万人拥有影剧院数（个）	公共图书馆书籍总藏量（万册）	人均拥有公共书籍总藏量（册）	广播电视节目覆盖率（%）	网络覆盖率（%）	常住人口（万人）
市南区	6	0.103	29	0.5	100	100	58.03
市北区	10	0.092	20	0.185	98.09	96.84	108.37
李沧区	6	0.109	18	0.325	100	100	55.33
崂山区	3	0.069	44	1.01	96.50	97	43.55
黄岛区	7	0.046	18	0.119	98.82	99.22	151.59
城阳区	6	0.075	15	0.187	95.58	98.12	80.20
即墨区	6	0.049	28	0.231	88.88	95.30	121.45
胶州市	4	0.045	30	0.339	97.81	98.13	88.52
平度市	3	0.039	37	0.486	98.14	98.94	76.10
莱西市	1	0.007	21	0.153	99.27	99.94	137.26

续表4

地　区	影剧院数量（个）	每万人拥有影剧院数（个）	公共图书馆书籍总藏量（万册）	人均拥有公共书籍总藏量（册）	广播电视节目覆盖率（%）	网络覆盖率（%）	常住人口（万人）
平均值	5.2	0.064	26	0.353	97.45	98.41	92.04
标准差	2.53	0.032	9.33	0.266	3.442	1.676	36.492
CV	0.487	0.502	0.36	0.753	0.035	0.017	0.396

（资料来源：《青岛统计年鉴2017》。）

3. 公共文化服务数字化

根据表5可知，2016年青岛市各行政区域实体图书馆数量平均数为1.1个，最大值为2，最小值为1；而数字图书馆数量的平均数仅为0.9个，主要受崂山区和黄岛区没有数字图书馆的影响，变异系数为0.63，高于临界值，属于均等化差异巨大，存在内部失衡状况；而人均访问数字图书馆次数和图书馆的公众号、客户端数量的变异系数接近或超过1，说明青岛市各行政区域在这两项指标上存在着极为严重的非均等化情况，这主要是受崂山区和黄岛区没有建设数字图书馆及图书馆的客户端、公众号的影响。

表5　2016年青岛市各行政区域公共文化服务数字化比较

地　区	实体图书馆数量（个）	数字图书馆数量（个）	人均访问数字图书馆次数（次）	图书馆的公众号、客户端数量（个）
市南区	1	2	285970	3
市北区	2	1	17550	2
李沧区	1	1	310238	2
崂山区	1	0	0	0
黄岛区	1	0	0	0
城阳区	1	1	87865	1
即墨区	1	1	97680	1
胶州市	1	1	497168	2
莱西市	1	1	369168	0

续表 5

地　区	实体图书馆数量（个）	数字图书馆数量（个）	人均访问数字图书馆次数（次）	图书馆的公众号、客户端数量（个）
平度市	1	1	178628	0
平均值	1.1	0.9	184427	1.1
标准差	0.316	0.56	173472.065	1.101
CV	0.287	0.63	0.941	1.001

（资料来源：《青岛统计年鉴2017》。）

4. 公共文化服务人才队伍

根据表6可知，2016年青岛市各行政区域公共文化事业从业人员总数（以图书馆为例）的平均值为10.1人，共有包括黄岛区在内的5个行政区域未能达到平均值，在最高值李沧区的17人和最低值城阳区的5人的共同作用下，变异系数为0.408，属于均等化水平差异较明显。

2016年青岛市各行政区域每万人拥有公共文化事业从业人数（以图书馆为例）为0.141人，达到平均水平的仅有包括莱西市在内的4个行政区域，最大值出现在李沧区达到0.307人，最小值仅为0.040，出现在黄岛区；由于极端值的出现，变异系数高达0.723，属于均等化水平差异巨大，出现严重的区域失衡，需得到重视。

表6　2016年青岛市各行政区域公共文化服务人才队伍（以图书馆为例）比较

地　区	公共文化事业从业人员总数（以图书馆为例）（人）	每万人拥有公共文化事业从业人数（以图书馆为例）（人）	常住人口（万人）
市南区	16	0.276	58.03
市北区	11	0.102	108.37
李沧区	17	0.307	55.33
崂山区	11	0.253	43.55
黄岛区	6	0.040	151.59
城阳区	5	0.062	80.20
即墨区	8	0.066	121.45

续表 6

地 区	公共文化事业从业人员总数（以图书馆为例）（人）	每万人拥有公共文化事业从业人数（以图书馆为例）（人）	常住人口（万人）
胶州市	9	0.102	88.52
莱西市	12	0.158	76.10
平度市	6	0.044	137.26
平均值	10.1	0.141	92.04
标准差	4.122	0.102	36.491
CV	0.408	0.723	0.396

（资料来源：《青岛统计年鉴2017》。）

5. 整体状况分析

将上述各表的数据加以汇总，得到2016年青岛市各行政区域公共文化服务均等化整体状况汇总表（见表7），其目的在于通过汇总各具体指标的相关数据，运用总体评价指标（Z）的计算公式，对2016年青岛市各行政区域公共文化服务均等化的整体状况进行分析。

表7　2016年青岛市各行政区域公共文化服务均等化整体状况汇总

类 别	具体指标	权重（W_i）	平均值	标准差	CV	$W_i \times CV$
政府投入	公共文化事业支出（万元）	0.101	48727.65	36561.634	0.750	0.076
	公共文化事业支出占总财政支出的比重（%）	0.056	1.59	0.262	0.154	0.009
	人均公共文化事业费用（元）	0.061	324.78	68.64	0.211	0.013

续表7

类别	具体指标	权重（W_i）	平均值	标准差	CV	$W_i \times CV$
公共文化服务设施	影剧院数量（个）	0.077	5.2	2.53	0.487	0.038
	每万人拥有影剧院数量（个）	0.084	0.064	0.032	0.502	0.042
	公共图书馆书籍总藏量（万册）	0.057	26	9.33	0.360	0.021
	人均拥有公共书籍总藏量（册）	0.071	0.353	0.266	0.753	0.054
	广播电视节目覆盖率数（%）	0.063	97.45	3.442	0.035	0.002
	网络覆盖率（%）	0.094	98.41	1.676	0.017	0.002
公共文化服务数字化	实体图书馆数量（个）	0.081	1.1	0.316	0.287	0.023
	数字图书馆数量（个）	0.059	0.9	0.56	0.630	0.037
	人均访问数字图书馆次数（次）	0.068	184427	173472.065	0.941	0.064
	图书馆的公众号、客户端数量（个）	0.039	1.1	1.101	1.001	0.039
公共文化服务人才队伍（以图书馆为例）	公共文化事业从业人员总数（人）	0.039	10.1	4.122	0.408	0.016
	每万人拥有公共文化事业从业人数（人）	0.050	0.141	0.102	0.723	0.036

（资料来源：《青岛统计年鉴2017》及相关政府网站。）

根据表7可知，15个具体指标中只有2个指标的变异系数低于0.2，实现了区域间的均等化；4个指标的变异系数介于0.2～0.4之间，均等化差异存在，但尚不明显；3个指标的变异系数介于0.4～0.6之间，非均等化情况明显；6个指标的变异系数大于0.6，非均等化十分显著，区域之间差异较大，最大值甚至接近1。受极端值的影响，2016年青岛市公共文化服务整体均等化程度较低，整体评价指标数值为0.054，内部差距较大。

三、评价结果分析

本文构建均等化评价指标体系,对《青岛统计年鉴2017》及各行政区域文化局、统计局以及主要公共文化服务提供单位的官方数据进行定量化分析,得到了4类指标及其整体状况的基本数据,发现包括财政支出在内的多个指标都存在一定程度的非均等化问题。为更好更快地实现均等化目标,我们还需分析当前青岛市公共文化服务均等化存在的问题及其原因,以期推动均等化目标的实现。

(一)青岛市公共文化服务均等化存在的问题

1. 财政投入非均等化

青岛市公共文化服务财政投入非均等化问题突出表现为:与全国同等级城市相比,青岛市人均文化事业经费偏低,且尚未建立起健全的保障机制。笔者在调查中发现,个别行政区域的图书馆购书经费、工程运行费、业务活动费等公共文化服务供给方的日常经费并没有按规定列入财政支出经费预算,经费来源无法得到有力保障。

由表3的数据结果可知,政府公共文化服务财政投入非均等化问题主要表现在以下两个方面。

(1)青岛市内各行政区域的公共文化事业支出总投入不足,内部差距悬殊。该项指标的变异系数(CV)计算结果高达0.75。结合统计、测量基础知识,可知青岛市各行政区域公共文化事业支出差距悬殊,非均等化情况较为严重,总体投入不均等,10个行政区域中,未达到青岛市平均水平的有5个;最低值出现在崂山区,与最高值市北区相比,其资金短板高达119275元。

(2)公共文化事业支出占总财政支出比重不均。以黄岛区和李沧区为例,黄岛区2016年的生产总值为2765.69亿元,是青岛市当年经济发展水平较高的地区,其公共文化服务专项财政支出经费为52609万元,占该地区总财政支出的2.28%;李沧区作为当年经济发展水平较低的地区,生产总值为356.03亿元,公共文化服务专项财政支出经费占比为1.31%。李沧区、城阳区、胶州市的占比在1.3%左右,远低于全市的平均值1.59%,存在内部差异。由占比的变异系数0.154可知,差异并不明显,尚在可控范围之内,但需要注意到尚有3个行政区域的占比低于全市平均值。

2. 专业人才匮乏且分布不均

根据表6可知，各行政区域公共文化事业从业人员总数和每万人拥有公共文化事业从业人数的变异系数分别是0.408和0.723，均大于临界值0.4，这表明皆存在非均等化情况。

（1）公共文化服务专业人才匮乏，流失率高，高学历、高职称人员占比少。笔者在实地调研中发现，在有的行政区域中，基层文化服务站和社区文化活动室政策、资金扶持缺位，人才流失严重，图书情报学、图书馆学等专业型人才紧缺，拥有中、高级职称者更是凤毛麟角；"一人多职"现象普遍存在，经常出现由相近单位的工作人员兼任文化站成员的现象；为举办重大活动或迎接上级职能部门检查，向其他单位借调人员突击补档案、补记录，临时开放公共文化服务设施。部分地区服务人员的管理理念陈旧，管理方式较为粗放，专业能力有限，无力使民众的正常文化娱乐需求得到满足，出现了不同行政区域间民众的公共文化服务获得感存在较大差距的问题。

（2）专业人才地区分布不均。专业人才分布具有城乡二元制特色，农村地区资金、政策缺位严重，基层文化服务站面临着日常活动缺少经费、人员经费亟须提高、专业培训匮乏的困局。再者，受基层机构改革、文化机构精简、事业编制缩编等政策的影响，更多的专业人才倾向于"孔雀东南飞"，将一线城市、经济发达地区作为择业首选。另外，城乡文化二元隔阂，缺乏必要的人才交流学习，双方交流互动不畅进一步加剧了非均等化趋势。

3. 服务内容形式较为单一，民众个性化需求未被充分满足

党的十九大将当前社会主要矛盾表述为"人民日益增长的美好生活需要和不平衡不充分的发展之间的矛盾"。这种矛盾集中表现在公共文化服务上就是：以民众需求和效能为基本导向的公共文化服务模式尚未形成，针对民众基本文化需求的调查评估和反馈机制尚未确立，民众个性化的文化需求有时会被忽略。

（1）民众的网络化需求未被充分满足。2018年4月22日，中国三大电信运营商同时公布了5G试点城市，标志着网络发展进入新阶段，民众对于网络平台和移动终端将会提出更多更高质量的要求。而截至2017年，青岛市实体图书馆总量达到11个，各行政区域平均为1.1个，变异系数为0.287；青岛市数字图书馆共计9个，各行政区域平均为0.9个，变异系数高达0.63。由此可知，与实体图书馆相比，数字图书馆的非均等化程度更高，如崂山区、城阳区仍未开设数字图书馆及相应的公众号和客户端。

（2）特殊群体的公共文化服务权益保障有待加强。残疾人、未成年人、

失业待业人员等特定人群难以融入城市文化圈。同样是基层公共文化服务利益关系相关方,却由于群体特殊、占比少等原因,他们难以参与到设施规划、制度革新的谈判和博弈中,其呼声容易"被代表""被决定",其基本公共文化权益暂时未能得到充分的保障。群众公共文化活动需求量和供给量之间匹配的非均衡状态,使得特殊群体更加特殊,容易造成新一轮的社会歧视和非均等状况。

(3) 缺乏宣传力度,网络工具使用情况不佳。数字化公共文化服务工具与实体工具的使用率差异悬殊,人均访问数字图书馆次数的变异系数高达0.941,能够使用全国文化信息资源共享工程、CNKI等数据库的数字图书馆不在少数,但各行政区域数字图书馆的使用率非均等化程度严重。例如,市南区图书馆等根据不同受众群体,开展个性化服务,如提供"儿童天地""军事天下"等书库,吸引了广泛的读者,使用率较高;而有的图书馆则并未注重用户需求,使用率较低。

4. 服务范围狭窄

青岛市正在通过财政专项补助、"以地换保"及"流转入股"等形式,缓解城市化过程中激增的利益冲突。但是,土地的置换和居住的集中化并不意味着人口和观念上的城市化,反而凸显了城乡公共文化服务观念上的巨大差异。

笔者在实地调研中发现,农业人口较为集中的行政区域,有的基层政府和民众关于公共文化服务的思想观念均存在一定程度的偏差。有的基层政府采取"双向应对"策略:一方面,需要应对上级职能部门的考核压力及社会的舆论压力;另一方面,受限于地区资源有限的现实,基层公共文化服务者不得不在公共文化服务政策执行过程中,以表面上的政策执行应付上级部门的审核检查。

在少数地区,基层民众的意见无法充分表达,难以通过制度化的集体行动途径实现自身权益,在基层公共文化服务政策的博弈、谈判过程中缺席,民众的实际需求有时被"被代表""被认可",从而陷于集体行动的困境中。

这种情况在征地回迁社区中最突出,农民并未完全适应城市生活,转变思想观念,充分享受城镇化的公共文化服务红利。此类社区公共文化服务供给规模偏小,形式缺乏多样性,内容乏味;而基层民众有时无法充分表达真实诉求,"甘愿"安于现状。

(二) 青岛市公共文化服务非均等化的原因分析

1. 保障机制不健全

根据公共经济学基本知识,公共文化服务均等化与可持续发展首先依赖于公共财政的长效投入,一个相对完善的保障机制是切实有效落实现代服务型政府职能的首要前提和基本保障。地区经济发展水平越高、增速越快,当前财政收入金额越高,可用于公共文化服务的专项财政支出金额也就越高,相应地,普通居民便能够享受到更高质量的公共文化服务。

在过去一个阶段,受经济发展水平、传统政府管理观念以及历史遗留问题等因素的影响,过度重视社会生产建设、轻视公共文化服务的弊病长期影响着传统政府部门。长期的不均衡发展致使公共文化服务专项财政支出占比远低于发达国家的平均水平,公共文化服务发展活力不足,影响了社会成员精神文化生活的质量。

当前一个阶段,同一城市的不同行政区域之间、不同功能区之间的经济发展水平和质量仍然存在着差异。在区域经济发展不均衡的大背景下,若单纯寄希望于各行政区域依靠其专项财政支出,自行承担公共文化服务建设任务,不仅会造成整体水平低下的状况,更易于产生悬殊的内部差距,引起不必要的社会矛盾。

依据《青岛统计年鉴2017》,青岛市内各行政区域经济发展水平存在较大差异。2016年,青岛市内地区生产总值的最大值是黄岛区的2765.69亿元,最小值是李沧区的356.03亿元,相差了2409.66亿元,经济实力差距悬殊。这一现象直观地解释了青岛市政府公共文化服务财政投入非均等问题的原因。地区内经济发展水平不均衡,保障机制不健全,使得公共文化服务专项财政支出呈现非均衡状态,进而影响各地区公共文化服务均等化的实现。

2. 人才选拔、培养及绩效考核制度不完善

人才队伍,尤其是高素质人才梯队建设,是推动公共文化服务快速发展的重要因素。具体来说,公共文化服务专业型人才能够充分利用自身的专业服务技能,结合当地实际,整合现有的公共文化服务资源,通过形式多样、内容积极的大众文化丰富民众精神文化生活,推动区域内公共文化服务均等化发展。

作为公共文化服务的提供主体,基层政府在考虑防微杜渐和必要约束的情况下,不仅需要承担公共政策规划、制定中长期发展蓝图的责任,更需要结合权力清单和事项清单,制定并执行一整套绩效评估机制和责任倒查机制。将权力放进制度的笼子里,深化落实绩效考评制度,实行责任倒查到人,是运用公

共文化服务公权力推动均等化的必然趋势。

到目前为止，具有高度统一性的公共文化服务均等化标准尚未在我国得到出台。青岛市在山东省文化厅的指导下，自行出台了相应政策，但是还未制定具体细则和操作手册，有待进一步完善。在目前的绩效考核和责任倒查制度设计中，缺乏硬性考核指标，多为定性描述，操作中存在一定难度；评价机制的参与主体单一，不具备权威性和代表性，无法充分地代表现代社会中越来越具有影响力的公益组织等第三方力量及公民意识不断觉醒的普通民众。考核评价缺乏相应配套措施，如责任倒查追究机制等，导致前期所建立的绩效考评制度效力锐减，并未发挥出前期预定的评估和追责作用。

3. 民众需求挖掘与反馈机制不完备

基层政府公共文化服务均等化进程的推进，是一个涉及基层整体的全局性和系统性的工程，绝非狭义上的单一政策讨论过程。然而在基层工作中，民众的委托人与其代理人关系时有错位，致使公共文化服务均等化供给和民众需求脱节。在有的地区，在基层民众无法通过制度化的集体行动来实现委托人的权益时，作为代理方的基层公共文化服务单位缺乏相应激励、反馈机制来回应民众的需求，造成了信息的阻滞和无效沟通。双方信息不对称，民众的需求得不到应有的重视和反馈。一方面，这会导致民众参与社会治理的公民权利意识淡化，放弃享有社会权利和承担社会责任，会造成民众的丧失感；另一方面，这也会严重阻碍公共文化服务资源的合理配置，造成资源浪费，加剧非均衡状态，激化社会矛盾。

4. 思想观念陈旧

第一，政治文化传统造成思想观念陈旧。

政治文化具有历史继承性。纵观中国的政治历史进程，两千多年的传统政治背景形成了中国政治文化特有的基因密码。虽时过境迁，但这一基因密码仍作为传承社会非正式约束的重要载体之一，影响着当代社会成员对于所处环境和自身角色的认知方式，推动形成了一套关于判断政治角色和确定彼此间权利义务关系的价值标准。

对于公共文化服务均等化，有的基层政府一味依赖于自上而下的上层外部权力的推动，忽视内生需求和当前社会发展的大趋势。基层文化部门无论能力强弱，均存在一个突出的问题，即有时强大的外部权力驱动使得服务供给并不完全贴合当地民众的真实需要。这种缺乏民众意见参与的基层文化建设，并不利于现代公共文化服务体系的完善和深化。受政治文化传统的影响，内部需求衍生出的个体权利诉求有时被弱化，转而强调外部权力控制下的被动接受，一定程度上影响着公共文化服务均等化进程。

第二，城乡差异造成思想观念差异。

青岛市位于山东半岛南端，东高西低，南北隆起，中部低洼。山地、丘陵占总面积的 70%，"三大山系"和"三大水系"将胶东半岛分隔成若干相对独立的子区域，湾口海域面积达 446 平方千米的胶州湾，使得青岛市的市南区、市北区与黄岛区、胶州市隔海相望。各行政区域由山系、河系及湾口海域自然分隔开来，交通不便，物资、人才、信息交流合作受制，思想观念存在一定差异。

青岛市下辖 6 个市辖区和 4 个县级市，城乡二元结构突出，呈现出典型的"大城市、大农村"空间结构分布。胶州市、莱西市、平度市、即墨区等行政区域作为青岛重要的卫星城市及区域，承接青岛市农业、畜牧业、林业、渔业等第一产业的发展任务，农业人口数量大，农用土地面积占比多，非农产业发展缓慢，公共文化服务设施建设迟滞。在这些地区，少数基层文化服务站处于"两半三无"状态，即半停工、半搁置，无固定场所、无固定人员、无固定经费的尴尬境地。它们全部依靠政府专项财政补贴，难以实现日常运转和自身发展目标。

长期以来，城乡公共文化资源配置不均的现实，歪曲和虚化了应有的均等化制度，使得权利和政策受益人丧失了改革现有制度、重塑制度尊严的意愿。部分民众以集体失声和集体漠视的方式，主动放弃弥补城乡公共文化服务差距，这既不利于现代公民观念的形成，也不利于现代公共文化服务体系的完善和深化。

四、"互联网+"背景下促进青岛市公共文化服务均等化的对策

（一）利用"互联网+"健全保障机制

1. 转变职能，成为网络公共文化服务购买者

一方面，我们要抓住"互联网+"这一时代发展机遇，积极构建公共文化服务保障机制。在此过程中，政府相关部门应充分发挥主导作用，采取"政府主导、社会参与"的多元、立体投入增长办法，不断加大各级财政的支持和投入力度，具有底线观念和责任意识。我们应通过建立健全公共文化服务专项财政支出保障制度，保障公共文化服务被摆在优先发展的重要位置。

另一方面，在"互联网+"时代，信息资源共享和开发尤为重要，公共文化服务作为利惠全民的事业，我们应鼓励政府相关部门转变职能，鼓励更多具有活力和影响力的社会力量参与其中。我们要大力发展共治共享，适时引入市场竞争机制，从而扩大政府公共文化服务购买范围，丰富购买内容和方式，尝试使用新的方法，如积极扶持群众自办性文化团体，进一步提高政府购买公共文化服务的质量和水平。

2. 整合资源，推动信息和服务共享

在互联网融合发展的时期，整合既有信息资源、经维护加工过程提高信息的附加价值、实现资源共建共享是当前数据管理的方向之一。建立高效合理的协调机制，对于优化资源配置、实现资源共建共享、推动公共文化服务均等化进程具有重要意义。

第一，公共文化服务提供者应积极构建地区公共文化服务协调和引导机制，整合已有资源，编制基层公共文化服务网络。在建立科学管理体系和运行机制的同时，应对条块隔绝、多头管理的传统协调体系进行革新，将现有资源无损、高效地加以融合，实现不同等级、不同区域公共文化服务体系的分工协作。

第二，公共文化服务提供者应巧妙利用"互联网+"技术，将不同区域和层级的管理资源、平台、技术和经验进行深度的整合，使建立的地区公共文化服务管理平台具有较强的综合性，促进资源高效、均等地配置和使用，加强不同部门间的协同合作和相互联系，积极整合各方资源，以网络化的形式带动公共文化服务体系的整体发展和革新，不断拓展文化发展的前沿阵地，实现公共文化服务均等化。

（二）利用"互联网+"提升人才队伍专业水平

1. 大力发展公共文化服务专业学习网络课堂

为提升人才队伍的专业技能、综合素质、整体形象，我们应结合"互联网+"大背景和技术手段，大力发展公共文化服务专业学习网络课堂，采取灵活多样的学习形式，加大培养力度。网络授课方式，使得基层工作人员在不脱产的情况下，可以更加高效便捷地积累知识、提升专业技能，实现人才聚集和整体优化的目标。

网络课堂可以加强不同区域间、城乡间以及不同文化背景的基层公共文化服务工作人员的信息共享和专业技术沟通，提高沟通的有效性，降低时间成本。公共文化服务专业学习网络课堂的构建可以充分调动工作人员的积极性和

能动性，提高其专业本领，推动其自我价值的认可和实现。

2. 推行用户满意度网络测评，形成绩效考核数据库

我们应开展用户满意度网络化调查，推行员工绩效网络化考评试点工程；完善规章制度，逐步建设规范、高效的公共文化服务现代管理体系和运行机制，需要结合权力清单和事项清单，制定并执行一整套绩效评估机制和责任倒查机制；在制定和实施相应政策的同时，需完善具体细则和操作手册。

具体而言，在绩效考核和责任倒查制度设计中，以实际操作的可行性为原则强化硬性考核指标；在促进考评主体多元化方面，广泛吸引社会公益组织等第三方和民众的参与，鼓励第三方和民众使用网络测评平台；重视责任追究，力破绩效考评制度流于形式的传统弊端，充分发挥绩效评估和追究机制作用。

（三）利用"互联网+"优化服务转型升级

1. 挖掘民众需求，建立公共文化服务数据库

公共文化服务提供者要创新"互联网+"平台和媒介的使用方式，利用大数据技术，深入挖掘和汇总包括特殊群体在内的全体民众的公共文化服务诉求，形成兼具特色和共性的公共文化数据服务平台，力求进一步提升公共文化服务的惠民实效性。在公共文化服务数据库的建设过程中，应不断强调民众的主体地位和主导性作用，建立用户内在需求导向机制，着力提高服务的惠民性和实效性。公共文化服务提供者应力求准确掌握民众文化需求动向，把握基层文化工作的基本规律，进一步优化提升公共文化服务质量。

公共文化服务要切实保障特殊群体真实享有均等服务的平等权利。要确保区域内的所有老年人、未成年人、残疾人、失业待业人员、贫困及贫困边缘家庭、进城务工人员及其子女、农村留守人群享有真实的基本公共文化权益；在资源配置、设施完善、活动推广、项目推进的全过程中，要将弱势群体的公共文化权益保障摆在首要位置，高度重视特殊群体的意见表达和反馈。

公共文化服务提供者要利用"互联网+"技术，将地区特色与其他国家和地区进行横向和纵向的多维度对比，通过对比数据发现并改正不足之处；要在公共图书馆、美术馆和博物馆等公共文化场所推进无障碍化公共设施，推进盲人数字图书馆的建设，大力宣传并提供数字文化服务的便利；要起草并落实相关政策和措施，推动公共文化服务机构为特殊的弱势群体提供有针对性的文化服务。

2. 拓宽宣传渠道，提高网络公共文化服务认可度

"互联网+"技术将民众的信息接收和表达空间指数成倍放大，信息通达度不断提高，但是，信息爆炸所引起的资源浪费问题也随之产生。当前阶段，大部分行政区域基本实现了基层文化资源网络化，但是，由于宣传推广不到位，访问量和下载量寥寥无几，公共文化服务资源被严重浪费。获得网络文化资源的技术尚未完全普及，中老年群体、残疾人、进城务工人员、农村留守人群等特殊人群能获得的公共文化资源本来就有限，加之他们又缺乏必要的网络技术，更加剧了不同群体间公共文化资源的非均等化程度。

因此，公共文化服务提供者必须借助多渠道、多方位的宣传来推广网络公共文化服务的获取方式，提升不同群体在网络公共文化服务供给方面的认同度，提高他们这方面的使用技巧。而作为服务提供方，也应不断降低技术准入门槛和权限，使共享服务惠及更加广泛的群体。

（四）利用"互联网+"推动思维观念变革

1. 从补助导向走向权利导向

现代社会中，社会成员在承担公民责任、履行公民义务的同时，也享有平等权利。未来一个时期，我们应将"互联网+"作为重要媒介和平台，使公共文化服务的补助导向转为权利导向，强化民众的获得感。政府相关部门在完善公共文化服务均等化体系时，应主动将其与民众权利的保障相结合，鼓励他们通过网络的形式，正当表达群众诉求，将"互联网+"背景下公共文化服务的鲜明时代特征与人民群众的权利相联结。

2. 从外部压力走向内部需求

当前我国基层公共文化服务均等化进程面临的一大问题在于：如何提升基层政府提供公共文化服务的内生动力。在传统政策路径中，政策的制定和执行逻辑依赖于上层设计，强调自上而下的权利分配和资源配置序列，这意味着上一级政府向下一级政府分配任务，而下一级政府则需应对来自上级的考核。在这种外部压力下，有的基层公共文化服务单位对一些边缘领域和地区较少关注，公共文化服务均等化问题由此加剧。

而在"互联网+"时代，公共文化服务体系中的每个参与个体都应该积极运用"互联网+"公共文化服务平台，主动反馈自己的内生文化需求，汇成数量庞大的数据库，形成具有影响力的内生需求集群。借助"互联网+内生需求"，我们可以完成基层政府公共文化服务均等供给模式从外生驱动向内生需求的转变，克服部分基层民众的表达困境，推动公共文化服务均等化进程。

近年来，针对公共文化服务均等化存在的问题和原因，青岛市构建了

"四大体系",以提高公共文化服务质量,即互联互通服务载体体系、全域服务的公共图书馆服务体系、群众文化活动互动服务体系、共建共享多元文化供给体系,让民众直接感受到公共文化服务的质量有了很大的提高。青岛市还以巩固提升国家公共文化服务体系示范区创建成果为抓手,着力推进公共文化设施建设,完善四级公共文化服务网络,为丰富活跃群众文化生活、满足群众精神文化需求、保障群众基本文化权益奠定了坚实基础。随着这些政策的推进,青岛市的公共文化服务均等化水平必将进一步得到提高,城市文化质量也必将得到有效提升。

【参考文献】

[1] 国务院关于印发"十三五"推进基本公共服务均等化规划的通知[EB/OL].(2017 – 01 – 23)[2019 – 09 – 21]. http://www.gov.cn/zhengce/content/2017 – 03/01/content_5172013.htm.

再论社会动员：基于社会理性和精英治理

李晓燕

（广东财经大学公共管理学院）

摘　要：作为社区治理的重要方法和途径，有效发挥基层社会动员已成为社区治理理论界与实务界的共同呼声。然而，规范理论所关注的社会动员应然状态与美好愿景，大多缺乏可行性与适用性的思考；地方实践往往热衷于技术细节，导致只见树木不见森林，甚至偏离社会动员的本质。社会动员亟须制定一种基于明晰概念边界和主体定位，且具有可操作性的中观机制。社会理性和精英治理是社会动员得以健康、持续发展的重要元素。新时代基层社会动员应强调回归"社会"使命、发挥精英治理的作用，实现社会动员内涵式发展，即社会动员是一个伴随"社会理性和精英治理"嵌入的过程。G区在2018年建立了党组织统筹的新型特色社会动员体系，并取得了良好的动员效果。本文基于社会理性和精英治理视角建构G区社会动员的中观机制，提炼实践逻辑和地方经验，为新时代社会动员创新提供前瞻视角。

关键词：新时代；社会动员；社会理性；精英治理

一、问题的提出

尽管"社会"逐渐成为一个被党和政府有意建构的对象，但受兴盛于19世纪与20世纪之交的"国家主义"批判的影响，学者对国家的主动建设行为进行了谨慎审视，认为脱胎于全能主义的中国社会，完全有可能在国家建设行为中被"再国家化"（邹谠，1994）。进一步说，中国社会治理转型与西方国家相应进程之间存在本质的不同，西方的国家社会关系具有清晰的界限且暗含张力，在推动协同治理时，西方更多的是依靠市场机制和信息化技术；中国的国家社会关系则呈现一种相互融合的关系形态（肖瑛，2014），在推动协同治理时，中国更多的是依靠党的制度整合力。对比西方情境，中国社会治理政策执行效率较高，但政社融合的张力效果有限（周晓虹，2005），导致政社合作的社会治理制度框架将遇到各种不确定的条件约束，在构建"共建共治共享"的社会治理体系时将面临更大的挑战（郑杭生，2014）。因此，中国社会治理转型亟须根植于中国情境，进行本土理论和实践创新（王浦劬，2014）。社会动员作为一项具有相当历史、显著有效的治理手段，曾在中国历史上发挥了重要作用（俞可平，2018）。近年来，政府主导的社会动员在吸引了广泛关注的同时也带来了不同的声音，部分学者认为，随着社会动员的兴起，中国将逐渐实现民主化治理；另一部分学者则对此持怀疑态度，认为政府主导的公民参与呈现典型的"形式化""表演型"特征，并没有对治理决策过程产生实质影响（岳经纶，2018）。社会动员是渐进式发展的，它随时代变迁处于不断演进、调适和完善过程之中。党的十八大提出建立"共建共享"的社会治理格局，党的十九大报告在此基础上，增加了"共治"，同时提出"加强社区治理体系建设，推动社会治理重心向基层下移，实现政府治理、社会调节和居民自治良性互动"，这为新时代社会动员指明了具体方向，也即新时代社会动员要规避传统社会动员政治色彩浓厚，利用行政命令、群众运动等方法推动实现政策目标的问题，强调呼应经典社会理论的关切，回归"社会"使命，以人为本，基于社会理性和精英治理推动社会动员。

伴随G区社区建设的快速发展，各种社会动员问题大量涌现，一是社会动员机制不完善、动员逻辑不清晰，尚未能实现从"掌舵"向"服务"转变。更为重要的是，政府本位的动员逻辑使得社会动员常常陷入"自娱自乐"的境地，表面上政府绩效锦标赛指挥棒下的社会动员热火朝天，但动员效果却差强人意。二是社会动员缺乏系统、科学的动员方法，动员主体能力不足，精英人物缺乏，导致社会动员难以真正激发居民的社区参与意识和参与行为。基于问题导向，G区在2018年探索党组织统筹的新型特色社会动员，制定了一系列社区治理标准和指引，并取得了良好的治理效果，在社会动员创新的道路上迈出了重要的一步。本研究基于"社会理性和精英治理"视角对G区社会动员的机制和逻辑进行经验研究，无疑具有重要的理论和现实意义。

二、文献回顾与研究框架

(一)文献回顾

近年来,学者从不同视角对社会动员进行了深入研究,研究成果也蔚为大观,本部分从中国情境的社会动员、新时代基层社区动员和社区精英治理三个方面进行综述。

1. 中国情境的社会动员

不同于亨廷顿、纳尔逊(1989)、多伊奇(1989)、布莱克(1989)等西方学者将社会动员视为一种社会发展的必要过程。中国学者倾向于将社会动员视为一种社会政治现象,在这种理解中,社会动员是一种现代政治发展方式和手段,与政治参与密切相关,社会动员的本质是政治团体利用拥有的政治资源,以实现经济、政治及社会发展的目标而充分发动社会力量广泛参与的政治行动(林尚立,2000)。它不单指各种社会力量的广泛参与,也指政治力量通过政治动员使各种社会力量统统进入唯一具有合法性的政治共同体之中(周庆智,2015)。由此,西方宏观视角之下的"social mobilization"与中文语境下的"社会动员"理论含义大相径庭,这一差异性决定了关于社会动员的研究不能照搬西方理论,必须立足于中国情境。不同时期的社会动员具有不同的特征。革命时代,中国共产党在物质资源与专业力量不足的情况下,不得不以高超的群众动员技巧说服广大群众(Lucien,1971;Michael,1984);执政后,党和政府则倾向于运用科层制管理机制来解决矛盾(徐家良,2004)。当代中国的政府改革在旨趣和特征上,与全球治理理论与实践的演进十分相似。全球治理理论与实践的难题,即政府中心主义,同样困扰着当下中国的社会动员。值得高兴的是,伴随经济社会的发展,社会工作方法和市场化工作手段逐渐被社会动员认同和采用(徐选国,2017)。

2. 新时代基层社会动员

新时代尤其强调基层社会动员。党的十八大提出建立"共建共享"的社会治理格局,党建在社会各领域特别是在基层普遍增强,确保了社会治理创新的正确政治方向。党的十九大进一步提出了"共治",更加充分体现了新时代社会治理的核心思想(向春玲,2018)。党的十九大同时提出推动社会治理重心向基层社区下移,充分发挥基层党委在社区治理中总揽全局的领导作用和社会动员能力(魏礼群,2018),积极动员居民参与社区治理,以实现政府治理、社会调节和居民自治良性互动（李培林，2018）。新时代社区治理的关键要素是人（洪向华，2018），一方面，基层党员干部的能力与素质直接影响和决定社会动员的质量和成效，提升基层党员的社会理念和社会动员能力非常重要；另一方面，要坚持以人为本，挖掘、培育一批创新理念强、服务能力和职业素养高的社区动员精英队伍，包括社区干部、社区社工和社区骨干等。

3. 社区精英治理

社区中普通人群更多的是享受自己的生活，很少甚至不参与社区的各种活动以及社区事务，在这样的情况下，社区精英治理就显得尤为重要，通过精英治理可以激发居民的社区参与热情（李晓壮，2015）。社区精英与民间力量相联系，是推动社区整治动员和公共参与的主要力量，他们不仅是受宏观社会结构影响的人，更是不断进行制度创新的主导者（刘晔，2003）。在现代化小区中，体制外精英显得尤为重要，体制外社区精英分为有组织"草根"精英和无组织"草根"精英。由于处于体制外，他们的组织形式都是自发性的，但要成为合格的社区治理者，必须要经历一段合理的培养过程，不断积累资源优势，从而提升自身的公共事务责任意识，高效参与社区事务（卢学晖，2015）。

总的来说，作为社区治理创新的重要方法和途径，我国社会动员相关研究较为丰富，在应然层面较好地诠释了中国政治生活中多层次、多形式的社会动员，但在实然层面，一定程度上却忽视了对社会动员过程中国家和社会之间的张力进行深入解读，并提炼具体的社会动员体系框架；基于"新时代社会动员"的地方实践和学术研究刚刚起步，还很单薄，主要停留在对社会动员相关政策的解读和学者零碎的会议发言中，较少系统分析"新时代社会动员"的机制设计、社会理性和精英治理的实践逻辑，为新时代社会动员提供实践和学理上的恰适性依据。

（二）研究框架

1. 相关理论

基于研究内容，这里仅对社会理性和精英治理相关理论展开阐述。

（1）社会动员与社会理性。马克斯·韦伯最先用"理性化"来揭示新教伦理与资本主义精神之间的因果机制。社会学界基于韦伯的思想，把社会主体的行动类型分为工具理性行为和价值理性行为两种，前者是把外界对象以及他人行为作为达到目的的手段，并将其视为社会行动发展的方向；后者是为了某种绝对价值或社会信仰而采取的行动，这种价值观或信仰成为行动者的义务，进而对其产生了"约束力"。新时代社会动员理论和实践应该坚持社会理性逻辑。那么，何谓社会理性？社会理性在一定程度上吸收了韦伯的价值理性思想，强调某种价值观或信仰对行为主体的制约作用，即强调行为主体在特定价值观基础上，能够形成对社会有利的行动实践。质言之，社会理性是"为社会"的理性，是指个体或集体行动在特定的社会规则、社会规范和社会机制的指引下，以社会利他主义为基本原则，在实现个体目标的基础上为更大的社会利益而采取的行动。新时代社会动员的重点在社区，下面分别从社区和社会理论两方面围绕社会动员和社会理性进一步展开对话。

第一，社区为本。笔者认为，应该把新时代社会动员放在社区治理这一宏观脉络之中进行考察。基层治理是社会治理体系的有机组成部分，基层治理现代化是实现社会治理体系和治理能力现代化的必由之路，社区治理则是基层治理体系的基础性构成要素。当前社区治理已经进入攻坚期，面临一系列更为复杂深刻的问题，亟须转型，在此背景下的"新时代社会动员"可以被视作一项回应社区治理困境的可能性议程或社会保护机制，通过建构"社区为本"的"新时代社会动员体系"，把"社区"嵌入国家社会关系的框架中。这种重构了的国家社会关系是基于社区治理、居民参与和社区生活共同体重建为共通目标形成的，在这个意义上讲，基层社区动员是遵循社会理性逻辑的。

第二，社会理论。传统大规模的由上至下、强风暴雨型的社会动员已不符合新时代特点，样板化、模式化的舆论宣传也难以获得社区居民的认可。在一个较长的时期内，社会动员因过分追求临床化和技术化，往往忽视了把社会理论有效嵌入社会动员过程中。以基层党建为例，从中国共产党的建党初衷和历史传统来看，党来自社会，具有广泛的群众基础并注重维持与社会的有机联系，然而这种有机联系由于科层化而被不断侵蚀，具体表现有：一是组织的科层式管理结构不能有效适应基层治理扁平化的需要（王思斌，2014），往往忽略社区居民的多元参与，导致组织动员力量弱化。二是基层党建介入事务性治理的程度远大于对方向性的把握。组织充分掌握公共资源，针对具体治理事务的介入，的确具有积极的效果，但这绝不是党建的主导性工作，而是一种补充性机制（王行坤，2015）。以社区治理为例，党组织社会动员的核心是引领居民的社区参与，而不是由党员替代居民参与。由此，新时代社会动员要规避行政化倾向，真正呼应经典社会理论的关切。

（2）社会动员与精英治理。早期的精英主义多指贵族统治，而当代的精英主义则指财产精英或知识精英，相关理论的主要代表人物有马克斯·韦伯、约瑟夫·熊彼特和托马斯·戴伊等。当代精英主义者认为，民主固然很好，但是把国家托付给一大群普通人,往往会出现非理性的结果,因为大多数普通人难以跳出自己的局限,高瞻远瞩地看问题,国家权力应该掌握在小部分"更适宜掌握和运用这种权力"的人手中。他们指出,很多民主政体实际上就是精英统治,工会领导人、企业领袖、政治活动家等小部分活跃人群垄断了大部分人的选择和思想自由,民主权利实质上向掌握大量财富或技术的人倾斜。新时代社会动员的高效运转应该更加强调精英人群的引领作用,这些精英既包含社区党员、人大代表、政协代表等,也包括"草根"精英。一直以来,"草根"动员往往得不到应有的重视,甚至会被视为对政府部门施压而遭到不同程度的限制,但"草根"行动能够对基层政府责任产生强化作用。同时,由下而上的"草根"精英蕴藏着巨大的社会动员潜能,可以有效分担社区两委①的动员重担,通过对其进行合理的规范和引导,"草根"精英完全可以成为社区动员体系中的生力军,如具有公益情怀、一定威望和号召力的社区志愿者、业委会主任、楼长、退役军人、居民代表和社区社会组织骨干等。

2. 研究框架

本研究对"新时代基层社会动员"的界定是,社区党组织统筹、引领居民参与社区建设,破解社区治理难题,打造"共建共治共享"的社区治理新格局。伴随时代的变迁,中国社会主要矛盾已经转化为人民日益增长的美好生活需要和不平衡不充分的发展之间的矛盾,这为新时代社会动员理论和实践提供了新环境、新动力和新目标。我们需要追问的是,作为促进社区治理现代化的重要动力渠道之一,社会动员参与社区治理的理论依据是什么?质言之,什么是"新时代基层社会动员"与社区治理之间的共通性要素?这是新时代社会动员得以可能的深层机理。本文的研究框架包括研究结构和研究内容两个维度。

一是研究结构。中国基本上完成了治理主体多元化进程,与西方不同,中国的治理结构是一种"以党领政"的治理结构,党和政府掌握着国家的核心政治权力。基于中国情境的路径依赖,新时代基层社会动员呈现明显的"自上而下"的党政色彩,所以研究框架表现为复式结构,既有作为关键行动者的党政机关从上至下的垂直引领和主导,同时也有各动员主体之间的横向合作协商,试图在"党政主导"(见图1中❶)和"多元参与"②(见图1中❷)

---

① 社区两委是社区共产党员支部委员会和社区居民委员会的简称。
② 新时代社会动员主体很多,本文仅列出(但不限于)具有代表性的四种:社区社会组织、社区工作者、驻社区社工和居民代表。

之间找到最佳平衡点。也就是既要党政领导，又要社会参与，实现国家和社会的充分融合和社区善治；既要规避"国家吞噬社会"的可能性，又要充分利用中国政策执行效率高、制度整合力强的优势。进一步说，国家力量和社会力量借助党组织的运作交融在一起，党的领导表现为充分动员居民参与社区治理（陈周旺，2019）。

二是研究内容。主要包括社会理性和精英治理嵌入社会动员的应然过程和实然过程。基于社会理性，新时代基层社会动员要规避行政式、运动式的动员方式，将社会工作理念和社会工作方法嵌入具体社会动员实践中；强调社会动员效果，提升动员主体的动员能力和专业性，促进其成长为社区精英。这些社区精英有可能来自社区社会组织、社区工作者、驻社区社工或者居民代表（见图1）。

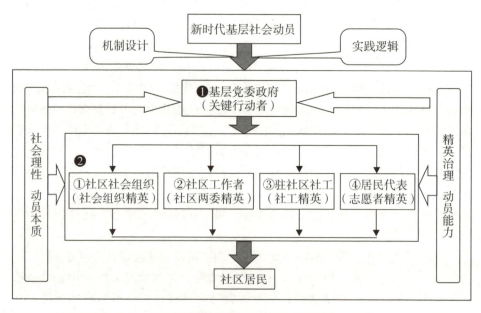

图1 新时代基层社会动员研究框架

（三）资料来源

本文的研究资料主要由三个部分构成。第一，2018—2019年，我们深入G区社会工作委员会（简称为"社工委"）和G区新型特色社会动员试点社区，同社工委工作人员、试点社区党组织、社区社会组织及社区居民进行半结构式深入访谈并获取第一手资料;第二,本文的研究利用了近年 G 区社工委的网络文件;第三,其他文献、引用数据等资料。

三、一个案例:G 区党组织统筹的新型特色社会动员

本研究之所以选择 G 区作为典型案例,是因为作为绝佳的研究对象,G 区可以很好地帮助我们研究社会动员机制和逻辑。G 区位于珠三角腹地,北接广州,南近港澳,是广佛都市圈、粤港经济圈的重要组成部分。G 区经济强劲,社会资本雄厚。同时,G 区作为广东省乃至全国社会治理改革的领跑者,积极创新社区治理,有效激发了居民的社会意识。近年来,G 区共投入 5 亿元,建成 10 万多平方米的社会服务载体,购买了近千个社会服务项目。截至 2017 年年底,G 区建立专业社会工作服务机构 59 个、社会工作人才培育和实训基地 10 个,社会组织有 1800 多个,社会组织从业人员有 1.4 万人,社会组织党组织有 129 个。新时代以来,G 区致力于社区治理的持续创新,2013 年在全国首设"社会政策观测站",选取 22 个各类社情民意最集中的区域作为观测站点,针对社会热点难点问题收集民智,形成"社案"供决策部门参考。观测站的设立意味除了政协提案、人大议案,G 区居民还能通过社区自治组织、社会组织提交的"社案"发声,参与 G 区公共事务管理和监督,开辟了社会动员的新渠道。2016 年,G 区成立了第一家"社案"研发与评估中心,运营 17 个社会服务项目。在党的十九大提出的"加强基层党组织的领导地位和能力建设"的方向指引下,G 区探索建立党组织统筹的新型特色社会动员体系,提高党组织的动员能力,挖掘、培养社会动员精英群体。2018 年 3 月,G 区出台《G 区试点建立新型特色社会动员体系工作方案》(下面简称为"《方案》"),正式启动社区治理 1.0 向 2.0 跨越的步伐,共征集 30 个试点社区,包括农村社区 7 个、村改居社区 16 个、城市社区 6 个、混合社区 1 个。

(一)G 区社会动员机制设计

我们可以基于"社会理性和精英治理嵌入社会动员"的视角来构建 G 区党组织统筹的新型特色社会动员机制(见图 2)。

一是社会理性嵌入社会动员。G 区新型特色社会动员体系通过利益表达、议事协商、责任共担与利益共享、矛盾预防与化解等工作机制和工作指引,构建"社会协同、公众参与"的良性运行机制。如通过利益表达机制和工作指引,开展"社研与社联"主题调研大赛,进一步了解社区治理需求,调整社

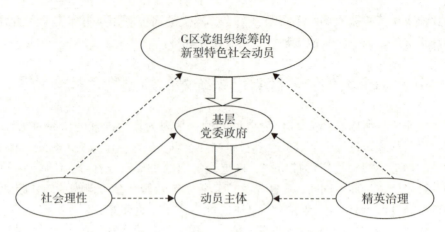

图 2　G 区新型特色社会动员机制设计

区治理内容，提高居民的社区认同和社区参与。G 区没有强制性指定试点社区，而是采用了"社工委动员，社区自愿报名"的柔性动员方式；立足议事协商机制和工作指引，针对小区浸水、停车及环境等现实问题，引导居民有序、高效参与社区治理，并配备了导师，与社区频繁互动。

二是精英治理嵌入社会动员。①挖掘社区党员群体，并把他们培养成为知民情、解民意、善表达的意见领袖，推动社区党员担任社区社会组织骨干，常态化社区党组织培训机制，提升社区党员的动员能力。②通过成立社会建设顾问团，动员相关理论和实践人才参与到 G 区社会动员之中。顾问团成员或来自高校，或来自社会组织机构，顾问团的工作和他们的实际工作有很大的契合度，这在一定程度上带动了他们的参与热情。尽管他们的很多工作都是义务的，没有工资报酬，如担任试点社区导师、进行社会动员宣讲等，但他们都会积极参与。③积极培育社区居民骨干。尽管各社区已经产生了一些社区居民骨干，但大多数居民骨干还不能很好地带领居民参与社区公共事务，社会动员能力有待提升。所以，《方案》强调遵循"空间参与—活动参与—服务参与—公共事务"参与的路径，逐步培育各类社区居民骨干，特别是要兼顾退役军人、青年、妇女、非户籍人口四类人群。④制定新型特色社会动员体系培训方案，目的是回应 30 个"新型社会动员体系"试点社区需求，提供专业技术支持。第一批培训了 100 人，培训对象包括镇（街道）社工委和创益中心的工作人员、社区两委成员、社区社工、社区社会组织成员和居民骨干等社区精英。⑤建立社会动员宣讲团，进一步提升社会动员宣传力度。⑥开展社区实习优才计划，引导大学生参与社区治理，引入社会学等相关专业实习生进入试点社区实习,除提供住宿、实习补贴等常规福利外,还通过 G 区社会工作实习枢纽平台等提供督导支持。

(二) G 区社会动员实践案例

G 区在社会动员实践过程中非常重视社会理性和精英治理的有效嵌入,做了很多细致的工作,并取得了很好的动员效果,为我们进一步讨论社会动员机制设计和实践逻辑提供了经验支持。

1. 社会理性嵌入社会动员

G 区新型特色社会动员体系立足于不同类型社区的实际情况,把握居民的个性化、多样化需求,厚植社会治理和社会工作理念,灵活采用各种动员技术,动员多元主体协同参与社区治理。这里呈现两个案例,对 G 区社会动员实施内容及效果进行梳理。

案例一 AD 社区解决小区水浸问题

小区水浸问题牵动所有 ZZ 小区居民的心。AD 社区以清理下水道行动为契机,动员 ZZ 小区居民参与社区治理。整个过程可分为三个阶段。第一阶段是动员居民积极反馈意见。ZZ 小区自治小组在 AD 社区社工站的协助下,就最近引发小区居民关注的小区水浸问题,组织开展居民会议,以"小区水浸的影响""小区水浸产生的原因"以及"改善小区水浸情况的建议"三个议题展开讨论,广泛收集居民的意见和建议。共有 30 多位居民参加了会议,其中 26 位居民通过现场参与,其他居民通过微信、短信的方式及时补充了个人意见和建议。第二阶段是党委积极连接社会资源,搭建平台。社工把居民意见形成报告在小区内进行公示,同时反馈到社区党委,社区党委针对居民诉求,与 ZZ 小区自治小组实地考察和商议方案,并主动联系了 XX 水处理公司党员志愿服务队。第三阶段是 ZZ 小区自治小组、楼长和热心街坊积极参与下水道清理工作。下水道清理前一天,为方便清理下水道的车辆进出小区,ZZ 小区自治小组通过上门、电话联系等方式,通知车主及时移车。下水道清理工作当天,社区治安队协助指引交通;同时,很多热心居民帮助协调移车、疏导交通、轮流值守、提供茶水等,以便清理工作顺利开展。

(资料来源:G 区社工委,2019)

案例二 党委推进 BD 小区"微改造"

作为党组织统筹的新型特色社会动员试点社区，WW 社区党委着力推进 BD 小区"微改造"行动。首先，WW 社区"两委"干部、网格员和社工对 BD 小区进行了实地走访，收集居民意见和建议，考察小区需要改善的环境问题和安全问题；以提升居民参与意识为切入点，采用"居民议事协商"的形式，动员居民对小区生态环境和安全环境发表意见，并将收集到的问题进行梳理，形成后续的"微改造"计划。其次，针对 BD 小区部分天台和楼梯口乱堆乱放、杂物颇多的情况，社区党委带领网格员、BD 小区自治管理小组成员和工人师傅对这些楼道和天台进行杂物清理工作。在大家的共同努力下，历时 2 天，共有 10 栋楼的天台和楼梯口被清理得干干净净，清理杂物、垃圾多达 15 吨。这次清理工作，除了清理杂物外，还有效"摧毁"了蚊虫的滋生地。最后，整治"小区'僵尸车'乱停放"难题。BD 小区"僵尸车"长期乱停放的现象屡禁不止，不仅挤占小区公共资源，还影响小区整体面貌，给居民生活带来极大不便，不利于小区管理。WW 社区党委携手城管执法、G 区特勤和 BD 小区自治管理小组成员，合力将小区约 50 多台"僵尸车"集中拖移至自治管理小组成员建议的地点。清理后，小区的道路环境得到很大改善，获得了居民的大力支持和称赞。

（资料来源：G 区社工委，2018）

2. 精英治理嵌入社会动员

按照"精英治理"逻辑，精英群体虽然人数少，但由于其动员能力、拥有的专业资源和社会资源都优于普通居民，因此是重要的社会动员主体，他们的参与有利于提高社会动员质量和社区治理效果。这里呈现三个案例，对 G 区社会动员实施内容及效果进行梳理。

案例三 FF 社区努力挖掘、培养居民代表

FF 社区有 5 个封闭住宅小区，常住人口约 2 万人，户籍人口 0.47 万人。FF 社区两委成员及驻区社工普遍反映的问题是，40 名居民代表作为 FF 社区的第一层沟通环节，履职意识不到位、履职能力不足，使社区两委干部与居民之间产生交流断层，导致社区治理过程中信息沟通不畅，两委决策难以下达，居民意见难以上达。结合 FF 社区的自身情况，社会动员顾问团给出的建议是，用好居民代表这一正式体制中的社区精英角色，

做实居民代表维系群众的功能,但这需要一个过程,一个合格的居民代表的培养周期大概是3~5年。顾问同时给出了具体的行动方案。一是全面提升社区两委干部的动员积极性和动员能力,这是社会动员成功与否的基础。FF社区两委要参照刚出台的《在社会动员试点社区建立利益表达机制工作指引》,强化社会动员意识,以身作则,做好居民代表的前期沟通说服工作。二是让8名社区干部与40名居民代表先交朋友,在建立工作关系之前先建立朋友关系,加深相互间的信任度。三是为40名居民代表搭建团队,将居民代表及居民代表家庭作为一个微型社区社会组织进行营造,通过印名片、参与社区公共活动等形式,让居民代表体会到自身的社会价值感。

(资料来源:G区社工委,2018)

案例四 MM花园退役军人参与小区治理

D是一名有着20年"兵龄"的退伍老兵,老家在辽宁省,2017年起跟着家人住进了MM花园。刚入住小区时,由于物业安保力量不够,经常有业主家里财物被盗,小区治安问题让住户们颇为头疼。2017年年底,D和小区里七八位热心的退役军人自发成立了小区志愿巡逻队,以3到4人为一组,轮流值守,每天晚上8时到11时的重点时段在小区里巡逻,发现异常情况及时反映,还要做好值班情况记录。脱下军装仍然可以发挥光与热,在MM花园,像D这样热心小区自治管理和志愿服务的退役军人还有很多,如5名业委会成员当中就有2名是退役军人。目前,MM花园登记在册的退役军人有30人,其中有16人是小区志愿巡逻队成员。立足外地人口多、流动退役军人多、部分退役军人热心公益的实际情况,MM花园大胆探索,依托社区党建平台、党建服务站,成立了G区第一个"退役军人服务站"及退役军人党员志愿服务队,目的是将小区的退役军人及志愿服务队聚集起来,鼓励将退役军人服务管理理念融入小区中,实现"退役军人管理退役军人,退役军人服务社区居民"。目前,该小区正在探索完善自治管理条例,希望通过"党员+退役军人+业委会"的治理模式,将更多资源统筹起来,推进社区治理。

(资料来源:G区社工委,2019)

案例五 青年大学生参与KK小区路灯整治

广东工业大学的大一学生H说:"第一次来KK小区时,感觉管理有点混乱，物业管理人员和居民之间也有些矛盾。"H是G区本地人，2018年7月，他与5位在校大学生报名参与了G区"优才计划"（G区动员大学生参与社区治理的项目），组成了"FM团队"，并和1名一线社工一起被分到FM社区开展社区治理调研工作。"FM团队"经过多次实地调研发现，物业管理人员不能及时更换损坏路灯的问题一直困扰着KK小区居民，存在不小的安全隐患。"FM团队"与FM社区居委会、小区物业管理人员讨论后，决定把推进KK小区路灯整治作为后续工作重心。随后，"FM团队"成员组织内部会议20多次，与居委会、物业管理公司方面展开沟通10多次，并进行线上问卷调查与线下实地走访。队员们发现，KK小区的物业管理费每个月只有0.6元/平方米，在G区属于较低水平，因此，缺少足够的运营资金，物业管理水平自然也很有限，这意味着KK小区的路灯整治需要整合各种社区力量。"FM团队"借助KK小区开展元宵游园会的机会，设置摊位，通过"蒙眼作画"的形式（居民们根据给出的不同主题在纸上蒙着眼睛进行绘画），引导居民关注小区路灯失修问题。同时，"FM团队"积极发动社区党委、社工、街坊互助会、居民代表、物业管理公司等多元主体合力解决小区照明问题。其中，FM社区党委为项目提供方向性指导以及信息资源、志愿者资源等，还为"FM团队"搭建与小区物业管理人员的沟通平台；街坊互助会与居民代表积极在业主群上转发、鼓励大家填写调研问卷；物业管理公司安排电力工程师提供技术支持。

（资料来源：G区社工委，2018）

（三）G区社会动员实践逻辑

在我国国家治理制度下，社会治理创新需要经由多轮政策试验和地方实践，才会走向明晰化、定型化。对于没有先例可循的新时代社会动员来讲，在社会动员的初期阶段，中央政府描绘愿景，提出指导性意见，地方政府则是重要的创新主体，特别是类似G区的区县级政府，社会动员的创新空间和创新自由度都较大。面对我国社会转型前所未有之大变局、其他社会治理形态被证明无法套用的大背景下，地方政府唯有扎根本土社会动员实践，变问题为创新社会动员理论的务实行动。G区社会动员实践逻辑包括两条主线：一是社会理性嵌入社会动员，社会理性是社会动员的灵魂和生命线，它贯穿社会动员全过程；二是精英治理嵌入社会动员，一个完整的精英嵌入社会动员链条包括

"挖掘培养精英—动员精英—精英动员—社区居民"四个环节，这里的社区精英具有双重身份，他们既是被动员者，同时也是动员者，起着非常重要的承上启下的作用。（见图3）

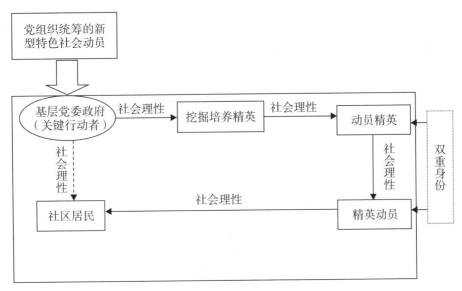

图3　G区新型特色社会动员实践逻辑

我们结合理论，进一步对上述5个社会动员案例背后的实践逻辑进行分析。

1. 社会理性嵌入社会动员案例分析

（1）案例一分析。基于社会理性，通过召开居民会议，AD小区自治小组可以全面收集居民意见，并引导居民理性表达、有序参与，这是社情民意收集制度的良好实践，也是社会动员很好的切入点；从"解决小区水浸"议题的发起、协商召集、收集意见到形成报告、公示、联动多方、组织行动，最终得以将ZZ小区水浸问题解决，这是一次小区议事协商机制运用的成功实践。

（2）案例二分析。BD小区"微改造"行动给我们的启示有：一是社区党委能够以身作则，积极发挥党组织的模范带头作用，工作在小区"微改造"第一线，真正走到群众中，这是最直观、最朴实、最有效的社会动员方法；二是基于社会理性，社区党委搭建居民议事平台，居民依据"居民议事协商"规则，"小区事务大家议"，共同讨论小区环境改造问题，真正实现了居民自治。

2. 精英治理嵌入社会动员案例分析

（1）案例三分析。综合来说，FF 社区带给我们的思考是，有效识别、挖掘和培养社区精英，引领社区精英成为动员主体，已经成为 G 区社会动员的工作重点之一。但需要强调的是，社区精英培养是一个艰难的过程，即精英动员并不是一蹴而就的，而是一个反复、漫长、消耗心力的过程。但是，如果我们还相信人是可以改变的，相信我们的社会动员最终是指向人的变化与培育，那就需要把社区精英培养看作是社会动员工作的核心部分，要放平心态，放下期待，慢慢推进。

（2）案例四分析。这是一个在退役军人中挖掘社区精英的案例。退役军人比普通居民拥有更强的动员能力和志愿精神，所以，MM 花园退役军人参与社区治理的模式非常具有可行性和借鉴意义。MM 花园建立退役军人服务站及退役军人党员志愿服务队，不仅有利于培育退役军人充分发挥先锋模范作用，同时可以引导更多的退役军人参与社区治理。

（3）案例五分析。青年人思维活跃、富有创新精神、精力充沛，是有待挖掘、具有无限潜力的社区精英。G 区大学生参与 KK 小区路灯整治，一方面，提高了居民对社区事务的参与热情和对社区的归属感，搭建了居委会、物业管理公司和居民三方沟通交流的平台；另一方面，也为 G 区动员青年大学生参与社区治理积累了经验，在一定程度上实现了 G 区党组织统筹的新型特色社会动员体系开展"优才计划"的初衷和使命。

四、结论与讨论

"中国共产党没有简单地将自身定位为一个纯粹的政治性组织，而是定位为一个扎根于社会之中，兼具社会性与政治性的组织。"她鼓励党员走到群众中去，积极开展社会动员（陈周旺，2019）。而在治理实践中，党政治理所强调的纵向秩序整合机制与社会治理强调的横向秩序协调机制有时暗含着一些相互矛盾的诉求。因此，任何一个社会试图将两者有机结合起来都会面临很大挑战。所以，政党调适策略下的基层党建，经常采取嵌入、吸纳、渗透等调适性策略。本文以 G 区建立党组织统筹的新型特色社会动员体系为例，构建基于"社会理性和精英治理"视角的社会动员机制，进一步挖掘超越于单纯的党政机制和社会机制之上的、符合中国治理情境的、更具弹性的整合动员机制，使两种暗含张力的治理机制能在一个框架下相互赋能、和谐共生。

基于系统脆弱性视角，G 区党组织统筹的新型特色社会动员体系现实运行效果和设计初衷必然会存在一定程度的差距。G区社会动员还处于试点阶段，未来的创新效果虽然不明确，但还是可以预期的，可能的结果有三种。一是社会动员试点效果明显，获得学界及政界的广泛认同，有效提升了动员主体能力，充分激发了居民的参与意识和参与行为，并由试点样本提升为治理模式，在广东省和其他地区得到推广和复制。二是社会动员试点效果较好，在一定程度上提升了动员主体的动员能力，激发了居民的社会参与，在G区进一步推广。三是社会动员试点效果一般，未能在G区进一步扩散，随着时间推移而消解。但无论如何，党组织统筹的新型特色社会动员体系作为G区从社会治理1.0时代向社会治理2.0时代跨越的突破口，作为探索中国特色国家社会关系的地方实践，一定要坚守"社会理性和精英治理嵌入社会动员"的治理内涵和治理逻辑。改革不易，改革攻坚阶段更不易，我们也更需要"不忘初心""知难而上"的情怀和定力，不能知难而退，重新走回"低水平""粗放型"社会治理的老路，或者再次囿于"为创新而创新"或"伪创新"的恶性循环之中。

本研究的不足之处有：一是在研究对象上，G区建立的党组织统筹的新型特色社会动员体系仍在试点和探索阶段，进一步的结论还需要后续追踪研究发现；二是在研究视角上，社会动员包含多个研究维度，本研究主要聚焦于人本主义视角下的社会理性和精英治理，具有一定的局限性。

【参考文献】

[1] 向春玲. 十九大关于加强和创新社会治理的新理念和新举措［EB/OL］. (2017 – 12 – 11)［2019 – 09 – 15］. http://theory. people. com. cn/n1/2017/1211/c40764 – 29697335. html.

[2] 魏礼群. 着力打造新时代社会治理的新格局［N］. 光明日报，2018 – 04 – 26.

[3] 李培林. 用新思想指导新时代的社会治理创新［N］. 人民日报，2018 – 02 – 06.

[4] 洪向华. 准确把握新时代党的建设总要求［N］. 河南日报，2017 – 11 – 17.

[5]（德）马克斯·韦伯. 新教伦理与资本主义精神［M］. 上海：世纪出版集团，上海人民出版社，2010.

[6] 邹谠. 二十世纪中国政治：从宏观历史和微观行动的角度看［M］. 香港：牛津大学出版社，1994.

[7]（美）布莱克 C E. 现代化的动力［M］. 成都：四川人民出版社，1988.

[8]（美）亨廷顿，纳尔逊. 难以抉择：发展中国家的政治参与［M］. 北京：华夏出版社，1989.

[9]（美）卡尔·多伊奇. 社会动员与经济发展［J］. 国外政治学，1987 (3).

［10］丁学良. 辩论中国模式［M］. 北京：社会科学文献出版社，2011.
［11］李晓壮. 城市社区治理体制改革创新研究：基于北京市中关村街道东升园社区的调查［J］. 城市发展研究，2015（1）.
［12］林尚立. 当代中国政治形态研究［M］. 天津：天津人民出版社，2000.
［13］刘晔. 公共参与、社区自治与协商民主：对一个城市社区公共交往行为的分析［J］. 复旦学报（社会科学版），2003（5）.
［14］卢学晖. 城市社区精英主导自治模式：历史逻辑与作用机制［J］. 中国行政管理，2015（8）.
［15］王浦劬. 国家治理、政府治理和社会治理的含义及其相互关系［J］. 国家行政学院学报，2014（3）.
［16］王思斌. 社会治理结构的进化与社会工作的服务型治理［J］. 北京大学学报（哲学社会科学版），2014（6）.
［17］王行坤. 党国体制与后政党政治：基于中国社会主义经验的讨论［J］. 开放时代，2015（4）.
［18］陈周旺. 国家治理现代化之路：改革开放的政治学逻辑［J］. 学海，2019（1）.
［19］肖瑛. 从"国家与社会"到"制度与生活"：中国社会变迁研究的视角转换［J］. 中国社会科学，2014（9）.
［20］Bianco L. Origins of the Chinese Revolution：1915－1949［M］. Stanford：Stanford University Press，1967.
［21］Mann M. The Autonomous Power of the State：Its Origins, Mechanisms, and Results［J］. European Journal of Sociology，1984（2）.
［22］徐家良. 危机动员与中国社会团体的发展［J］. 中国行政管理，2004（3）.
［23］徐选国. 社会理性与城市基层治理社会化的视角转换：基于上海梅村的"三社联动"实践［J］. 社会建设，2017（6）.
［24］俞可平. 中国的治理改革（1978—2018）［J］. 武汉大学学报，2018（5）.
［25］岳经纶. 公众参与实践差异性研究：以珠三角城市公共服务政策公众评议活动为例［J］. 武汉大学学报，2018（3）.
［26］郑杭生. 理想类型与本土特质：对社会治理的一种社会学分析［J］. 社会学评论，2014（3）.
［27］周庆智. 社会动员与政治参与：现代国家建构的视角［J］. 江苏师范大学学报（哲学社会科学版），2015（1）.
［28］周晓虹. 1951—1958：中国农业集体化的动力——国家与社会关系视野下的社会动员［J］. 中国研究，2015（1）.

第二部分

调研报告

市民主动参与生活垃圾分类动力源研究

叶 林

（中山大学政治与公共事务管理学院）

摘 要：为了解决"垃圾围城"问题，实现生活垃圾资源化、减量化，垃圾分类工作成为重中之重。而如何使城市居民养成垃圾分类的习惯、主动自觉地对垃圾进行分类是推进垃圾分类工作的关键问题。基于此，为了深入群众了解垃圾分类工作的实际情况，为垃圾分类工作的进一步推进提供贴合实际的事实数据以及形成合理可行的政策建议，结合习近平总书记关于垃圾分类工作的系列重要指示精神，笔者开展此次调研。

本文充分借鉴现有研究成果，从探讨市民主动参与生活垃圾分类的动力源的研究目的出发，形成市民主动参与生活垃圾分类主观意愿的影响因素分析框架。本研究主要是通过对广州市内典型样板小区居民的深度调研和田野调查，来发现和识别居民生活垃圾分类主观意愿的关键影响因素。我们发现，社会心理因素是市民主动参与生活垃圾分类的主观意愿的动力之源。情境因素是实现社会心理因素向居民生活垃圾分类主观意愿跨越的关键。政府干预是居民生活垃圾分类主观意愿是否能最终形成的核心。

政府部门的各相关主体要充分发挥自上而下的主导作用，积极推动生活垃圾分类制度规范的形成，根据实际情况创新生活垃圾分类推进措施，关键是要关注居民的呼声和需求，针对不同群体采用不同的方式方法，从居民的角度出发，帮助垃圾分类成为居民的新习惯、新潮流。

关键词：生活垃圾分类；动力源；计划行为理论；政府干预

一、研究背景

2019 年 6 月，中共中央总书记、国家主席、中央军委主席习近平对垃圾分类工作做出重要指示。习近平强调，实行垃圾分类，关系广大人民群众生活环境，关系节约使用资源，是社会文明水平的一个重要体现。

目前，为了解决"垃圾围城"问题，实现生活垃圾资源化、减量化，垃圾分类工作成为重中之重。而如何使城市居民养成垃圾分类的习惯、主动自觉地对垃圾进行分类是推进垃圾分类工作的关键问题。正如习近平总书记所指出的，推行垃圾分类，关键是要加强科学管理、形成长效机制、推动习惯养成。我们要加强引导、因地制宜、持续推进，把工作做细做实，持之以恒抓下去。要开展广泛的教育引导工作，让广大人民群众认识到实行垃圾分类的重要性和必要性，通过有效的督促引导，让更多人行动起来，培养垃圾分类的好习惯，全社会人人动手，一起来为改善生活环境努力，一起来为绿色发展、可持续发展做贡献。

基于此，为了深入群众了解垃圾分类工作的实际情况，为垃圾分类工作的进一步推进提供贴合实际的事实数据以及形成合理可行的政策建议，结合习近平总书记关于垃圾分类工作的系列重要指示精神，笔者开展此次调研。

（一）广州垃圾分类历史沿革

广州是全国最早推行垃圾分类的城市之一。早在 1990 年广州就开始倡导垃圾分类，2000 年开始逐渐进行试点，并且在 2010 年正式全面推广垃圾分类工作。相关配套的政策和文件也陆续出台。2010 年，《关于全面推广生活垃圾分类处理工作的意见》出台，标志着广州市生活垃圾分类工作步入了政府主导推广阶段。2011 年，第一个专门针对垃圾分类工作的规范性文件——《广州市城市生活垃圾分类管理暂行规定》出台，广州开始公开招聘垃圾分类专员，启动分类宣传，配置分类垃圾桶，并辅以一定的处罚条例。到了 2018 年，最新的《广州市生活垃圾分类管理条例》出台，对广州市生活垃圾的分类投放、收集、运输、处置和源头减量及其相关活动做出了详细规定，并且颁布了更严格、可行的处罚条例，紧跟全国趋势，开始步入强制垃圾分类时期。（见表1）

表1　2010 年后的广州垃圾分类政策文件

时　间	政策文件
2010 年	《关于全面推广生活垃圾分类处理工作的意见》
2011 年	《广州市城市生活垃圾分类管理暂行规定》

续表 1

时　间	政策文件
2015 年	《广州市城市生活垃圾分类管理规定》（已废止）
2018 年	《广州市生活垃圾分类管理条例》

广州推行垃圾分类的 30 年来，形成了以协商共治为主要特点的广州模式，并且出现了一些具有示范意义的广州经验和样板小区，如"东湖模式""广卫模式""南华西模式""万科模式"以及作为样板小区的 YL 小区等。这些样板小区的垃圾分类工作做得有声有色，值得进一步研究和推广。从各小区的经验总结来看，垃圾分类工作取得一定进展离不开专门的领导小组、责任到人的工作考核体系、充足的资金保障、高密度且多元化的宣传、及时的积分奖励制度等因素，它们为动员全民参与垃圾分类提供全方位的准备。

然而，从总体上讲，截至目前，广州的垃圾分类工作仍然面临着较大的阻力，成效一直不温不火，没有真正形成垃圾分类的全面趋势和浓厚的社会氛围。据笔者观察，即使居民对垃圾分类的知晓率达到 90% 甚至 100%，居民在行动中的垃圾分类率以及回收利用率也仍然偏低，分类标准不明、垃圾混装混收、分类垃圾桶设置不规范等现象仍然普遍存在。这些现象都为广州接下来大力推进垃圾分类工作敲响了警钟，同时也指明了往后努力的方向。

尽管如此，广州 30 年垃圾分类经验孕育而成的城市垃圾分类底蕴是不容忽视的，这为新时期广州推行垃圾分类带来了莫大的好处，需要我们在政策制定中对其充分挖掘并把优势发挥出来。但我们也要清楚看到，30 年的历史沿革同样也会带来一些问题。例如，因为多年来垃圾分类效果不明显，从而对垃圾分类失去信心的市民们，可能会更加难以引导和规劝其重新进行垃圾分类。诸如此类的问题，以及多年来推行垃圾分类的教训，也需要我们在接下来的工作中逐步发现，并且有针对性地进行处理和改进。这也是本次调研的主要背景和目的所在。

（二）广州垃圾分类现状

正如上文所提到的，2018 年《广州市生活垃圾分类管理条例》的出台，标志着广州垃圾分类正式进入强制分类时期，同时也表明了广州打赢这场"垃圾革命"、争当全国垃圾分类排头兵的决心。随后，广州市陆续出台了《广州市机团单位生活垃圾分类指南》《广州市居民家庭生活垃圾分类投放指南（2019年版）》《广州市深化生活垃圾分类处理三年行动计划（2019—2021年)》等配套文件，在政策和制度方面为广州市推行强制生活垃圾分类把舵引航；与此同时，广州市政府各部门和各行政单位也紧锣密鼓地推进垃圾分类的宣传工作、联席会议制度的建立、样板小区的建立、整区整街垃圾分类的推进等配套措施落地，成功地在全市范围内营造了生活垃圾分类的良好形势。

目前，广州已形成"1+3+12"的垃圾分类管理制度体系，建立了"三化四分类"的垃圾分类体系；按照"先分类、回收、减量，后无害化焚烧填埋、生化处理"的技术路线，以图实现生活垃圾"减量化、资源化、无害化"。其中，各区样板小区的建立是工作重点之一。各区各街道办根据地方实际情况，确立各地的样板小区，因地制宜地探索样板小区内行之有效的垃圾分类模式。很快就涌现了如"云龙苑""黄埔花园""凤馨苑"等优秀样板，为全市的生活垃圾分类推广提供了宝贵的经验。

经过整理总结，各区样板小区推广垃圾分类的措施主要有如下几个方面。

（1）成立高规格领导小组，制订行动方案。

（2）落实资金保障，强化督导监察、街道互检，加强执法。

（3）对各小区考核排名、定期巡查，要求各小区建立台账、公示情况。

（4）加强宣传，通常包括培训班、宣传栏、宣传活动、宣传品、志愿者队伍等形式。

（5）典型模式：定时定点模式（对应楼道撤桶模式）；可回收资源、有害垃圾、大件垃圾专门堆放点；低值可回收物回收返现（采用智能设备或引入企业）；督导员；积分奖励制度。

这些措施各有特色，各有侧重点，对于小区内生活垃圾分类投放的促进效果也各有不同，这就为我们解答如何促进生活垃圾分类投放这一问题提供了非常丰富的现实素材。

但是，生活垃圾分类的推广仍然有不少的痛点和堵点。通过深入小区群众和基层一线垃圾分类工作者，我们发现，推广垃圾分类是个慢活细活，绝不是一朝一夕就能解决的。在现实中，政策执行的阻力并不小，垃圾分类进展不平衡、群众满意度不高、宣传动员不到位、环保意识未真正形成等问题仍然严重，生活垃圾分类工作必须边实施边摸索。

因此，搞清楚如何动员居民形成垃圾分类的习惯，搞清楚居民进行垃圾分类的动力源头在哪里，对于进一步推广垃圾分类，实现广州市垃圾分类工作新的跨越，具有非常重要的现实意义。

二、理论分析框架

国内现有研究中对城市垃圾分类治理的探讨还处于起步阶段，相比于国外研究对于激励、惩罚机制的深入讨论，国内研究还停留在对宏观政策的描述层面上。然而，国内对于城市垃圾分类治理的研究也已经经历了一个从研究宏观政策环境的影响到研究微观个体行为、从定性描述为主到频繁出现定量实证研究的发展过程，而且还出现了对城市垃圾分类治理中的社会文化环境因素影响的研究。[1]

从国内学界对城市垃圾分类治理的研究发展历程来看，一个明显的趋势是研究逐渐从宏观转向微观，从关注政策、体制机制到更加关注微观的个体行为。因此，对于个体意愿层面上的研究将成为下一个主要的研究方向，这也是目前研究中的一个空白之处。

近期学界已经出现少量对城市居民生活垃圾分类意愿的影响因素研究。一方面，无论是从定性案例分析的角度还是实证定量分析的角度，计划行为理论都成为寻找居民主观行为意愿的影响因素的重要理论之一。计划行为理论是社会心理学视角下的分析框架，该理论认为个体的行为受到个体的行为意愿的影响，而行为意愿的强弱主要由三个方面的因素导致：行为态度、主观规范、感知到的行为控制。行为态度是指个人对这一行为是否有助于达到有价值的结果的态度。主观规范是指感受到的社会压力。而感知到的行为控制包括两个层面：个体对自身完成相应行为的自我效能感，以及个体对行为实施与否的控制能力。然而，计划行为理论也有自身的缺陷，那就是没有考虑到行为的实际可控制性，换句话说，就是没有考虑到个体实际面对的客观环境。因此，现有研究都会通过不同的方式把实际的情景放进模型里面，期望得到更高的模型拟合度和解释力。[2]

另一方面，除了以计划行为理论为代表的居民心理层面的因素研究外，政府干预对居民意愿以及垃圾分类治理情景的影响也是一个重要的研究范式。例如，笔者就曾经在广州市黄埔区 DG 花园的社区生活垃圾分类试点研究中关注过政府不同的干预方式对居民的生活垃圾分类意愿的影响，并从干预路径和制度化程度两个维度梳理了居民生活垃圾分类中的政府干预模式（见图1），由此发现，并没有一个放之四海而皆准的干预模式，不同的干预模式有着不同的优势和劣势，居民的生活垃圾分类意愿也会出现不同的变化。

除此之外，也有学者以台北市为案例，对城市生活垃圾分类治理中政府干预的影响进行了细致的分析。该学者把政府干预分为强干预和弱干预两种类型。强干预包括政策立法、行政处罚、监督、强制收费等，其功能是可以构建秩序、形成规范；而弱干预则包括宣传教育、调动多元主体参与、社区营造等，起到维护制度、维持秩序的功能。通过这种"强干预建秩序、弱干预保秩序"的强、弱干预的合力与配合，台北市成功形成城市生活垃圾分类的社会风尚。[3]

图1　政府干预模式

对现有城市生活垃圾分类治理的研究的考察可知，对于居民个体主观意愿的研究是一个重要的方向。但是，现有研究成果中，关于影响居民垃圾分类意愿的因素还是散乱、含糊以及不全面的，因此，亟须进一步厘清影响居民生活垃圾分类意愿的各类因素，才能更好地理解居民主动参与生活垃圾分类的动力源所在，更好地理论联系实际，为城市生活垃圾分类提供有益的政策建议。

本文充分借鉴现有研究成果，从探讨市民主动参与生活垃圾分类的动力源的研究目的出发，形成市民主动参与生活垃圾分类意愿的影响因素分析框架，并以此作为本研究的理论分析框架（见图2）和主导思想。

根据本研究所构建的理论分析框架，市民垃圾分类意愿主要受到三类因素的影响：社会心理因素、情境因素和政府干预。其中，社会心理因素方面的分析借鉴了计划行为理论，从行为态度、主观规范、感知行为控制三个维度去识别市民垃圾分类意愿的影响因素和动力源。情境因素即市民具体面对的生活垃圾分类客观环境，包括分类方法、分类设施等方面。而政府干预方面的分析则借用行为公共政策的理论思路，把政府干预下留给市民的行为自主性程度作为识别政府干预行为及其影响的思路，按家长主义、家长自由主义、自由家长主义、自由主义四个层面考察政府干预对居民生活垃圾分类意愿的影响。另外，理论分析框架还揭示了三类因素间的相互影响关系。一方面，情境因素对于社会心理因素是否能够成功导致良好的市民意愿有着极其重要的影响。当面对不友好的生活垃圾分类客观环境时，居民对于生活垃圾分类的良好态度预期将很难转化为真正的垃圾分类意愿，而且还会反过来对居民的社会心理因素造成反面影响。另一方面，政府干预对于居民的社会心理因素以及具体的情境因素都会有影响，这也为我们的政策建议提供了基本的理论依据。

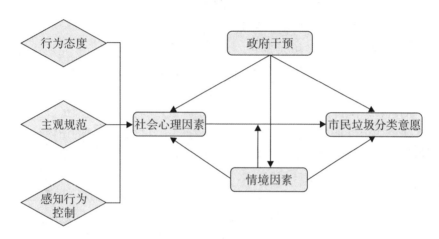

图 2　本研究的理论分析框架

因此，按照上述理论分析框架对广州市的不同样板小区进行考察，可以系统地识别出居民生活垃圾分类意愿的关键影响因素，进而可以进一步提炼出市民主动参与生活垃圾分类的动力源所在。我们希望在调研中识别出关键的影响因素，了解到每一类影响因素在现实情况中的表现形式及其影响路径，这也是本课题组进行调研的最重要的目标。

三、研究方法

本研究主要是通过对广州市内典型样板小区居民的深度调研和田野调查，来发现和识别影响居民生活垃圾分类意愿的关键因素。田野研究强调的是对研究情境的深度理解以及与研究对象的互动交流，有着其得天独厚的研究优势，即可以深度进入被调查对象的生活，掌握调查对象的第一手资料，从而容易有新的发现，内部有效性极高。另外，单个案例的田野调查也会有外部有效性差的问题，因此，本研究采取的是多案例田野研究，既可以保留田野案例研究的优势，又可以通过不同案例的对比，形成更有普适性和指导意义的研究结论。

（一）定性为主，定量为辅

本研究采取定性与定量相结合的研究方法，根据不同调查阶段的特点和需要，定性研究和定量研究将分别起到不同作用。定性研究可以提取调研案例中的关键要素，形成有利于解释实际现象的分析框架；同时，可以帮助我们理解和解释定量研究的结果，使我们对所研究的问题有较为客观、全面的解释。定量研究的目的是为定性研究提供更充分、更普遍的数据支持。

正式调研主要以深度访谈为主，结合问卷调查的形式进行。先是在一定范围内发放问卷，检验问卷的信度和效度，然后再进行调整。问卷质量得到控制后再进行大范围发放，结合问卷调查的数据分析结果，再进行半结构化访谈探寻深入的解释。除此之外，我们也会利用小区试点的资料加以辅助。

本研究的定量部分，主要体现在问卷调查上。根据预调研的访谈结果，结合当地特点和参考专家、学者的意见，对问卷效度进行调整。然后再发放100份问卷，导入软件进行信度检验。解决了问卷信度、效度问题和确保了问卷质量之后，我们即在更大范围内向居民发放500份以上的问卷。获取数据后，我们利用SPSS统计软件对数据进行交叉分析，挖掘居民垃圾分类的动力源。

本研究的定性部分主要体现在访谈和案例分析当中。在问卷调查前，我们先进行小范围的访谈，对小区的特点进行初步归纳。后期根据问卷调查的结果，我们再次深入小区开展正式调研，对小区居民、综合管理局等不同主体进行深度访谈。深度访谈主要采用半结构式访谈的形式。在对象的选择上，我们采用配额抽样方法。通过访谈，我们获得更多隐藏在现象背后的细节。在整理出访谈文字稿后，我们利用"扎根理论"的相关方法分析案例，通过反复地阅读原始资料，对其中的现象加以分类、命名，并将分出的各类属反复加以比较，最后将归类后的资料进一步浓缩以提炼主题，对关键要素进行逻辑性整合，建立分析框架，深入分析当前居民垃圾分类动力源的影响路径。

（二）案例对比研究

对比是调查研究的重要方式，通过不同维度的对比，往往能够发现现实案例中有助于解决研究问题的关键因素，并且进行验证。本次调研选取的小区，分为不同的类别，有利于对不同类别小区进行对比，看出差别，找到好之所以为好、坏之所以为坏的原因。另外，在样板小区的选择上也兼顾了垃圾分类措施的全面性与特殊性，通过不同措施的比较，以及相同措施在不同小区的比较，也可以增进对动员居民参与生活垃圾分类的不同措施的理解，找到提升垃圾分类动员效果、形成垃圾分类良好社会氛围的方式方法。

（三）数据收集方法

1. 一手资料收集

（1）问卷调查法。本研究利用预先编好、经过信度和效度检验的问卷，对开展垃圾分类的样板小区的居民进行调查，以获得居民的社会网络特征、人口学特征、对垃圾分类的认知及其行为等一手资料。

（2）深度访谈法。本研究将运用半结构性访谈的方式，访谈对象包括调研地居民、物业管理公司工作人员、环卫工人、督导、政府相关部门工作人员等群体，提问的方式、用词的选择、问题的范围适合受访者的知识水平和生活习惯，力图从多元主体的视角来深入了解居民垃圾分类动力源的信息。

（3）参与式观察法。为更好地融入居民这个被观察对象的群体，以观察居民垃圾分类的实际情况，本次调研人员深入到居民的日常生活中进行观察。通过接触居民群体，调研人员可以了解居民的心理，弥补通过调查问卷获得统计数据的单一性，更加准确地反映居民对垃圾分类的真实认知、态度及其行为。

2. 二手资料收集

本次调研通过查找政府政策文件、新闻资料、报纸杂志、书籍等书面材料，对该领域的相关理论及已有的研究成果进行查阅和总结，了解垃圾分类试点在广州的进展和阻碍，以及垃圾分类的现状。

四、预调研情况分析

预调研也可以被视为探索性研究的一种，是在正式调研之前初步了解研究对象的基本情况，根据预调研的结果对预设的研究思路进行修正并且完善调研设计、聚焦关键问题的方法。为了验证本研究理论分析框架的分析效度，以及确定后续正式调研的方向，本研究利用线上渠道和目前已有的数据资源进行了预调研。具体情况如下。

（一）线上问卷调查

为充分了解居民进行垃圾分类的意愿、认知以及行为等情况，在调研之前，本课题组在广州市内开展居民进行垃圾分类的线上问卷调查，共回收有效问卷300份。据统计，受访者中男女比例较为均衡，近八成为15～40岁的青壮年群体。在受教育程度方面，高中以上学历的群体占比为89.33%。通过数据分析，本课题组发现，受访者对垃圾分类的知晓率为83.34%，几乎都了解如何进行垃圾分类，大多数人都认为应该对生活垃圾进行细致分类，并且认可垃圾分类在资源、环境等方面带来的好处，有93.66%的受访者表示反感他人乱扔垃圾的行为。其中，接受过垃圾分类知识宣传教育的群体占比为一半，接受宣传教育的主要渠道包括电视、社区宣传以及学校教育。然而，实际上有垃圾分类习惯的群体占比仅为55.66%，说明其认知、态度与行为存在较大的差距。

受访者对现在的生活卫生环境的评价大多在70～80分之间（满分为100分），几乎都认为我国现在有必要实施全面的垃圾分类。对于分类垃圾桶的作用，持积极态度和消极态度的受访者约各占一半；对于垃圾分类新标准的试行难度，受访者认为问题主要出在社区的硬件设施以及市民的垃圾分类意识和习惯上，而认为垃圾分类成功推广的最主要因素在于市民意识。受访者认为，人们未进行垃圾分类的原因有过程烦琐、不知道如何分类、配套设施不全以及不了解垃圾分类的好处等。

总的来说，受访者通过不断地接受宣传教育和自身学习，对垃圾分类知识的了解、认知程度较高，但行动中表现出来的垃圾分类比率仍然偏低，并且对于目前的垃圾分类工作效果的总体满意度还有待提升。由于配套设施、垃圾分类工作分摊下来的成本等因素的存在，仍有一部分群体抵触垃圾分类。目前的垃圾分类工作处于各小区自行试点阶段，经过经验的相互借鉴和摸索，还有很大的改进空间。这说明，从线上问卷预调研的情况来看，在社会心理因素上，市民在态度上是十分认可垃圾分类的价值的；而在主观规范层面上，市民对不能乱扔垃圾这一态度是存在着普遍的社会压力的，但是有没有上升到进行垃圾分类这一新的社会规范上，尚且存疑。最终表现出来的是，居民的垃圾分类意愿很低，这就提醒我们在接下来的调研中要更加关注其他因素，尤其是社会心理中的感知行为控制、情境因素以及政府干预的影响。

（二）DG花园试点情况再分析

在广州市黄埔区DG花园试点项目的后期阶段，本调查组曾对试点效果进行评估，通过一对一调研，共回收有效问卷139份。据统计，DG花园小区居民的年龄分布以20～40岁的青壮年为主，受教育程度主要为大学本科和大专。其中，92.03%的 DG 花园小区受访者认为"垃圾分类应当从每一个人做起"。但实际上，受访者处理生活垃圾的习惯仍较差，选择"每天进行分类"的人不到一半，占比为 45%；其次是"偶尔进行垃圾分类"，占比为 28.80%。

调查结果显示，整体上，受访者配合小区进行垃圾分类工作的意愿较好。据统计，DG 花园小区受访者配合小区进行垃圾分类工作的意愿以"比较愿意"和"非常愿意"为主，分别占 43.80%和 43.07%。受访者愿意进行垃圾分类主要是基于主观认识，认为垃圾分类是重要的、有用的，其原因大多是认为"有助于环保"以及"减少环卫工人的工作量"。而受访者垃圾分类意愿不高主要是基于客观因素，包括分类条件的局限以及分类流程的不规范，如"太麻烦"以及"垃圾还是会混在一起收"。这与我们在跟小区居民沟通时所发现的问题一致：物业管理在落实终端的垃圾分类方面仍有待加强；清运人员在垃圾统一清运环节并没有按照垃圾分类原则进行，而是混在一起清运，这极大地削弱了居民坚持垃圾分类的积极性。

总体而言，问卷调查结果显示，影响 DG 花园小区居民进行垃圾分类的意愿主要有以下三个原因：第一是认知深度不够，居民对垃圾分类的具体标准不了解，主观上认为垃圾分类麻烦，缺乏垃圾分类的激励；第二是垃圾混合清运，清洁人员在垃圾清运环节，将居民分好的垃圾混在一起回收，削弱了居民进行垃圾分类的意愿；第三是基础设施配备不足，小区垃圾分类的设施不完善，分类垃圾箱配备不足。

通过对数据的再次分析，并且与线上问卷预调查结果进行相互印证，我们可以初步得出结论，目前居民主动进行生活垃圾分类意愿的主要痛点在于感知到的行为控制能力太弱，以及客观的垃圾分类环境对他们形成了阻碍，导致即使垃圾分类在宣传和教育下已经成为居民的价值追求，却仍然无法让居民真正形成主动进行生活垃圾分类的意愿。那么，在具体实践中，有哪些因素，这些因素又是如何影响意愿的形成的，就成了接下来调研的重点。

除了社会心理因素和情境因素之外，为了初步了解政府干预对居民进行生活垃圾分类意愿形成的影响，充分发挥预调研对理论分析框架的探索作用，本课题组还对 DG 花园试点项目期间与居民的互动及局部访谈进行了进一步的挖掘。我们发现，行政监督和公众宣传的动员效果相对欠佳，前者容易导致抵触心理和策略性行为，而后者则往往难以达到动员目标，甚至造成意识与行为的分离；而相比之下，社会规范和制度激励的动员效果则相对较好。在试点项目中，垃圾分类设施的完善以及垃圾分类处理流程的规范，能够有效提高社区居民进行分类的积极性，而制度性的积分激励更是社区居民进行垃圾分类的主要动力。从中我们可以初步了解到，高自由度的政府干预和低自由度的政府干预发挥的效果不一样，而且，政府干预会影响居民的社会心理因素以及具体的情景因素，从而最终影响到居民的生活垃圾分类主观意愿。至于高自由度的政府干预和低自由度的政府干预是如何影响其他因素的，以及应该如何更好地发挥两种政府干预对提升居民生活垃圾分类主观意愿的作用，有待在接下来的正式调研中进行挖掘。

五、社区调研情况分析

在前期预调研的基础上，本课题组在2019年9月进行了正式的调研。为了抓住典型，找出关键问题，本次调研选取了广州600个样板小区中相对有代表性的，以及在生活垃圾分类政策推进过程中有较多冲突的小区作为调研的对象。本课题组首先建立了广州600个样板小区的抽样框，并在此基础上抽取了YL小区和SY小区进行了调研。

（一）样板小区：YL小区

为了解样本小区垃圾分类的实际情况，本课题组前往生活垃圾分类示范小区——YL小区进行预调研。通过对街道工作人员、居民的访谈，我们初步了解了其垃圾分类的运作模式及配套设施对居民进行垃圾分类意愿的影响。YL小区占地面积4.76万平方米，共有580户居民，约2100人。从2014年6月8日起，YL小区全面推行生活垃圾"定点定时分类投放"模式，形成自身的特色。目前，YL小区居民垃圾分类知晓率达到100%，参与率达到96%以上，投放准确率达到95%以上，小区餐厨垃圾单独收集比例约21%。

1. 端正垃圾分类态度

通过对YL小区所在街道办负责人的访谈，本课题组了解到，自2014年起，工作人员对居民进行高频率、多元化的入户宣传，帮助居民认知垃圾分类并动员其养成良好的垃圾分类习惯。同时，街道办还为YL小区居民完善知识宣传设施，举办多元化的宣传活动，营造出浓厚的垃圾分类开展氛围，提升居民参与其中的意识（见图3）。一名YL小区的志愿联系人在采访中谈道："几百家住户，我们每天上门走访，派发宣传小册子并进行细致的讲解，及时解答了他们进行垃圾分类的各类疑惑，也及时发现大家在垃圾分类中存在的误区并提醒其整改，端正他们进行垃圾分类的态度，提升其进行垃圾分类的自信心和自豪感,从而积极参与到垃圾分类的实际行动中。"

图 3　YL 小区垃圾分类宣传墙

2. 解决垃圾分类约束问题

目前,YL 小区已升级垃圾分类设施,设置了 3 个定时定点垃圾投放站,共计有 16 个垃圾分类投放桶,撤置开放性的流动垃圾桶,投放时间为每天早上 7:00—9:00 和晚上 18:00—20:30(见图 4)。工作人员表示,YL 小区引进"呐吉岛"生活垃圾分类智能投放系统,为居民垃圾分类提供方便的基础设施,改变以往粗放式的垃圾投放模式,从源头上减轻了废弃垃圾的堆放量(见图 5)。虽然投放时间段有所限制,但居民只需在其 App 或微信注册后,即可扫码投放,节省垃圾分类全流程的时间,提升了居民进行垃圾分类的接受度。有的居民提道:"我们可以通过可回收垃圾的投放得到相应的回收金,并且提现到微信或支付宝等账号,也可以在平台商城购买家居用品、清洁用品、零食等,这能让我们从垃圾分类中获得实际的好处,有实实在在的获得感。"因此,配备完善的基础设施,能够降低居民进行垃圾分类的困难程度,突破时间、精力等方面的约束。

3. 压力与强化作用

在对督导的访谈中,我们了解到,督导主要由街道办工作人员与社会上的志愿者组成,在垃圾投放点实时掌握居民分类投放情况。每个投放站都安装有摄像头,如果发现随意投放,督导就会上门劝说,并对情节严重者进行罚款。督导的现场监督与监控技术监督相结合,起到了负强化的作用,从而提高了垃

图 4　YL 小区定时定点垃圾投放站

图 5　YL 小区"呐吉岛"生活垃圾分类智能投放系统

圾分类投放的准确率。此外，YL 小区制订了垃圾分类奖励制度，每个月排出并公布小区垃圾分类积极分子前 20 户的"光荣榜"，街道办工作人员到小区为住户颁发奖励，提升居民垃圾分类的荣誉感和社区意识，起到正强化的作用（见图 6）。因此，通过监督与各种激励机制的强化作用，小区内的居民产生要与群体保持一致的外在压力，从而影响居民垃圾分类的意愿。

图 6　YL 小区垃圾分类积分荣誉榜

在对 YL 小区的调研中我们发现，长期的点对点的宣传教育使得在 YL 小区的居民之中形成了有关生活垃圾分类的强烈的价值倾向以及社会规范，几乎每一个居民都充分认可生活垃圾分类行为并形成习惯，不正确进行生活垃圾分类的行为也会在小区内受到一定的社会压力。这就在行为态度和主观规范上促成了社会心理因素对生活垃圾分类意愿的正向作用。更重要的是，YL 小区居委会以及志愿者队伍在小区内部营造了许多有利于提高生活垃圾分类便捷性、进行生活垃圾分类处理以及评比等环节的客观环境，这种情境因素为社会心理因素发挥作用形成居民生活垃圾分类主观意愿有重要的影响。

(二) 样板小区：SY 小区

为了更好地了解影响居民垃圾分类行为的因素，本课题组前往了垃圾分类工作较早开展的样本小区 SY 小区进行调研。该小区已经经历了选址、撤桶、宣传等工作，各个主体的合作与冲突关系以及发展过程都能够比较充分地呈现，在案例中反映的政府相关部门、居委会和物业之间的矛盾关系也具有比较强的典型性。这使得我们可以看到影响居民垃圾分类行为更为全面、丰富的因素，以更好地寻求促使居民认真地进行垃圾分类的方法。

1. 多样化宣传降低居民对垃圾分类的抗拒，提高居民对垃圾分类知识的了解

SY 小区居住了大量在职和离退休公务员。基于这个特点，所在区里的相关部门希望将 SY 小区打造为该区的一个垃圾分类重点样板小区，以引领全区的垃圾分类工作，在省内、市内做出品牌。因此，在广州于 2012 年打造垃圾分类样板小区时，SY 小区被纳入为最早的一批样板小区。当时，垃圾分类工作的推动以政府为主导。怀着"多一事不如少一事"的心态，SY 小区物业部门半推半就地参与到了此项工作中，但长期处于边缘化的位置。

2014 年，该小区的街道办和居委会开始重点推进垃圾分类工作。由于 SY 小区长期以来被定位为样板小区，街道办和居委会工作人员更多地参与到宣传中去，并开始了高频次、范围广、多样化的宣传活动。这些宣传活动与媒体的宣传配合起来，使得小区居民潜意识里产生了垃圾分类的概念，减轻了小区居民对垃圾分类的抗拒性。居委会负责人在访谈中就谈道：

> 在宣传发动这一块，首先是在街道这个层面，领导都很重视这个工作。我们街道的领导班子带队，带着我们整个街道的机关人员、干部以及社区居委会工作人员一起"洗楼"。大概一个多星期进行一次宣传；并在楼下摆摊，在 9 栋楼的每个楼梯口摆摊派发传单，将这种不间断的、常态化的工作开展起来……当时我就觉得潜意识里面有一点概念了，毕竟垃圾分类也是一个习惯嘛，也是需要养成的，需要一个过程。那么经过这些工作的开展，绝大部分的居民虽然还有意见，但是也不会去反对这个垃圾分类。他们可能只是对垃圾分类的具体细节如撤桶、定时定点的投放方案有一些意见，但不是反对垃圾分类本身……经历了这么多年的一个常态化的宣传，现在居民就没那么抗拒了。我们做了一些宣传工作，一个就是我们到楼下摆摊做宣传；另外一个就是有奖问答，如果你答对了，就给你一些

可降解的垃圾袋作为礼品。经过这些年的铺垫,潜移默化,现在的工作就好做了。

在宣传方式上,居委会工作人员不仅向居民宣传垃圾分类的必要性,还积极地向居民传授垃圾分类知识,甚至引入最新的宣传方式,将垃圾分类和游戏结合在一起,在每一栋居民楼楼下放置了垃圾分类游戏的终端机器。一方面,居委会举办了一些以垃圾分类为主题的有奖问答活动;另一方面,为了鼓励居民们通过玩游戏学习垃圾分类知识,居委会还设置了游戏积分制,获得较高积分的居民能够得到一些如牙膏、垃圾袋等小奖品。这些措施大大提高了居民学习垃圾分类知识的积极性。居委会负责人在访谈中提道:

> 我觉得我们的宣传还是比较成功的。比如说,发个传单啊、摆个摊啊,好像也没什么吸引人的。今年我们就搞了一个玩垃圾分类游戏的终端机。这个游戏呢,小朋友和老人家都很喜欢。它采用积分的形式,积分到了1000分或1500分,我们就给个牙膏或是垃圾袋这类的小礼物。后来,他们个个都厉害得很,很多人都可以积到1800分甚至2000分,(终端机)还是很受欢迎的。我们每栋楼的楼下都有一个玩垃圾分类游戏的终端机,这就和我们之前只是发宣传单给大家看点东西不一样,宣传效果也比我们的那个摆摊更好。我们曾经试过早、中、晚各用2个小时在那里统计,一天下来有500多人玩这个游戏。玩游戏给奖品,那参与率就很好啦!

2. 小区内试点有助于垃圾分类推广

尽管SY小区的垃圾分类宣传工作成效显著,但是,在垃圾分类工作的最初阶段,仍然有8%～10%的居民认为垃圾分类的撤桶给他们的生活带来了很大麻烦,不愿意配合垃圾分类工作。这也导致了居委会一开始的垃圾分类,尤其是全小区所有楼栋撤桶的工作遭到了很大的阻力,有的居民甚至不惜路途遥远,也要将垃圾扔到居委会门口,以此来表达对撤桶的不满。针对这一种情况,居委会最终采取了渐近治理的手段,先选择工作比较好做的3栋居民楼作为试点,再逐步推广开来,在2019年也终于顺利完成了剩余6栋居民楼的撤桶工作。

3. 回应居民的不理解,有助于垃圾分类的全面落实

在SY小区的垃圾分类工作的推广过程中,少数居民十分执着地不同意撤桶。这时,街道办或居委会工作人员对这部分居民的说理教育就显得尤为重

要。事实证明,对居民不理解的回应,对垃圾分类工作的顺利推行大有帮助。居委会的负责人在访谈中就提道:

> 之前我们社区有一个阿叔来找了我很多次,就是为了撤桶的问题,还反复去街道办投诉了很多次。后来有一次他过来找我,我就跟他聊了40多分钟。他是什么情况呢?他就是觉得,垃圾分类他也不是不支持,他也很支持,但就是不理解为什么要把这个楼里的桶撤下来。他说,他跟物业公司签的服务协议里面有一个清运垃圾的费用,如果这样子的话,政府部门这种行为就介入到了协议当中,物业公司现在就不需要提供清运垃圾的服务了,但是这个钱它还是照抽啊。但我之前也去物业公司了解了一下,服务协议里的有关费用就是五块钱,但注明的是垃圾处理费,而不是垃圾清运费。我就跟那位阿叔说:"阿叔,你说的这个费用是一个五块钱的垃圾处理费。这个垃圾处理是指填埋、焚烧或对垃圾的其他处理,是处理,而不是清运,这个跟把垃圾清下来的概念是不一样的,不要混淆了。他们这么多年没有收你的运费,给你免费提供这么多年的服务,也够你偷着笑了吧,就算是你将垃圾拿下来,他们也还是要给你运走的,这个运费也还是不收你的。"这样一说,他可能觉得就服务协议这一块也不太好再说什么了。他说:"我就是觉得不习惯,我就是不赞成啊。"我也就只好再给他解释:"因为垃圾桶放在楼梯间,说实话,从消防法这一块来说,阻碍了消防通道,这是不允许的。再一个,从环境上来说,楼道里如果有垃圾桶,夏天时,那个味道就是避免不了的。你做得很好,不会让有异味的东西发散出来,但是,一层楼有8户人家,你就很难让每户人家都做得很好。所以,这个异味还是避免不了的。一旦有了异味,这个苍蝇啊、蟑螂啊就都避免不了,这个空气也就差了。"就这样子跟他一解释,他慢慢也觉得没有什么可说的了,后面就走了,再也没有因为这个事来找过我了。

4. 政策支持有助于垃圾分类的接受程度

由于广州当前的垃圾分类工作更多的是自愿性的,这导致一些居民为了生活的便利,不大愿意接受街道办和居委会的垃圾分类方案,而负责垃圾分类工作的街道办和居委会工作人员也只能通过说理的方式,试图说服居民。有的工作人员就提到,如果没有"红头文件",基层工作人员在与居民的对话上就有较大的困难,只能说理,而难以说"法",工作效果就不理想。

而且,当前以自愿为主的垃圾分类工作,一旦涉及一些流动人口或者部分素质较低、不能理解垃圾分类工作的居民，往往会遇到挫折，这时就更需要政府政策的强力支持。居委会工作人员就提道：

> 但是，平时在居民业主群里还是会有人反映，他们就是想不通为什么楼层一定要撤桶呢，就是觉得这只是为了我们方便而已。所以，我们以后还是会加强宣传力度的。现在相关部门也正在进行调研，我们也希望上面能够尽快出台一些比较有针对性的、操作性强的政策和条例。其实，我们这个小区的居民素质相对来说很不错了，这个措施如果要推广到其他小区，还是有点难度的，因为有些居民是比较难讲道理的。如果有法律法规出台，规定不能设桶，那这就是硬性的规定，就是必须遵守的。但是，我们现在依据的只是一个方案，而不是一项法律，没有解释力度，基层在推进工作时就会遇到比较多的阻力。

一些街道督导员也认为，缺乏政策的支持不利于维持目前取得的工作进展，容易导致效果反弹。在访谈中，有的督导员就提道：

> 虽然上级在各种工作方案中都说要撤桶，但是缺乏一个明确的法律依据。街道办、居委会和物业公司的工作人员在面对居民的质疑时都只能嘴上说说，却拿不出法律依据。物业公司认为，如果相关文件迟迟不出台，就不利于维持目前取得的工作进展，可能会导致效果反弹。执法队在执法的过程中也是按照撤桶的要求来做，但这同样没有法律背书。

5. 与居民协商，使垃圾分类工作更顺利进行

尽管大部分居民都认可垃圾分类的必要性，但他们往往对垃圾投放地点、垃圾投放时间有一定的要求。因此，为了让居民一方面能够在心理上支持垃圾分类工作，另一方面也能够更便利地进行垃圾分类，垃圾分类工作人员需要广泛吸收居民意见，尽量使居民的垃圾分类更加便捷。关于垃圾分类的定时、选址、撤桶工作，在访谈中，就有街道督导员对如何协商垃圾分类工作进行解释：

> 垃圾投放时间为6：00—9：00，很人性化。这是在征求了保洁员和大妈们的意见后，往后推延了半个小时。垃圾投放地点主要选取小孩较少的区域，因为怕孩子们接触到有害垃圾。再说，这里是居民区，选址定在

哪里也要看居民们的意见，当年这个选址也是居委会经过了无数沟通才选定的。例如，幼儿园的垃圾分类点争议也非常大。垃圾分类工作就是这么难。这个也很正常，因为有的居民不会考虑那么多，现在还有很多人在我们面前发牢骚："为什么要定时呢?"他连这个都想不通。一般来说，关于定时定点投放的选址，街道办会给个指导原则，最终由最接近居民的物业公司和业主委员会自行决定。有的小区选择的是投票决定的方式，由相关工作部门提供几个位置的选项，然后让街道办请设计公司出效果图，由居民进行选择。刚开始的时候有灵活性，只设桶，不设亭子，等到大家意见相对统一之后再建亭子。但人在做选择的时候是没有办法预估实施之后的情况的，因此，有些人投完之后又反悔了。比如，有的居民会说这样侵占了有限的公共空间，有的会说破坏了风水、影响了环境，有的会说误时投放点太远，等等。

6. 物业公司的有所作为有利于垃圾分类工作的开展

在 SY 小区内，物业公司的态度较为消极被动，这让 SY 小区居民以及街道办和居委会的工作人员都感到十分无奈。如果 SY 小区不是样本小区，区政府和街道办很可能不会继续向小区的垃圾分类工作投入如此巨大的人力、物力。对于普通的小区而言，物业公司才应该是垃圾分类工作的推动者和维护者，因为物业公司对小区的情况更为了解，更容易解决信息不对称的问题。更为糟糕的是，SY 小区物业公司的消极被动状况给其他小区的物业公司带来了不好的示范。物业公司的消极被动状况增加了居民对物业公司不积极配合垃圾分类工作的不满，更不利于垃圾分类工作的全面推广。在与街道办和居委会工作人员的访谈中，他们就指出：

> 物业公司会这么想：反正我这个小区的垃圾分类处理配套设施有政府部门投资，我不投，政府部门肯定会兜底来投资，提供这些垃圾分类处理配套设施的。××广场也是这个物业公司管理的，它的想法就是：我就不投，就等政府部门来投。你能把它怎么办呢?! 这又产生一个难点了，其他小区的物业公司都知道 SY 小区的垃圾分类处理配套设施是政府部门给钱买的，那这些物业公司的工作人员就会想：我们这个小区没钱买，你们政府部门也应该给我们小区买。居委会和物业公司为此沟通了好久，但说服不了他们自行购买垃圾分类处理配套设施。没办法啊！其实，垃圾分类做不做得好，关键还是要看物业公司作不作为。你看××小区、××小

区，人家的物业公司工作人员都在那里守点，经理、保安轮流站岗，人家的工作就开展得很好。你想啊，如果光是保安站在那里，大家可能心里有一百个不情愿，但人家经理也站在那里，就冲着这个服务，大家也会更加支持的。但是，SY 小区的物业公司的工作人员就没有这个态度，他们就认定了：即使我不出什么钱，政府部门、街道办怕丢面子、怕出问题也会投钱的，我物业公司凭什么要出钱?!他们都不支持这个工作。

居民对物业公司也很有意见："我们现在是在纵容物业公司。以后不要叫环卫工人过来搞了。"因此，为了让物业公司有所作为，政府在将垃圾分类工作责任主体确定为物业公司外，还需要派遣执法队监督物业公司的垃圾分类工作。

7. 垃圾处理不及时导致垃圾分类工作不能有效开展

在 SY 小区垃圾分类推广工作的后期，由于资金原因，物业公司更换了负责垃圾收集的保洁公司。新的保洁公司在管理上缺乏经验，人员也颇为缺乏，出现了两个问题：①垃圾处理不及时；②缺少垃圾分类指导人员。有一段时间，SY 小区的垃圾处理不及时，这令 SY 小区居民十分不满，而后有了泄愤式的乱扔垃圾的行为。一些原来坚持垃圾分类的居民看不到效果后不再坚持，使得之前所做的许多垃圾分类工作失去了效果，垃圾分类工作成效产生了反弹。街道办主任在访谈中提道：

> 这个小区的物业管理情况也比较特殊。原来签的那个保洁公司是在 2019 年 7 月 31 日到期的，到期后因为费用谈不拢就不做了，就换了一家新的保洁公司过来。但是，这家新保洁公司的管理人员没有什么经验，管理得很差很乱，所以，这段时间的垃圾处理情况很糟糕。我们前面做得很好，居民配合得也蛮好的。但是，现在换成这家公司，一是他们人手不够，在招人，就先请了一些临时工来顶，而这些临时工不一定很懂垃圾分类；二是他们的管理也有问题。像以前垃圾桶满了就马上会换桶，对不对？他们现在因为缺乏人手，就不换桶。桶满了也没有人换。居民过来扔垃圾，看到桶满了，他不可能等你换了桶再过来扔吧？他就会随手扔在地上。就是这样的情况，就很乱。我们上周五才跟他们那边沟通，说你们再这样下去就完蛋了，我们前期做那么多工作就全白费了，都白搞了，是吧？所以，他们今天也是刚刚换了一个新的保洁经理，经理和主管都换了，他们打算从今天开始做好一点，改变这个混乱的情况。上个星期实在

太糟糕了，看得我都着急，因为我们前期做宣传、做引导，真的做得很辛苦。整个硬件其实都配得很好，都是政府在好好做，我们不用操太多的心。

8. 让党员在垃圾分类工作中起带头作用，有助于带动居民垃圾分类

在 SY 小区垃圾分类工作开展的初期，街道办和居委会使用的一个比较好的策略就是发动那个社区的党员，让党员在垃圾分类工作中起带头作用。一旦党员们的邻居看到党员的模范行为，往往会更加配合垃圾分类工作。随着越来越多人进行垃圾分类工作，其他一开始不愿意进行垃圾分类的居民也会逐渐开始垃圾分类。街道办主任就讲过他的经验：

> 最主要的是要让居民自己愿意分类，让居民配合是很难但很重要的工作。为了让居民配合，我们就发动小区的党员来带头，鼓励在职党员入社区。我们整个小区一共有 470 多名党员。在职党员都很积极地去当志愿者，有很多人主动报名来参与我们的活动。有些党员会带着他们的孩子一起过来，或者带着丈夫或妻子一起过来，有时候他们所在楼层的邻居也会被带动一下，过来参与活动。就是通过这些党员的带动，我们就慢慢觉得这个小区好起来了。虽然工作还是有困难，但也是开心的。

（三）非样板小区：HX 小区和 JH 小区

我们从理论的角度调研分析了居民生活垃圾分类的动力源是什么之后，还需要关注同样重要的两个问题：广州社区居民的生活垃圾分类动力源现状如何？居民生活垃圾分类的动力源从何而来、如何养成？

为了搞清楚这两个问题，本课题组针对不同小区类型和居民情况进行了蹲点调研。从这些小区开始着手进行垃圾分类时，我们就进入这些小区进行观察和访谈，了解小区从垃圾分类宣传、撤桶到实施过程中出现的动力源现象和问题，希望从中可以提取出有用的发现。另外，为了调研可以更加深入细致，本课题组还针对居民的具体情况进行了分类分析，力图破除把居民看作一个无差别整体的观察误区，有针对性地了解不同类型居民的生活垃圾分类动力源所在。并且，针对所观察的小区类型，本课题组也进行了仔细的选择，除了要满足垃圾分类工作全过程的调研需求外，还需要和上文所调研的样板小区属于不同类型，以求整体调研的全面性和代表性。

本课题组最后对两个小区进行了蹲点，一个是 HX 小区，一个是 JH 小区。选择这两个小区的主要原因是：一方面，两个小区目前都是非样板小区，而且不完全是员工宿舍性质的小区，与之前调研的 YL 小区和 SY 小区具有小区类型上的差别；另一方面，HX 小区是从 2019 年 11 月 1 日开始撤桶的，JH 小区是从 12 月 23 日开始撤桶的，我们可以从楼道撤桶开始，观察小区垃圾分类推进过程中小区居民的意愿变化和情境现状。具体蹲点调研的情况如下所述。

HX 小区从 11 月 1 日开始进行楼道撤桶后，陆续做了一些有成效的工作，为小区生活垃圾分类的推进提供了同样宝贵的经验。结合小区居民的反馈，我们发现：①HX 小区对垃圾分类知识的宣传活动，以及相关的宣传告示、海报，对居民了解垃圾分类、参与垃圾分类有很重要的促进作用，居民可以从中学会垃圾分类具体怎么做，从而主动参与到垃圾分类中来，这样有利于形成小区内的垃圾分类氛围。②楼道撤桶后小区生活垃圾投放点的合理设置，也可以有效推动居民主动参与垃圾分类。③居民普遍关注生活垃圾是否及时得到有效分类处理，从而提升居民进行分类的获得感。如果生活垃圾没有得到妥善分类回收，或者小区内的环境质量因此而下降，就会严重影响居民继续进行垃圾分类的积极性。④物业公司和小区居委会的通力合作，尤其是在持续不断地与居民进行沟通和教育方面的合作，对持续推进小区垃圾分类起着至关重要的作用。

JH 小区撤桶时间相对较晚（12 月底），原因是小区物业公司在前期做了非常多的筹备和宣传工作。这种做法非常有效地避免了仓促撤桶引发的居民的抗拒心理，以及后期垃圾分类长效习惯养成方面的隐患。JH 小区在撤桶之前，物业公司在小区的各个地方都张贴了不同的宣传物料，形式和内容都颇为丰富。例如，他们会在小区的必经道路上设置垃圾分类吉祥物的宣传牌（见图 7），极大地吸引了居民的目光，并且能显著地降低居民对垃圾分类的疏离感。

另外，在撤桶之前，物业公司的工作人员会挨家挨户地上门宣传讲解如何进行垃圾分类，分发印有投放点和垃圾分类知识的传单，并且要求每一户居民都签署知情同意书；在撤桶前一周，在每一栋楼的电梯处都张贴着撤桶倒计时的通知，确保每一户居民都知情、接受，并且平滑地过渡到定时定点垃圾投放模式。撤桶之后，JH 小区还定制了一批垃圾投放点的基础设施，包括顶棚、洗手台、投放垃圾箱等，新的垃圾投放点不仅没有影响小区环境，还成为小区里一道别样的风景。投放垃圾箱是可以上锁的，真正做到了定时定点；在垃圾投放时间内，有督导员进行监督和整理垃圾，避免垃圾污染小区道路以及出现投放点脏、乱、差的情况，垃圾得到了及时的初步清理。还值得一提的是，每

图 7　JH 小区垃圾分类吉祥物的宣传牌

个垃圾投放点都至少有其他垃圾箱 3 个、厨余垃圾箱 2 个,这样可以保证投放点的垃圾箱容量足够承载那么多户居民投放的垃圾量。

六、结论与建议

结合习近平总书记对生活垃圾分类社会动力的讲话精神,我们有信心认为,从社会动力的角度出发,分析居民生活垃圾分类的动力源,从而引导居民进行生活垃圾分类,使垃圾分类成为新风尚、新时尚,是行得通、走得远的。我们只有了解居民的心理和需求,促成其生活垃圾分类习惯的培养,才能真正建立起生活垃圾分类的长效机制。

(一)研究结论

1. 广州社会经济发展趋势下的居民生活垃圾分类习惯养成机制

通过合理的政策和制度,有针对性地提升居民生活垃圾分类的动力,可以有效地提高居民对生活垃圾分类的认同感,而认同感的提升能进一步促进垃圾分类社会氛围的养成,并且反哺居民的生活垃圾分类动力,形成正向循环,推动居民的生活垃圾分类行为。这就是居民生活垃圾分类习惯的养成机制(见图 8)。这个习惯的养成过程需要经过多次循环,因此,需要一定的政策定力和长远目光。据本课题组的粗略调查了解，习惯养成想要初见成效，至少需要1～2年的持续激励，而最终形成长效机制，从目前的经验看，则需要4～5年的时间。习惯养成不易，但生活垃圾分类的成效将会越来越显著，功在当代，利在千秋！

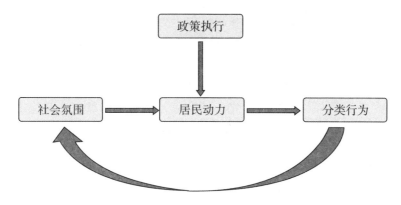

图 8　居民生活垃圾分类习惯养成机制

上述居民生活垃圾分类习惯养成机制，还需要与广州市的社会经济发展状况结合起来，才能发挥有效且稳固的作用。从广州市的社会经济发展具体情况以及未来趋势出发，合理运用城市资源和政策效益，能够使习惯养成更加顺畅，机制落地更加容易。

从目前来看，根据广州市的经济社会发展状况与趋势，有一个大的战略方向可以和生活垃圾分类结合起来，那就是粤港澳大湾区的建设。粤港澳大湾区建设是未来广州市社会和经济发展的最重大的机遇，广州市的未来态势、城市面貌、城市定位和产业构成等各方面都会发生积极的变化。因此，生活垃圾分类工作必须顺应粤港澳大湾区建设的新形势、新条件，才能够在长时间的习惯养成中事半功倍。具体地说，就是要从经济和社会两方面来考虑。

其一，在经济层面上，要根据广州市在粤港澳大湾区中的经济发展定位，使相关的产业调整能够促进居民生活垃圾分类习惯的养成，并且充分挖掘生活垃圾分类对城市经济的反哺作用。一方面，在未来的产业发展中，原有的垃圾处理相关产业必然会进一步整合和优化，新兴的相关产业如高新技术类和文化类的产业也必然会不断增加。在这一轮产业调整中，我们必须注意引导产业链与未来垃圾分类机制的兼容性和互补性，使垃圾处理相关产业和垃圾分类机制相互促进。另一方面，我们要把生活垃圾分类的好处切实转变为广州市城市经济发展的效益，通过生活垃圾分类降低城市治理的成本，使生活垃圾分类对城市发展的作用能发挥、看得见，这样也有利于居民生活垃圾分类习惯的巩固。

其二，在社会层面上，要利用粤港澳大湾区的区位优势以及广州市本身的城市特点，使居民生活垃圾分类习惯的养成融入广州市的城市发展之中。首先，要充分利用广州市独特的社会文化优势来促进居民生活垃圾分类习惯养成，形成广州市生活垃圾分类的独特样板。广州市历史文化遗留下来的"老广街坊"文化，是广州市天然的社会资本和城市资源，只要能够让生活垃圾分类成为广州街坊生活习惯和文化氛围的一部分，就能极大地减少生活垃圾分类所遇到的阻力。这意味着，我们在推广生活垃圾分类新风尚的时候，必须要更加接地气，主动寻找与街坊文化的结合点，使新风尚融入老文化之中。其次，广州市拥有独特的地理区位优势，粤港澳大湾区建设将会进一步扩大和发挥这个优势，使广州市对外联系更多、包容性更强。因此，广州市的居民生活垃圾分类习惯养成理应有更广阔的视野，可以利用对外优势更好地吸收港澳地区以及国外的先进经验，甚至可以把广州市生活垃圾分类与国际固废资源利用和环保工程进行结合。最后，我们要把广州市生活垃圾分类打造成城市文化和城市名片之一，带动大湾区内其他城市的生活垃圾分类，并且在区域内形成独特的城市生活垃圾分类品牌。

综上所述，城市居民生活垃圾分类习惯养成是一个系统工程，我们必须以更长远的目光，以及更广阔的视野，在粤港澳大湾区建设中长效推广广州市的生活垃圾分类样板。

2. "自然人"和"社会人"假设下居民生活垃圾分类行为的动力源

居民生活垃圾分类行为的动力因素主要基于两层心理：一个是基于自利人假设的"自然人"心理；另一个是基于需求层次的"社会人"心理。

作为"自然人"，经济学中著名的自利人假设认为，人们都是基于理性的计算，做出最符合自身利益的决策和行为。简单来说，"自然人"行为的动力主要是基于行为对自身有利，这是个体行为最基本的诉求。因此，居民生活垃圾分类行为的动力源首先要从是否有利出发，即垃圾分类是否真的有用？对个体造成了多大的损失？这是个体在社会心理层面的第一层考量。

作为"社会人"，社会学对个体行为背后的动力有不同于自利人的思考，认为除了自身利益之外还有更高级的需求，即与社会相关的需求，如受人尊重和认可等。因此，社会规范和社会环境也构成了居民生活垃圾分类行为的动机。因此，对居民生活垃圾分类行为的动力源考察还要从社会需要出发，即垃圾分类是不是被普遍认可？环境是否对个体形成了约束？这是个体在社会心理层面的第二层考量。

综合前文所述，本课题组调研发现，居民生活垃圾分类的动力源主要包括社会心理因素、情境因素和政府干预，三种因素对垃圾分类的最终行为有着不同的促进作用。

社会心理因素是居民主动参与生活垃圾分类意愿的动力之源。目前，影响社会心理因素的三个方面中，行为态度，即居民对垃圾分类价值的认可在广州市相关部门长时间的宣传和社会氛围的熏陶下是普遍较好的。但是，在样板小区中是否能真正形成主观规范，形成必须进行生活垃圾分类的社会压力，则还有很长的路要走。另外，居民进行生活垃圾分类的主观效能感和主观可控制感是比较容易被忽视的关键因素，从而常常使小区居民刚刚形成的主观意愿被打回原形。社会心理因素的作用体现在多个方面，比如在YL小区中，在居委会和志愿者队伍长期的宣传、教育、指导下，小区居民普遍认可垃圾分类的做法，并且通过光荣榜、社区舆论等方法营造出了小区内部的生活垃圾分类这一规范。更重要的是，YL小区居民在长期的交往以及和居委会的沟通中，都很清楚地了解分类后的生活垃圾是在何时被清运以及如何处理的，这大大提高了YL小区居民的主观效能感和主观可控制感，在心理层面激励了居民的生活垃圾分类意愿。但也正如本课题组在访谈中了解到的，如果中后端的垃圾清运和处理环节不规范、不透明，则整个心理意愿的形成都会功亏一篑。有的居民在访谈中就提道：

> 之前也会进行垃圾分类，后来曾经看到垃圾最后又被混在一起运走了，当时我就想，那我们辛辛苦苦做的分类又有什么意义呢？只有像现在这样，我们清楚地看得见垃圾是怎么被运走、处理的，这样我们就觉得，我们做的垃圾分类是有用的。

情境因素是实现社会心理因素向居民生活垃圾分类意愿跨越的关键。这说明了我们必须关注每一个小区的具体情况，做到具体情况具体分析，致力于在每一个小区营造友好的生活垃圾分类情境。在个性中找共性，本课题组在分析调研之后发现，在情境方面我们至少要做到：一方面，小区内的垃圾分类设施是完善的。包括垃圾桶的类型是否齐全、是否正规放置，以及对可回收垃圾进行回收时是否方便，等等。如果设施设置不规范、不合理，大大增加了居民进行生活垃圾分类的难度，则最终不愿意进行分类的居民会急剧增多。另一方面，对于垃圾该如何分类的指导是清晰、简单的。对有些垃圾不知道该怎么分类,是最影响居民生活垃圾分类意愿的因素之一。在垃圾分类标识清晰、分类方法简单易懂的情况下,大多数居民都会主动地进行垃圾分类。

政府干预是居民生活垃圾分类意愿是否能最终形成的核心因素。首先,政府的持续重视会起到一种类似于给居民打强心针的作用。如果政府相关部门只是搞形式主义,徒有其表,那么居民的生活垃圾分类意愿将会明显地受到打击。如果政府相关部门让居民感受到其对垃圾分类的重视和决心,则居民通常会更加认同垃圾分类的价值和意义,从而有利于社会心理层面积极因素的形成。其次,从目前来看,广州市各小区内进行生活垃圾分类的客观环境总体来说还不是特别好,基本上很难出现社会自发的情境改进行为,因此,在这方面政府相关部门必须发挥作用,制定合理的政策、法规,监督各小区内垃圾分类各项措施的铺开。只有这样,才能给居民营造一个便捷合理的生活垃圾分类环境。最后,政府相关部门适当的激励或处罚机制也可以直接促进居民生活垃圾分类意愿的形成。

具体来看,影响居民生活垃圾分类习惯养成的具体动力源包括垃圾分类作用的感知程度、垃圾分类行为的方便程度、垃圾分类规范的群体认同程度、垃圾分类情境对居民心理的积极反馈程度以及垃圾分类政策的贯彻程度(见表2)。

表2 影响居民生活垃圾分类习惯养成的动力源

因素	动力源	含义	影响人群(%)
社会心理因素	垃圾分类作用的感知程度	垃圾分类有没有用?	90
	垃圾分类行为的方便程度	垃圾分类方不方便?	50
	垃圾分类规范的群体认同程度	大家是否觉得应该垃圾分类并正在分类?	20~30
情境因素	垃圾分类情境对居民心理的积极反馈程度	垃圾分类时,是否有积极的客观条件推动?	40~50
政府干预	垃圾分类政策的贯彻程度	政府相关部门是否有决心、合理地推行垃圾分类?	20

具体情况如下:

(1)垃圾分类作用的感知程度,即居民多大程度上感受到了垃圾分类的作用和意义。居民对这个动力源的重视程度,达到了90%以上,是居民生活垃圾分类最基础的动力源。

（2）垃圾分类行为的方便程度，即居民进行垃圾分类后扔垃圾有多方便的程度，这个动力源对居民的影响接近50%，也是主要影响居民生活垃圾分类的动力源之一。

（3）垃圾分类规范的群体认同程度，即居民所在的一定社会网络范围内的群体对垃圾分类在多大程度上视为一种规范，这个动力源大概能影响20%～30%的居民。

（4）垃圾分类情境对居民心理的积极反馈程度，即居民在日常垃圾投放情境中接收到多少关于垃圾分类的正面反馈，有40%～50%的居民会受到这个动力源的影响。

（5）垃圾分类政策的贯彻程度，即居民感知到政府相关部门贯彻垃圾分类政策的诚意和决心有多大，对于这个因素，有大约20%的居民反馈了这个动力源的影响。

这些动力源通常是相互影响、相互促进的，且不同的动力源对居民的影响程度不同，不同的居民对不同动力源的重视程度也不一样，因此，这五种动力源的推进效果不能一概而论。但通过调研可以看出，居民的动力源主要是从这"三因素、五动力"中来的，因此，需要针对不同的动力源采取不同的政策措施，以达到有效提升居民生活垃圾分类动力的目的。另外，不同的动力源在实际情况中所影响的人群占比也不太相同。本课题组根据调研数据，估算出每个动力源在具体生活垃圾分类实践中被居民考虑到的频率，作为不同动力源因素的占比。可以看到，居民垃圾分类的动力最主要来源于对垃圾分类作用的感知，有90%的居民都会因为觉得垃圾分类有用而进行垃圾分类（或因为觉得垃圾分类没用而不进行垃圾分类），其次是垃圾分类的方便程度和垃圾分类情境的积极反馈程度。值得一提的是，任何一个动力源都只是垃圾分类行为的必要条件，但是无法通过单一动力源的作用来引发垃圾分类行为，而需要多种动力源的结合。单个居民获得的动力源越多，就会越倾向于进行垃圾分类。影响人群只表示居民在决定是否垃圾分类的时候心里考虑到了该动力源因素。

3. 居民群体的差异化

根据实际调研情况，本课题组把拥有不同生活垃圾分类意愿程度的居民分为四个不同的类型群体："积极分类""愿意配合""不太愿意"和"拒绝分类"。在调研中发现，各小区居民绝大多数都属于"愿意配合"和"不太愿意"这两种类型，这两类居民都有积极配合垃圾分类工作以及为环保助力的意识。与此同时，这两类居民比较关注垃圾分类是不是得到了有效的持续的推行，对小区情境因素关注较多。只要垃圾分类的前、中、后端妥善执行，对他们来说，进行垃圾分类是一件举手之劳的好事。而对于少量的"拒绝分类"和"积极分类"两种类型的居民，前者必须深入了解他们的想法，主动解决阻碍他们进行垃圾分类的因素，这些人往往在社会心理层面上就不认可垃圾分类，因此需要高强度的宣传教育以及主动帮助他们减轻垃圾分类带来的生活负担，如发放可降解垃圾袋等；而后者是垃圾分类的积极分子，可以在小区内起到带动和榜样作用。

从动力源的角度看，"积极分类"的居民群体分类意愿是最强的，通常在五个动力源上都有比较正面的感知，因此，应该充分保障这类群体的积极性，并且适当地发挥这类群体的示范带动作用。而"愿意配合"的群体一般占社区群体的大多数，对五个动力源中的多数都有正面感知，因此，需要巩固该类群体的垃圾分类习惯，提高该类群体在垃圾分类方面的获得感、信任感、便利感，避免因为某些负面因素而影响了该类群体的垃圾分类积极性。"不太愿意"的居民群体分类意愿较弱，在五个动力源中较少获得正面感知，因此，需要对他们进行重点引导，根据该群体的具体需求调整垃圾分类政策。而"拒绝分类"的居民群体对垃圾分类有明显的抗拒，在五个动力源中均没有正面感知，需要对他们进行强制性引导，重点进行宣传动员。我们在调研的过程中发现了几种常见的居民动力源情况，每一种都可以针对其动力源缺失情况找到垃圾分类习惯养成的突破口（见表3）。

表3 几种常见的居民动力源情况

居民类型	动力源感知					备 注
	作用感知	方便程度	群体认同	情境反馈	政策信任	
积极分类	✓	✓	✓	✓	✓	可以带动其他居民
	✓	✓		✓	✓	
愿意配合	✓	✓			✓	缺少风尚
				✓	✓	不太方便
不太愿意	✓		✓			认可但不愿意
				✓		觉得没用
拒绝分类						不接受

目前来看，广州各小区的生活垃圾分类推进工作大多在情境反馈上下功夫，在作用感知和政策信任方面也有一定的效果，但效果参差不齐。客观上来

说，生活垃圾分类工作取得了比较瞩目的效果，愿意配合的居民大幅增加，但仍然有数量不少的不太愿意或拒绝分类的居民，需要更多的细致工作来增强其生活垃圾分类动力。

当然，居民的生活垃圾分类动力是变化的，对不同动力源的感知也不仅仅是"是"与"否"的分野，更多的是程度的不同。本研究的作用在于，可以尽量简化现实中所遇到的问题，有针对性地了解小区和居民情况，从而降低生活垃圾分类推广的成本，同时提升居民习惯养成的效果。最重要的是，可以契合居民的需求，从群众角度出发解决实际问题。而居民生活垃圾分类长效习惯的最终养成，有赖于多种动力源的同时配合，从而使大多数居民都处于积极分类和愿意配合的状态，真正形成生活垃圾分类的社会氛围。另外，大量的观察证明，生活垃圾分类动力的提升，是一个边际效应递增的过程，越到后期，居民感知到的动力越多，就越容易形成最终的习惯，而且习惯的力量可以使后期某种动力感知的波动不至于造成垃圾分类行为的反复，最终形成长效机制。

另外，小区居民内部还存在一个非常重要的群体差异：业主和租户的差异。一般来说，业主大多属于小区常驻人群，对小区认同感较高，生活垃圾分类的动力和习惯养成容易形成一种累加的效应。而租户通常流动性高，这会带来两方面影响：一方面，由于租户通常属于小区的短期住户，对小区公共事务的重视程度会比较弱，因此，对于生活垃圾分类的认同感较难培养；另一方面，小区租户比例高会导致小区的人口流动加快，之前做的宣传无法普及到新的租户身上，因此，需要物业公司工作人员跟进这类人群，进行二次宣传或通过制度规范形成居民相互影响、相互带动的良好局面。根据调查发现，小区居民之间的行为通常是相互影响的，尤其是氛围良好的小区，这种相互影响会发挥更大的作用。

因此，从主要构成人群的角度来看，综合来说，"积极分类"和"愿意配合"两类群体通常以业主、青少年、高校学生、家庭妇女、老人为主；而"不太愿意"和"拒绝分类"两类群体主要以租户、上班族、外来流动人口为主。（见表4）

表4 居民群体差异

居民群体类型	主要特征	主要构成人群
积极分类	愿意主动分类，对五个动力源都有正面感知，可以发挥示范带动作用	业主、青少年、高校学生、家庭妇女、老人
愿意配合	在引导下愿意配合分类，对多数动力源有正面感知，人数较多且都是垃圾分类工作的有生力量	
不太愿意	由于对多数动力源都没有正面感知，因此不太愿意配合垃圾分类工作，会想方设法不进行垃圾分类	租户、上班族、外来流动人口
拒绝分类	对垃圾分类有抗拒心理，且可能会有恶意不分类行为，对所有动力源都没有正面感知	

（二）政策建议

根据以上分析，本课题组结合实际情况与相关理论和实践经验，提出相应的政策建议如下。

1. 根据习惯养成机制，稳步推进生活垃圾分类工作

生活垃圾分类是一个复杂的系统过程，需要长时间的耐心引导，才能使居民普遍接受生活习惯的改变。根据目前各小区的经验，社区内居民普遍养成生活垃圾分类习惯一般需要3～5年的长时间引导，通过政策措施激发行为动力，引导其行为的改变，从而慢慢形成社会氛围，再由社会氛围反哺行为动力，如此才能形成良性循环。因此，在生活垃圾分类政策层面，需要在以下方面稳步推进。

（1）各小区应该在政策的引导下，尽量同步推进生活垃圾分类制度。否则，小区之间存在差异容易导致不公平感，从而影响已推进生活垃圾分类制度的小区的积极性。

（2）允许各小区根据实际情况，调整生活垃圾分类工作进度，在各小区普遍形成渐进式的政策执行过程。政策推进过程不能一刀切，垃圾分类标准应该不断细化，要求居民从厨余垃圾和非厨余垃圾分类投放做起，逐步提高垃圾分类的精细程度和准确程度；垃圾分类工作进度不能以是否执行某一措施为评判标准（如撤桶和不撤桶），应该尽量给居民一个过渡和适应的过程，先从宣传提高居民认知和配备基础设施做起，只有先打好基础，才能在推进撤桶等后续工作中减少阻力。

（3）政策执行过程中，应该做好拉长政策周期的心理准备，居民生活垃圾分类习惯的养成需要长时间的逐步推进，应定好工作计划，避免半途而废。

2. 结合五种动力源，全面提升居民生活垃圾分类意愿

（1）从提高居民的政策信任的角度出发，坚持垃圾分类的政策要持之以恒，用政府工作的决心带动居民参与的信心。只有政府相关部门坚决推动生活垃圾分类，居民对政府相关部门的决心和政策的有效程度抱有信任，居民才会愿意主动改变自己的生活习惯，否则将会严重打击居民的积极性。因此必须做到：其一，物业公司是小区推进生活垃圾分类的主要责任主体，因此，必须提高物业公司的规范程度、工作积极性和组织能力。物业公司工作人员必须经过系统的学习和培训，根据小区具体情况制订可操作的工作规划，做到对生活垃圾分类政策理解准确、落实到位。我们要探索运用经费补贴等手段，使物业公司在生活垃圾分类推进过程中能收支平衡，提高物业公司的工作积极性。物业公司需要科学地组织和运行，深入居民，培养良好的社区规范。其二，需要协调好街道办、物业公司、居委会三者的职责和工作关系。街道办负责学习和传达政策，做好监督和指导工作，控制好工作方向不偏离政策和实际情况。居委会需要做好协调工作，协助物业公司进行工作筹备和具体执行，深入联系群众，协调纠纷。而物业公司则要落实具体工作，积极配合街道办和居委会的指导，使政策真正落地。三者形成协调的合作关系。

（2）宣传垃圾分类的效果要直接深入，用直抵人心的效果凸显垃圾分类的成果。政策宣传，尤其是对垃圾分类作用和意义的宣传，不能流于表面化的政策营销，而要通过更接地气的方式、方法，真正提升居民的政策认同感。其一，可以通过全媒体营造热点，让居民真真切切地感受到"垃圾围城"的困境和迫切，看到垃圾分类后生活垃圾得到怎样有效的处理，从而使居民对自己的分类行为有成就感。其二，用吉祥物和儿歌等方式宣传垃圾分类，增加垃圾分类习惯在居民心中的亲切感和认同感。其三，发动社会组织志愿者或在职党员逐户上门宣传指导，并且持续跟进居民的生活垃圾分类情况。

（3）推动垃圾分类的措施要方便居民，用为民着想的思路开拓顺利前进的道路。在政策推进过程中，我们必须承认，进行垃圾分类将会提高居民的垃圾处理成本，这种成本包括认知成本和实践成本。前者的典型例子是对垃圾具体要怎么分的学习成本，后者则指的是分类时是否方便。因此，在垃圾分类工作推进过程中，我们必须考虑如何降低居民的垃圾分类成本，或者对居民的损失予以补贴，一旦政策脱离居民需求，则必然失去垃圾分类的宝贵民心。具体来说，我们可以探索推行要求产品标签注明垃圾所属类别的制度，让居民对不同产品的垃圾分类方法一目了然。也可以探索实行垃圾分类积分奖励机制或积分榜荣誉机制，定期对把垃圾分类分得较好的居民进行公示表扬，或者通过社区会议、活动进行鼓励嘉奖；对于少量恶意不分类的居民，也要公开提醒，必要时进行一定的惩罚，比如罚款（需要可执行的法规条款）、社区内警告等。另外，也要从细节处着手，减低居民的垃圾分类成本，比如垃圾投放点的设置和开放时间要合理，垃圾桶容量要足够，定时分发可降解的垃圾袋，在垃圾分类工作推进过程中与居民充分协商，等等。

（4）营造垃圾分类的规范要细水长流，用和谐社区的温度消解习惯养成的难度。我们可以通过党员引领和示范带动，采取一个志愿者负责一户人的方法，进行指导、宣传和监督。要在居民内部营造垃圾分类的认同感，可以考虑通过讨论会、协商会组织居民相互监督、相互交流、相互帮助，比如带动居民在业主微信群内互相分享区分不同垃圾的分类方法，组织志愿者不定期帮助居民进行垃圾分类和垃圾投放，形成互帮互助、共同促进垃圾分类的社区氛围。这也需要社区居委会和物业公司在日常小区的公共事务和社区活动中，积极营造社区氛围，提高居民的参与积极性和社区认同感，从而通过群体认同降低居民对生活垃圾分类的抗拒。

（5）保障垃圾分类的措施要细致入微，用积极正面的反馈换来分类效果的回馈。生活垃圾分类的具体情境千变万化，但积极的行为反馈往往能换来可喜的行为变化。其一，引导教育青少年参与垃圾分类，从而带动家庭进行垃圾分类。其二，合理发挥环卫工人和督导员的作用，保证垃圾分类后的垃圾处理质量和社区环境，垃圾桶定时清理，垃圾定时收运。其三，完善垃圾投放点等基础设施，提供相关工具和洗护设备供居民使用，并使垃圾投放点干净美观等，这些措施也可以有效地增强居民进行生活垃圾分类的积极性。其四，可以考虑与非专业回收垃圾的"拾荒者"合作，通过二次分拣，可以更进一步地提高垃圾分类的准确率，也可以使可回收垃圾得到有效回收。其五，可以考虑建立垃圾分类投放点责任人制度，配备专门的垃圾分类投放点责任人，负责该投放点的开放、投放和清理工作，使撤桶后节省下的环卫成本重新用在最有效率的地方。

3. 针对不同的居民群体，重点突破生活垃圾分类难点

本课题组将居民分为了四种不同的类型（见表4），针对不同的类型群体需要采用差异化的、有针对性的政策和措施，从而重点突破社区生活垃圾分类工作中的痛点和难点。

(1) 针对"积极分类"和"愿意配合"的人群,需要维持其积极性,发挥其示范引领作用。学校在教育学生学习垃圾分类的同时,也要鼓励学生在家里发动家里人积极参与垃圾分类,通过家庭带动分类行为。我们可以通过建立榜样制度,使积极进行垃圾分类的居民在得到鼓励的同时,也可以有机会去引导和带动同社区的居民,帮助其他居民正确分类、投放,居民之间通过互动,互相激励分类行为。同时,也要关注这两类居民的垃圾分类动力,避免居民在分类过程中遇到困难或不良体验而使其积极性受到打击。居民在垃圾分类过程中如有相关意见和建议,应该建立专门渠道去收集和改进。

(2) 针对"不太愿意"和"拒绝配合"的居民,需要重点进行引导和监督,通过有效措施全面提高其对五种动力源的正面感知,让他们深切地认同垃圾分类的作用,并减轻居民进行垃圾分类的不方便程度,通过政府引导、社区感染、情境带动,让其认可生活垃圾分类。对于租户,可以考虑建立业主—租户联系机制,通过业主督促租户积极进行生活垃圾分类;对于外来流动人口,需要多次上门引导沟通;而对于上班族,需要了解居民需求,了解哪一类动力源缺失导致其不愿意进行分类,从而进行沟通协调。

最后,政府部门的各相关主体要充分发挥自上而下的主导作用,积极推动生活垃圾分类制度规范的形成,根据实际情况创新生活垃圾分类推进措施,关键是要关注居民的呼声和需求,针对不同群体采用不同的方式方法,从居民的角度出发,帮助垃圾分类成为居民的新习惯、新潮流。

【参考文献】

[1] 徐林,凌卯亮,卢昱杰. 城市居民垃圾分类的影响因素研究 [J]. 公共管理学报,2017 (1).

[2] 曲英. 城市居民生活垃圾源头分类行为的理论模型构建研究 [J]. 生态经济,2009 (12).

[3] 吴晓林. 城市垃圾分类何以成功:来自台北市的案例研究 [J]. 中国地质大学学报(社会科学版),2017 (6).

[4] 曲英. 情境因素对城市居民生活垃圾源头分类行为的影响研究 [J]. 管理评论,2010 (9).

[5] 张莉萍,张中华. 城市生活垃圾源头分类中居民集体行动的困境及克服 [J]. 武汉大学学报(哲学社会科学版),2016 (6).

[6] 鲁先锋. 垃圾分类管理中的外压机制与诱导机制 [J]. 城市问题,2013 (1).

[7] 李长安,郭俊辉,陈倩倩,等. 生活垃圾分类回收中居民的差异化参与机制研究:基于杭城试点与非试点社区的对比 [J]. 干旱区资源与环境,2018 (8).

[8] 陈绍军，李如春，马永斌. 意愿与行为的悖离：城市居民生活垃圾分类机制研究 [J]. 中国人口·资源与环境，2015（9）.

[9] 童昕，冯凌，陶栋艳，等. 面向行为改变的社区垃圾分类模式研究 [J]. 生态经济，2016（2）.

[10] 尹昕，王玉，车越，等. 居民生活垃圾分类行为意向影响因素研究：基于计划行为理论 [J]. 环境卫生工程，2017（2）.

[11] 孙其昂，孙旭友，张虎彪. 为何不能与何以可能：城市生活垃圾分类难以实施的"结"与"解" [J]. 中国地质大学学报（社会科学版），2014（6）.

[12] 谭文柱. 城市生活垃圾困境与制度创新：以台北市生活垃圾分类收集管理为例 [J]. 低碳生态城市，2011（7）.

[13] 耿言虎. 城市社区垃圾分类的结构性困境及其突破 [J]. 南京工业大学学报（社会科学版），2014（3）.

[14] 韩洪云，张志坚，朋文欢. 社会资本对居民生活垃圾分类行为的影响机理分析 [J]. 浙江大学学报（人文社会科学版），2016（3）.

[15] 杨帆，邵超峰，鞠美庭. 城市垃圾分类的国外经验 [J]. 生态经济，2016（11）.

广州市街道与社区城市管理安全隐患排查机制研究报告

李伟权

（暨南大学公共管理学院）

摘　要：广州市街道与社区城市管理安全隐患排查机制十分重要。安全隐患排查要求街道与社区对事故安全隐患进行排查，全面掌握安全隐患和风险源，绘制街道风险地图，以提高预防事故灾难能力、科学施救水平、群众安全意识为核心，整治隐患，进一步落实街道和社区的属地监管职责以及企业单位的主体职责，提高社会单位的自我管理水平，夯实公共安全基础，明确任务、细化责任。我们应强化安全发展理念，创新安全监管模式，加强安全生产工作，有效遏制事故发生，保障辖区广大人民群众生命财产安全，坚持风险预控、关口前移，强化隐患排查治理，把风险控制在隐患形成之前，把隐患消灭在事故之前。增强各类灾难事故的防控能力，确保不发生重特大尤其是群死群伤事故，重大活动期间不发生有影响的其他事故。所以，以街道为核心、以社区为主体建设城市管理安全隐患排查机制十分重要。

本研究报告研究广州市街道与社区城市管理安全隐患排查机制的现状。笔者通过对广州市现有的部分街道与社区进行调查，了解城市管理安全隐患排查机制的现状，对具体情况进行总结。本研究报告对街道与社区城市管理安全隐患排查机制存在的问题，从风险源管理、体制管理、过程管理、制度管理等方面都进行了总结。本研究报告根据广州市街道与社区城市管理安全隐患排查以及突发事件发生的具体情况，对环境卫生（垃圾处理）、燃气管理、户外广告管理、城管执法等方面的安全隐患与风险状况做出分析与评估，探讨这些领域管理的风险排查机制，包括具体排查手段、事故隐患与风险源评估等。

关键词：城市管理；安全风险；隐患排查；机制

一、导言

广州作为改革开放的前沿城市，应将城市的风险防控和安全工作放在城市管理各项工作的首位。在城市管理方面，建立健全安全预警、综合管理平台和风险评估机制十分必要。做好防范、化解城市管理领域重大风险工作，应当以防范、化解城市管理风险为重点，以全源头防范、全覆盖排查、全类别研判、全措施化解、全过程评估为抓手，牢固树立"城市管理大安全"理念，深入推进城市管理领域风险消存量、控增量，力争把城市管理领域各类风险消灭在萌芽状态。

要达到上述目标，就需要广州市在城市管理方面构建覆盖全面、反应灵敏、能级高效的风险预警信息网络，形成城市运行风险预警指数实时发布机制；完善城市管理各部门内部运行的风险控制机制，健全城市管理风险防控和安全工作预案；建立跨行业、跨部门、跨职能的"互联网+"风险管理大平台，健全"三位一体"风险共治机制，充分发挥政府、市场、社会在城市风险管理中的优势，构建"政府主导、市场主体、社会主动"的城市风险长效管理机制；建立以城市管理部门为核心、运行有序有效的应急联动联防机制，发现问题及时通报、信息共用、资源共享；加强城市安全管理应急队伍和装备建设，配齐配全必要的应急抢险装备和特种作业车辆，提高应对和处置能力。

二、街道与社区城市管理安全隐患排查的背景

（一）街道与社区城市管理安全隐患排查的政策背景

1. 贯彻落实总体国家安全观的必然要求

总体国家安全观是新时代党中央对我国面临的各种安全问题和安全挑战的系统回应。习近平总书记在2014年的中央国家安全委员会第一次会议上首次提出"总体国家安全观"的概念，着力于构建集政治安全、国土安全、军事安全、经济安全、文化安全、社会安全、科技安全、信息安全、生态安全、资源安全、核安全于一体的国家安全体系。此后，总体国家安全观成为治党治国的重要原则，国家安全工作全方位开展。在党的十九大报告中，"坚持总体国家安全观"的论述再次引起广泛关注，"健全国家安全体系，加强国家安全法治保障，提高防范和抵御安全风险能力"等工作目标将在总体国家安全观的

指导下不断推进。

"备豫不虞，为国常道。"2016年1月，习近平总书记在省部级主要领导干部学习贯彻党的十八届五中全会精神专题研讨班上强调："我们必须积极主动、未雨绸缪、见微知著、防微杜渐，下好先手棋，打好主动仗，做好应对任何形式的矛盾风险挑战的准备。"[1]2018年1月，习近平总书记在新进中央委员会的委员、候补委员和省部级主要领导干部学习贯彻习近平新时代中国特色社会主义思想和党的十九大精神研讨班上再次提出："我们既要有防范风险的先手，也要有应对和化解风险挑战的高招；既要打好防范和抵御风险的有准备之战，也要打好化险为夷、转危为机的战略主动战。"[2]因此，政府必须时刻强化忧患意识和责任意识，着力于提高防范化解风险的能力，推动全社会形成维护国家安全的强大合力。重视基层公共安全，尤其是加强街道与社区的风险管理，有利于提高城市韧性，进而落实总体国家安全观。

2. 推进城市安全发展的现实需求

"国家者，载民之舟也。"在国家安全体系中，社会安全与人民生活息息相关，需要予以更多的关注。2014年4月，习近平总书记在十八届中央政治局第十四次集体学习中强调："新形势下我国国家安全和社会安定面临的威胁和挑战增多，特别是各种威胁和挑战联动效应明显。我们必须保持清醒头脑、强化底线思维，有效防范、管理、处理国家安全风险，有力应对、处置、化解社会安定挑战。"[3]为维护国家安全和社会安定，习近平总书记还强调："安而不忘危，存而不忘亡，治而不忘乱"，"各地区各部门要各司其职、各负其责，密切配合、通力合作，勇于负责、敢于担当，形成维护国家安全和社会安定的强大合力"。[4]

为贯彻落实总体国家安全观，提高城市安全保障水平，国务院于2018年1月印发《关于推进城市安全发展的意见》（简称为"《意见》"），提出加强城市安全源头治理、健全城市安全防控机制、提升城市安全监管效能、强化城市安全保障能力和加强统筹推动五大核心举措。其中，《意见》提到要制定城市安全隐患排查治理规范，健全隐患排查治理体系。具体而言，各级政府相关部门要加大监管力度，重视生产作业风险评估，尤其需要加强安全社区建设，管理户外广告牌、灯箱和楼房外墙附着物，对道路安全隐患点，油、气、煤等易燃易爆场所进行隐患排查整治，不断深化隐患排查治理。由此可见，城市安全隐患排查工作具有迫切的现实需求，能为城市安全发展提供更加有力的支持和保障。

3. 实现城市精细化管理的有效举措

作为城市治理的"最后一公里",街道和社区是党委和政府联系群众、服务群众的神经末梢,也是社会公共安全体系构建的重要一环。习近平总书记曾提到,"城市管理应该像绣花一样精细","要通过绣花般的细心、耐心、巧心提高精细化水平,绣出城市的品质品牌"。[5]可见,在城市治理,尤其是在巨型城市治理中,街道和社区的精细化治理成为城市治理的关键。放眼于社会公共安全体系的构建,必须把"绣花"的功夫落实到街道与社区的安全隐患排查环节。2015年5月,习近平总书记在中共中央政治局第二十三次集体学习中提道:"维护公共安全体系,要从最基础的地方做起。要把基层一线作为公共安全的主战场,坚持重心下移、力量下沉、保障下倾,实现城乡安全监管执法和综合治理网格化、一体化。要提高公共安全体系精细化水平,每一个环节都要深入考虑和谋划。"[6]街道和社区的安全隐患排查机制构建有利于实现城市精细化管理,为安全隐患排查工作提供重要保障,做到一针见血、扎到痛处,让每一针每一线都能够精细精准、恰到好处。

(二)街道与社区城市管理安全隐患排查的现实意义

1. 加强防灾减灾能力建设,提升应急管理水平

第一,关口前移,防范在前。突发事件的生命周期分别是孕育期、爆发期、持续期、缓解期和善后期。由此可见,许多突发事件并非"意料之外",而是经过一定时期的积累,并经由特定情境因素触发的。因此,突发事件的处置可前移至其孕育期。从严、从实、从细的安全隐患排查正是有效阻断突发事件孕育与发展的重要举措,有利于实现日常防范、源头治理和前端处理,及时清除公共安全隐患,把事故扼杀在"摇篮"里。

第二,定制整改方案,高效开展监管工作。构建城市管理的安全隐患排查机制,有利于有序开展安全隐患排查工作。各部门各司其职、各负其责,实现协同治理,能够提高安全隐患排查的工作效率和质量。通过"地毯式"安全隐患排查整治,工作人员可以在城市的细枝末节中发现问题,并有针对性地制定隐患整治清单,形成"排查—整改—监督"的安全隐患排查良性闭环,不断提升风险防范能力。

第三,落实主体责任,形成防灾减灾合力。防住风险、守牢底线不仅是政府责任,更是社会责任。城市风险寓于生产生活之中,与企业和个人的社会活动息息相关。城市管理安全隐患排查机制的建立健全,有利于把安全责任制落实到企业主体和个人,辖区内的企业和居民都能在安全隐患排查工作中明确自

己的主体地位并参与其中，进而形成防灾减灾的合力，更有效防范和遏制各类安全事故的发生。

2. 强化风险防范意识，形成齐抓安全的良好氛围

第一，强化政府工作人员的忧患意识和责任意识。"明者防祸于未萌，智者图患于将来。"建立健全城市管理的安全隐患排查机制，有利于把忧患意识和责任意识嵌入工作，在安全隐患排查工作中不断强化政府工作人员的服务意识，牢牢绷紧防范安全风险这根弦。另外，安全隐患排查机制的构建有利于明确政府的"掌舵人"角色，推动各级工作人员提高警惕，居安思危，主动承担监管责任，并发挥组织职能作用，动员社会共同参与安全隐患排查工作。

第二，促进企业单位安全发展理念的形成。企业单位是生产主体，既是安全隐患排查的重点对象，又是其重要的参与主体。城市管理安全隐患排查机制的构建，有利于宣传重"小"重"微"的企业生产管理理念，以隐患排查工作的推进强化生产者和经营者的责任意识，有效促进辖区各企业单位的安全生产发展理念，并进一步引导形成安全生产氛围；在意识层面转变企业单位生产经营理念，有利于影响其生产经营行为，推动社会安全源头治理的实现。

第三，提高居民消防意识和自防自救能力。城市管理安全隐患排查机制的构建，有利于推进安全隐患排查工作的常态化和规范化，形成全员抓安全的良好氛围。作为街道和社区的主体之一，居民能够受到隐患排查工作开展的影响，更新对日常生活中安全隐患的认识，并提高敏感程度。另外，安全隐患排查机制的建立具有宣传教育的作用，能够在工作中宣传安全至上的理念；以工作实际行动进行案例教学，能有效提高居民的防灾意识和自防自救能力，在人民群众中建立牢固的防灾减灾基础。

3. 打造服务型政府，提高人民生活满意度

第一，最大限度减少人民群众生命财产损失，营造安全的社会环境。"城，所以盛民也。"民，乃城之本。因此，城市服务与建设应当以人为本。城市管理安全隐患排查机制的构建，正是以人为本城市观的重要体现。安全隐患是"定时炸弹"，威胁人民群众的生命财产安全。因此，政府应切实做好安全隐患排查工作，实现城市风险的"逐个击破"，防患于未然。习近平总书记指出，"老百姓心里有杆秤"。而安全隐患排查机制构建有利于最大限度减少人民群众的生命财产损失，进而提高人民的生活满意度。

第二，促进城市精细化治理，打通社会安全的"最后一公里"。城市的"绣花"功夫可以用于社会安全领域。构建城市管理安全隐患排查机制，有利于以"零容忍，重实效"为原则，对城市的安全进行精细化治理，针对城市

的"毛细血管"进行仔细盘查,并对症下药,实现风险的有效遏制和城市的良性治理。社会安全的"最后一公里"在街道与社区,而开展安全隐患排查工作可以有效清除城市细微之处的公共安全隐患,打通"最后一公里",建立社会安全体系,进而落实总体国家安全观。

(三) 街道与社区城市管理安全隐患排查的主要目标

1. 提升街道与社区风险治理的能力与水平

随着街道与社区城市化水平的不断提升和发展,街道与社区治理中面临的社会风险更加复杂多样,安全管理压力与日俱增,对政府社会风险治理能力也提出了更高要求。因此,提高地方政府风险治理的能力和水平,需要从源头上防控城市公共安全风险,实现从应急管理到风险管理的有效过渡。我们根据科学、系统的安全隐患排查方法,通过实地考察调研,对街道与社区近十年来相关风险灾害历史数据进行分析处理,并针对不同领域设计相应的安全隐患排查表,可以进一步了解分析当前街道与社区存在的安全隐患,为防范与减少各种风险源的产生,从根本上减少街道与社区公共安全事件发生的可能性,减少甚至避免公共安全事件带来的损失提供重要依据,并提出改进建议。将应急管理的重心前置、关口前移,即重点放在安全隐患的识别、评估及防控上,改变以前被动应付公共安全事件发生后的应急处置环节,对街道与社区风险治理工作的实施具有重要的启发和借鉴作用。

2. 优化街道与社区安全隐患排查方法与策略

我们通过对街道与社区安全隐患排查分析,利用信息化、可视化等方式进行记录,对街道的安全隐患进行更为细致具体分类分级,可以建立健全街道定期常规检查、特殊行业及场所的运动式排查等隐患排查工作安排和应急处置相关的风险评估体系,有效对环境风险进行预判,从而进一步落实各主体责任,探索出一条行之有效的安全隐患排查治理体系,形成具有地区特点、行业特色的研究报告,为推动排查工作常态化,切实规避各类公共安全事件发生提供技术性支持。

3. 培育多元化风险治理主体的风险识别和防范能力

安全隐患排查是一个整体性和关联性很强的系统工程,通过安全隐患排查等具体实际调研行动,政府相关部门不仅可以进一步了解当前风险治理的薄弱点,在衡量现有能力资源的基础上,提出推动当地风险治理工作的有效策略,从而进一步提升公民的风险识别、防范能力,而且可以推动改变以往那种完全以政府或国家为中心的治理模式,建立起包括政府、企业、非营利组织、专家、公众等社会多元主体在内的风险治理体制,整合资源,形成各方面管理各自风险、政府管理公共风险、保险业参与风险共担的风险治理新格局。

4. 树立街道与社区风险治理和安全隐患排查工作的新典范

我们开展安全隐患排查治理工作分析研究,探究全面排查安全隐患、有针对性地治理安全隐患、切实规避安全生产和事故等发生的方法,可以为街道与社区安全风险分级管控和安全隐患排查治理双重预防治理体系提供有效路径,为街道与社区风险治理和隐患排查工作提供相关研究支持。

三、广州街道与社区城市管理安全隐患排查基本情况

(一) 街道与社区城市管理安全隐患排查概念

1. 城市管理安全风险

风险(risk),简而言之,就是发生不幸事件的概率。换句话说,风险是指一个事件产生我们所不希望的后果的可能性,是某一特定危险情况发生的可能性和后果的组合。风险大致具有两层含义:一种强调了风险表现为收益不确定性;另一种则强调风险表现为成本或代价的不确定性。若风险表现为收益或者代价的不确定性,说明风险产生的结果可能带来损失、获利或是无损失也无获利,属于广义风险。例如,所有人行使所有权的活动,应被视为管理风险,金融风险即属于此类。而风险表现为损失的不确定性,说明风险只能表现出损失,没有从风险中获利的可能性,属于狭义风险。显然,对于本报告而言,风险的含义更多是指由于不确定性所带来的某种不利的结果。[7]

现代社会是一个充满风险的社会。在人们日常生活中,风险无处不在,风险已经成为人们需要经常面对的重要内容。虽然关于风险的概念有很多,各学科也有自己不同的对于风险的理解,但总体上可以从三个大的维度来概括:一是时间维度上的未来指向,比如概率和预期值。风险不是已经发生的事情,而是可预见的、可能将要发生的事情。二是结果维度的消极指向,比如事件/后果和不确定性。可以分为客观属性和主观属性两个方面,客观属性体现为事件发生的频数,主观属性体现为当事者价值损失的程度。三是行为维度的情境指向,如人的现实活动。风险需在实际情境中现实化、具体化。[8]

2. 安全隐患

安全隐患,通常是指在日常的生产过程或社会活动中,由于人的因素、物的变化以及环境的影响等,会产生各种各样的问题、缺陷、故障、苗头等不安

全因素，可分为两大类：一般事故隐患和重大事故隐患。一般事故隐患是指危害和整改难度较小，发现后能够立即整改排除的隐患；重大事故隐患是指危害和整改难度较大，应当全部或者局部停产停业，并经过一定时间整改治理方能排除的隐患，或者是因外部因素影响致使生产经营单位自身难以排除的隐患。

3. 风险源

凡是能够带来风险的人、物、事件都可被视为风险源（risk resources）。相同的风险因素可能是由不同的风险源产生的。例如，火灾风险可能来源于物质环境（如磷的自燃），也可能来源于社会环境（如纵火）。在本报告中，风险源既包括物质性的风险源，也包括社会风险源，尤其是后者。人类社会中一切可能引起社会风险的自然现象和社会事物都是社会风险的来源。社会风险源具有客观性、依附性、渐显性、多样性、隐患性和可控性等多种特征。社会风险源的类型很多，从社会系统的基本要素构成来看，可分为自然风险源、人口风险源、信息风险源、制度风险源等。本研究的风险源分析是多样化的。

4. 突发事件

"突发事件"是我国约定俗成的名词，不是外来词语的一对一翻译。"突发"一词，顾名思义就是突如其来的、出乎预料的、令人猝不及防的状态。突发事件有广义与狭义之分。广义的突发事件泛指一切突然发生的危害人民生命财产安全、直接给社会造成严重后果和影响的事件。在国内，我们讲突发事件，通常是指在一定范围内突然发生、危及公众生命财产、社会秩序和公共安全，乃至影响到国家利益和全球稳定，需要政府立即采取应对措施加以处理的公共事件。[9]在我国的《国家突发公共事件总体应急预案》中，对突发事件的定义是"本预案所称突发公共事件是指突然发生，造成或者可能造成重大人员伤亡、财产损失、生态环境破坏和严重社会危害，危及公共安全的紧急事件"。

在《中华人民共和国突发事件应对法》中，对突发事件的概念界定如下："本法所称突发事件，是指突然发生，造成或者可能造成严重社会危害，需要采取应急处置措施予以应对的自然灾害、事故灾难、公共卫生事件和社会安全事件。"本报告也以此作为对突发事件的定义。同时，《中华人民共和国突发事件应对法》也明确规定，按照社会危害程度、影响范围等因素，自然灾害、事故灾难、公共卫生事件分为特别重大、重大、较大和一般四级。法律、行政法规或者国务院另有规定的，从其规定。总而言之，突发事件就是人们尚未认识到的，在某种必然因素支配下瞬间产生的，给人们和社会造成严重危害、损失且需要立即处理的破坏性事件。

（二）街道与社区城市管理安全隐患的类型

立足于《中华人民共和国突发事件应对法》《国家突发公共事件总体应急预案》等政策文件，并结合广州市天河区和街道与社区的实际情况，本报告将安全隐患分为以下四大类：自然灾害、事故灾难、公共卫生事件和社会安全事件。对于城市管理部门来讲，则有专门的安全隐患及风险类型。从广州市城市管理与综合执法部门来说，街道与社区城市管理职能方面的风险主要包括下列几类。

1. 城市垃圾处理与环卫管理风险

主要包括下列几种风险。一是垃圾综合治理所带来的风险，包括垃圾分类、垃圾收运、垃圾处理过程中所引发的各类风险。二是垃圾分类制度建立与推行风险，包括政府主导作用、多方协同治理程度不足所导致的各类风险。三是垃圾分类第三方服务治理风险，包括居民、物业公司、社区居委会以及政府权责不分，政出多门，缺乏法律和经济手段的利益驱动力等风险。四是民众抗议风险，包括居民习惯难以变更、居民参与意识薄弱、居民垃圾分类知识缺乏所导致的各类风险。

2. 燃气管理业务与户外广告管理风险

燃气管理是城市管理的重要职能之一，也是风险点与危机源集中的领域，主要包括企业燃气"点供设施"风险隐患、老旧燃气管网改造更新风险、餐饮场所燃气安全风险、城镇燃气无证经营行为风险、燃气管道设施的安全管理风险等。而户外广告管理风险也比较明显，近年来由于户外广告管理不当造成突发事件也比较常见。

3. 城市管理行政执法风险

城管执法是城管部门的最重要职责，由于城市执法内容多、工作量大，且城管执法手段不足，使得城管执法本身就存在执法风险。包括以下四类执法风险。一是流动摊贩治理风险。例如，暴力执法与暴力抗法，弱势群体生存与执法矛盾，以及舆论风险、公共关系危机、城管污名化、流动摊贩组织化发展风险等。二是城市管理中违建执法风险。例如，违建现象与谋利空间风险、个体极端维权风险等。三是违停执法风险。例如，禁停标志或者非机动车道与机动车道及人行道之间隔离设施被破坏，车没停稳就开车上下人员并妨碍其他车辆和行人，甚至包括在加油站、消防队门前30米以内乱停车等，这些都需要进行风险控制。四是城市安全生产执法管理风险。例如，监督管理风险、应急管理法制建设风险等。

4. 城市管理系统建设风险

这类风险主要包括执法主体的队伍建设风险：执法人员的素质与质量、廉政建设风险、由户外广告审批权与城市绿化管理权等构成的街头官僚自由裁量权风险。

5. 数字城管风险与服务外包风险

数字城管风险包括了观念风险、舆论压力风险、管理风险（即数据共享风险）、投资风险、技术风险（即数据隐私与安全威胁风险）。城管服务外包风险则包括了决策阶段的承包方寻租、资质不足风险，合同设计模糊风险等，执行阶段的合法性和权威性受质疑风险、服务效率低风险、暴力执法风险、公平性缺失风险，以及评估阶段的绩效评估标准界定困难风险、纠纷责任不清风险，等等。

6. 城市管理社会安全事件风险

对于城市管理部门来说，社会安全事件主要有下列四类风险需要排查。①对大型生活垃圾等处理设施实施人为破坏，造成停产等。②国际国内重大事件，可能影响城市保洁的正常进行，在局部区域引起垃圾的大量产生等。③作业队伍群访、罢工等，可能造成城市不能及时保洁，影响城市环境卫生面貌；造成大量垃圾产生，垃圾、粪便滞留梗阻，影响及时处理等。④抗拒执法，比如用暴力袭击殴打城管执法人员和聚众闹事的行为。

（三）城市管理安全隐患排查的主要方法

1. 安全隐患排查方法

选用哪种事故隐患排查方法，要根据分析对象的性质、特点、周期的不同阶段和分析人员的知识、经验和习惯来定。常用的安全隐患排查方法有以下两种。

（1）直观经验分析方法。①对照、经验法。对照、经验法是对照有关标准、法规、检查表，或依靠分析人员的观察分析能力，借助经验和判断能力对企业的危险、有害因素进行分析的方法。②类比方法。类比方法是利用相同或相似工程系统或作业条件的经验和安全生产的统计资料来类推、分析企业的危险、有害因素。

（2）系统安全分析方法。系统安全分析方法是应用系统安全工程评价中的某些方法进行危险、有害因素的辨识，常用于复杂、没有事故经验的新开发系统。常用的系统安全分析方法有事件树分析法、故障树分析法等。

2. 安全隐患现场调查法

安全隐患现场调查法是研究人员通过对施工现场的调查，对安全隐患进行辨识的方法。现场调查法又可细分为：

（1）询问交谈法。研究人员通过与现场安全管理人员、施工作业人员等的询问交谈，了解他们对安全操作、安全管理的认知情况和劳动强度的大小，了解他们参加三级安全教育的情况和施工单位进行安全教育的频率，了解施工现场环境或施工设备等物的异常情况，从而对人的不安全行为、管理缺陷和物的不安全状态进行辨识。

（2）资料查询法。研究人员通过检查施工单位的安全管理台账、施工记录、安全隐患排查和处理记录等有关资料，监理单位或上级有关单位对施工现场安全隐患的检查、整改通知，施工单位对安全隐患的整改回复和整改验收记录等对管理缺陷进行辨识。

（3）观看影像资料法。研究人员通过观看有关的工程录像、照片等影像资料，对施工现场人的不安全行为、管理缺陷或物的不安全状态进行辨识。

（4）现场观察法。研究人员在施工现场，通过观察，对施工机械、临边防护、支模架、脚手架等施工设施和施工人员的违章作业进行安全隐患辨识。

（5）实物检测法。研究人员使用检测工具和仪器设备，或委托有资质的第三方检测机构对结构实体、机械设备和支模架、脚手架等施工设施进行检测，根据相关标准对检测数据加以分析研究，对安全隐患进行辨识。

（6）视频监控法。研究人员通过远程监控、网上监控和信息自动采集等网络技术手段，排查安全隐患。

3. 工作任务分析法

工作任务分析法是依据施工组织设计、专项施工方案、施工工艺的描述和以往完成任务的经验，对分部分项工程或施工工艺进行分析，确定该分部分项工程施工的难点和控制的要点，并针对现有施工人员的能力、掌握的知识、技能和工作态度，判定施工人员在完成工作任务时的差距所在。

工作任务分析法的步骤：

（1）设计工作任务分析记录表，将施工工序主要的各项任务、工作的绩效标准、完成任务的环境、所需的技能和知识等系统地列出来。

（2）评价各项任务的重要性以及可能经历的困难。

（3）通过岗位资料分析和作业人员的现状对比，了解员工的素质差距情况，对人的不安全行为进行辨识。

4. 事件树分析法

事件树分析法是一种按施工安全事故发展的时间顺序，由初始事件开始推测可能的后果，从而进行安全隐患辨识的方法。一起施工安全事故的发生，是多种原因和事件在时空上交叉重叠的结果，其中一些事件的发生是以另一些事件的发生为先决条件的。同样，一个事件的发生，又可能引起另一些事件的发生，在事件发生的顺序上，存在着因果的逻辑关系。

事件树分析法是一种时序逻辑的事故分析方法，它假设以某一事件为起点，按照事件的发展顺序，分阶段，一步一步循序渐进地进行分析。并假设每一事件可能发生的后续事件只能取完全对立的两种状态（成功或失败、正常或故障、安全或危险等）之一的原则，逐步向结果方面发展，直到达到系统故障或事故为止。分析的情况用树枝状图表示，故叫事件树。它既可以定性地了解整个事件的动态变化过程，又可以定量计算出各阶段的概率，最终了解事故发展过程中各种状态的发生概率。

5. 故障树分析法

故障树分析法是以系统工程方法研究施工安全问题的系统性、准确性和预测性，它采用逻辑的方法，形象地进行安全隐患的分析工作。它的特点是直观、明了，思路清晰，逻辑性强，可以做定性分析，也可以做定量分析，是安全隐患辨识系统工程的主要分析方法之一。

故障树图采用一种图形化的设计方法，是一种逻辑因果关系图，它根据元部件状态（基本事件）来显示系统的状态（顶事件）。

一张故障树图是从上到下逐级建树并且根据事件而联系的，它用图形化"模型"路径的方法，使一个系统能导致一个可预知的故障事件或不可预知的故障事件（失效），路径交叉处的事件和状态，用标准的逻辑符号（与、或等）表示。在故障树图中，最基础的构造单元为门和事件，这些事件与门是条件。组成树的每一个事件都有一个发生的固定概率，但在建筑工程安全事故的分析中，我们发现，由于建筑工程的特殊性，每个事件发生的概率并不稳定。

6. 检查表法

检查表法是运用安全系统工程的方法，以施工工序为基础，将施工现场主要工序作业人员的活动、施工管理和物的各种常见的不安全因素，事先编制成表格；并按照表格内容监督各项安全生产制度的实施，对整个施工活动进行安全检查，及时发现安全生产隐患并进行治理，制止违章作业的一种有力工具。它也是施工现场目前常用的预测和预防事故的重要手段。

常见的检查表有否决型检查表、半定量检查表和定性检查表三种类型。

（1）否决型检查表。否决型检查表是将一些特别重要的检查项目作为否决项，只要这些检查项目中的某一项不符合条件，该检查对象的总体安全状况即被判定为不合格。这种检查表的特点就是重点突出。但是，施工现场不像工厂那样有固定的生产环境和机械化生产模式。施工现场的安全生产条件是一个不断变化的动态过程，作业人员的位置或环境也在不断地移动和变化。而且，施工现场安全生产的特殊性在于任何一个细小的失误，都有可能造成人员伤亡或财产损失。因此，施工现场否决项的设置相对困难。

（2）半定量检查表。半定量检查表是给每个检查项目设定分值，检查结果以总分表示，根据分值划分评价等级。这种检查表的特点是可以对检查对象进行比较。但是，要对检查项目准确赋值比较困难。

（3）定性检查表。定性检查表的检查项目是将法律法规和技术标准中有关安全生产的具体条款进行罗列并逐项检查，检查结果以"是"或"否"表示，只能定性而不能量化，但需做出与标准或规范是否一致的结论。这种检查表的特点是编制相对简单，检查目标明确，通用性强。它通常可以用于施工现场安全隐患的查找和评价。

（四）城市管理安全隐患排查法律规范与政策依据

1. 以法律法规为行政执法的准绳

城市管理安全隐患排查是行政执法的重要内容，并始终以"依法治国"作为核心理念。对城市管理安全隐患进行排查，构建排查机制是有法可依的。《中华人民共和国行政许可法》《中华人民共和国行政处罚法》和《中华人民共和国治安管理处罚法》可以为隐患排查工作提供法律支撑。因此，城市管理安全隐患排查机制的构建具有合法性，受到人民群众的认可。

在安全隐患排查工作开展的过程中，政府工作人员根据隐患风险等级，会对相应的生产部门或个人提出整改要求，或是处以相应的行政处罚，存在街头官僚自由裁量的操作空间。因此，为保障行政管理相对人的合法权益，各省市级政府，如广东省政府颁布实施《广东省规范行政处罚自由裁量权规定》，广州市政府在此基础上制定《广州市规范行政执法自由裁量权规定》，明确规定了行政处罚的种类和幅度，把权力关在制度的笼子里。在上述法律法规的规定范围内提出的要求，生产部门或个人必须履行其义务，及时进行安全隐患整改，及时遏制安全生产事故的发生。

2. 城市管理安全隐患排查机制的政策依据

安全隐患存在于城市的各个角落，涉及领域极其广泛。随着我国法制水平不断提高，城市管理安全隐患排查的工作范围也加快实现有法可依。对于常见的安全隐患，已逐渐形成自上而下的法律法规体系。从国家层面到省级层面，再到市级层面，城市管理安全隐患排查的各个领域都在不断细化权责范围，工作职能边界愈发清晰。例如，户外广告管理、燃气管理和生活垃圾管理都具有明确的法规体系，为安全隐患排查机制构建和工作开展提供了依据。生活垃圾管理是城市管理的重点之一。住房和城乡建设部颁布的《城市生活垃圾管理办法》[10]为生活垃圾管理奠定了基础。广东省也出台了《广东省城乡生活垃圾处理条例》[11]。相比国家层级的《城市生活垃圾管理办法》而言，省级层面的处理条例将规定细化到城乡生活垃圾的处理分类与投放、清扫、收集、运输与处置、建设与保障、监督管理和法律责任各个环节。在市级层面，广州市政府制定了《广州市生活垃圾分类管理条例》[12]，结合实际情况对相关管理办法进行了整合，着力于完善生活垃圾分类处理运行体系，并加强生活垃圾分类工作保障体系建设。

3. 广州市城管局具体管理规定

从法律法规的颁布到落实，需要对政策进行细化和解读，合理明确划分权限。各类政策文件具体到市城市管理和综合执法局（简称为"城管局"）层面，便进入执行阶段。为进一步明确广州市城管局的工作职责，广州市政府颁布实施《广州市城市管理综合执法条例》[13]，规定市城管局的职能范围跨市容环境卫生、城乡规划、环境保护、市政、工商、燃气、水务等多个领域。这些领域中不乏城市管理安全隐患，需要市城管局构建排查机制并开展从严从实从细的排查工作。

为规范行政行为，更好地落实政策文件，防止政策执行偏差，广州市城市管理委员会结合具体的行政执法经验，制定或修订政策文件，并经市法制办同意后发布与执行。例如，广州市城管局制定《广州市燃气经营许可管理办法》[14]，对燃气经营企业申请经营许可证提出了细致的要求，把好安全关。《广州市在建工地楼体户外广告设置审批工作规则》[15]将户外广告的设置要求精确到具体尺寸和材料，提出广告与墙体的连接应牢固安全、制作精良、粘贴应平整，连接构件不得裸露，各类材料应满足相应的防火阻燃性要求，以确保施工安全。《广州市流动商贩临时疏导区管理办法》[16]也明确规定，流动商贩临时疏导区的设置不能影响交通秩序和消防安全。可见，市城管局以政策文件的形式尽可能把安全隐患排查工作关口前移，尽可能减少执法冲突，维护公共安全与社会秩序。

（五）城市管理安全隐患排查的主要机构与职责

广州市城市管理和综合执法局贯彻落实党中央和省委关于城市管理和综合执法工作的方针政策和决策部署，按照市委工作要求，在履行职责过程中坚持和加强党对城市管理和综合执法工作的集中统一领导。市城管局的机构职能无不涉及存在安全隐患的领域，尤其是户外广告招牌设置监督管理和城镇燃气行业监督管理这两项职能，更加着重于开展对安全生产的监督与排查工作。

1. 主要机构

在内设机构方面，广州市城市管理和综合执法局内设办公室、政策法规处、计划资金处、综合调研处、发展规划处、质量安全监管处、市容景观管理处、环境卫生管理处、分类管理处、燃气管理处、设施建设处、设施运营管理处、建筑废弃物管理处、水上市容管理和执法处、执法指导处、治违督导处、执法监督处、宣传教育处、信访处等处室。

其中，质量安全监管处是安全隐患排查机制的主要负责部门，其职能如下：第一，质量安全监管处统筹城市管理标准规范的拟订、实施和评估，为安全隐患排查工作提供评判标准；第二，质量安全监管处统筹城市管理和综合执法安全生产工作，负责城市管理和综合执法应急管理及处置工作，负责"三防"（防汛、防风、防旱）、消防、人防工作，在防灾、减灾、救灾过程中发挥着关键作用；第三，质量安全监管处统筹研究并组织实施城市管理和综合执法业务的监督、检查、评价、督办，牵头开展城市管理和综合执法巡查检查工作，为城市安全隐患排查机制构建提供组织保障。

此外，燃气是城市安全隐患排查的重中之重，其安全关乎广大人民的生命财产安全。因此，市城管局的燃气管理处也是负责城市安全隐患排查的重要部门。燃气管理处的主要职能如下：负责全市城镇燃气行业的监督管理；负责燃气管理相关法律法规和政策的组织实施，拟订和组织实施城镇燃气管理标准规范，拟订和组织实施燃气发展规划；负责燃气设施建设工程竣工验收情况的备案；统筹协调、指导监督城镇燃气供应保障、安全生产、经营秩序、设施运营、服务质量和设施保护等工作；按权限办理燃气企业跨区域经营、燃气燃烧器具安装及维修企业资质，市政燃气压力管道施工前告知，以及使用登记、停用及启用的行政许可事项；指导燃气行业协会工作。可见，燃气管理处的职能横跨燃气安全的标准制定、准入机制设置、生产监督等多个环节，是安全隐患排查的重要协作部门。

2. 主要职责与追责机制

违法必究是践行依法治国方略的重要保障。近年来，安全生产事故的频发为政府应急管理工作敲响了警钟，城管管理安全隐患排查机制的构建提上议程。其中，问责机制是机制构建的重要内容。完善问责机制，实施精准问责，有利于找到问题的源头，对症下药，反思总结，避免类似事件再次发生。问责机制同时面向行政主体和行政相对人。向行政主体追责意味着行政主体的行政行为违反对应的政策法规，而向行政相对人追责则意味着行政相对人的生产行为、经营行为或其他行为违反政策规定。

第一，向行政主体追责。城市安全隐患无处不在，排查工作也定期开展，但突发事件依然有较高的发生频率，部分事故发生是源于行政执法人员的不作为。对于行政主体，广州市城市管理安全隐患问责机制的建立依据主要源于《广州市行政执法责任追究办法》[17]和《广州市城市管理综合执法条例》。其中，《广州市行政执法责任追究办法》指出，行政执法责任追究范围包括但不限于对涉嫌犯罪案件、应当依法移交司法机关处理而不移交的，对应当予以制止和处罚的违法行为不予制止、处罚的行政处罚行为，以及对不符合法定条件的申请人准予许可、批准或者超越法定职权做出准予许可、批准决定的情况。这类行政行为无疑是在为安全隐患提供"温床"。另外，《广州市城市管理综合执法条例》也明确规定了城市管理综合执法机关及其执法人员的法律责任，如出现不履行巡查职责，玩忽职守，致使公民、法人或者其他组织的合法权益、公共利益遭受损害的情况，将依法追究法律责任。

第二，向行政相对人追责。然而，行政执法人员所起的监督管理工作不当仍不能成为城市安全生产事故的主因，生产经营者或是公民个体可能直接导致安全隐患的存在和事故的发生。对于行政相对人，广州市城市管理安全隐患问责机制根据城市安全的不同领域，在各自的政策规定中体现。例如，《广州市户外广告和招牌设置管理办法》[18]明确规定，户外广告和招牌设施存在安全隐患或者有钢结构牌位的户外广告设施，经具有结构安全资质的检测机构检测为不合格，经责令限期整修或者拆除，设置人逾期未整修或者拆除的，由城市管理综合执法机关处以2万元以上5万元以下的罚款。可见，城市安全隐患排查的问责机制以法律责任的形式写入相关的政策法规中，为安全隐患排查机制的建立完善提供了重要保障。

四、街道与社区环卫管理安全隐患排查机制分析

依据"三定"① 方案,城市管理部门负责统筹环境卫生管理,组织、指导、协调全市环境卫生综合整治;负责对生活垃圾的收集、运输和处理实施监督管理;统筹管理全市生活垃圾分类工作,推进生活垃圾减量化、资源化、无害化;负责垃圾终处理设施运营的安全监管;统筹安排市容环卫设施设备、机械用具、车辆和城市管理综合执法装备器材的列编、更新和补充。由于现代城市垃圾处理问题很多,相应地城市管理也存在着较多的安全隐患,所以,对其安全隐患排查进行研究非常有必要。

（一）街道与社区环卫管理安全隐患的类型分析

1. 生活垃圾分类收运管理安全隐患及风险问题

生活垃圾分类收运工作存在着一定的风险,主要包括下列九个部分。

一是垃圾分类收运风险。垃圾分类要求规范化、标准化、精细化建设。但是,目前缺乏相关约束性强的法规,在定时定点投放、楼道撤桶、统筹调整垃圾收运时间等方面存在实施风险。目前还没有做到"专桶专用、专车专收、专线专运、车桶同色","混收混运"风险依然存在。

二是垃圾收运车辆设备风险。旧设备存在安全隐患,这就需要淘汰三轮车、手推车等收运工具,提升快速转运能力和机械化作业水平。另外,作业车辆等环卫设施也存在安全隐患,需要认真排查。

三是垃圾清运中转站安全隐患排查问题。垃圾压缩站、环卫公厕、中转站等也存在风险。应针对中转站电路、作业流程、垃圾转运车辆密闭情况及生活垃圾收集、贮存等情况进行全面的安全隐患排查,主要存在以下风险:中转站维修人员未按规定穿着防护服,安全措施不牢;中转站中转平台有积水问题,容易滋生蚊虫,影响卫生质量;中转站修理车间工具摆放零乱,电线接口残旧,未及时更换;消防器材老旧,存在安全隐患;等等。

四是垃圾运输流程风险。垃圾车辆滴漏和运输秩序混乱是主要风险。当前城市生活垃圾运输中,主要存在运输单位管理不到位、违章驾驶、车容车貌不洁、跑冒滴漏、外盖缺失和密闭不全、运输过程扰民六个方面的突出问题,这些问题的风险较为突出,需要进行排查。这就需要将检查、督查、督办工作延

---

① "三定"指定部门职责、定内设机构、定人员编制。

伸到垃圾收集点、压缩站、环卫车场等各个环节，进一步提升全流程管理水平。开展生活垃圾运输车辆收运秩序专项整治行动是有效的防范举措。

五是有害垃圾处理风险。餐饮垃圾和厨余垃圾、粪便、病死畜禽以及其他有害垃圾处置存在转场风险。

六是环卫设施扰民风险。生活垃圾压缩站、临时收运点及周边环境整治存在风险。生活垃圾除臭示范站建设需要着力解决站（点）内外环境卫生差、臭气污水扰民等风险问题。

七是垃圾压缩站管理人员和操作人员安全与权益风险。垃圾运输驾驶员和从业人员、压缩站管理人员因操作导致的安全风险问题，主要是安全作业意识问题。城市环卫工人月平均工资水平较低，工资待遇提升不足。他们的人身意外保险和身体健康体质监测以及环卫服装等都是需要考虑的因素。

八是春运、迎春花市等重大任务环境卫生保障过程中的安全防事故工作。春运、迎春花市、国庆等重大节假日及活动对环境卫生有较高的要求，其风险也是需要重点考虑的问题。

九是由垃圾收运冲突所带来的群体性事件风险。

2. 生活垃圾焚烧厂建设与运营管理安全隐患问题

近年来，在"垃圾围城"日益严峻的形势下，垃圾焚烧发电作为"减量化、无害化、资源化"处置生活垃圾的最佳方式，引起国家高度重视与关注，因此被大量使用。但是，垃圾焚烧发电会产生有害物质：有害烟气，其中比较受关注的是二噁英；焚烧过程中产生的废水以及垃圾渗沥液；灰渣和粉尘。虽然大部分垃圾焚烧发电的污染控制都已基本达标，但民众由于邻避效应，对垃圾焚烧发电持反对态度，容易导致垃圾焚烧发电厂建设与运营的重大群体性事件风险以及环境污染风险。表1列出了垃圾焚烧处理项目的主要风险因素。

表1 垃圾焚烧处理项目的主要风险因素

序号	风险源	参考评价指标	发生节点	影响时间
1	规划选址和技术论证	项目规划选址与周围敏感目标距离较近，位置关系不当；垃圾处理工艺方案是否成熟完善、技术是否先进可靠、是否符合世界和国家相关标准	筹备期	短期

续表1

序号	风险源	参考评价指标	发生节点	影响时间
2	前置要件立项审批	项目立项审批程序、主体、内容的合法合规性；建设前是否取得政府要求的相关批复文件	筹备期	短期
3	征地拆迁和补偿安置	征地拆迁是否执行最新政策；补偿安置方案是否合理；补偿资金是否及时到位	筹备期	短期
4	建设期间"三废"等污染	建设期间废水、废气和废渣乱排乱放对居民的日常生活造成影响、对环境造成污染	建设期	短期
5	建设期间施工机械噪声影响	建设期间大型运输设备车辆、施工机构施工产生噪声，对居民生活造成影响	建设期	短期
6	建设和运行期间交通安全事故	建设期间大型运输车辆和运行期间垃圾运输车辆可能与当地社会车辆发生交通事故、产生纠纷，对周边交通和居民出行造成影响	建设和运行期	短期
7	运行期间垃圾运输泄（渗）漏	项目运行期垃圾运输过程中少量垃圾掉落、污水渗漏等，对周边环境和居民生活造成影响	运行期	长期
8	运行期间污水、臭气等污染	运行期间垃圾转运、填埋、焚烧等产生污水、臭气等，对周边环境和居民日常生活造成影响	运行期	长期
9	运行期间安全生产事故	项目运行期间由设备故障或管理不到位引起安全生产事故	运行期	长期
10	资金筹措和保障方案	项目征地拆迁补偿、农民工工资以及项目运行产生的各类费用等资金筹措来源是否清晰可靠，保障方案是否完善可行	全周期	长期
11	宣传解释工作	项目建设的背景、利弊，项目的技术工艺以及重要的环境影响是否宣传充分、到位	全周期	长期

续表1

序号	风险源	参考评价指标	发生节点	影响时间
12	风险管理措施和应急预案	项目建设的背景、化解等管理措施和针对项目的风险应急预案是否制定、内容是否完备、组织机构是否完善以及是否具有可操作性	全周期	长期

（参考资料：李培、康永琼、杨言洲，等：《垃圾处理类项目社会稳定风险演变机理及治理分析》，载《中国工程咨询》2017年第8期。）

（二）街道与社区环卫管理安全隐患排查机制分析

1. 完善以垃圾分类收运流程规范为核心的检查制度，减少垃圾分类风险

目前，广州街道与社区正在完善垃圾分类收运流程的制度建设，减少垃圾分类管理风险。广州市城管局全面厘清市、区、街（镇）管理职责，建立以市、区两级监督为主的常态化、长效化垃圾分类收运监管机制，在街道层面了形成作业、检查、指导、督办全流程的科学管理体制，推动垃圾分类收运工作质量全面提升，减少垃圾分类风险。

2. 以精细化巡检督查来督促整改安全隐患排查机制，减少垃圾投放风险

广州市已经建立健全市、区、镇（街）巡查督导监管考核机制，除派员参加市、区级层面督导检查外，各层面还成立专项工作队伍，常态化地每天深入街道与镇村一线开展环境卫生督导检查，发现问题第一时间反馈至区城管部门并落实整改。垃圾分类专项执法监督检查制度是目前隐患排查最有效的方法之一。通过执法性排查，如果发现硬件不到位、市民乱投放和回收大杂烩等风险问题，便要求立即进行整改。广州市城管局在环境卫生精细化巡检督查方面的水平较高，通过督察组采取日巡检、周督办、月通报等方式，对环境卫生情况进行了全方位检查，做到了检查内容、区域、时间全覆盖。

3. 完善以分类收运路线优化为目的的安全隐患排查机制，减少垃圾收运风险

目前，广州市各街道城管执法部门严格落实"专桶专用、专车专收，专线专运"，大力推进"清洁直运"工作，按照"垃圾分类投放到哪里、垃圾分类收运就延伸到哪里"的工作思路，重点推进分类收运工作示范社区建设，并逐步向全方位覆盖。广州市城市管理和综合执法局官网公布了分类收运线路和投诉电话，接受社会监督。全市分类运输线路将随着垃圾分类收运不断推进而优化完善，使得收运风险大大降低。

4. 以处理能力为核心，形成有害生物垃圾收运安全隐患排查机制

餐饮等有害生物垃圾收运工作安全隐患排查机制，主要以提升处理厂的处置能力来防范风险。由于餐饮垃圾和厨余垃圾、粪便、病死畜禽四类生物质物料的收运风险较高，且自发生非洲猪瘟疫情以来，广州市要求各街道在餐饮垃圾风险排查方面严格落实国家、省、市各级应急指挥部的要求，抓好餐饮垃圾收运处置监管工作。广州市城管局下发了《广州市城市管理和综合执法局关于印发〈广州东部生物质综合处理厂餐饮垃圾、厨余垃圾收运和粪便清运工作方案〉的通知》和《广州市动物尸骸和废弃肉制品收运体系建设工作方案（征求意见稿）》，指导各区制订餐饮垃圾、厨余垃圾、粪便、病死畜禽收运计划。自 2019 年以来，广州市城管局统筹餐饮垃圾收运力量，提前启动广州东部生物质综合处理厂餐饮垃圾收运项目，提升大田山餐饮垃圾收运项目和各区车队的收运能力，向市政府申请购置餐厨剩余物收运车辆 40 台，合理安排收运路线。通过这些有力措施，全市餐饮垃圾做到了应收尽收、集中处置，在抓好非洲猪瘟疫情防控工作的同时，有力推动分类收运工作落实，有效减少风险。

5. 引入环境卫生第三方评估与排查结合的日常监管机制

广州市城管局将环境卫生动态作业纳入日常监管，进一步提升环境卫生绩效评估的公平公正性，同时，也将风险排查纳入其中。在垃圾分类专项执法监督检查中，检查组指出还是有居民不进行垃圾分类，随意将纸、塑料等可回收垃圾丢入其他垃圾的垃圾箱里，在大部分单位的检查中都发现了这种垃圾乱投的问题。关于这个问题，对有关市民应以宣传、教育、引导为主，先培养起全民垃圾分类的氛围与意识；小区或社区则应该成立垃圾分类领导小组，明确负责管理垃圾分类工作的部门，明确分类投放和分类收集各环节的负责人和保洁人员，在小区或社区内设置垃圾分类宣传专栏，宣传垃圾分类工作。

6. 以监督举报为辅助的垃圾分类管理与排查制度

即使做好垃圾分类的工作，仍然有市民指出环卫工人会把分类的垃圾混合运走。如果小区成立了垃圾分类小组，则可让负责管理垃圾的部门实施监督的权力。该部门可对分类投放和保洁人员的分类收集进行监管，并对接、监督城管部门对分类收集的各类垃圾进行分类运输，切实解决混收混运问题，发现混合收运的应予举报。

7. 以专项整治行动规范垃圾车辆收运秩序安全隐患的排查机制

广州市城管局印发了《广州市城市管理和综合执法局关于印发生活垃圾

运输车辆收运秩序专项整治工作方案的通知》，针对当前城市生活垃圾运输中运输单位管理不到位、违章驾驶、车容车貌不洁、跑冒滴漏、外盖缺失和密闭不全、运输过程扰民六个方面的突出问题，组织开展全市生活垃圾运输车辆收运秩序专项整治工作。每天安排检查队伍对生活垃圾运输车辆进行随机抽查、督查督办，对违章驾驶、车容车貌不佳、污水滴漏严重、防滴漏硬件设施损坏等情况予以取证、记录，发出整改通知书和暂停进场 IC 卡处理。通过整治行动的开展，全市生活垃圾车辆收运秩序明显改观，车容车貌状况良好，最大限度地避免因运输车辆"跑冒滴漏"造成的扰民情况发生。

8. 完善环卫工人与管理人员安全隐患管理与权益保障机制

我们应开展环卫工人权益与管理人员安全隐患排查与保障情况落实检查，提升其平均工资水平和待遇。要让更多的保险企业参与环卫工人的人身意外保险，委托相关企业对环卫工人身体健康进行体质监测，并收集环卫工人的健康数据，建立工人健康电子云档案，建全环卫工人健康管理服务体系，实现环卫工人健康情况动态跟踪；通过新款环卫服装保障其工作条件，实现良好的安全隐患管控。

9. 通过社会稳定风险评估，排查垃圾焚烧厂建设与运营问题

由于邻避效应，有的居民对垃圾焚烧发电持反对态度，导致反对垃圾焚烧厂建设与运营的重大群体性事件风险以及环境污染风险。我们可通过社会环境稳定风险评估来进行安全隐患排查，并做好相关准备工作，以防止群体性事件的产生。

（三）完善环卫管理安全隐患排查机制的建议

在完善环卫管理安全隐患排查机制方面，广州市可以采取以下措施。

1. 进一步加强生活垃圾分类收运安全隐患排查与防范工作

指导督促街道城管人员开展生活垃圾分类收运工作，重点抓好分类收运规范化、标准化、精细化建设，密切对接定时定点投放和楼道撤桶，统筹调整垃圾收运时间，推行"公交式"收运方式，完善垃圾收运体系，切实做到"专桶专用、专车专收、专线专运、车桶同色"，坚决杜绝"混收混运"，防止分类风险。

2. 集中完善作业风险和设备安全隐患排查机制的建设

一是继续增配垃圾收运车辆设备，淘汰三轮车、手推车等收运工具，提升快速转运能力和机械化作业水平。二是狠抓垃圾运输全流程监管，深入推进垃圾车辆防滴漏和运输秩序专项整顿，将检查、督查、督办工作延伸到垃圾收集点、压缩站、环卫车场等各个环节，以排查安全隐患为中心，进一步提升全流程管理水平。三是加强推进广州市东部项目各类生物质收运工作落地，确保餐饮垃圾收运项目顺利运作和厨余垃圾、粪便、病死畜禽处置工作转场顺利，减少有害垃圾处置风险。四是组织生活垃圾压缩站管理人员和操作人员培训及垃圾运输驾驶员和从业人员培训，进一步提升压缩站管理水平和运输队伍安全作业意识，减少安全生产事故风险。五是持续开展生活垃圾运输车辆收运秩序专项整治行动，以高压态势持续抓好全市生活垃圾运输车辆收运秩序。

3. 规范环卫设施排查，减少垃圾环境污染风险与事故风险

持续开展生活垃圾压缩站、临时收运点及周边环境整治工作，集中进行生活垃圾除臭示范站建设，着力解决站（点）内外环境卫生差、臭气污水扰民等问题，消除环境污染风险，减少社会群体性事件风险。同时，要不断创新督查督导方式，通过建立市、区、街（镇）三级巡检督查工作机制，建立常态化监督检查与第三方综合评估相结合的环境卫生质量监管机制，整合并突出安全隐患排查内容，减少事故发生概率。

4. 加强环卫企业自身安全隐患排查制度建设，减少事故风险

环卫企业自身的安全生产风险问题，需要通过完善企业主体责任机制来实现。环卫企业组织要实施全员、全过程、全方位的隐患自查、自改、自报工作，实现隐患排查、登记、评估、报告、监控、治理、销账闭环管理，并且将相关情况向有关部门沟通与汇报，从而更大程度地降低事故风险。

5. 加强重点场所的安全隐患的排查与管控

加强重点场所、重点区域以及重大项目等的安全隐患的排查与管控工作非常关键。对存在较高风险等级的场所、部位、环节、岗位进行重点排查，提高隐患排查频次，突出重大隐患排查治理和重大危险管控，减少重大事件的发生，这是环卫管理的重中之重。

6. 建立简易环卫安全隐患信息系统，实行安全隐患的常态管理

由市或区城管部门建立简易环卫安全隐患信息系统，按时将环卫安全隐患信息录入"信息管理平台"，通过隐患排查治理信息系统，全过程记录、报告隐患排查治理情况。定期公示隐患排查治理信息，推动管理层和各环卫工人全员主动参与、主动排查整改隐患，逐步形成"人人都是安全员"的隐患排查治理氛围，实行安全隐患的常态管理。

7. 强化环卫安全隐患网格化排查模式，建设保障责任

继续强化网格化管理，将安全隐患排查管理责任落实到位，对于排查发现的重大安全隐患，严格责任、措施、资金、时限、预案"五落实"。目前，广州市在这些方面已经基本成熟,但还应当总结经验,加强"网格化"机制建设,保障责任到位,形成有效的风险防范体系。

五、街道与社区燃气安全隐患排查机制分析

(一) 城市管理中燃气安全隐患类型与表现

燃气使用是居民日常生活中的重要组成部分,也是较大的安全隐患。燃气安全事故一旦发生,将危害人们的生命财产安全。因此,国务院颁布《城镇燃气管理条例》[19],对城镇燃气管理进行总体规定。住建部公布《燃气经营许可管理办法》[20],坚持关口前移原则,严格监管燃气经营许可。为了加强燃气管理,规范燃气经营和使用行为,广东省根据有关法律、行政法规,结合实际情况,制定《广东省燃气管理条例》[21],对燃气的规划与建设、经营管理、燃气服务、设施保护、安全管理和法律责任进行详细规定。在市级层面,广州市颁发《广州市燃气管理办法》[22],进行了职能划归,规定城市管理综合执法机关负责依据相关法律法规以及该办法查处违反燃气管理规定的行为。

1. 企业燃气"点供设施"安全隐患

一般来说,从城市管理的角度来看,燃气经营企业的行为存在相关风险,需要城市管理部门进行安全隐患排查。另外,工厂燃气"点供设施"也存在风险隐患。经过排查,对安全隐患突出的燃气设施需进行关停与整治处理。以下是燃气管理违法现象与主要的安全隐患所在:

(1) 在燃气汽车加气站内充装民用气瓶。

(2) 委托无危险货物运输资质的企业运输燃气,或者为无危险货物运输资质的车辆装载燃气。

(3) 为无配载信息卡或者未通过道路危险货物运输信息化配载管理系统刷卡验证的车辆装载燃气。

(4) 利用配送车辆流动销售燃气。

(5) 给报废、超期未检、未安装二维码标签等身份标识的气瓶充装燃气。

(6) 销售利用报废、超期未检、未安装二维码标签等身份标识的气瓶充装的燃气。

(7) 超过瓶装燃气供应站等级规定的容积存放瓶装燃气。

(8) 委托非本企业送气人员配送燃气。

(9) 向不具备安全使用条件的用户供气。

（10）掺杂、掺假，以假充真，以次充好，充气量的误差超过国家规定标准。

（11）允许无危险货物运输资质的车辆或者未装配防火罩的机动车辆进入储配站生产作业区。

（12）向非自有供应站点供气。

（13）给未获得经营许可的经营者提供用于经营的气源。

（14）向未申领用户供气卡的用户提供瓶装液化气。

（15）更改和破坏气瓶的二维码标签等身份标识。

2. 老旧燃气管网改造更新风险

广州市老旧燃气管网改造更新任务较重，需要改造约362千米的老旧燃气管道。这些管网改造工程包括工程勘查、设计、报建、施工、验收等各项环节。对老旧燃气管网进行更新改造，是减少风险的重要举措。

3. 餐饮场所燃气安全风险

在日常的城市管理中，需落实供气企业与餐饮单位的责任，提高餐饮场所从业人员的安全用气意识。广州市每年需排查6万余家餐饮场所的燃气安全风险。

4. 城镇燃气无证经营行为风险

从事瓶装燃气运输的车辆应当符合燃气运输车辆技术规范要求。运输企业签订燃气运输合同时，应当查验委托方的燃气经营许可证，不得为无燃气经营许可证的委托方运送用于经营的瓶装燃气。运输瓶装燃气时，驾驶人员应当随车携带委托方的燃气经营许可证复印件。机动运输车辆停靠路边送气时，车上应当有人值守。目前，广州市城管部门每年查处无证经营燃气黑点100多家（宗），并严格查处"以车代库"流动销售燃气车辆和无危运资质运输车辆；主要查处方式是没收、暂扣气瓶（包括过期、报废瓶），对无证经营行为进行立案和罚款；对于违规情节严重的人员进行行政拘留，或约谈企业负责人；打击无证经营者的嚣张气焰，规范瓶装液化气经营秩序。

5. 燃气管道设施的安全管理风险

燃气管道设施的安全管理风险是城市管理的重要风险，根据相关法律规定，任何单位和个人不得侵占、毁损，以及擅自拆除、移动或者改动燃气设施。以下相关行为会导致燃气管道设施的管理风险，必须进行排查。

（1）建设占压地下燃气管线的建筑物、构筑物或者其他设施。

（2）排放腐蚀性物质，堆放易燃易爆危险物品、大宗物资，停放大型工程车辆或者货运车辆。

（3）进行爆破、开山、钻探、机械式挖掘施工、取土、采石等作业以及使用明火。

（4）在地面或者架空的燃气管道设施上行走、攀爬、悬挂杂物。

（5）种植乔木、灌木、藤类、芦苇、竹子或者其他根系深达管道埋设部位，可能损坏管道防腐层的深根植物。

（6）其他危及燃气设施安全的活动。在沿河、跨河、穿河、穿堤的燃气管道设施安全保护范围内，除在保障燃气管道设施安全的条件下为防洪或者通航而采取疏浚作业外，进行抛锚、拖锚、淘沙、挖泥或者从事其他危及燃气管道设施安全的作业；在低压、中压燃气管道设施的安全控制范围内，排放腐蚀性物质；在次高压、高压、超高压燃气管道设施的安全控制范围内，进行爆破、开山作业，这些行为都会导致燃气爆炸风险，造成人员安全与经济损失。

（二）街道与社区燃气安全隐患排查机制及其问题

1. 街道与社区燃气安全隐患排查与整治机制

2019年4月1日，广州市政府常务会议审议通过了《广州市城镇燃气安全风险综合治理工作方案》，对影响广州市燃气设施运行安全所存在的七大项32类问题，提出整改要求、整改期限，确定牵头部门和配合部门。

（1）开展企业燃气"点供设施"专项整治机制。广州市城管局分管领导多次带队到现场调研工厂燃气"点供设施"安全运营情况，召开专题工作会议，研究整治规范工厂燃气"点供设施"等燃气行业存在问题。广州市印发了《关于开展工厂点供燃气设施排查工作的通知》和《关于全面规范整治工厂燃气点供设施专项工作方案》，由广州市城管局牵头组织在全市范围内开展工厂燃气点供设施排查。广州市安全委员会办公室组织召开整治动员大会，加强点供设施整改跟踪督办，组织全市性的督查检查，坚决关停与处理安全隐患突出的燃气设施。

（2）加快老旧燃气管网改造更新。广州市印发了《关于落实2019年度管道燃气安全生产工作重要事项的通知》，全面部署"改造362千米老旧燃气管道"，督促各管道燃气经营企业制订年度改造计划，提前落实改造经费，积极组织施工力量，有序开展工程勘查、设计、报建、施工、验收等各项改造工作，并多次组织人员督查督办。截至2019年10月，全市共计完成老旧燃气管网改造298.34千米，剩余改造工作可以于2019年年底全面完成。

（3）餐饮场所燃气安全隐患排查机制。2019年年初，广州市印发了10万份《餐饮燃气安全提示牌》，落实供气企业与餐饮单位的责任，提高餐饮场所从业人员的安全用气意识。7月份，印发了《广州市全面深入开展餐饮场所燃气安全专项整治方案》，开展为期半年的餐饮场所燃气安全专项整治，截至2019年10月，共排查6万余家餐饮场所，排查安全隐患1000余宗。后来，又部署全市安全隐患大排查，印发《关于进一步加强餐饮场所燃气安全专项整治工作的紧急通知》，由相关领导带队对餐饮场所整治情况进行督查，共出动检查人员1380人次，检查设施1600个，发现隐患104宗，发出整改通知书4份，及时消除安全隐患。

（4）开展专项检查和联合执法行动机制。广州市印发了《广州市全面开展城镇燃气无证经营行为专项整治方案》，按照"全面排查、严厉打击、注重实效、建立机制"的要求，严查严打燃气无证经营行为。截至2019年9月底，广州市城管局已会同市交通运输局、区镇街执法力量分别开展联合执法6次，共行政拘留8人；各级政府相关部门共开展燃气联合执法行动610余次，出动人员4200多人次，查处取缔无证经营燃气黑点113余家（宗），查处"以车代库"流动销售燃气车辆和无危运资质运输车辆41台（次），没收、暂扣气瓶（包括过期、报废瓶）12000余个，完成无证经营行为立案17宗，罚款20.5万元，行政拘留人员12人，约谈企业负责人2人，治理行动取得了明显成效，有力打击了无证经营者的嚣张气焰，极大地规范了瓶装液化气经营秩序。

（5）全面落实燃气行业安全隐患监管机制。①开展多种形式的安全隐患监管模式。推广使用燃气智能化监管平台，利用视频监控对企业安全生产进行在线实时监控。组织各区、各街镇燃气管理人员以及第三方安全评价公司，全面开展燃气设施运营安全检查。主要任务是检查燃气站点，发现和整改燃气安全隐患。同时，创新检查手段，开展燃气设施交叉安全检查，共抽调各燃气经营企业资深安全专家，组成检查组，对全市各场站进行了全面"体检"与"会诊"，一旦发现安全隐患，立刻进行整改。②重要时段的安全监管机制。广州市城管局积极落实国家、省、市应急响应，针对岁末年初、春节、国庆等节假日以及各种特殊敏感时期，专门研究制定《广州市城市管理委员会关于开展燃气行业岁末年初安全大检查的通知》《广州市城市管理和综合执法局关于针对汛期恶劣天气加强安全生产检查的通知》《关于加强汛期燃气安全管理工作的通知》《广州市城镇燃气"防风险、保平安"专项安全整治工作方案的通知》《广州市安全生产委员会办公室关于开展餐饮场所、出租屋燃气安全专项整治工作督导检查的通知》，组织并督促各区的燃气经营企业开展燃气安全风险点和危险源辨识、安全隐患排查和节后复工复产工作，分组下沉，督促检查落实情况，严防重大燃气安全事故发生。

（6）市政燃气压力管道风险监管机制。①大力开展专项质量抽查项目。通过政府购买服务方式，继续开展市政燃气管道工程的特种设备施工质量抽查，对往年抽查未整改完毕问题进行"回头看"复查，并调整新增关于PE管材管理状况的抽查子项。②不断探索信息化管理工作。通过需求调研、框架设计、技术开发、功能测试等前一阶段工作，市政燃气压力管道管理系统已具备上线运行条件，完成与法定检测机构信息系统的数据交换调试，实现管理部门和检测机构之间数据实时传输。

（7）紧急状态下的燃气风险管理。广州市制定《广州市燃气设施反恐标准》，修改完善《燃气经营许可证核发》办事指南，修订《广州市燃气执法工作指引》《广州市突发燃气事故应急预案》和《广州市燃气供应短缺应急预案》等规章制度，进一步完善燃气行业管理法规体系，对紧急状态下的燃气风险进行管理。

2. 街道与社区燃气安全隐患排查机制存在的主要问题

一是管理机构存在一定的缺陷，缺乏市级燃气管理事务中心，对全市燃气行业供应监测和保障、设施安全运营和保护。

二是梳理安全隐患排查的管理职能不够明确，各监管部门对餐饮场所、出租屋等燃气事故高发、易发环节的管理职责不够清晰。城镇燃气设施重大危险源排查与管控机制建设不足，缺乏重大危险源管理办法。在燃气设施安全隐患辨识方面，风险公告、岗位安全风险确认和安全操作等制度还不够完善。

三是重点领域的安全隐患排查机制还不完善，对燃气场站风险排查、居民楼庭院管道燃气设施和盘王管等方面的排查台账机制不全面，对燃气管道骑压围蔽的整治和老旧燃气管网的改造还没有全部完成；对施工工地燃气管道保护问题的巡查不够严谨。

四是建立燃气管理安全隐患排查后治理的长效机制还有不足。比如，燃气运输车辆"黑名单"监管制度建立时间较短，需要进一步完善，对燃气无证经营行为举报与隐患风险报告奖励机制还需要细化。

五是燃气企业安全生产主体责任强化自主排查机制建设还需要不断加强。

六是建立燃气排查结果公告机制与信用捆绑机制还缺乏运作细则，大力推行燃气安全信用体系建设有待完善。将涉燃气违法行为与企业、个人信用捆绑，以及燃气安全"黑名单"的实施，可以倒逼经营者重视燃气安全。

七是燃气安全风险监管与排查手段还有待加强，智能化建设与监管平台建设还需要继续进行。

八是燃气风险排查、安全管理与执法一体化培训机制还有改革空间，基层燃气管理人员执法能力和履职能力有待加强。燃气风险排查与执法联动的协同治理机制还没有成熟，风险排查与事故责任追究结合力度不足，安全管理整治效果还有提升空间。

（三）完善街道与社区燃气安全隐患排查与整治机制的建议

街道与社区的燃气安全隐患比较多，保障其安全是城市管理的重要任务。城市管理部门必须要高度重视燃气易泄漏、易燃、易爆特性和遗留问题多、隐患存量大、突发性强等问题，提高对安全综合治理重要性和紧迫性的认识。对于进一步完善街道与社区燃气安全隐患排查与整治机制，笔者主要有下列建议。

1. 改进完善燃气行业管理体制机制，从体制上防范风险

第一是成立市级燃气管理事务中心，负责全市燃气行业供应监测和保障、设施安全运营和保护、用户投诉处理等工作职责，同时督促各区继续完善管理机构，配足、增强管理力量。第二是梳理管理职能，明确各监管部门对餐饮场所、出租屋等燃气事故高发、易发环节的管理职责，启动《广州市燃气管理办法》修订，完成《广州市燃气经营许可管理办法》《广州市关于规范燃气便民服务部设置的实施意见》等修订，适时出台《广州市关于进一步加强瓶装液化气监管工作的通告》等。全面推行燃气安全标准化管理，提高燃气安全监管水平。第三，创新瓶装液化气供应服务体制改革。这就要：①进一步加大餐饮场所、出租屋、城中村的瓶装液化气安全隐患整治，有效改善瓶装液化气安全使用环境。②持续开展瓶装液化气无证经营整治工作，严厉打击违法违规经营瓶装液化气的行为，有力震慑违法经营者。③推进"最后一公里"配送问题解决，消除"黑气"存在的土壤。④开展区域统一经营试点工作，从体制机制上改善瓶装液化气安全监管困局。

2. 加强城镇燃气设施重大危险源排查与管控机制建设

对全市各类燃气场站开展重大危险源评估，建立和完善重大危险源管理办法。组织开展燃气设施安全风险辨识培训，建立风险公告、岗位安全风险确认和安全操作等制度。

3. 进一步完善重点领域的安全隐患排查机制建设

第一是燃气场站安全隐患排查。全面加强燃气场站燃气特种设备的维护和更新，确保场站内特种设备符合相关法律法规的要求，大力推进采用新技术、新工艺的相关特种设备在燃气场站的应用。

第二是居民楼庭院管道燃气设施和盘立管。全面组织开展管道燃气设施更新维护，对各居民楼庭院管道燃气设施和盘立管进行全面检查，对老旧、破损、锈蚀、腐蚀的燃气设施逐一登记，建立台账，全面开展庭院管道燃气设施和盘立管更新维护。

第三是燃气管道骑压围蔽。全面组织开展燃气管道骑压围蔽安全隐患整治。全面完成老旧燃气管网改造，对目前存在的 362 千米老旧管网，制订年度改造计划，确保完成全部改造任务。

第四是施工工地燃气管道。全面加强施工工地燃气管道保护，指定专人对口负责各涉管道保护的建设工地，每日对建设工地范围内及周边的燃气管道进行巡查，并上报巡查情况。全面规范工厂"点供"燃气设施建设和管理。

4. 建立燃气管理安全隐患排查后治理的长效机制

第一，加强燃气运输车辆"黑名单"监管制度的建设。在全面治理违法运输燃气乱象方面，加强对涉燃气运输的危险货物运输企业的整治，全面加强燃气运输车辆管理。坚决打击违法运输燃气行为，严查利用非危运车辆和报废车辆运输燃气、超载运输燃气行为，对司机不在场或逃逸的违法运输车辆，要以车找人，严厉查处违法运输者。大力打击"以车代库"流动销售燃气行为，由城管执法部门立案查处。建立燃气运输车辆"黑名单"监管机制，将屡屡违法运输燃气的车辆列入"黑名单"。

第二，建立燃气无证经营行为举报与隐患风险报告奖励机制。在深入开展燃气无证经营行为整治方面，要全面加强出租屋燃气无证经营黑点的排查。对发现出租屋存放气瓶重瓶超过 3 个以上，明显超过租户使用需求的，由城管执法部门组织查处。大力推进燃气无证经营行为的网格化监管。建立有效信息收集渠道，推行燃气无证经营行为举报奖励措施。通过送气人员主动收集相关无证经营线索，并及时报送城管执法部门查处。严厉打击无证经营行为。经查实的无证经营行为要依法坚决立案查处；严重危害公共安全的，要将无证经营者送交公安机关处理。

5. 夯实燃气企业安全生产主体责任，强化自主排查机制建设

全面落实企业安全生产主体责任，将企业安全生产主体责任落实情况作为衡量企业安全生产工作的重要指标。全面推行燃气安全标准化管理，发布实施《广州市城镇燃气经营企业安全管理规范》。对安全管理机构不健全、安全管理人员配备不到位的，依法撤销该企业的经营许可。

一是按照《燃气经营企业安全生产主体责任清单》，层层压实企业安全主体责任，组织开展对照检查，逐项严抠细究，督促企业逐条整改落实。

二是大力推行正规化管理，全面规范燃气安全管理事务，做到有章可循、有据可查，确保燃气经营企业各生产经营环节均符合安全生产法律法规和标准规范的要求。

三是督促各燃气经营企业切实履行用户用气安全监管责任，自主进行安全隐患排查；每年免费上门为用户进行至少一次燃气安全检查。

四是加强出租屋燃气安全监管，督促出租屋业主履行监管责任。

五是加强餐饮场所燃气安全检查，在定期组织开展餐饮场所消防安全检查时一并检查燃气安全，对存在燃气安全隐患的餐饮场所要督促其限期整改，对逾期不整改或拒绝整改的要组织相关执法部门查处，并通知城管部门督促相关瓶装液化气经营企业停止供气。

六是大力推进餐饮场所和城中村管道燃气发展，减少风险源。进一步实施管道燃气三年提升计划和年度计划，确保完成新增管道燃气居民覆盖率，减少风险源。

6. 建立燃气排查结果公告机制与信用捆绑机制

加强涉燃气违法行为与信用捆绑机制建设。大力推行燃气安全信用体系建设，将涉燃气违法行为与企业、个人信用捆绑，对违法经营燃气、违法运输燃气、破坏燃气设施等行为给予行政处罚，或将存在重大燃气安全隐患久拖不改的单位和个人列入燃气安全"黑名单"，定期通过信用信息共享平台向各相关单位通报，分层次、分档次对失信企业或个人实施信用惩戒，倒逼经营者重视燃气安全。确保每季度对全部燃气经营企业和燃气站点至少进行一次全覆盖检查。

7. 创新燃气安全隐患监管与排查手段，强化智能化建设

燃气管理部门需要进一步创新燃气安全隐患监管机制，创新排查手段，尤其是强化智能化排查与监管体系建设。其中，关键是推进视频监控系统建设，推广使用燃气安全智能监管平台，全面深化应用瓶装液化气供应智能监管信息平台，规范管理，提前预测与做好应急准备，有效地防范风险与事故。

8. 开展燃气风险排查、安全管理与执法一体化培训机制

以"防风险、除隐患、遏事故"为主题，组织各区分局及基层（街镇）燃气管理人员的业务培训，全面解读有关燃气法律法规，重点深入讲解餐饮场所燃气执法和安全隐患排查的内容，详细讲解执法人员在燃气日常检查中需要排查的安全隐患、注意事项及突发事故发生时的应急方法和措施，加强基层燃气管理人员对燃气检查的认识，提高执法能力，切实提高履职能力。

9. 强化燃气风险排查与执法联动，形成协同治理机制

燃气经营领域各监管执法主体要强化部门协作、执法联动，对违法违规经营行为依法查处、严厉打击；对发现的安全隐患，限期整改到位；对一时难以整改消除的隐患，实施挂牌督办，逐项消除。以综合治理行动为契机，查漏洞、补短板，确保按期完成治理目标，创造安全稳定环境。

10. 强化风险排查与事故责任追究结合，确保整治效果

城镇燃气安全综合治理要与开展大检查和遏制重特大事故工作相结合，与开展"知责履责、失职追责"活动和推进安全生产挂牌责任制相结合，与开展重点行业领域及危险化学品安全综合治理专项整治工作相结合，督查结果列入年度安全生产责任制考核内容。对自查自改不认真、隐患整治不彻底、检查责任不落实、组织不得力、执法不严的，予以通报批评和责任追究。因责任和措施落实不到位导致事故发生的，要倒查原因并追究相关单位部门和人员责任。

六、街道与社区户外广告安全隐患排查机制分析

近年来，关于户外广告管理的法律法规体系渐趋完善。在国家层面，我国出台了《中华人民共和国广告法》[23]（简称为"《广告法》"），以立法形式确定了该领域的基本原则。《广告法》明确规定，影响市政公共设施、交通安全设施、交通标志、消防设施、消防安全标志使用的，或是妨碍生产或者人民生活、损害市容市貌的，不得设置户外广告。在省级层面，广东省在《广告法》的基础上出台了《广东省户外广告管理规定》[24]，针对影响消防安全设施使用、妨碍消防车通行以及影响逃生、灭火救援和消防登高扑救的情况，以及利用立交、高架道路和桥梁、危房、违章建筑等情况，制定了更加详细和切合实际的规定。在市级层面，广州市继续细化职能边界，颁布实施《广州市户外广告和招牌设置管理办法》[25]，明确规定城市管理综合执法机关负责查处违反该办法设置户外广告和招牌的行为。

户外广告和招牌设施是宣传的重要手段，其形式也层出不穷。然而，户外广告也存在较大的安全隐患，广告牌坠落伤人事件频发。例如，2018年8月，上海市发生一起广告牌跌落的安全事故，造成3死6伤。[26]可见，随处可见的户外广告和招牌设施时刻威胁着人民的生命安全。因此，户外广告的安全隐患排查也是城市管理工作的重点。各级城管部门应该以"防风险、除隐患、保

安全"为目标，建立健全户外广告安全隐患排查机制，落实安全隐患的摸查和整改工作，有力遏制违规户外广告和招牌设置乱象。

总体而言，城市的户外广告存在坠落、漏电、火灾和妨碍交通秩序的风险。为更好地开展户外广告安全隐患排查工作，广州市城管部门已联同企业和社会，初步构建了安全隐患排查机制，实现协同治理，做到制度先行，不断推进工作常态化，并着力于提高防灾、减灾、救灾能力。然而，该机制仍然存在顶层设计须进一步健全、广告设置乱象未根除、协同治理机制有待完善以及智能化水平亟须提高的问题。因此，城管部门应有针对性地提出解决方案，不断推动户外广告安全管理精细化，健全完善安全隐患排查机制，提高城市的安全系数。

（一）城市管理中户外广告安全管理安全隐患类型与表现

1. 异常天气情况引致户外广告或招牌设施坠落风险

汛期具有安全事故易发、多发的特点。尤其是在台风、暴雨等异常天气情况下，利用建筑物屋顶、居住建筑外立面、危房和违章建筑违法设置的户外广告或者招牌设施，以及破损、陈旧、设置框架不牢固的户外广告设施容易倒塌、坠落，造成他人人身或者财产损失。

2. 户外广告设施电气系统安全存在人身安全隐患

临路，尤其是在市内繁华路段和人流密集区域的户外广告越来越多地采用广告灯箱的形式。但是，这种广告设施也存在极大的电气系统安全隐患，广告灯箱漏电事故频发。一是一些广告设施的电器设备安装极不规范，用电线路乱拉乱接，没有按照规程安装正规的配电箱柜，没有对接电线路进行穿管保护，明线直接裸露在外，极易造成电力事故；二是少数广告设施与高压电力设施安全距离不够，直接影响公用电力设施的安全使用。

3. LED 灯饰字广告存在火灾安全隐患

LED 灯饰字广告是城市传播的形态，也是商家宣传的重要窗口。然而，使用 LED 灯饰字广告具有极大的安全隐患。部分 LED 灯饰字广告设施用材不合格，没有按规定使用防火阻燃材料，连接构件裸露。一旦发生电线短路等问题，就可能引发火灾，严重威胁人民的生命财产安全。

4. 违规设置广告设施妨碍道路交通秩序风险

部分设置在城市桥梁和立交桥、道路上方或者跨越道路，影响市政公共设施、交通安全设施、交通标志使用的户外广告设施，都有可能影响城市道路交通的正常秩序。尤其是设置在高铁、高速公路沿线的 T 型立柱广告牌，很可能会因老化、抗风力弱等原因坠落，影响车辆正常行驶，进而导致交通事故的发生。

（二）户外广告安全隐患排查方式与机制现状

1. 形成政府、企业、社会组织三方合力排查机制

（1）以政府为主导开展安全隐患排查。户外广告的安全监督检查主要由市、区城市管理行政主管部门负责。一旦发现户外广告和招牌设施存在安全隐患的，应当责令设置人限期整修或者拆除。在推进违规户外广告整治工作的过程中，政府相关部门需加强对主干道、住宅区、重点商圈的日常巡查，部署开展高铁沿线安全隐患排查整治工作，并加强政府内部的协同合作，共同规范户外广告设置秩序。

（2）以企业为主体进行设施安全检测。户外广告和招牌设置人是户外广告和招牌设施维护、管理的责任人，应当定期对户外广告和招牌设施进行安全检测和检查，发现户外广告和招牌设施存在安全隐患的，应当及时采取防范措施，立即整修或者拆除。

（3）协同社会组织参与排查整改工作。近年来，第三方专业检测机构承接户外广告和招牌安全检测工作，从前期各专项检查当中发现的、存在一定安全隐患的户外广告和招牌中抽取部分进行专业检测并出具检测报告，对隐患成因进行综合分析并提出具体整改意见，检测结果交各区城管部门督促责任人落实整改或拆除，实现安全隐患排查的社会化运作。

2. 流程管理制度先行，形成安全隐患防范标准

（1）规范户外广告和招牌设置流程。结合户外广告和招牌管理工作实际，按照"制度重设"的思路，完善顶层管理制度，城管部门牵头组织制定和修订《广州市户外广告和招牌设置管理办法》《广州市户外广告和招牌设置规范》，总结梳理当前管理工作中存在的难点和症结，对现行管理办法和体制机制问题进行全面论证和检讨，充分听取专家、行业代表、公众意见，着力于完善户外广告和招牌设置管理制度。

（2）加快推进户外广告工作规划编制。在做好场地现状调查分析和吸收借鉴国内外城市户外广告管理及规划经验的基础上，衔接《广州市户外广告和招牌设置管理办法》的管理思路和要求，加快推进《广州市户外广告专项规划》等一批规划的编制工作，力求通过具有前瞻性、科学性和高品位的规划提高户外广告设置水平，提升城市形象和品位。

（3）细化户外广告安全管理工作流程。不断完善安全管理工作指引，进一步规范户外广告和招牌处置流程，并在此基础上制订行动计划，开展户外广告和招牌安全检测工作以及整改工作，着力构建科学有效、务实管用的市容景观管理机制体制，提高工作的规范化程度。

3. 以专项整治与台账建设为主，推进安全隐患排查工作常态化

（1）持续开展专项整治行动。坚持规范管理与专项整治相结合，采取召开推进会、现场督导等方式推动工作落地见效，狠抓户外广告和招牌整治工作。严格执行"新增违规广告零增长、存量违规广告逐年减少"的原则，以相关法规和规范为主要依据，对城区主次干道、主要景观道路以及主城区内街背巷范围内的存量违规广告实施重点突破、破难攻坚，坚决查处各类违法设置户外广告行为，重点整治设置在楼顶的广告、招牌以及设置在居住建筑外立面的户外广告等，消除存量违规户外广告，规范户外广告设置，全力推进全市城乡规划建设管理健康有序开展。

（2）建立问题整改台账。认真贯彻安全生产工作指示精神，要求各级责任单位尤其是广告招牌企业认真开展风险隐患排查，建立整治台账，紧盯问题整改，采取有力措施，持续抓好整改落实，切实消除隐患，防范安全事故。城管部门也要通过建立问题台账，强化督导落实，提高户外广告安全管理水平。

（3）开展户外广告和招牌设置基础数据摸查工作。针对当前户外广告招牌设置管理存在的底数不清、情况不明等问题，广州市各级城管部门克服困难，排除障碍，开展户外广告和招牌设施普查，力求全面掌握全市户外广告和招牌设施基础数据，为广州市户外广告招牌设置实现智能化管理夯实基础。

（4）提高户外广告日常督导的回应性。城管部门定期检查，加强户外广告安全的日常监管，摸查安全隐患，督促各区快速有效地对辖区有问题的户外广告和招牌设施进行整改，保障城市景观整洁有序。另外，定期整理"局长信箱"等渠道的户外广告投诉问题，梳理出反复投诉典型问题，重点交由相关区督办，并对督办情况全程跟进。

4. 以提高防灾、减灾、救灾能力为关键的排查管理机制

（1）切实开展安全隐患排查工作。根据广州市政府对防灾、减灾工作的相关部署，城管部门以防范化解重大安全隐患、坚决遏制重特大事故为重点，对户外大型广告牌和招牌的灾害隐患风险点进行排查评估工作，定期巡查关键风险隐患点，并向社会公布24小时值班电话，调动社会监督力量，切实消除安全隐患，牢牢守住安全底线。

（2）开展应急演练活动。联合相关部门开展户外广告和招牌设置安全突发事件应急演练活动。通过演练，全面检验和评估市、区、街城管部门对户外

广告和招牌设置安全突发事件的应急处置能力、指挥救援协同能力以及信息上传下达能力，切实提高户外广告和招牌设置安全隐患排除实战水平，进一步保障市民群众出行安全。

（3）举办安全专题讲座。举办户外广告和招牌设置安全管理培训暨安全生产大讲堂活动，进一步普及应急知识，增强安全意识，提高突发事件应急处置能力，宣讲政策，分析形势，传授技术，使参会人员的思想认识进一步深化，企业主体责任进一步压实，履职尽责和责任担当的能力和自觉性进一步提高。

（三）户外广告安全隐患排查机制存在的问题

1. 户外广告安全隐患排查机制缺乏顶层制度设计

当前的法规制度存在内容操作性不强、未细化等问题，部分内容与实际工作不相适应，执行难度较大。因此，户外广告安全隐患排查制度和规范的拟制与颁布进度有待进一步加快。城管部门亟须做好城市管理法律法规的制定、修订工作，梳理城市管理各领域现行法规制度，清理不相适应的内容。

2. 户外广告和招牌设置乱象未根除，风险管理缺乏规范

总体而言，城市中仍然存在一些违法设置的户外广告和招牌设施，部分地区存在一些未经过正常审批的墙面、跨街、屋顶及大型LED广告，乱象丛生。户外广告和招牌设置不符合规划和规范要求，整治工作任务艰巨，安全形势依然严峻。此外，政府与企业的台账督导机制尚未完善，不利于有针对性地开展安全隐患的摸排与整治行动。

3. 户外广告安全隐患排查协同治理机制未健全

户外广告的安全隐患排查需要政府、企业和社会组织等多方参与，然而，目前明显存在政府主导、其他主体参与力度不足的问题。企业的利益导向驱使他们设置违规的户外广告和招牌设施。即使政府对其责令整改，有的企业也存在侥幸心理，应付检查，社会责任未压实。而社会组织虽然也参与了安全隐患的抽查工作，但仍居于辅助性地位，隐患排查工作的社会化程度较低。

4. 户外广告安全管理的智能化水平有待进一步提高

户外广告智能监管系统为安全隐患排查机制的健全完善提供了技术支撑。然而，目前户外广告智能监管系统推广使用工作仍有待加强，户外广告安全管理的智能化程度总体较低，各地区智能化呈现出不平衡的状态。基础数据是更好地启动户外广告智能监管系统的关键，但是，各级城管部门收集基础数据存在不同程度的困难，数据的精准性和全面性有待提高。

（四）进一步完善户外广告安全隐患排查机制的建议

1. 户外广告安全管理需要顶层制度设计

加大协调力度，深入户外广告安全隐患排查机制的每一个重要环节，制定出台顶层管理文件，促进隐患排查工作的规范化、制度化和常态化，并认真做好政策实施后的宣传贯彻工作，举行专题培训，对出台的政策进行全面深入解读和剖析。

2. 不断强化安全监管力度与排查整治力度

严格贯彻落实法规体系和上级工作部署，加强隐患排查整治，优先完成户外广告和招牌安全检测和整改工作。加强应急能力建设，组织开展户外广告和招牌设置安全突发事件的应急演练活动，不断提高应急处置能力、指挥救援协同能力以及信息上传下达能力。谋划引入外部专业力量，协助开展户外广告和招牌设置安全巡查监管工作，并建立一支相对稳定的应急处置队伍，以提高安全监管专业能力。

3. 抓好户外广告招牌整治需要更加规范

依据《广州市户外广告和招牌设置管理办法》，制订违规户外广告专项清拆整治行动计划，以问题台账为依据，以清拆禁设区域户外广告和设置在楼顶、民宅等典型违规户外广告为重点，有效清理中心城区存量违规户外广告，完成全市户外广告的规范整治。

4. 强化户外广告管理的信息化与智能化的监管排查

加强智能系统建设，强化视频资源智慧分析应用，优化完善系统功能，探索利用信息技术手段对全市建成区户外广告和招牌的位置、材质、规格、权属人信息等进行全面摸查，建立数据库和管理应用平台，全面发掘和展示数据中的价值，进一步提升户外广告和招牌的智能监管水平。继续做好户外广告智能监管系统的提升和使用工作，逐步完善系统功能，优化手机 App 功能和流程，推动系统的推广使用，重点是案件、风险源上报处理功能及 RFID（射频识别）技术的应用，提高日常发现问题的处置效率。

5. 鼓励第三方参与安全隐患排查工作

推动政府加大购买公共服务的力度，吸引社会力量和市场资源参与城市管理，强化政府监管职能，充分运用市场调节机制，激发社会活力，把户外广告和招牌安全巡查监管、安全隐患的摸排与整治等环节逐步推向市场，提高隐患排查工作的质量和效率。

七、街道与社区城管现场执法安全隐患防范机制分析

（一）街道与社区城管现场执法风险类型与表现

1. 街道与社区城管现场执法内容

（1）违法建设处理工作。运用科技手段开展核查，研究落实城中村违法建设的摸查工作；运用大数据技术和无人机航拍，结合"四标四实"① 工作成果，核查违法建设底数，建立全市违法建设台账。加强管理，解决安全拆违②和拆后"脏乱差"的问题。针对部分拆违地点后续管理跟不上，缺少围挡、绿化补植不到位、拆后建筑垃圾清理不及时等现象，加强对拆后工作的管理，加大巡查和监管力度，定期召集派驻各区的"四治"③ 督导组成员举行会议，研讨基层拆违现状，对典型问题进行通报。相关领导分别包干联系各区指导拆违，并对各区进行实地检查督导，组织安排直属执法队伍分成若干小组到各街镇开展实地检查、抽查，重点核查已经完成任务的拆除点，对拆除工作台账逐一检查核查，每个台账均要求细化到具体个案。组织直属执法队伍对各区违法建设查处工作进行指导、协调和抽查，对谎报、瞒报、少报、迟报违法建设的单位予以通报，对群众投诉强烈、媒体曝光、存在严重安全隐患、顶风抢建偷建的违法建设进行督办。

（2）市容环境整治工作。①对全市市容市貌进行日常整治，尤其要关注城乡接合部、地铁站、大型商业场所、校园周边、人行天桥、过街隧道等重点区域及周边的"六乱"④ 整治工作。开展乱摆卖专项清理行动，对重点区域、路段、站场、地铁出入口等乱摆卖行为进行全面清理整治。加强与公安、交警部门的联勤联动，配合市教育、食药监等部门对校园周边、市场周边环境以及

---

① "四标四实"专项行动目的是建立干净、整洁、平安、有序的城市环境，摸清城市的人口、房屋、单位设施等家底，将这些数据落到地图上，实现管理落地，更好地辅助相关部门的日常管理工作，从而让城市管理更加规范。"四标"，即指一张"标准作业图"、一套"标准建筑物编码"、一个"标准地址库"和一张"标准基础网格"；"四实"，即指通过入户走访等调查方式，核准"实有人口""实有房屋""实有单位""实有设施"。

② 拆违意为拆除违章建筑。

③ "四治"：治水、治气、治违、治乱。

④ "六乱"是指乱扔吐、乱堆放、乱摆卖、乱拉挂、乱贴画、乱搭建等严重影响城镇秩序、容貌和环境卫生的违法违规行为。

共享单车停放秩序等进行整治。②持续开展垃圾分类执法行动。贯彻落实《广州市生活垃圾分类管理条例》，深入推进广州市生活垃圾分类执法工作。2019年7月，广州市开展生活垃圾强制分类执法专项行动，相关领导带队到各区督导，进一步督促推进落实强制分类工作。③加强部门联合执法工作。加强与公安、环保、食药监、民政等部门的联勤联动，开展冬春季人感染H7N9禽流感疫情防控、臭氧污染防治、夜间露天烧烤档占道经营、售卖非法出版物监管，以及国庆、中秋等特殊防护期涉食品、涉外流动摊贩执法等专项行动，共同加强校园周边、市场周边市容环境整治和流浪乞讨人员救助管理。积极配合交通委员会等部门规范共享单车停放秩序，市容环境秩序进一步优化提升。④推进燃气执法。联合市公安消防局、交委、安监局、质监局，以及广州市城市管理委员会燃气处、机动分局开展城镇燃气专项联合行政执法检查。

（3）工地和建筑废弃物执法工作。主要任务包括工地执法和建筑废弃物执法两个方面。①工地执法方面：查处无证施工、违法夜间超时施工、违法使用袋装水泥和黏土砖、违反文明施工管理规定的施工作业单位。②建筑废弃物执法方面：检查建筑废弃物运输车辆，对于不遵守相关规定的，扣押处置证，扣押建筑废弃物运输车辆；查处无证排放，查处无证运输建筑废弃物、余泥撒漏，查处车辆未密闭作业、违法倾倒建筑废弃物；等等。

（4）户外广告整治工作。①严控新建，查处违规广告招牌。持续加强对辖区特别是住宅、商业区、主次干道的巡检，依法及时查处违法违规新建抢建户外广告牌，建立户外广告和招牌执法台账，对新建抢建的违规户外广告牌发现一宗，拆除一宗；对纳入市、区统一整治范围的违规户外广告，依法责令拆除，拒不拆除的依法强制拆除；对各类违规设置的商店、商场招牌，参照广州市招牌设置规范督促整改、规整。②分期分批，整治规划户外广告。根据广州市户外广告设置规划实施的进度，依法加强规划区的日常巡查，一是对已规划区域内的违规户外广告进行清拆，进一步巩固规划成效，确保设置规划有序实施；二是对设于楼顶、住宅区内等禁设情形的户外广告牌进行全面清理。

2. 街道与社区城管现场执法风险的主要类型

（1）城管执法人员自身存在的执行风险。这是指具有执法资格的城管国家公务人员在执行法律、法规所赋予的权力或履行职责的过程中，未按照或未完全按照法律、行政法规、规章的要求执法或履行职责，侵犯、损害了国家和人民群众的利益，给国家或人民群众造成一定的物质或精神上的损失，以及应履行而未履行职责，所应承担的责任。城管执法风险分为刑事责任风险和行政责任风险两个方面。①刑事责任风险。指执法人员的执法过错较为严重，应承担刑事责任的风险。对城管执法人员而言,可能承担刑事责任的执法行为主要有以下五个方面:第一,滥用职权;第二,玩忽职守;第三,索贿受贿;第四,徇私舞弊,不移交刑事案件;第五,帮助犯罪分子逃避处罚。以上这些违法的执法行为如果给国家和人民造成重大损失或情节严重的,就会被追究刑事责任,承担刑事责任风险。②行政责任风险。指执法人员的执法过错较轻,尚未触及刑罚,但应受到系统内部党、政纪处分或经济处罚的风险。因此,行政责任风险主要包括党、政纪处分和经济处罚两种类型。第一,党、政纪处分。党纪处分包括警告、严重警告、撤销党内职务、留党察看、开除党籍五种形式。政纪处分包括警告、记过、记大过、降级、撤职、开除六种形式。党、政纪处分虽然不存在限制人身自由的风险,但却足以影响个人的政治前途及人生命运。第二,经济处罚。经济处罚就是让出现执法过错的人员遭受一定的经济损失作为惩罚来增强人员的工作责任心。由此可以看出,行政责任风险主要为政治风险和经济风险。

(2)来自执法对象的危险。其中,暴力抗法在城管的行政执法过程中最为常见,尤其是在开展违章拆除、市容整治、建筑工地和建筑垃圾治理等工作时,执法人员遭遇暴力抗法的现象数不胜数。一方面,由于城管执法行为常常对执法对象造成直接且较大的利益损失,对某些社会底层人员来说相当于"断其生路";另一方面,城管现场执法面对的人群往往综合素质较低,较易产生肢体冲突,这些都给城管队伍现场执法人员带来极大的人身威胁。除此之外,如果利益分配不均现象(如拆迁补偿问题)出现时,利益相关者往往还会相互联结共同抗法,进而上升至群体事件,超出现场执法人员的控制范围。

3. 街道与社区城管现场执法风险的主要表现形式

(1)执法人员执法办案风险。随着我国社会主义法制建设的日益完善,老百姓知法、守法、用法的法律观念越来越强,作为一支行政执法队伍,依法行政、依法办案的观念要严格遵守。执法人员在执法办案过程中,如果没有执法依据、适用法律错误或者违反程序规定,在案件上有瑕疵造成错误就可能会遭遇行政诉讼而成为被告。

(2)执法人员人身安全风险。城管执法人员在工作中面对的都是社会矛盾的难点,如无证摊贩、违章建筑的搭建者等利益相对人。出于谋生的需要、房屋利益冲突与城管执法碰撞在一起,甚至会演变成与执法人员拼命的激烈程度。执法人员被打、受伤的情况时有发生,执法人员的人身安全保障受到极大的威胁。

(3)执法人员廉政风险。有的执法人员因为个人利益或人情关系,明知法律有明确规定应予以处罚的，或有纪律要求明令禁止的，但却利令智昏，导致讲关系、讲人情的情况出现，其不廉行为严重影响了执法的刚性，同时也给执法者自身埋下了隐患。

（二）街道与社区城管现场执法风险排查主要机制现状

1. 法律不健全引发的执法风险排查

现场执法风险排查工作，首先需要排查的就是由于法律法规不健全带来的执法风险。广州市城管队伍自建立以来，经历过多次改革，出台了许多相关规定，但是，至今仍没有一部统一的关于城管执法的专门法律，各种规章制度也还不完善。城管执法的依据主要是《中华人民共和国行政处罚法》《国务院关于贯彻实施〈中华人民共和国行政处罚法〉的通知》《国务院关于继续做好相对集中行政处罚权试点工作的通知》《国务院关于进一步推进相对集中行政处罚权工作的决定》等，以及2002年中央编办出台的《关于清理整顿行政执法队伍实行综合行政执法试点工作的意见》，相对集中行政处罚权的执法模式处于一种尴尬的境地：它不仅面临着市民和管理相对人的质疑，而且在与其他部门的配合执法中往往还处于"弱势地位"，其部分行政职能从其他行政机关职能划拨而来，且在界定和管理上有一定的模糊性。

在防范由于法律法规不健全引发的执法风险层面，首先应完善广州市城市管理立法。但是，由于城管人员的管理范围广泛，又因为是直接与市民打交道的"街头官僚"，法律法规难以对其日常工作的每一个细节进行详细规定。因此，城管人员首先应从思想上尊重城市管理工作，不钻法律的漏洞或玩规则游戏以为难执法对象，合理合法使用自由裁量权。

2. 执法环境复杂引发的执法风险排查

城管部门的成立与我国的经济发展有着息息相关的联系。改革开放后，随着市场经济的发展和农村劳动力的解放，邻近省市乃至全国各地的农民工向广州市涌入，成为广州市的城市建设者。而且，由于城乡间发展的不平衡，部分文化水平较低、欠缺一定职业技能，只能从事诸如摆地摊卖杂货、擦皮鞋、用小推车卖早点等技术含量很低的工作的人员给城市管理带来困难和阻碍。但是，由于城乡二元结构差异的因素，整个城市规划和安排中没有给进城务工人员提供足够的生存空间，一方面是小商贩们谋生的需要，另一方面是城市管理部门的工作，这就是小商贩们与城管执法人员产生矛盾的根源。正如毛寿龙教授以"城管PK小贩：谁动了谁的'饭碗'？"为题所说的："小商小贩保住了饭碗，城管人就丢掉了饭碗；城管人端稳了饭碗，小商小贩就生活困难；这样，利益冲突就出现不可调和的矛盾。"被管理对象在情绪激动极端情况下，对城管人员的行为就会痛恨，一旦控制不住，就容易爆发。另外，社会舆论在其中发挥了舆论监督的作用，但有的文章是对相关事件的选择性报道，这给城市管理部门带来极大的压力。

面对复杂的执法环境，城管人员自身首先应做到尽量避免暴力执法，采取劝告、协商的形式与执法对象沟通，转变城管形象。要避免媒体的片面报道，就要求城管执法部门在执法的同时做好执法过程记录，及时公开执法细节如文字、视频材料等，有力地回应舆论。对于某些重大事项的开展和重大整治行动，更应及时公开，必要时可召开新闻发布会来向公众说明情况。

3. 由于执法能力不足引发的执法风险排查

行政执法单位要依法行政、依法办案，但很多执法队员在进入执法队伍之前从未经过系统的法律学习，往往是在入职短期培训之后就匆匆踏入执法岗位。在实际工作中，又因为对法律及相关规章的理解有偏差，执法质量不高。例如，①制作执法文书不严谨、不规范，使用文书或引用法律条文错误，执法中不注意收集证据或收集的证据证明力不强等，存在行政复议的风险。②部分执法人员在思想上不重视，其思想有所懈怠，工作上不求上进、得过且过，不深入学习和钻研业务能力，不懂装懂，凭感觉、凭经验、凭关系执法而造成执法错误。③因工作随意导致的执法风险：执法中重实体、轻程序，往往对程序不重视，造成程序违法，如存在告知书、决定书等文书不按规定送达或现场照片事后补等情况。

为避免上述情况的出现，我们应对城管执法人员进行涵盖思想和技能的全方位入职培训，并在其任期形成长效的培训机制。首先，应转变城管执法人员思想，从以往的重实践、轻方法转变成重方法、抓实践，从思想层面树立文明执法、科学执法观念。其次，应提升城管执法人员的综合执法技能，包括加深对法律法规文件的理解，加强现场执法方式的培训，提升文书报告撰写质量，明确城管执法全流程时间、任务点。

4. 执法权力引发的廉政风险排查

作为城市管理部门，法律所赋予的权力涵盖了市容环境卫生管理、环境保护、园林绿化、城市规划、工商行政管理、市政公用管理行政管理和行政处罚等职能。其所带来的风险可能引发一些不廉行为，例如，该立案的不立案、该处罚的不处罚、应重罚的却轻罚，搞权钱交易；利用手中权力吃、拿、卡、要。城管执法的特殊性赋予基层一线人员以相对独立的岗位职责和权力，负责案件的立案、调查取证、案件处罚等权力，其目的是提高其办事能力和工作效率，但是，同时也将执法人员推向不廉洁的"风口浪尖"。

城管部门首先应严明部门纪律，对贪污腐化行为及其惩处进行明确规定，加大对执法人员的法规性约束。同时，应在城管部门内部开展廉政教育，深入解读廉政约束文件，发挥贪污腐败案件的警示作用，使城管执法人员在面对执法过程中的诸多诱惑时能做到不想腐、不敢腐。

（三）街道与社区城管现场执法风险防范机制及其问题

1. 城管现场执法风险的防范机制

（1）执法人员携带执法证件，防范执法风险。城管监察人员在执行公务时，不得少于两人，应统一着装、统一标志，携带"行政执法证""执罚公务证"，胸前佩戴"城市管理局文明执法证"。

（2）执法人员遵从规定的执法流程，防范执法风险。

第一，批评警告。城管监察人员在管理过程中，对一些没有影响交通秩序、环境卫生，情节轻微的违章违规者，可给予批评教育、口头警告、责令整改，劝其进场经营。

第二，登记违章。城管监察人员对一些违章违规者，进行批评教育、口头警告后仍不改正的，填写《城市管理局违章登记表》，并请违章者签字。

第三，简易程序。城管监察人员在执行公务时，对违法事实清楚，情节轻微或者对社会影响不大并有法律依据的，按简易程序处理：①对公民处以50元以下，对法人或其他组织处以1000元以下罚款或者警告的行政处罚，可以当场做出行政处罚决定，并给被罚款人相等的罚款收据。②监察人员当场做出行政处罚决定的，应将行政处罚决定书当场交付当事人。处罚决定书应当载明当事人的违法行为、处罚依据、罚款数额、时间、地点以及行政机关名称，由执法人员签名或者盖章。③备案。行政执法人员在处理完毕后，应于5日内将实施简易程序处理案件的情况及有关材料报所属机关备案。

第四，一般程序。在城市管理行政执法活动中，发现重大的行政违法案件，应当按照一般程序进行处理：

1）立案呈批。城管监察人员对发现的违法违章行为，应立即制止，并查明违法事实，写出书面报告。城管大队对符合立案条件的，应在24小时内立案，案件承办人须填写立案登记表、立案调查审批表，由承办部门立案、城管局法制机构审核、执法机关领导批准后，及时开展调查取证。对不符合立案条件的，应将不予立案的理由告知案件承办者。

2）调查取证。经批准立案的案件，应指派案件承办人2人以上（包括2

人）进行调查取证工作，调查取证包括勘查现场、询问当事人以及有关人员、收集证据等。①现场勘查取证。案件承办人应迅速勘验违法现场，查明违法事实。按照现场勘验笔录的要求，将勘查时间、地点、勘查人、在场证人、证据和勘查询问记录等逐栏填写清楚，经被勘查人、现场见证人签名盖章后收存。②取证。对违法行为的目击者、受害者、知情者和有关人员，应分别进行访问和取证。③当事人拒绝签字的，城管执法人员应在笔录上注明，并可以请2名在场人员见证。证据收集包括有关的协议、信函、照片、录音、录像等原始资料。

3）听取陈述和申辩。在做出行政处罚决定前，应当书面向当事人说明处罚的依据，并告知当事人有陈述和申辩的权利。被处罚人要求陈述、申辩的，应当认真听取，并制作好告知笔录。

4）提出处理意见。对违法行为事实清楚、证据确凿的，应依照有关法律、法规提出处理意见，由承办部门同意后，再报城管局机关法规监察科审核批准，或由行政执法组织领导集体讨论决定。

5）听证程序。在做出责令停产停业、吊销许可证或者执照、较大数额罚款等行政处罚决定前，应当书面告知当事人有要求举行听证的权利。当事人要求听证的，应当自接到听证通知之日起3日内以书面或者口头方式提出。超出3日当事人不要求举行听证的，视为放弃要求听证的权利。

6）听证的举行。执法部门应在听证的7日前通知当事人举行听证的日期、地点，并负责听证工作的具体承办。听证一般由执法机关的法制工作机构人员或者执法机关指定的非本案调查人员主持。听证参加人包括行政处罚案件的相对人、委托代理人，以及该案件的调查人员，案件承办部门负责人应参加听证。听证记录人要做好记录。

7）做出处罚决定。对违法行为事实清楚、证据确凿的，按照法律、法规的处罚程序，做出处罚决定，制作行政处罚决定书，并将制好的处罚决定书于7日内送达被处罚人。

8）送达。送达是行政执法程序中的一个关键环节，它是确定执行开始生效的法律时间的依据。从送达之日起，行政处罚决定书开始生效。但是，送达必须有送达回执，受送达人应当在送达回执上签名或盖章，并注明签收日期。签收日期为送达日期。如果受送达人拒绝接受行政处罚决定书，送达人应当邀请有关基层组织的代表或者其他人到场见证，在送达回执上注明拒收事由和日期，由送达人、见证人签名或盖章，把行政处罚决定书留在受送达处，即视为送达。不能直接送达或者直接送达有困难的，按下列规定送达：受送达人不在的，交其同住的成年家属签收；受送达人已向执法机关指定代收人的，由代收人签收；邮寄送达的，以挂号回执上注明的收件日期为送达日期；受送达人下落不明的，以公告送达，自公告发布之日起 2 个月即视为送达。

第五，物品的查封和暂扣。这主要是针对那些经过教育仍不改正违法行为的单位或个人，必须采取扣押其违章物品手段，来达到清除或改正违法行为的目的。这也是一种行政强制措施。①采取行政强制措施，应当向当事人出具查封决定书、扣押决定书。②在依法执行查封、扣押时，应记明财物的名称、种类、规格、数量单位和完好程度等。且由承办人和当事人签名或盖章，清单由执法单位和当事人各执一份。③被查封、扣押的工具、物品由城管大队统一保管，查封、扣押的期限不得超过一个星期（7 日）。

第六，行政复议和行政诉讼。当事人对行政处罚决定不服的，可在接到处罚决定书之日起 60 日内向市政府或执法单位上一级主管部门申请复议，也可以于 15 日内向人民法院起诉。

第七，对案件当事人逾期不履行决定的，可以采取下列措施：①到期不交纳罚款的，每日按罚款数额的 3% 加处罚款。②根据法律规定，将查封、扣押的财物拍卖。③申请人民法院强制执行。

2. 城管现场执法风险防范机制存在的问题

现场执法风险防范机制难以对城管执法队伍所面临的所有状况进行事无巨细的规定。城管执法工作涉及违法建设处理工作、市容环境整治工作、工地和建筑废弃物执法工作、户外广告整治工作四大类工作，以及与其他部门联合开展的各类行动，执法人员往往直接与执法对象打交道。由于工作类型繁多、涉及对象构成复杂且具有较大的不确定性，多数工作需要临场做出反应和调整，因此，当现场出现超出执法流程规定的状况时，执法队员便只能运用自由裁量权决定和判断。

现场执法风险防范机制只能规范执法人员的自身行为，却难以规避来自执法对象暴力抗法的风险。风险防范机制对执法人员的工作流程、工作方法做出了较为详细的规定，随着科技的发展，执法记录仪也渐渐开始普及，对执法人员在执法过程中的举止有了翔实的记录；随着广州市"有呼必应"等政民互动 App 线上建设的开展，市民群众对城市管理问题的实时上报也愈加方便，能从"制度＋科技"层面对城市管理工作进行监督和约束。但反观执法对象，其常常以弱者形象出现或者抱着"法不责众"的心理，往往敢于对行政执法人员采取暴力抗法行为，现场执法风险防范机制也难以规避其风险。

(四)完善街道与社区城管现场执法风险防范机制的建议

1. 完善相对集中行使行政处罚权的立法规定,减少法律风险

立法是整个法制系统工程的一个不可缺少的重要环节,也是实施依法治国方略、实现有法可依问题的根本途径。立法部门应加快步伐,及时制定、修改、完善与城市管理相关的法律法规,同时在制定和修改过程中,多征求一线执法人员的意见和建议,增强法律法规的实际操作性。

由于相对集中行使行政处罚权具有对行政机关的职权进行调整的性质,涉及对法律规定的调整,所以,应当积极推动相应层级的人民代表大会及其常委会进行专门立法,至少应做出相应的法律解释,来消除城管综合执法主体及执法法律依据在理论上的困惑。

第一,应严格按照法律规定的程序,报请人民代表大会及其常委会批准转让行政主体的职权,真正确立城管综合执法主体的法律地位;明确城管为相对集中行政处罚机关的法律依据。

第二,应规范城管执法依据。我国目前还没有一部有关城市管理的综合性法律,能依据的法规也很不健全,城管的执法依据都是从其他专业执法的法律中分离出来、移交过来、拼凑起来的。鉴于目前相对集中行使行政处罚权工作尚处在试点阶段,立法时机尚不成熟,此项工作宜从完善有关规定着手。应及早出台一部规范的城管执法依据(试行),在该依据中应明确执法人员的地位以及对妨碍城管执法人员执行公务的人员的情形和处罚办法,使正当的执法行为得到法律的保护,对那些屡教不改的违法行为应予以重罚。待条件成熟后,再提请人民代表大会及其常委会立法。

第三,进一步强化城市管理综合执法部门的职能,应将所有城市管理中涉及行政处罚的事项全面移交城市管理综合执法部门。有关部门应该给予城管更大的执法权,公安部门可以对自己的执法对象进行拘留,工商部门可以对自己的执法对象进行吊销营业执照等处罚,和这些部门相比,城管的处罚权就显得苍白无力。城管执法难的根本问题是权力不够,维护城管队员的合法执法行为,对抗法者严厉制裁,不仅可以起到震慑作用,也是对执法人员的必要保护。

第四,城管机关在制定规范性文件的时候要注意文件的合法性,避免与相关法律、法规发生冲突而引起的风险。城管机关在制定内部规章制度的时候,要经过认真研究、充分论证,针对本系统的每一个岗位制定出相应的工作职责和工作标准及追究实施办法,做到有章可循,理顺执法规程。待条件成熟时,

可制定《中华人民共和国城管法》（以下简称"《城管法》"）来规范上述内容，明确行政强制的方法、种类、方式、主体、程序等，明确城管执法行政强制的法定性。这样既可克服执法人员以随意方式实施行政强制，使执法中的矛盾激化构成了暴力抗法的因素，又可以打击违章者明目张胆对抗执法的嚣张气焰。

2. 建立健全城管执法指挥协调机制与程序，规范程序风险

（1）完善城管执法领导机制。城市管理工作涉及面广、政策性强，必须加强领导，充分协调，精心组织。在成立城市管理行政执法局时，各地应成立城市管理领导小组，由政府首长负责、有关部门负责人参加。城市管理领导小组应定期听取城市管理工作汇报，研究解决城管执法中的重大问题和前瞻性问题，部署考核城市管理各项工作，协调和处理相对集中行政处罚权相关部门的工作关系和矛盾。

（2）完善城管执法协调机制。城管执法工作涉及面广，必须充分协调。①建立信息联系机制。行政管理部门依法行使城市管理行政许可的事项，应当在行政许可文件下发后规定时间内抄送行政执法部门；行政执法部门查处违法案件时，认为需加强行政管理措施的，应及时通知有关行政管理部门。②建立有效的横向协调机制。第一，建议建立城管执法部门和行政管理部门互补机制。城管执法涉及市政、园林、资源、规划、市容等，建立有效的横向协调机制对于查处违法行为具有重要意义。从工作重点来看，行政执法部门应以未经审批的违法行为为主，行政管理部门以批后监管为主，扬长补短，充分发挥各自的优势。对疑难案件和技术性、专业强的行业必须实行有计划、经常性的联合检查，以使管理更加有效。行政管理部门在日常监督检查中，发现有违法行为的，应及时通知行政执法部门，行政执法部门应予以作为，并在做出行政处罚决定后规定时日内将行政处罚决定告知有关行政管理部门备案，或定期反馈；行政执法部门查处的违法案件，对违法行为需要进行技术鉴定的，应当通知相关行政管理部门，行政管理部门应当在规定时日内或者法律规定的时限内进行技术鉴定，并书面告知行政执法部门；行政执法部门查处违法案件时，依据法律、法规、规章，有行政处罚决定后可以补办审批手续规定的，应及时通知有关行政管理部门；行政执法部门依法实施强制措施需要有关部门配合的，有关部门在城市管理方面需要城管行政执法部门配合的，应当互相通知、主动配合。当城市管理相关部门与城管行政执法部门对违法案件处理发生争议时，由城市管理领导小组进行协调。第二，建议建立有公安部门参加的联合执法机制。限制人身自由的行政处罚权只能由公安机关行使是一条重要的法律原则。

为解决城管执法对自然人难执行和暴力抗法这一"难题",建议在公安部门内部设立城管大队,进驻城管执法部门,专门处理妨碍、阻挠城管执法的治安和刑事案件的处理,加强城管执法保障。第三,建议建立城市管理综合执法与社区管理之间有效的互动机制。社区是城市管理综合执法的主阵地,社区管理的成效直接影响着城市管理综合执法的成效。因此,要密切社区管理与综合执法的联系,建立有效的互动机制。

(3) 建立城管执法保障机制和风险控制机制。①建立城管执法保障机制。在人员保障方面,要科学确定满足城市管理工作的需要的城管执法人员人数,明确行使行政处罚权的行政机关的执法人员必须是公务员,并按规定解决其工资福利等方面待遇。加强城市管理综合执法部门的队伍建设,扩大其编制,并配足满足城市管理所需资金和装备。②建立城管执法风险控制机制。一切有权力的人都可能滥用权力,这是万古不易的一条经验。城管所涉职责包括市容环境卫生、规划、绿化、市政、工商行政、公安交通等上百项职权,几乎涵盖了城市群众生活的方方面面,其执法行为的一举一动,都关系到群众的切身利益。如此广泛的职责,必须有程序制约和必要监督。城市管理应严格依照法律程序办事并建立监督制度。执法程序是限制随意执法的前提,是规制随意执法的重要手段。执法程序一旦设定并法律化后,作为城管执法主体必须遵循程序的规定,按程序规定的方式、方法和步骤去作为,否则就应承担相应法律责任。另外,作为被执法对象,可以依该程序确定城管执法主体执法程序的合法性,以有利于更有效、更及时地维护自身合法利益不受侵犯。同时,这也能有效地监督执法主体的主观随意性,限制权力的任意扩张。应建立城市管理监督考核制度,首先就是要建立健全内部监督机制,包括城市管理领导小组的监督考核制度、行政管理部门与行政执法部门之间的互相监督制度。为了扩大对城管执法监督的广度,可聘请相应的执法监督员,增加媒体对城管的曝光力度,设立市民投诉制度,以此来加强群众对执法人员的监督。如此,城管执法工作才能健康发展,城管才会在群众中、社会中塑造良好的执法形象。

3. 加强业务培训提高城管执法水平,减少能力风险

行政执法行为在一定程度上受行政执法体制、行政执法方式与程序的制约,更受行政执法人员素质制约。城管执法的重要地位和作用对执法者的素质提出了很高的要求,要化解城管执法风险,城管执法人员就必须具备一定的、能够正确开展城管执法活动的综合素质。这些素质包括正确的思想观念、端正的工作态度、必要的法律知识、熟练的业务技能和计算机操作技术以及协调能力等。因此,城管机关应统筹兼顾,有的放矢,有针对性地加强城管人员的政治教育和业务技能培训，尽可能地提高城管人员的综合素质。

执法人员应进一步树立执法为民的观念，自觉接受"法治"教育和"执法风险"的警示教育，不断强化城管执法人员的"法治"观念，只有下大力气解决执法理念的偏差问题，才能有效解决当前城管执法面临的尴尬局面。执法人员应不断加强业务学习，具备熟练的业务技能，增强防卫意识、执法技能和现场处置能力；做到规范执法，文明执法，努力克服执法的随意性，尽力避免违法、违规行为的发生。执法人员在工作中应讲究工作艺术。城管执法机关是一个与人民群众的日常生产与生活都有着密切联系的部门，其执法态度与技巧直接影响到城管在人民群众心中的地位和形象。城管执法队员在具体执法过程中，应当做到言谈举止文明、心平气和对待他人、公平公正办案、处罚与教育相结合。如此，自然会营造和谐的氛围，有效地解决政府与社会公众、执法者与相对人之间的矛盾，城管执法自然会得到公众舆论的支持，树立起执法权威，规避执法风险。

4. 强化城管宣传为执法营造良好环境，减少认知风险

营造良好的执法环境是执法保障的基本面。在城管执法活动中，如果能做到让相关人员理解、支持、配合城管工作，那么就会减少或降低执法风险，提高工作效率，完成城管执法任务。要做到以上工作，城管宣传是必不可少的。要利用报纸、电视、电台等大众传媒，大力宣传与城管相关的法律、法规、规章和政策，宣传城管执法中的典型案例；加大普法教育力度，充分发挥政府基层组织和宣传媒体的作用，通过开展法制宣传、政策法规宣讲、"送法进村居""学生带法进家庭"等活动，让法制进入千家万户，让更多的居（村）民学法、知法、守法，丰富村（居）民的法律知识，增强其法律意识，提高他们对城管执法工作重要性的认识，调动群众参与执法的自觉性。在注重纵向宣传，即对相对人宣传的同时，切不可忽视对政府及其职能部门的横向宣传。因为在实际执法过程中，城管工作如果得不到相关部门的配合和支持，得不到有关人员的理解，就很容易使工作陷入被动或僵局，这不仅不利于城管执法工作的开展，而且会增大执法风险系数。唯有如此，才能为城管执法营造良好社会环境，有效保障城管执法和城管干部的安全。

八、街道与社区城市管理安全隐患排查机制改进举措

防范化解城市管理领域重大风险工作是一项长期性的工作，应当坚持以防为主、防抗救相结合，切实做好城市管理行业灾害预防各项措施，落实好城市

管理领域防范化解重大风险的整治任务。

（一）风险排查与防范机制的主要领域与成效

1. 重大执法风险排查与防范机制基本形成

第一，建立了重大执法风险应急处置机制。目前，广州市城管部门制订了较好的重大执法的应急处置预案。广州市城管部门为提高执法人员和广大群众的综合素质，增强他们的法制观念，执法人员做到依法执法、公正执法、文明执法，制订了重大执法活动风险评估机制和执法活动应急处置预案。

第二，纪律作风整顿机制基本完善。为加强城管队伍正规化建设，转变工作作风，端正工作态度，进一步强化大局意识、服务意识和纪律观念，全面提升城管队伍的整体素质和形象，广州市城管局集中开展全局纪律作风整顿活动，形成纪律作风整顿机制。

抓实城管执法风险防范化解，还需要组织城管执法人员认真学习城市管理相关法律、法规及执法案例，利用正、反两方面的典型，教育广大执法人员提高依法履行职责的意识，着力解决执法程序不到位、执法态度不端正、执法方法不规范、做群众工作不耐心、言行举止不当、仪容仪表不整等问题，避免与执法对象之间发生冲突，防止处理不当引发事端。

2. 垃圾处理风险防范化解多重机制正在建立

第一，垃圾处理清扫保洁长效机制形成，化解日常风险。按照"水冲路面，机械清扫，人工保洁，洒水降尘"四位一体的保洁模式，机械化清扫率达到较高水平，保洁作业及时全面、垃圾清运及时到位。另外，广州市垃圾无害化处理的水平较高，垃圾无害化处置率为98%以上。

第二，项目建设风险正在下降。目前，广州市积极办理垃圾焚烧发电项目建设，各垃圾焚烧发电项目正在同步开展环境影响评价、水资源论证、社会稳定性评价、水土保持方案编制、电力接入系统、地质勘探、工程地质灾害危险性评估、节能评估、生物质燃料资源调查、水源水质（中水、涡河水）全分析等相关研究，都在进行有效的风险防范，目前总体上风险防范能力较强。

第三，抓实生活垃圾收运处理、垃圾填埋场风险防范化解。全面排查城市生活垃圾收运处理中出现的垃圾清运车辆所存在的风险，由相关部门定期组织环卫垃圾运输驾驶员进行业务培训，加强填埋场的垃圾坝、截洪沟、垃圾填埋区、库区内渗滤液等设施的安全巡查维护，加强垃圾填埋区的防火管理，加强操作工人安全教育，等等。

3. 抓实燃气经营点安全隐患防范化解机制

加强对燃气经营点、燃气公司的安全检查，发现隐患就是消除、减少危险的发生，确保燃气经营点、燃气公司安全运行；通过电视、网络等形式，联合燃气公司开展宣传燃气安全知识，让民众更好地掌握燃气使用技巧和防范燃气事故，让民众知道如何发现燃气危害及如何处置一般安全问题，提高对燃气的安全认识。

4. 抓实市政设施安全维护隐患防范化解机制

加强对市政设施的维护普查，对老化路灯、破损井盖及时进行更换，对路灯线路定期检修，防止因线路老化、破损等现象发生危险。

5. 户外广告安全隐患防范化解机制也比较成熟

城管部门联合各街道与社区，持续开展户外广告和门头招牌的集中清理行动，形成了户外广告专项规划编制，形成了较为规范的门头标牌审批与监管机制，尤其是严格执行户外广告详细规划，加强批后监管，安全隐患化解机制有效运作，近年来取得了较好的效果。

6. 其他领域的相关风险防范化解机制

除上述风险之外，城市管理还需要应对城市管理的其他风险，并为其他部门的风险管理提供有效保障，做好应急准备工作。例如，确保汛期市政排涝设施安全运行，防汛应急物资准备充足，通过工程措施对易积水点进行改造，最大限度地降低积水风险。同时，还要对出现破损和模糊不清的积水警戒线重新进行规划，在易积水地点的井盖位附近张贴积水警示标志。另外，环境卫生管理、园林绿化管理、广告牌匾管理、绿地建设管理和道桥管理要加强雷雨、雨雪、大风等极端天气下露天绿化树木、广告牌匾、城市道路等公共设施的加固、养护和管理工作，加强各自行业范围内施工现场的安全和应急管理工作。广州市城管局下属各单位对工地、公园、厂房、校园、隧道、地下通道、垃圾填埋场等进行日常管理和巡查，全面排查整治辖内自然灾害风险，做好安全和应急防范措施，确保领域内自然和生态环境领域的风险得到有效管控。另外，校园周边环境秩序整治机制已经形成。城管部门采取集中整治与专人巡查相结合的方式，在上学、放学高峰时段定人、定岗在校园门口开展执勤；杜绝学校周边存在的流动摊点、店外经营、占道经营、乱堆乱放等行为。

总体来说，城市管理风险要加强隐患排查、防范治理，坚持以防为主、防抗救相结合，坚持常态救灾和非常态救灾相统一，努力实现从注重灾后救助向注重灾前预防转变，从减少灾害损失向减轻灾害风险转变，从应对单一灾种向综合减灾转变，严防自然灾害引发重大人员伤亡和财产损失，切实做好城市管理行业灾害预防各项措施。

（二）城市管理风险排查与防范机制的完善的关键点

1. **重点：既有风险点与危险源的安全分级管控机制**

作为城市管理的主要任务，城管部门必须对广州市各街道与社区在城市管理中的风险点与危险源进行等级划分，确定其主要问题与风险，根据情况可以分出红色、橙色、黄色、蓝色不同等级。

城管与街道社区各部门要认真制订年度监管计划（包括培训教育、执法检查、应急演练等内容），建立城市管理的风险点与危险源管控地理信息系统，并严格按照计划认真落实监管措施，确保既有风险点与危险源不发生较大事故。

2. **关键：编制城市管理风险点与危险源风险等级评估指南**

城市管理部门应当参考应急管理部门，编制出台风险点与危险源排查管控总体指南。只有制定了城市管理领域风险点与危险源排查管控总体指南，才能更好地确定风险点与危险源排查辨识的目录、参与责任单位范围、风险评估方法、风险管控要求、应对管理指引等内容，指导全市城管部门开展风险点与危险源的排查管控工作。这就需要城市管理部门立足于法律法规和行业领域技术标准规范，组织业务骨干和专业技术力量，加强与研究机构、中介技术服务机构的合作，加快制定出台风险等级评估指南，指导街道与社区对风险点与危险源风险等级评估工作更加规范、科学地开展。

3. **核心：开展城市管理风险点与危险源的再排查、再辨识机制**

城市管理部门要结合最新的工作实际情况，编制出台城市管理的风险点与危险源风险等级评估指南，组织本系统开展风险点与危险源再排查、再辨识，确保新增的风险点与危险源要纳入管控范围，不再列入风险点与危险源管控范围的内容要从管控清单中删除，形成最新的风险点与危险源清单，切实保障风险点与危险源排查、辨识"想得到、不遗漏"。

4. **责任：完善风险点与危险源管控责任清单，强化责任追究**

相关部门要在排查辨识和评估出的最新风险点与危险源管控清单的基础上，建立层级分明、分工明确、责任清晰的风险点与危险源管控责任清单和管控措施清单，强化属地安全与风险治理责任、层级安全监管责任和主体责任的落实，实现一处风险点、危险源至少有两个联系人（监管联系人和企业安全负责人），切实保障风险点与危险源有人管。

5. 技术：强化风险点与危险源管控信息化与智能化管理机制

城市管理部门需要健全城市管理风险点与危险源管控信息系统，强化基础数据信息采集和管理、图表显示、统计分析、权限配置、审核等业务功能；通过网络化运作，依托该系统加强风险点与危险源的信息采集、动态更新和安全监管，实现在线化、动态化管控，切实保障风险点与危险源管得住、管得好。

（三）街道与社区城市管理安全隐患排查机制的改进方向

与发达国家相比，我国在城市风险管理上存在明显差距，不仅缺乏管理的理论与方法，而且在识别城市风险产生原因、辨析城市风险形成条件、制定应对城市风险对策等方面，亟须建立一套完善的机制。对于广州市来说，应当全面加强风险的防控能力，需要对街道城市管理安全问题的应急管理状况进行分析，对应急装备、应急队伍等应急能力进行评估，对目前组织架构进行分析。各区政府应当结合街道与社区的实际情况，对街道风险源与安全隐患提出加强应急能力建设的主要方向与思路，形成广州市街道与社区城市管理安全事件处置的应急能力提升体系。

1. 预案与制度：完善安全隐患管理的应急预案与排查制度

笔者经过实地调研走访后发现，许多街道与社区在城市管理方面普遍存在安全隐患问题，这就需要做好如下几个方面的工作。

第一，针对城市管理系统的各个领域制订或更新突发事件应急预案。进一步完善预案管理系统，使得应急预案具有针对性与操作性。街道内各社区也应根据自身情况制订具体、可用性高的应急预案。

第二，除了应在自然灾害来临前组织各职能部门进行安全隐患排查以外，街道和社区还应将安全隐患排查工作常态化、制度化。建立健全完善的安全隐患排查机制，将排查工作融入日常工作内容中，做到防患于未然。集中运动式排查工作虽然也能检测到大部分隐患点，但却不够全面，依然会有被遗漏的隐患点。全面彻底的安全隐患排查工作要求较多的人力、物力、财力，只有将其纳入日常工作任务，才能确保隐患排查整治落到实处。

第三，安全隐患的排查必须要做到下列几点。一是明确重点。要将户外广告、餐饮业门店、执法工作用车、环卫专业机械、道路清扫保洁、生活垃圾处理等重点工作岗位和重点工作区域，作为安全生产宣传教育和问题整治的重点，严格实行重点管控。二是排查要全面。组织人员在辖区内开展安全生产大排查活动，对安全生产存在的问题和隐患进行登记，建立详细的问题整改台账。三是对排查的问题要认真整改。对排查出的问题严格实行责任到人，能立即整改的问题及时整改到位,对不能立即整改的问题要严格实行限时整改,切实做到有问题必整改和安全隐患问题及时消除。四是加强严格督导。加强对各项工作情况的日常督导和重点督导工作,定期通报情况,对整改问题严格实行跟踪问效,对安全生产工作不重视,问题整改不及时、不彻底,导致安全生产事故发生的相关单位和责任人将实行严格问责。

2. **意识与能力:提高城管部门安全隐患排查意识与应对能力**

为了有效减少风险事件带来的各种损失,保证居民人身财产安全,街道和社区需要提高风险防范意识与应急避险能力,牢固树立"防范胜于救灾"的思想,以高度的责任感和使命感,以临战的精神状态和务实的工作作风,提前从重压实压紧各项措施和责任,掌握防灾减灾工作的主动权,将上级下达的各项指示落到实处,做好日常安全隐患排查工作。我们要将风险事件当作免费的学习机会,防患于未然,从其他地区或以往的灾害事件中总结经验,吸取教训,审视自身,进一步将学习成果应用在未来应急管理工作中。进一步加强街道和社区各领导干部和全体居民对风险防范工作重要性、紧迫性的深刻认识,始终坚持以预防为主,脚踏实地做好日常安全隐患排查工作,避免因突发事件造成巨大的人身财产损失。这就要协调街道内各有关部门主动认真落实风险预防、隐患排查、应急抢险、灾后恢复的部门责任,充分发挥城管部门在风险防治方面的主体作用,做到科学预防、有效应对。

3. **体系与机制:建立城管安全隐患排查、防范与评估体系**

在今后的城市管理应急工作中,街道与社区层面的各部门需要做到科学识别风险、有效防控风险,增强风险防范的敏感性和系统性,采取切实有效的措施来化解防范风险,建立健全风险防范体系。首先,街道与社区要吸取各类事故教训,定期深入排查化解街道和社区内存在的安全隐患,从其他地区或过往发生的造成重大人员财产安全损失的自然灾害事件中吸取教训,总结经验,将学习成果运用到自身今后的应急管理工作中,贯彻落实本街道和社区的隐患排查工作,防患于未然,切实保证居民人身财产安全。其次,要提前研判化解城市快速发展所带来的新风险,充分考虑人口、资源、环境的承载能力,科学编制发展规划,全面开展街道与社区内风险源与隐患点的排查,防止自然灾害来临时出现某些掌控之外的认不清、想不到、管不到等问题。各相关部门必须认真贯彻落实安全隐患排查工作,不能只停留于事故来临前的隐患排查,而是要把其当作日常工作内容,通过长时间、全范围的走访和实地观察,确定街道与社区内的风险源和隐患点,加以整改治理,并将其记录在册,以便今后对其进行再次检查。最后,要提前研判化解因时间推移而累积放大的风险。街道与社区要充分利用大数据、人工智能等高科技手段，强化应急指挥决策的科学支撑，提高应急管理工作的科学性。

另外，风险评估是区域减灾、防灾重要的基础工作之一，城管部门必须探讨符合自身特点的风险评估系统，构建风险等级指标体系，建立完善的风险评估信息化平台，形成良好的排查评估机制。

（四）实施城市安全风险分级管控、隐患排查治理等多重预防机制

多重预防机制是指采取安全风险分级管控、隐患排查治理多重预防性的工作机制。安全风险分级管控是隐患排查治理的前提和基础，隐患排查治理是安全风险分级管控的强化与深入。安全风险分级管控和隐患排查治理共同构建起预防事故发生的双重机制，构成两道保护屏障，有效遏制重特大事故的发生。①排查监测的原则与主要职责。要坚持边排查边整治的原则，市、区、街道的城管各部门、单位对排查出的隐患要落实好整治责任、措施和预案。对可以在短期内消除的隐患，要立即采取措施消除；对情况较为复杂、短期无法消除的隐患，要制订整治方案，落实监管责任和整治时限，及时消除隐患，防范突发事件的发生；对隐患严重、危险性较大、难以进行整治的，安监及行业主管部门要采取停业整改、停产或停止使用等措施，防止突发事件的发生。②排查监测职责方面。市、区、局属各部门、单位，以及街道和社区要按照工作实际，建立相应的隐患排查制度，负责指导、组织本部门、单位或领域内的隐患排查工作，对可能引发突发事件的危险源、危险区域进行调查、登记，并进行风险评估，采取措施消除隐患。

1. 建设城市风险点与危险源管理平台，建立安全隐患数据库

建立安全隐患数据库对于风险排查来说非常重要。城市管理部门要全面摸清各部门、单位安全隐患的种类、数量、分布状况和危害程度，建立安全隐患台账，实时监控，定期向上级部门报送。对排查出的安全风险点与危险源要进行全面、系统的分类梳理，综合考虑起因物、引起事故的诱导性原因、致害物、伤害方式等，确定安全风险类别。对不同类别的安全风险点与危险源，采用相应的风险评估分析方法，确定安全风险等级。对排查出来的隐患要及时整改。街道和社区可以城市风险点与危险源管理平台为载体，在线上对城市安全风险点与危险源进行可视化管理，共享风险点与危险源信息，建立流程化、规范化的风险管控体系。

2. 线下全员参与式地拉网排查，加强风险辨识机制建设

我们可以依托基层网格员的常态化巡查、专业技术服务机构的专项检查、政府行政执法手段的执法督查以及社会公众监督的举报核查来做好风险排查和管控。

实施城市风险分级管控、隐患排查治理双重机制，要求街道相关人员对所在辖区进行风险辨识，在城市风险点与危险源管理平台内录入风险点。平台对风险进行有效分级，分极高风险点、高风险点、中风险点、低风险点四个等级。对其中的极高风险点、高风险点和中风险点进行有效的控制，降低其风险等级。

3. 建立安全风险档案，加强重大风险点与危险源信息管控机制

健全完善安全风险档案，将所有安全风险点逐一登记，详细记录风险基本信息、风险点名称和位置、诱发事故类型、安全风险等级、存在隐患情况和管控措施等情况。各街道要根据风险评估的结果，针对安全风险特点，从组织、制度、技术、应急等方面对安全风险进行有效管控。要通过管控措施实施，达到回避、降低和监测风险的目的。对重要的城市管理风险分级、分层、分类、分专业进行管理，逐一落实到岗位的管控责任，尤其要强化对重大危险源和存在重大安全风险的系统、区域、岗位的重点管控。

4. 加强对重大风险点与危险源的变化分析，强化动态监管力度

定期对红色、橙色风险进行分析，及时发布公告、警示、预警信息，有效降低事故风险。要强化重大风险点与危险源的隐患问题闭环管理机制，对产生高风险的重大隐患，要采取一切可行措施及时消除。对高风险且无法有效管控以降低风险等级的风险点与危险源，要依法落实关闭、取缔等措施；对无法关闭、取缔的重大风险点与危险源，要结合实际划定禁区，把风险限制在可防、可控范围之内。通过实行网格化管理，明确各部门、各单位的监管责任。要按照分级属地管理原则，针对不同风险等级的单位，确定不同的执法检查频次、重点内容等，实行差异化、精准化动态监管。要指导相关主体单位根据安全风险变化情况，动态评估、调整风险等级和管控措施，确保安全风险始终处于受控范围内。

5. 实施城市安全隐患排查的公示公告机制

各责任主体要建立完善的安全风险公告制度，并加强风险教育和技能培训，确保管理层和每名员工都掌握安全风险的基本情况及防范、应急措施。要在醒目位置和重点区域分别设置安全风险公告栏，制作岗位安全风险告知卡，标明主要安全风险、可能引发事故隐患类别、事故后果、管控措施、应急措施

及报告方式等内容。对存在重大安全风险的工作场所和岗位，要设置明显警示标志，并强化危险源监测和预警。

完善双重预防体系，要求各主体单位建立起全员参与、全岗位覆盖、全过程衔接的安全隐患排查辨识管控和隐患排查治理工作机制，并及时将隐患排查情况上报。实现安全隐患"自查、自改、自报"程序化、科学化、信息化、标准化、常态化。各街道和社区结合实际，可以采取购买服务的方法，委托第三方开展动态风险辨识，指导相关组织开展隐患排查治理。建立起区级、街道和社区、企业多层次的安全生产风险分级管控和隐患排查治理双重预防体系，逐步形成政府领导有力、部门监管有效、企业责任落实、社会广泛参与的双重预防机制管理工作的格局。

6. 建立安全隐患排查的群防群治机制与部门联动机制

一方面，市、区、街道的城管各部门、单位要积极宣传突发公共事件隐患排查工作，依靠群众提供线索、发现问题，及时排除各种隐患。形成部门联动机制，各区及街道要建立层层落实、逐级负责的隐患排查治理体系。统一领导，细化责任分工，明确专项行动，坚持条块结合、以块为主的原则，充分发挥应急管理、建设、公安、交通等部门作用，各司其职，相互配合，建立分工合作的联动模式，全面开展风险排查。另一方面，各街道、镇、工业区、村（居）委会要充分发挥基层组织的网络监管优势，共同推动城市安全隐患排查治理工作向纵深开展。通过加强条块之间的衔接，确保排查工作的全覆盖。通过实行网格化管理，明确政府及有关主管部门、安全监管部门的监管责任；要按照分级属地管理原则，针对不同风险等级的管理对象，确定不同的执法检查频次、重点内容等，实行差异化、精准化动态监管。要指导相关部门根据风险变化情况，对风险分级管控及时调整，有效实施管控。

7. 建立定期排查工作机制与安全隐患评估与警示机制

市、区、街道的城管各部门、单位要建立定期排查制度，每季度开展 1 次以上大排查，特别要加强重大节日和重大政治活动期间的隐患排查工作。对可能引发突发事件的安全隐患要组织专家对隐患的成因、易发时间、发生概率、紧急程度，可能造成的直接危害及次生危害等进行全面的分析评估，提出防范和治理措施。涉及可能引发较大突发公共事件或可能发生多种灾害的隐患，可以请求市、区应急管理局协调相关部门及专家进行风险评估。同时，实施风险排查与警示机制，加强风险教育和技能培训，确保管理层和每名员工都掌握安全风险的基本情况及防范、应急措施。对城市相关部门与人员制作岗位安全风险告知卡，标明危险源名称、危险因素、应对措施、警示标志等内容。

8. 加强投入，保障安全隐患排查治理的督促检查机制

在隐患治理中，市、区政府包括街道要进一步加大公共财政对隐患治理的支持力度，将其纳入政府重要议程，纳入实事工程、平安工程，纳入公共财政保障。市、区每年要不定期对局属各部门、单位、街道和相关社区的隐患排查治理情况进行督促检查，保障安全隐患排查成为一项常态化工作。要形成挂牌督办机制，通过建立台账、重点督办、整改销号等措施，加强跟踪督查工作力度，促使事故隐患整改到位。重大事故隐患单位要对隐患现状的产生原因、危害程度、整改难易程度进行分析，并制订方案上报；政府出资聘请专家对隐患做出会审评估，并由职能部门开具重大事故隐患限期改正通知书等。

9. 加强重点时段安全防范提醒和隐患排查工作机制

强化安全隐患排查治理，全力遏制安全生产事故发生。一是深入开展安全隐患和"三防"①应急拉网式大排查。每年在重点时段根据需要，在全市城管和综合执法领域开展安全生产大检查行动，检查各类场所，排查安全隐患，要求立即整改或跟踪落实整改，及时消除各类安全隐患。在清明、五一劳动节、端午等重大节假日特别防护期，要密集开展督导检查，狠抓大检查发现隐患问题的整改落实，推进各类隐患问题整改的闭环管理，坚决防止隐患问题死灰复燃。

10. 不断推进城市管理风险隐患排查的多网格融合运作机制

加强与市相关部门沟通协调，不断加强在不同领域风险的协同合作治理，大力推动网格化安全隐患排查的运作协同机制。将城管部门所管辖的井盖设施管理、燃气无证经营行为整治、户外广告招牌管理、城市"六乱"治理、道路清扫保洁、公厕管理、生活垃圾分类监管等业务事项以及城市管理的燃气站点、垃圾压缩站、垃圾收运点、环卫公厕等实有设施纳入网格管理范畴，开展网格化管理。这就需要加强城管系统专业化与网格化管理工作机制，逐步推进城管专业网格化建设与其他领域尤其是应急管理部门网格化管理的融合与整合。多网格合一的城市管理融入模式指的是将城市管理与应急管理、安全生产网格融入其他网格之中，即融入以往网格化管理建设中已经推行的党建网格、消防网格、综治网格、环保网格等网格中，真正实现多网合一，打造全科网格化应急管理模式，实现网格化管理的大安全与大融合，聚焦"同一套网格、同一支队伍、管多种事情"的全科网格化管理模式。在基层网格化管理建设工作中，存在人手不足、多头管理、工作内容重合、台账多、数据收集及汇报

---

① "三防"：防汛、防风、防旱。

频繁等现实问题，而同一支队伍则可以解决"多个网格、多套人马"的人员冗余问题，采用同一套网格体系对下派任务进行综合整理、对所收集的信息整合分类上报都较为便捷，可以有针对性地分时段、分重点开展网格化管理工作，真正做到"大安全、多灾种、大应急"，使城市管理安全工作从"物理相加"到"化学融合"，减少各类灾难事故的发生。

（五）广州街道与社区城市管理安全隐患排查的保障机制

为了消除突发事件发生的概率，做好城市管理风险排查需要人力、财力、物力和医疗卫生等各方面的保障。

1. 人力保障：隐患排查融入其他网格保证人力充足

针对不同类型的城市管理安全隐患进行排查，需要有充足的人力资源。依靠街道与社区自身的人员和城管部门的人员显然是不够的，必须充分整合其他方面的网格人员，包括公安网格、应急网格和安全管理网格人员，形成以城市管理为核心的全才型的安全隐患排查队伍。

2. 财政保障：常态性资金预算保证日常排查需求

各区政府需要保障街道与社区的日常排查资金预算，以政府财政为主，保证安全隐患排查专项经费的需要。另外，还要辅助其他渠道的融资方式，例如商业保险、企业支持和各公益组织捐赠等。

3. 物资保障：排查人员装备与物资的条件保障

街道与社区对于安全隐患排查需要形成可循环使用的物资资源与储备，包括城管排查所需要的基本物资与应急物资。对重要的物资，要定期常规检查和抽查，确保在发生危机事件后，有足够完善的物资能够及时补充供应，物资要随时进行补充和更新。必要时，由市级层面统筹物资，建立供应渠道，以备本地区物资紧缺时可以迅速调入，保障各类公共事件发生后，还能有充足的物资保障。

4. 技术保障：信息化、智能化的日常安全隐患排查与应急需求

现代城市管理对象多、任务重，风险类型多样，安全隐患也较多，且覆盖面大，在街道与社区相关人员缺乏的情况下，需要做好各种安全隐患排查，力量显然不足。如果只是依靠传统手段，我们就很难完成基本的安全隐患排查任务，所以，必须建立信息化与智能化的平台，这就需要技术资源与支持。

5. 其他保障：医疗保障、交通保障、通讯保障和治安保障

有风险就有危机，就有可能出现相关事故。事实上，在排查出风险之后，有些风险能够处理，有些风险可能只能控制，事故风险依然存在，这就需要医疗保障，对可能性较高的风险状况提供医疗救助准备。另外，我们也需要交通部门做好通行保障准备，需要通信部门做好通信保障，对于某些风险如群体性事件风险还需要公安部门参与和处置，确保秩序稳定，依法严厉打击各种违法犯罪的活动。

【参考文献】

[1] 新时代学习工作室. 习近平谈总体国家安全金句：人民安全是国家安全的宗旨［EB/OL］.（2019－04－15）［2019－11－06］. http://cpc.people.com.cn/xuexi/n1/2019/0415/c385474－31030462.html.

[2] 万鹏. 习近平就防范化解重大风险提要求：既要有先手，也要有高招［EB/OL］.（2019－01－22）［2019－11－06］. http://theory.people.com.cn/n1/2019/0122/c40531－30584911.html.

[3] 新时代学习工作室. 习近平谈总体国家安全金句：人民安全是国家安全的宗旨［EB/OL］.（2019－04－15）［2019－11－06］. http://cpc.people.com.cn/xuexi/n1/2019/0415/c385474－31030462.html.

[4] 中共中央文献研究室. 习近平总书记重要讲话文章选编［M］. 北京：中央文献出版社，党建读物出版社，2016：129.

[5] 新华社. 习近平在上海考察［EB/OL］.（2018－11－07）［2019－11－06］. http://www.xinhuanet.com/politics/2018－11/07/c_1123679389.htm.

[6] 新华社. 习近平：加快健全公共安全体系［EB/OL］.（2015－06－01）［2019－11－06］. http://www.dangjian.comgcsyldhd/xjp/dn/201506/t20150602_2649492.shtml.

[7] 王志宇，方淑芬. 风险概念研究［J］. 燕山大学学报（哲学社会科学版），2007（2）.

[8] 伍麟. 风险概念的哲学理路［J］. 哲学动态，2011（7）.

[9] 朱力. 突发事件的概念、要素与类型［J］. 南京社会科学，2007（11）.

[10] 城市生活垃圾管理办法［EB/OL］.（2007－04－28）［2019－11－06］. http://www.mohurd.gov.cn/fgjs/jsbgz/200706/t20070604_159100.html.

[11] 广东省城乡生活垃圾处理条例［EB/OL］.（2015－09－30）［2019－11－06］. http://www.gdrd.cn/pub/gdrd2012/gdrdfb/zxfg/201509/t20150930_147661.html.

[12] 广州市生活垃圾分类管理规定［EB/OL］.（2015－06－20）［2019－11－06］. http://www.gz.gov.cn/gzgov/s8263/201507/de547db5814d4f77baf6cdba57a4a31d.shtml.

[13] 广州市城市管理综合执法条例［EB/OL］.（2010－09－09）［2019－11－06］. http://www.gz.gov.cn/gzgov/s8263/201109/859344.shtml.

[14] 广州市城市管理委员会关于印发《广州市燃气经营许可管理办法》的通知［EB/OL］.（2016－12－02）［2019－11－06］. http://www.gz.gov.cn/gzswjk/2.2.1/201612/8f2035cbee314f3db353d6c07af51a08.shtml.

[15] 广州市城市管理委员会关于印发《广州市在建工地楼体户外广告设置审批工作规则》

的通知 [EB/OL]. (2017-06-09) [2019-11-06]. http://www.gz.gov.cn/gzswjk/2.2.1/201706/d277f4bd01044509b89b7c48b5271e59.shtml.

[16] 广州市城市管理委员会关于印发《广州市流动商贩临时疏导区管理办法》的通知 [EB/OL]. (2018-08-28) [2019-11-06]. http://www.gz.gov.cn/gzswjk/2.2.1/201808/2fd6d80e1f704073b4126de58c8083dd.shtml.

[17] 广州市行政执法责任追究办法 [EB/OL]. (2008-01-14) [2019-11-06]. http://www.gz.gov.cn/gzgov/s8263/200804/595684.shtml.

[18] 广州市户外广告和招牌设置管理办法（修订） [EB/OL]. (2014-03-08) [2019-11-06]. http://www.gz.gov.cn/gzgov/s8263/201403/2635745.shtml.

[19] 城镇燃气管理条例 [EB/OL]. (2010-11-25) [2019-11-06]. http://www.gov.cn/zhengce/content/2010-11/25/content_5115.htm.

[20] 住房城乡建设部关于印发《燃气经营许可管理办法》和《燃气经营企业从业人员专业培训考核管理办法》的通知 [EB/OL]. (2014-11-19) [2019-11-06]. http://www.mohurd.gov.cn/wjfb/201412/t20141216_219792.html.

[21] 广东省燃气管理条例（2010年修正本） [EB/OL]. (2010-06-02) [2019-11-06]. http://www.gd.gov.cn/zwgk/zcfgk/content/post_2531742.html.

[22] 广州市燃气管理办法 [EB/OL]. (2015-09-21) [2019-11-06]. http://www.gz.gov.cn/gzgov/s8263/201511/bc44a3ff87474ad5a3b2d796d05198d9.shtml.

[23] 中华人民共和国广告法 [EB/OL]. (2018-11-05) [2019-11-06]. http://www.npc.gov.cn/npc/c12435/201811/c10c8b8f625c4a6ea2739e3f20191e32.shtml.

[24] 广东省户外广告管理规定 [EB/OL]. (2013-04-10) [2019-11-06]. http://www.gd.gov.cn/gkmlpt/content/0/141/post_141803.html.

[25] 广州市户外广告和招牌设置管理办法（修订） [EB/OL]. (2014-03-08) [2019-11-06]. http://www.gz.gov.cn/gzgov/s8263/201403/2635745.shtml.

[26] 李骁晋. 上海一商店招牌脱落致3死6伤 数十人合力将招牌抬起 [EB/OL]. (2018-08-13) [2019-11-06]. http://www.bjnews.com.cn/news/2018/08/13/499309.html.

激发广州老城市新活力,提升粤港澳大湾区核心城市形态、功能与品质对策研究

陈 述

(中共广东省委党校城镇化研究中心)

摘 要:本研究着重从提升广州城市形态、功能与品质的角度,综合评价与分析广州城市形态、功能与品质的内在关系与存在问题;分析广州不同区域、不同产业的功能分区,寻找当前广州具有标志性的中心活动区、次中心的重大活动区及专业活动区,探讨不同层级活动区的要素聚集策略与优先发展政策,以创新城市密集区域综合治理,提高活动区之间互联互通,推动城市功能再生、形态重塑和品质提升。

另外,通过与国外纽约、东京、巴黎、墨尔本等相当经济地位城市相比,分析广州在城市形态、功能与品质方面存在的问题与不足,以借鉴这些城市经验做法与启示。

关键词:粤港澳大湾区;核心城市;活力区;广州

建设粤港澳大湾区是习近平总书记亲自谋划、亲自部署、亲自推动的国家战略。[1] 建设粤港澳大湾区,发挥其优化空间布局和集聚生产要素的重要作用,推动区域经济发展质量变革、效率变革、动力变革,是贯彻落实习近平新时代中国特色社会主义经济思想、深化改革开放、推动高质量发展的重要体现。结合习近平总书记广东视察的重要讲话精神,广州要抢抓建设粤港澳大湾区重大机遇,贯彻落实中央和广东省城市工作会议精神,落实中共广东省委构建全省"一核一带一区"区域发展新格局的战略决策,落实广州市相关战略部署,同时,还必须坚持"创新、协调、绿色、开放、共享"的新发展理念,以城市形态实现向现代化国际化大城市转变、产业转型升级实现新突破、城市功能不断完善、生态文明和文化建设取得重大进展、城市品质价值显著提升为目标,推动广州城市形态、功能与品质进一步转型升级。

本研究着重从持续提升广州城市形态、功能与品质的角度,建议广州通过

实施城市空间重构战略，打造新的城市空间形态；实施星状网络化交通体系构建战略，强化城区之间互联互通；实施绿色基础设施体系构建战略，打造"三生空间"① 联动体系；实施城市升级战略，打造高品质集聚空间；实施区域创新网络体系构建战略，推动高端产业集聚发展等来推动广州形成人与自然和谐共生的现代化建设新格局，提升广州市国土空间治理能力和效率。

一、广州城市形态、功能与品质的现状与总结评价

本部分综合评价广州城市的形态、功能与品质，并评价其相互之间的内在关系以及存在的问题；分析广州不同区域、不同产业的功能分区，寻找当前广州具有代表性和标志性的中心活动区、次中心的重大活动区及专业活动区，探讨不同层级活动区的要素聚集策略与优先发展政策，建议创新城市密集区综合治理，提高活动区之间的互联互通，推动城市功能再生、形态重塑和品质提升。

（一）广州城市形态的现状分析

1. 城市空间组团化发展明显，但存在空间结构扁平化与强中心缺失的现象

这些年，广州通过《广州城市建设总体战略概念规划纲要》（2000）确立了"南拓、北优、东进、西联"的空间拓展方针，将天河区、番禺区、南沙区等打造成为广州的重要组团。由于中心组团辐射力、影响力、凝聚力持续增强，广州区域组团城市建设提速，岭南魅力小镇串珠成线，组团化城市格局发展明显，初步形成强中心、多组团、扁平化的城市格局。（参见图1）。

然而广州各个组团的城市功能还不完善，基础设施配套不足，组团之间、中心城区与中心镇之间、中心镇与中心村之间的道路交通设施也不够完善，产业布局不清晰，通达性与现代化城市的要求存在明显差距。由于广州重点发展地区连绵分布的专业镇、新城、新区、产业园区以及各区、镇城市建设相对扁平化、碎片化，故未形成强大的城市核心地区。

2. 交通网络体系基本形成，但快速干线和高效接驳系统有待提升

广州已基本建成了"以轨道交通为骨干，公共汽（电）车为主体，水上

---
① "三生空间"是生产、生活、生态空间的总称。

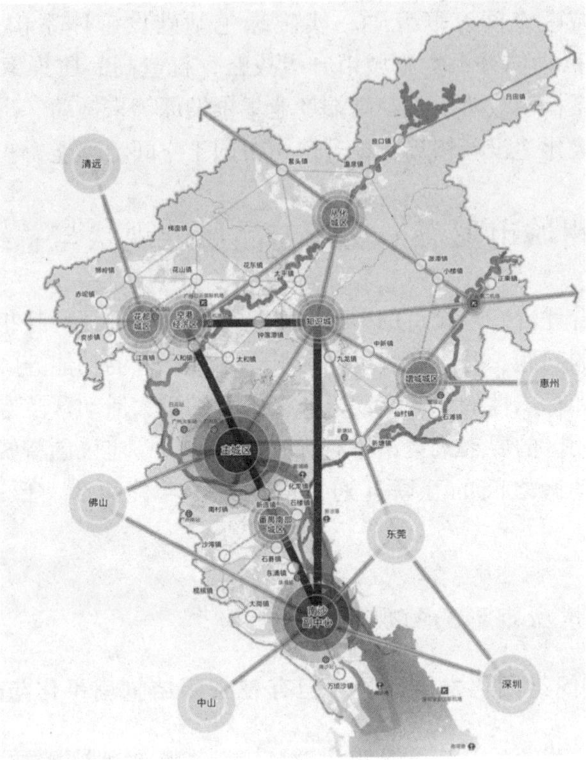

图 1　广州城乡空间格局

[资料来源：《广州市城市总体规划（2017—2035 年）》。]

巴士、出租车、共享单车等多种交通方式为补充"的现代立体公共交通体系，公共交通日均客运量超过 1500 万人次，公共交通占中心城区机动化出行的比例达到 61.1%，公共交通的发展规模、发展水平均已位居全国前列，人均公共交通出行量更是居全国第一。然而不容忽视的是，广州小汽车总量持续高速增长，小汽车总量增长的速度远高于道路设施供给增长的速度，导致城市交通拥堵不断加剧；中心城区及各组团主干道拥堵都较为严重，高峰时段中心城区的主要路段拥堵相当严重；交通信号系统设计不尽合理，高峰期与平常时段不能根据车流量进行实时调配，也不能在全市或区域实行道路精细化、差别化、动态化的智能远程调控。这些都制约了广州城市发展质量与品质提升。

3. 优质市容环境卫生空间初现，但高品质发展有待提升

广州以优化提升"一江两岸三带"为引领，分类推进中心城区、南部滨

海新区、北部山区生态网络体系规划建设，高水平打造了一批湿地、花园、公园、生态廊道等，擦亮生态文明建设品牌，提升广州可持续发展能力。同时，广州不断加强城市精细化管理，坚持城市管理"管到每处管到家"，推进垃圾分类与环境分级管理；加快推动城市主要道路、滨水绿地等处绿化景观升级，初步实现"四季花城、时时有花、处处是景"，城市环境更加干净、整洁、平安、有序。然而，广州出现了诸如绿色空间被蚕食、生态用地逐年减少、生态系统结构不完整、生态服务功能逐年下降以及生态文化资源挖潜不充分等诸多问题，这些问题均不利于广州市容环境卫生网络化管理与发展。

4. 城市功能体系逐步形成，但标志性特色地区仍不足

城市功能节点是城市综合服务的聚集区，集中反映了城市规划建设水平，不同的城市功能节点要体现出不同的开发建设特点。广州代表城市品牌形象和文化内涵的优质地方特色产品、特色景致、标志性建筑等不足，需要对体现广州三大枢纽功能（参见图2）的节点营加强建设，从而可以将其打造成为感知度高、辨识性强、品牌效应突出的广州城市名片。广州城市门户地区、高端服务集聚区等区域的地标性建筑群体还有待增加。同时，广州城市的公共环境、滨水空间、城市夜景等地域特色彰显不够，城市垃圾管理、城市综合执法、违建管控等工作离高品质城市还有一定差距，导致城市环境建设精品不多、城市优质空间较少和地方特色不突出。

（二）广州城市功能的现状分析

1. 城市副中心功能凸显，但枢纽功能还有待强化

广州内部正在形成若干个城市副中心，并以各个副中心为基础，打造由"高铁、城际和公路"形成的多层次的枢纽体系，促进区域辐射力提升。这些副中心借助贵广、南广铁路，极大地增强了对粤西及广西、贵州方向的辐射能力；同时，广珠城际铁路和佛肇城际铁路分别建成通车，形成了珠三角西部综合交通走廊，使得这些副中心的功能进一步凸显。然而，广州这些副中心不仅需要具备枢纽集散功能，还需要附近有辅助的配套功能。这些副中心还没有形成与高附加值的地区与高品质地区的共存，缺少水系与绿化的渗透，我们只有通过多层次、多维度的空间打造，形成落差与层次，将湖泊与河流、社会活动等注入其中，才能使这些城市副中心更饱满、更丰富。

2. 城市管理能力不断增强，但功能级别还有待提升

广州以提升城市功能现代化为重点，加快建设高品质国际化、现代化大城市，特别是以高水平规划引领城市现代化，以城市现代化促进产业高端化，以

图 2　广州城市功能体系

精细化管理改善生产、生活、生态环境，全面提升城市形态、功能与品质，推动城市更宜居、更安全、更美好、更可持续发展。不过，广州对于教育、医疗资源的统筹力度还不足，城市功能级别还有待提升。

3. 全域生态功能体系初步形成，但内城绿色发展空间不足

近年来，广州公园不仅数量、种类大增，而且品质得到极大提升，市民多了更多娱乐、休闲、游玩的好去处。统计显示，截至 2019 年，广州已建成森林公园共 89 个、湿地公园 19 个，至少有 12 个儿童公园，5 条生态旅游线路和 1 条人文景观线路基本建成。不过，广州人均绿地较少，生态分布不均衡，市民的生活品质受到影响。广州公园绿地结构不尽合理，公园绿地基本呈聚集分布。市级公园、区级公园、社区公园、街旁绿地等公园绿地不断完善，大尺度绿色体系基本形成，但分布的聚集度高、均匀度低。总体来说，广州内城公园绿地面积不足，空间分布不均匀，服务水平差异性大。广州人均公共绿地面

积逐渐在增加，但是新的公共绿地几乎都是不足 2 米的浅层，移植的大树无法根深蒂固，难以起到涵养水源的生态作用。再加上广州城市人口的增长、交通网络的扩展和商业项目的启动，大部分河道在城市建设的进程中被填埋，或者被改为暗沟，使得水系被分割，无法满足景观的水资源畅通的要求。

4. 城市产业功能不断提升，但高品质、高附加值的现代化产业园区发展不足

广州坚持以产兴城、以城促产，持续打造配套完善、环境优美的产业载体，吸引高端项目落户，在促进城市整体形象提升的同时，也大大促进本土制造业的转型升级。广州通过实施"IAB"计划，即发展新一代信息技术（IT/ICT）、人工智能（Artificial Intelligence）、生物医药（Bio-pharmaceutical）等战略性新兴产业，打造若干个千亿级产业集群，成为影响全球、引领全国的 IAB 产业集聚区。然而，相对于广州经济总量，其现代化产业园区的数量与质量还不够，特别是缺少高品质、高附加值的现代化产业园区。

（三）广州城市品质的现状分析

1. 公共设施和空间不断增加，但服务分享性不足

城市公共空间是城市居民公共交往和公共生活的重要场所，其形态与功能的有效发挥直接影响城市政府的服务能力。近年来，广州城市建设步伐不断加快，环境品质稳步提升，但中心城区特别是老城区仍存在公共空间数量不足、功能单一、品质不高等问题，特别是城市公共设施建设、城市垃圾收运和集中处理等方面还有待加强，城市公共空间的配置离市民的认知和使用需求还有差距。

2. 城市历史建筑和文化保护有力，但城市建设与特色文化融合不足

广州通过挖掘地域历史文化内涵，加强特色滨水空间和优质公共空间的营造，提升城市形象，塑造了包括永庆坊、中山纪念堂、麓湖公园等具有广州特色的岭南城市风貌；积极保护域内水环境、老城区历史文化底蕴，以及富有活力的地方特色；积极落实地方性保护历史文化街区的法规，推动了广州历史街区的保护与开发。然而，广州的历史文化底蕴及富有活力的地方特色还有待挖掘与提升，城市建设与特色文化融合不足。

3. 公共设施与公共空间总体上配置齐全，但分布不均

包括教育、体育、文化娱乐设施，以及商业设施、市政设施、医疗设施在内的城市公共服务设施，对于提升整个广州活力以及改善城市居民生活品质具有重要的意义。目前，广州借助公共文化服务体系示范区建设，推动全市各级公共文化服务设施不断提档升级，公共文化服务体系基本建立；并不断创新，利用众筹、众包等新兴理念，成功打造"文化中枢"机制和总分馆等联合联盟馆场结构，很好地实现了全市公共服务体系建设的标准化与均等化。尽管广州的公共服务设施配置齐全，但各类设施供给规模和空间分布密度不高，特别是在市中心城区的空间分布还不均衡。此外，区际差异较大，各区公共文化设施分布不均匀。

（四）广州城市形态、功能与品质的总结评价

1. 初具成效，但广州城市形态与经济发展仍不匹配

这些年，广州在城市化与工业化发展进程中也注重提升城市形态、功能与品质，也已经取得了一些成效，"宜居、宜业、宜游"的全球城市格局初步形成。然而，随着进一步城市化与工业化的双重驱动，其土地开发强度超过30%，总体上发展也面临着环境约束与品质提升困境。广州作为一个高密度城市开发地区，新技术、新产业、新模式与新业态对城市空间提出了更高的要求，而目前的城市形态仍无法与之相适应、相匹配，特别是高质量产业、人才、项目与资本对城市环境与生活品质提出了更高的需求。广州老城区的公共配套设施规模小、分布不均衡，城市中心度不高，空间增长极不够明显等现象需要进一步改善。

2. 广佛大都市区发展转型倒逼空间形态转换

广州的城市空间结构正从单一向心集聚形态向向心集聚与离心扩散形态同时并存演进，城乡空间形态正由单体城市向大都市区转型。广佛（广州和佛山）同城化发展，要求加快构建和完善广佛大都市区空间形态，然而，广佛城市之间的空间形态与空间接合还存在较大问题，这就需要建立具有弹性且相互融合的城市空间形态，从而为广州城市的快速发展创造更为有利的发展空间。

3. 需要打造体现城市价值与特色的标志性地区

广州需要建立与高密度城市地区发展相适应的空间形态，特别是要着力打造城市重要标志性地区。同时，在城市内外交通网络体系上，需要进一步完善次级网络建设。作为超大型城市地区，空间特色与价值再现有助于提升广州的国际影响力，在粤港澳大湾区加速发展的背景下，我们更需要在广州打造具有岭南意义与湾区代表性的增长性地区。

4. 需要重构广州市域地域功能

大型基础设施与交通网络建设，包括高明新干线机场、广茂高铁、南深高

铁的建设等，将重构广州地域空间，也将进一步重构地域功能，将会形成若干个重要的增长极。同时，广州立足于"宜居、宜业、宜创新"的高品质、现代化、国际化大城市的战略定位，应重新思考城市的多层级中心功能和区域性国际功能，突出城市地区所承担的居住、制造、集散、枢纽、创新功能，突出乡村地域所承担的农业生产、生态保育、环境保护功能，从大都市区的视角重新审视核心城市与周边地域的空间关系，按照承担、共担和分担的功能担当原则，重构大都市区地域功能，优化大都市区空间组织，提高广州大都市区空间运行效率。

5. 需要进一步推进城乡生态保护

在全市土地开发强度已经接近30%、中心城区土地开发强度甚至超过40%的情况下，广州已经出现了一系列环境约束问题。这些问题不利于可持续发展，广州需要在未来进一步推进城乡生态保护，开展生态控制线规划与管理，建设高品质生态屏障，提升居住与产业品质。

二、提升广州城市形态、功能与品质的总体战略

广州应结合粤港澳大湾区发展规划要求和广州市国土空间总体规划方向，推动原有产业往特色化和专业化方向发展，推动现代科技、现代载体与之有机结合，产生新内涵、新功能，做到老树发新芽、开新花。通过提升城市土地混合利用率，加快城内河道修复与老城复兴，推动广州轨道交通内层化、高速化、网络化，利用自身定位功能的拓展和优势地位，以超常规手段，包括大力集聚创新资源和要素，建设广州的城市活力区，集聚产业综合潜力，激发广州老城区新活力，不断拓展新经济的发展规模。接续广州千年商都文明，把广州打造成为具有国际影响力的超级"门户—枢纽"城市，构筑"未来之城""明日之城"，为塑造广州"美丽宜居花城，活力全球城市"的形象打下基础。

（一）实施老城区全面整治与活化复兴战略

通过城市更新、微改造、转移容积率等手法，在加强发展的同时保护历史遗产、建设宜居环境，复兴广州老城区新活力。广州老城区应担当起传承历史文化根脉的任务，提升文化国际影响力，努力将广州打造成为社会主义文化强国城市范例。

1. 推进环境综合治理，重塑广州特色市容市貌

为保持广州老城区千年文化特征和家的感觉，可通过场所营造，改进公共

空间与服务设施，在户外广告招牌整治、河涌保洁、建筑废弃物管理、生活垃圾强制分类、违法建筑查处、燃气管理等方面加大力度，以更好地改善老城区居民生活环境；在保留熟悉居住街区风貌的同时升级老城街景，营造城廊和骑楼文化景观带，优化完善城墙旧址、绿地系统和慢性体系，保护和展现重要历史文化节点，为当地居民建立更多关于熟悉地方的共享记忆。此外，广州要加强历史文化遗产的保护和宣传，为当地旅游业助力，为历史空间重新赋予文化价值，交融东西文化，凸显岭南文化，使其不仅可作为传承广州历史文化根脉的载体，更能作为广州在国际上的闪亮名片。例如，对越秀区老街可进行复兴重建和填充式开发，保留当地古近代建筑风貌及老城区本地人生活方式，探索新商业模式开发，并加强教育、房地产等产业的发展，致力把居民留在社区的同时吸引多样化新活力入驻老城区。

2. 提升城市宜居生活品质，打造紧凑城市中心区

空间是城市的基础。广州建设紧凑型城市，有利于防止城市低密度外延扩大、减少人口流失、减少城市行政管理和财政上的困难，最终实现地区可持续发展。在天河区、白云区等大都会内的区域中心，如天河岗顶数码城与白云湖数字科技城，可通过城中村改造，提升城市土地利用率，转移土地容积率，积极推动城市转型升级，丰富本地就业类型，创造人口高密度复合型社区；在居住区中布置复合功能和生活服务功能，提高徒步范围内的生活条件，满足居民高品质生活需求，探索更加愉快的工作和生活方式；加快建设城市中心区轨道交通和步行体系无缝接驳，完善中心区配套设施，使社区居民能够就近就业与娱乐。

在大城市圈的郊外，可将没有特征的、用途混杂的区域进行重组，将衰退地区作为城市再开发项目用地。在确保土地得到有效利用的同时，使城市中心人口增加，提高城市中心区活力；通过城市功能高度集中，使郊外的结构朝着提高其城市化程度的方向发展。

以紧凑型城市为目标的政策及实施手法，应该综合经济、社会、环境等方面的条件，以求取得相互之间的平衡。可参考新加坡"5D"① 紧凑型城市框架，设计建设适合所有人的城市中心区，丰富居民的居住区选择。新规划和设计应更加注重可持续发展，以科技为动力，强调为所有年龄段的人提供更愉快、更高质量、更大包容性的生活环境，构建儿童友好和老年人友好的社区。

---

① "5D"：density（密度）、diversity of use and income（城市功能多样性）、design（城市设计）、distance to transit（交通距离）、destination access（到达目的地方式的可持续性）。

3. 提升水系生态品质，推进老城水体网络修复

自古以来，人们逐水而居。城市大多因水而起，因水而兴，也常常因水而衰。城市作为人类聚居地，对水的依赖决定了城市与水不可分离的关系。城市水系往往决定着城市的形态格局。优秀的城市滨水空间设计可以为城市带来交流与活力，使得城市肌理变得生动和富有气韵。城市滨水公共空间是指城市中由水域与陆地共同构成的向公众开放的城市空间环境与公共区域，它是与水体密切相关的自然要素、社会要素和空间要素的总和。而城市滨水公共空间作为一种稀缺的公共物品，是珍贵的城市公共资源。首先，它为人们提供了聚集、交往、贸易、停驻、观赏、游憩等活动的空间场所，具有景观、生态、文化和商业价值。其次，城市滨水公共空间特定的空间形式会吸引特定的活动，高品质的城市滨水公共空间是市民公共生活的理想容器，市民公共生活又成为它的重要内容。再次，城市滨水公共空间是重要的城市空间地标。凯文·林奇将城市意象元素的形态类型归纳为道路、边界、区域、节点和标志物。在林奇的城市认知地图中，城市滨水公共空间无疑是城市重要的功能区域，是特定城市环境中的边界和地标，是易于识别与记忆的城市空间环境，具有重要的空间标志性和特殊的精神功能，在城市意象中占据着重要位置。最后，城市滨水公共空间是城市地方产业发展的催化剂。城市滨水公共空间将城市的多种功能整合起来，它的复兴与发展成为区域及城市复兴与发展的催化剂，往往能带动地方商业及旅游业的发展以及地方历史文化的复兴。

由此可见，持续推动六脉渠①等历史水系修复，复兴古代、近代传统中轴线，活化提升民俗风情区，擦亮城市文化地标，推进历史城区有序疏解，是塑造"大美珠江"城市美丽纽带的第一步。因此，广州老城区的复兴应依附于对水体的自然修复，且河湖水系生态品质提升的关键在于滨水环境的景观建设以及水环境涵养。对应广州越秀、荔湾、海珠老三区临水区域，可开展以文化为导向的滨水公共空间开发模式。借鉴英国伦敦泰晤士南岸城市滨水区工业时代建筑功能置换、利物浦艾尔伯特码头改造，以及加拿大卡尔加里市中心王子岛的建设等成功的滨水公共空间设计案例，笔者建议把广州老城区临水地区重点打造为主城区滨江漫步道、骑行道，优化完善城墙旧址沿线东濠涌、西濠涌、荔枝湾等历史水系、绿地系统，再现历史水系印记，为广州市民提供舒

---

① 宋代，广州进行了轰轰烈烈的城市开发建设，一是兴建了东西两城，二是开挖了六条排水、防洪兼可防火、通航的大水渠，即"六脉渠"。它是宋代以来广州城的主要水系网络。

适、开放、贯通、受欢迎的滨水空间。

同时，重点活化提升西关、广府庙会等民俗风情区。以荔湾湖公园、荔枝湾涌及沿线西关大屋历史街区为重点，推进逢源大街—荔湾湖和昌华大街两片历史文化街区的活化利用；整理重现西关民俗文化及水乡文化，打造最具老广州风情的文化休闲旅游产业集聚区；依托民俗文化活动载体，搭建文化展示和交流平台，打造中国南方最具影响力的民俗文化品牌活动之一，推动广府特色文化作为"中国符号"走向世界。

4. 强化绿色空间片区可达

广州应在社区内着力打造适宜步行的小城市尺度，提高社区密度，将城市绿化和屋顶花园相结合，形成良好的街道空间。构建与绿地、公园交织的紧凑型功能区域，如宽敞的绿地活动空间、园艺场等，满足不同的基本功能要求，营造更多高品质的公共活动空间。通过河道修复，使老城区域重生，打造绿色的生活环境，突出传统与现代交融的都市风貌，彰显广州依山、沿江、滨海的岭南风貌特色。新的住房和便利设施应坐落在郁郁葱葱的绿色空间内，靠近公园和大自然，使社区内绿色空间碎片化且步行可达，为居民带来更加自然的环境以保障生活品质。

（二）实施城市活力区错位发展战略

城市圈层结构是城市发展的重要部分，其中涉及的城市重点功能区是城市要素最集约、运行成本最低、发展效率最高效的空间。这些重点功能区需要进行城市空间形态重塑，构筑"1+4"的城市活力区，利用各区自身定位功能的拓展和优势地位，发掘发展潜力，激发广州新活力。根据广州区域现状，可将城区分为5个等级活力区：全球活力区、大都会活力区、南沙战略活力区、成长活力区和专业活力区。其中，大都会活力区又可包含岭南历史活力区、东广州大都会金融活力区、南广州海珠湖活力区和北广州数字科技活力区。

1. 全球活力区

以珠江新城为核心，以"中信—广州塔"为中心轴的长廊是广州充满活力的城市中心，是全球商业和金融中心的所在地。这里人口密度集中，作为"24/7"[①]生活方式目的地，应通过注入更多元素，全面激发该区作为全球活力区的潜力。为强化城市中心区的建设及打造，首先，应在此区增加多样化住宅，使更多的居民能直接享用城市中心区的便利，如方便出行、通达就业节点

---

① "24/7"意为一天24小时，一周7天。

及拥有更多生活方式和娱乐选择等。其次，凭借自身紧贴珠江水岸的优势，打造更和谐的滨水景观，整治水源，种植适合当地气候的树木植被，在合理的情况下去砖还草，为居民提供更加充足的人性化绿色休闲空间。再次，凭借自身作为国际金融区的优势，加强该活力区功能的多样性，着力将其打造为不仅是一个有吸引力的工作场所，还是一个充满活力的生活和娱乐场所，并巩固其作为充满活力的市中心和全球商业和金融中心的地位。最后，该活力区应着力创造具有更好的连接性和便利性的出行方式。在现有地铁5号线、3号线及APM线的相互作用下，提升其与自行车道及慢性步道的连接性及便利性，合理分离人行道与单车道，积极改善及保养人行道盲道，支持和鼓励人们低碳出行。

2. **岭南历史活力区**

岭南历史活力区指广州老城区，以北京路步行街为中心，东至东山口新河浦，西至荔枝湾，南至沙面岛，北至越秀公园及流花湖公园。这里历史文化遗产丰富，是广州岭南文化的灵魂所在地。此区应继续通过场所营造、改进公共空间来丰富艺术、文化和遗迹资产，以巩固其作为岭南历史活力区的定位，复兴广州老城区，激发新活力。首先，在保护历史价值的前提下，应对此活力区进行高质量、高容积率的开发。在积极还原广州老城区印象的前提下，合理建造立体城市，高效利用有限的老城区土地资源。通过社区环境改善、完善社区服务，重建宜居区域，吸引更多的本地居民留在该区。同时，积极探索开发新文化商业模式，吸引多样化人才入驻，为岭南老城区注入多样化的人口及商业活力。其次，修复、整治、改造东濠涌、荔湾湖、大沙头等众多水系，借此打造多样化的滨水公共空间，如亲水平台、中小型人工湖等，还原当年水乡气息，使岭南水乡印象重生。最后，该活力区应扩展艺术与文化区。岭南历史活力区拥有大量的艺术及文化元素，更是许多著名建筑和历史遗迹所在地，如南越王墓、陈家祠等。新的岭南历史活力区改造更新，应用步行体系更好地连接各个特色地段，吸引各地访客前来探索这个活跃的历史文化区。

3. **东部大都会金融活力区**

以广州黄埔国际金融城为主的东部大都会金融活力区是广州未来的金融中心，它北起黄埔大道、中山大道，南至珠江，东至天河区界，西至华南快速干线。此区的愿景是广州未来充满活力及具有多种可能性的新中央商务区。这个总面积为8平方千米的广州东部大都会金融活力区的规划发展应看齐珠江新城，积极引进新的商业和住宅及创新空间。可参照英国伦敦金丝雀码头改造，合理利用好此区地下空间，探索新开发模式，建造成为高密度、复合型的宜居金融城。

4. 海珠湖活力区

海珠湖处于广州新中轴南延段与海珠区东西发展轴交汇点，区域河湖密布、水系发达，自然资源得天独厚，号称"南广州绿肺"。该区周边道路交通发达，绕城高速、广州大道南等干道绕湖呈"井"字形布局，地铁3号线穿心而过。该区域大型公共建筑开发较少，具有较大发展空间。该区可依托海珠湖交通枢纽，打造海珠湖绿色山水城市活力区，建设"美丽宜居花城"。根据中国政府采购网发布的《广州市海珠区珠江后航道城市设计和控制性详细规划开始招标公告》显示，海珠区太古仓地区、广纸地区、海珠湾（沥滘片区）、海珠湿地等区域，将整合融入粤港澳大湾区发展的海珠区珠江后航道经济带、创新带和景观带。笔者建议通过"三旧"① 改造等手段，盘活周边旧厂、旧村资源，并改善区域内配套设施，为未来聚集更多高端产业及丰富该区功能夯实基础。另外，该区应合理开发其临江活力潜能，着力打造"一江两岸三带"② 高端商务、文化创意、科技创新、观光旅游、优质生活的粤港澳湾区滨水新地标。

5. 数字科技活力区

广州数字科技活力区包括黄埔中新知识城、番禺大学城及白云智慧城等专业园区。该区应参考新加坡兀兰区域中心的开发，以绿色宜居社区建设为导向，加强专业园区升级转型，实现区域高附加值化。通过改善交通、环境、配套设施等方式满足社区宜居要求，并积极引导商业多样化，实现该区商业、就业、生活可持续发展。

以番禺大学城为例，其被官洲水道与后航道围绕，具有巨大的滨水生态景观开发潜力。其应借势积极开发滨水公共活动空间，提高滨水区域对所有人的开放性，增加该区宜居度，贯彻环境及人文可持续发展的重要思想。借力大学城教育资源，其滨水区将为各大高校提供新住宅和工作的机会；同时，通过灵活的工业空间利用，鼓励知识密集型和服务性活动并置，提高土地利用效率。大力整改现有交通道路建设，限制私有社会车辆进入，缩小道路尺度，还原生态。积极建设地面或地下轨道交通及自行车道，建立便利的交通网络，大力倡导以步行、自行车、轨道交通为主的出行方式。整改不合理的用地规划，丰富城内各人口聚集区的活动多样性。在保留大学城原有村落生活风情及校园书香氛围的前提下，引进新的商业、房产、工业、研发和学习与创新空间，使从就

---

① "三旧"指的是旧城镇、旧厂房、旧村庄。
② "一江两岸三带"指的是珠江两岸经济带、创新带、景观带。

业人士到购物者、居民、学生，每个人都能在这些改进中受益，为该地区注入新活力。

另外，依照"1358"发展思路①，白云湖数字科技城应定位为北广州次中心，对标粤港澳大湾区，打造大湾区数字经济创新发展示范区。此区应按"一芯四片多组团"② 形态布局，构建数字经济生态圈。

6. 南沙战略活力区

南沙战略活力区地处珠江出海口和粤港澳大湾区地理几何中心。作为连接珠江口两岸城市群和港澳地区的重要枢纽性节点，南沙战略活力区应加快建设为大湾区国际航运、金融和科技创新功能的承载区，积极探索未来时产业园发展的创新规划设计理念，加快建设便捷的公共交通网络，改善绿色生态的生活环境，增加生态湿地的保护与利用。定位为南沙粤港澳全面合作示范区及未来高水平对外开放门户，南沙战略活力区可致力建造为国际智慧海滨城。作为战略活力区，南沙应把握好机遇，从容开发。参考新加坡樟宜地区规划概念，南沙可规划为依托绝佳地理位置，集生活、工作、玩乐、学习于一体的活力生态循环区。凭借其战略定位，对其内部各组团协调发展，将南沙建造成为一个充满活力和蓬勃发展的经济中枢。结合南沙水网密集、有山有水的特点，大力推进岭南风格、水乡特色建设。始终坚持"四道四通"的做法，即绿道、轨道、水道、城市慢性道相通互联，通过绿道串联轨道、水道和城市慢性道。通过山水相连、"五水汇湾""三江六岸""南海之门"等元素，充分利用水系，形成多种滨水的城市特色风貌。在打造"理想城市"建设典范的规划理念下，打造水乡模式的社区。河涌构成了水乡社区主要的通航水路，码头则结合社区服务中心及小区公共建筑布置，方便市民步行回家。用现代设计手法，把岭南水乡特色结合到滨水空间设计中，打造由田园、河涌、公园、林荫道绿色建筑、生态社区、低碳生活组成的绿色生态"钻石水乡"，让居于此的人步行5分钟即可来到公园，为南沙战略活力区带来生机。

---

① 2017年，广州市白云区提出"1358"发展思路：以建设国家重要中心城市的现代化中心城区为"一个目标"；打造航空、交通、科技创新三大枢纽的重大部署点燃发展新引擎；东西南北中五大片区联动、错位、互补发展，奏响发展最强音；八大产业园区的精心优化布局增添发展新动能。

② "一芯"为白云湖绿芯，"四片"则包括新一代信息技术和人工智能产业园（黄金围片区）、电子经济产业园（白云湖东片区）、物联网产业园（黄金围南片区）和软件信息创新产业园（白云湖西片区）。

7. 成长活力区

拥有特定的一个或多个重点培育和发展的产业方向，是广州成长活力区具有的普遍特征，如增城的汽车产业、花都的物流及空港产业，以及从化的温泉旅游产业。此类活力区可成为新型城市规划概念和基础设施的试点，对应参考新加坡裕廊创新区，利用新兴科技，打造成为充满活力的城市节点，努力实现地均产值增加的目标。此外，在此类活力区内，可加快建设轨道交通，增强与其他活力区的衔接性，使得更多居民到各区内工作、进行商业活动和休闲。此类区内应推崇减少用车，增加绿地系统，积极探索未来式紧凑型的工作、生活、娱乐方式，抑制新区分散性开发。

8. 专业活力区

专业活力区位于广州较偏的地理位置，但拥有一个或多个特色产业的区域，如沙湾、柯木朗、燕塘及金沙洲等。这类区域可集中精力重点打造广州特色宜居活力区，如金沙洲作为广佛同城的重要枢纽，可沿珠江西航道注入更多的住宅和工作场所，打造成未来广州、佛山两城间富有吸引力的住宅和休闲区域，实践低碳交通、环境可持续发展和社区包容性交往等理念。

（三）实施城市环境示范空间带动战略

国家"一带一路"建设已经进入纵深发展阶段，粤港澳大湾区城市群发展亦写入了2017年国务院《政府工作报告》，广州作为重要的国家中心城市以及粤港澳大湾区核心门户城市之一，在推进城市国际化工作上迎来了重大的发展机遇和重要任务。2016年，广州提出了建设枢纽型网络城市的战略目标，在实践中以"三大战略枢纽"[①]建设为重点，坚持开放发展，加强国际交流和区域合作，全球城市网络节点地位日益凸显。

1. 打造多功能活力区，巩固广州在粤港澳大湾区的首位度

枢纽型网络城市是指全球城市体系中的枢纽城市、网络城市、开放城市和中心城市，是全球资源汇融、集聚与配置的关键节点。响应全球超级城市和超级城市群发展新趋势，迎接新科技革命到来，面向未来智能社会时代，广州建设枢纽型网络城市，提升全球资源配置能力，不仅是传承城市发展脉络、实现国家赋予定位的内在要求，也是前瞻性战略布局、建设全球资源配置中心、迈向全球城市的必然选择。广州应积极构建以极点带动、轴带支撑的网络化空间

---

① "三大战略枢纽"：国际航运枢纽、国际航空枢纽和国际科技创新枢纽。

格局，引领带动全省"一核一带一区"① 协调发展新形势，促进广州与周边城市融合发展，推动更高层次的"广佛同城化"，推动更高质量的"广清一体化"，提升与珠江两岸城市合作水平，推进"广佛肇清云韶经济圈"合作发展，打造粤港澳大湾区核心极点。广州应携手港澳共建国际科技创新中心，建设国际金融枢纽，拓展粤港澳合作发展重大平台，共建"宜居、宜业、宜游"优质生活圈。

2. 培育优质公共创新空间，深化国际化宜居环境建设

增强国际科技创新功能与网络，建设穗深港、穗珠澳科技创新走廊，重点打造以中新广州知识城、广州科学城和南沙科学城为"三城"，琶洲人工智能与数字经济试验区为"一区"的"三城一区多节点"创新空间格局。携手港澳，共建国家级大科学装置，聚集全球创新资源，催化广州东翼、南翼、北翼三大产业集聚带，使产业与国际市场接轨，建设为全球经济产业活力区。

同时，广州应完善国际商贸功能，优化全市展馆功能布局，规划国际现代化会展综合体及会议中心，规范公共服务设施语言翻译，为走向国际化清除障碍，营造国际化氛围，创建"国际会展之都"。

3. 推进环境精细化管理，提升有序管理水平

把城市管理与综合执法维护好，既是提升广州城市形态、功能与品质职责所系，也是维护全球品质城市的使命担当。对城市外立面、户外广告等进行精细化管理，突出城乡空间高品质化。通过推动全市各级各部门树立以人民为中心的城市管理理念，对标全球先进城市，不断完善城市公共服务功能。在中心城区严格规范城市停车秩序，加大乱停乱放处罚力度；在重要的街道推进设立禁停区域，保持视觉廊道的通透有序。坚持专业、整洁、高效原则，进一步提高广州城市保洁标准，通过高频次、多时段冲洗洒水，最大限度地减少扬尘污染。积极开展清理整顿户外广告和门头牌匾行动，严肃查处乱搭乱建、私占公共空间等行为，对各类损坏的城市基础设施实行集中登记与集中治理，合力改善市容市貌，塑造广州全球城市典范的崭新形象。

---

① "一核"即珠三角地区，是引领全省发展的核心区和主引擎。该区域包括广州、深圳、珠海、佛山、惠州、东莞、中山、江门、肇庆9市。"一带"即沿海经济带，是新时代全省发展的主战场。该区域包括珠三角沿海7市和东西两翼地区7市。东翼以汕头市为中心，包括汕头、汕尾、揭阳、潮州4市；西翼以湛江市为中心，包括湛江、茂名、阳江3市。"一区"即北部生态发展区，是全省重要的生态屏障。该区域包括韶关、梅州、清远、河源、云浮5市。

（四）实施便捷城市交通网络战略

打造粤港澳大湾区，建设世界级城市群，是党中央、国务院为推动粤港澳地区更快、更好一体化发展的重大战略部署。在《粤港澳大湾区发展规划纲要》中，明确提出"加快基础设施互联互通、构建大湾区快速交通网络、加快广州—深圳国际性综合交通枢纽建设"等发展要求。因此，广州构建面向大湾区、服务大湾区、以高速轨道为核心的综合交通枢纽体系，不仅是广州落实国家战略的重要举措，也是广州大都市圈和大湾区发展的共同需要。

1. 面向大湾区，实现轨道交通内层化、高速化

大湾区资源要素的自由高效流动，需要构建与需求相一致的大容量快速轨道体系。面向大湾区需求，广州作为大湾区四大中心城市之一和区域发展核心引擎，应与周边城市携手合作共建世界级机场群、港口群，重点推进广州南站至广州站联通线、广中珠澳高铁等建设，合理规划与佛山、东莞、清远、中山等周边城市地铁的衔接通道，积极推进湾区内轨道交通内层化、高速化。

2. 活力区内轨道交通和步行体系全覆盖

当前的广州轨道体系设计存在高速轨道枢纽布局与旅客需求脱节现象，包括高速铁路进不了主城区、城际铁路绕城布设、各层次轨道衔接不到位等问题。例如，广州站、广州东站位于广州主城区，旅客接驳距离近，周边客流需求大，但两站线路以普通铁路为主，快速服务湾区能力较弱。广州南站虽然高速铁路、城际铁路集聚，但是与主城中心距离约20千米，旅客市区接驳时间至少半小时以上。广州现有高速轨道枢纽布局的缺陷，不仅制约主城区旅客快速出行，影响大湾区整体运行效率；而且不能有效发挥枢纽经济，主要铁路枢纽周边现代服务业集聚不突出，滞缓广州城市功能的提升。对此，广州市内活力区间综合交通枢纽可设想为倒三角形布局，包括广州东站、广州站、海珠湖三枢纽，衔接高速轨道呈"十"字穿城而过，分别辐射广州珠江东西发展轴—大湾区东岸城市带、广州城市南北新中轴—大湾区西岸城市带。例如，广州东站位处主城新中轴北部，同时辐射湾区东岸城市带与西岸城市带，可改造为以高速轨道为核心的大湾区综合交通枢纽，与周边发达城市轨道交通可无缝连接，提升城市运转效率。广州地铁3号线横穿海珠湖，且周边道路发达，因此，海珠湖活力区内以高速轨道为核心的大湾区综合交通枢纽，可在海珠湖西侧南北向地下引入高速铁路、城际铁路，建设地下高铁站，与广州东站地下高铁站串联运营，将广州打造为高速便捷的交通网络化城市。

三、提升广州城市形态、功能与品质的具体思路

(一) 打造国际化、现代化、可持续发展的城市环境

1. 强化城市活力，打造城市活力区体系

(1) 科学修编城市总体规划，重塑城市空间形态，构筑"1+4"的城市活力区体系，利用各区自身定位功能的拓展和优势地位，挖掘发展潜力，激发广州新活力。形成分工合理、层级清晰、有机衔接的大都市城市体系，创新城市发展模式，统筹生产、生活、生态空间，划定生态红线和城市开发边界。着力将广州打造成服务于粤港澳大湾区，集港口物流、高新创意产业、文化商业、旅游度假、会议疗养、商务办公、体育休闲、生态居住于一体的国际生态休闲水城，并与香港加强产业经济合作，发展成为粤港金融科技产业合作示范区域。立足粤港澳大湾区，携手佛山，大胆探索广佛联动发展的机制体制，和粤港澳大湾区其他城市形成资源共享、优势互补、产业融合的一体化发展格局。

(2) 要着力建设好三大国家级经济技术开发区：广州经济技术开发区、南沙经济技术开发区、增城经济技术开发区，扎实推进天河智慧城、中新广州知识城、广州国际生物岛、广州南站商务区、广州北站商务区、广州国际创新城、白鹅潭经济圈、白云新城、北京路文化核心区、长隆—万博商贸旅游区、新中轴线南段商务区、黄埔临港经济区、从化经济开发区等一批重点功能区的开发建设，形成枢纽型网络城市中各具特色、错位发展的重要支撑节点。扎实有力推进各功能区内重大项目建设，带动各功能区发展实现突破，打造转型升级新引擎。

2. 打造城乡公园和廊道体系，推动可持续更新发展

(1) 打造以"国家公园、区域公园（郊野公园）、城市公园、地区公园、社区公园"为主体，以微型公园（"口袋公园"）为补充的城乡公园体系。借助城市更新的契机，增加小型街头绿地或者精品绿化，强调绿地公园等生态空间与其他功能的复合利用。由于主城区土地资源稀缺有限，未来新增大尺度城市级公园的地区并不多，只能见缝插针增补社区级小微公园。推进广州市每个街区至少建成1个街区级公园，实现街区级公园全覆盖；每个社区至少建成1个社区公园。营造500米绿色生活圈，中心城区全面营造15分钟绿色生活圈（绿色出行+绿色公园+绿色休闲），各镇、街建设1～2个代表性社区。在社

区公园无法覆盖的局部地区，结合街头广场、绿地形成开放空间，满足居民日常休闲需求。

（2）以珠江为脉络，以生态廊道相隔离，以高快速路和快速轨道交通互联互通，形成网络空间结构。根据省、市主体功能区规划要求，依托"山、水、城、田、海"自然特征，加强生态屏障保护和城市组团间生态隔离，围绕各功能组团、功能单元建设生态廊道体系，开展都会区东部生态廊道规划建设，重点开展智慧城、金融城、海珠生态城、大学城等的生态廊道建设。继续开展景观林带质量提升工程，形成互联互通的绿色生态廊道。

（3）突出广州在南粤古驿道体系中的中心地位，串联整合沿线名镇名村、传统村落，加大古驿道、古村落活化利用力度；另外，挖掘最能体现"广州味道"的城市资源，修复和建设若干条讲述城市古城遗址、历史水系、古代丝绸之路、传统美食、工业遗产、专业街市等故事的文化路径。通过品质化微改造提升空间品质，并以众筹、沙龙、骑行、展览等多样化形式推广文化路径。

3. 打造网络化公共服务中心，实现社会服务共享

（1）推进宜居城乡建设工作，使社会保障体系更加健全，发展成果普惠民生，积极推进社区基本公共服务设施均等化。实现公共服务平台城乡融合互通，建立社区、农村公共服务综合信息平台，以及高水平的基本公共服务体系，实现基本公共服务均等化，提高公共服务共享能力和共享水平，促进城乡居民同城生活、同城便利。构建"区域级公共中心—市级公共中心—区级公共中心—镇街级公共中心"四级公共中心体系结构。打造广州公共服务中心，重点建设中心城区综合服务中心、金融高新区等城市中心区服务节点，培育产业服务、文化创意、休闲旅游等高端综合服务功能，强化区域辐射和引领能力。注重城市综合治理，落实推进"厕所革命"，优化提升社区菜市场、公共厕所、零售商业等便民服务设施的环境与品质。持续推进广州七大循环产业园建设，提升垃圾回收利用水平，促进城市垃圾减量。构建15分钟社区生活圈，集中配置教育、文化、体育、医疗、养老、商业等服务设施，15分钟步行可达覆盖率力争达到100%。在农村地区积极构建"半小时生产生活圈"，满足各类基本公共服务需求。

（2）可以借鉴北京"街乡吹哨、部门报到"改革经验，推进社区"共建共治共享服务中心"和社区基金试点，深化社会组织党建工作和"社工+"战略，推进社区、社会组织、社工"三社联动"建设。深化"四标四实"应用，完善社区网格化管理事项处理机制。积极探索"电梯托管管家"和电梯

安全事务社区治理模式。强化出租屋安全隐患整治，持续推进来穗人员融合行动，完善以积分制为办法的公共服务提供机制，努力提高社会治理智能化、科学化、精准化水平。

（3）重点推动中心城区优质教育、医疗等资源向外围城区延伸，坚持以社区为单元，围绕打造15分钟优质生活圈，完善基础教育、医疗服务、体育健身、公共文化、商业服务等公共服务体系，提高市民生活的便利性。同时，针对外来人口公共服务均等化问题，提出提高非户籍人口服务质量的规划措施。

4. 挖掘地域历史文化内涵

以挖掘保护历史文化和塑造城市特色风貌两项工作任务为抓手，围绕建设"文化导向型城市"总体目标，加强历史城区历史文化资源和历史风貌的保护和合理利用，使其成为传承、展现广州市历史文化的核心载体。加强特色滨水空间和优质公共空间的营造，提升城市形象，塑造具有广州特色的岭南城市风貌。保护市域内具有特色的山水环境，保护老城区历史文化底蕴及各区富有活力的地方特色。复兴传承历史文脉的文化地区，传承岭南文化，诠释工匠精神。

（1）发挥广州岭南文化与粤语文化中心地的优势，利用丰富的国际交往，服务国家开放大局。打造国际交流与活动集聚地、国际著名旅游目的地和集散地、国际机构总部与驻穗领事馆集聚地，成为展示国家形象、进行对外交流的窗口。推进"图书馆之城""博物馆之城"建设，加快广州文化馆、美术馆、粤剧院、博物馆新馆、科学馆、音乐博物馆等重点文化设施项目建设。办好中国音乐金钟奖、文化产业交易会、"2020海丝博览会"、国际纪录片节、亚洲美食节等一批重大国际性文化活动。开展市民文化节系列活动，加强文艺精品创作，推进文化惠民工程，振兴粤剧艺术。

（2）挖掘和展示珠江母亲河的文化魅力，构建市域、历史城区、历史文化街区及名镇名村、不可移动文物和历史建筑、非物质文化遗产五个层次的保护体系；保护修复由珠江文化带、城市传统中轴线、城郭和骑楼文化景观环共同构成的"一带一轴两环"的历史城区整体结构。

（3）加强文化设施建设。实施"泮塘五约微改造""泮塘七园五馆改造"等项目，活化历史文化资源，打造"最广州"岭南风情区；实施建设广州博物馆新馆、广州美术馆、广州文化馆、广州科学馆等一批提升广州文化形象的具有国际顶级文化品质和广州特质的城市文化标识。按照改造更新与保护修复并重的要求，充分利用广府文化及近代历史文化遗产，实施"微改造"，打造创客空间，吸引高端服务产业项目进驻，为城市绿地、公共空间、大型公共服务设施预留空间，营造创新创业氛围。

5. 强化绿色发展，拓展城市可持续发展空间

（1）开展生态控制线规划与管理。围绕主城区的功能疏解，加大疏解"建绿"和留白"增绿"力度；建立城市休闲公园体系，加大山区人工造林与森林抚育工作，进一步恢复湿地，以提升城乡宜居生态环境。以广州市国土资源和规划委员会与环保局为牵头部门，联合发展改革委员会以及农业、水务等部门共同参与生态保护红线的划示工作，围绕生态文明建设目标体系，在对现有生态资源的全面梳理和系统评价的基础上，通过分级分类的方式划定生态红线，构建多层次、成网络、功能复合的生态空间体系，保护现有生态资源，并指导未来广州大都市生态建设。

（2）提升水系生态品质，推进滨水环境网络形成。水体是生态空间的基底，构成了地区生态空间的基本特色，形成主要的生态空间基础。河湖水系生态品质提升的关键在于滨水环境的景观建设以及水环境涵养。广州应保护"北树南网"水网格局，保护全市1300多条河流（涌）和360多宗水库。以珠江母亲河为纽带，展现广州山水相连的生态特色，打造珠江景观带和亲近自然的城市公共空间网络，构建云山珠水相望的城市景观视廊，塑造城市天际线，加强城市色彩导控，建设山城相融、环境宜人、特色鲜明的岭南广州。

（3）构建城市绿色生态网络，夯实"山水林田湖"生态本底。根据广州自然禀赋、现状基础和发展策略，可将市域划分为北部、中部、南部三片特色风貌地区。北部地区保留山体森林的生态风貌，形成连续性、开发性、景观性的自然景观界面，突出岭南特色生态和文化特征；中部地区凸显传统与现代交融的都市风貌，通过改善河涌水系、保护江心岛屿、延续城市肌理，塑造中西合璧、古今交融的活力街区；南部地区打造滨海新城风貌，通过保护和合理利用滨海河道岸线，增加滨水空间开敞性，建设布局开敞、特色鲜明的滨海城市。

（4）大力开展森林小镇建设，将森林城市建设向城镇和乡村延伸。增加城镇森林生态资源总量，加强镇区生态环境整治，严格保护森林、绿地、湿地资源，大力发展以生态休闲旅游为主导的特色产业，将生态资源优势转化为旅游资源优势和经济发展优势。

（二）打造精细化的创新枢纽

1. 实施全球人才计划，完善与国际人才接轨的创新创业环境

（1）实施全球人才计划，助力高质量发展。出台更具竞争力的人才政策，办好"海交会"等引智平台，更好地发挥"人才绿卡"聚才效应，高标准建设国家级人力资源服务产业园，建设南沙国际化人才特区，加快推进设立海外人才工作站，着力引进一批站在世界科技前沿、处在创新高峰期的领军人才和创新团队。

（2）协调推进国际化教育、医疗设施等建设，完善与国际人才接轨的创新创业环境。广州可以通过公共空间塑造来改善城区环境，为沟通、面谈等创新型活动塑造新场所，更好地吸引创业者和年轻的专业人士到广州落户，从而真正地激发该城市的创新活力。有针对性地提升广州的高端医疗康养资源水平与服务能力，才能在新一轮的"城市人口人才争夺战"中，打响广州的医疗康养优势资源的品牌，树立起"健康宜商城市"的旗帜，吸引更多人才与外商来广州发展。采取合作模式，引入高端医疗机构和优质医疗资源，探索多元路径，升级高端医疗设备，推动资源集聚，打造高端医疗平台，努力打造集医疗、养老、科研及商业配套等多业态为一体的医疗综合体。

2. 打造开放型区域创新网络，打造全球创新高地

（1）打造高质量发展的创新空间。要重视发展办公型公共空间，主要包括规划建设共享办公空间、孵化器、加速器和公共创新中心等，特别是要努力打造以公共创新中心为代表的办公型公共空间。当前，广州正在从规模扩张向存量优化的内涵式发展转型，为创新街区的规划建设提供了大量的战略更新空间，可以对城市更新范围集中的区域，实施"创新街区培育计划"。

（2）构建要素集聚和创新的环境。广州要围绕创新功能的提升进一步完善其公共服务能力、人才汇聚能力、资金融通能力，形成大众创业、万众创新的城市氛围。在集聚创新要素方面，应该强调以政策和平台吸引要素，以交通枢纽汇聚要素，以丰富的科教资源培育要素，以全方位的优质服务留住要素。抓紧建设香港科技大学（广州）校区，打造粤港澳大湾区知识城知识创造示范区、科学城制度创新先行区、生物岛生命科学合作区、黄埔港现代服务创新区，与中国教育科学研究院共建粤港澳大湾区教育研究中心，建设大湾区青年创新创业基地，打造粤港澳科技成果转化基地。

（3）发挥广州科教资源集中、创新资源丰富的优势，推动以科技产业自主创新为核心的全面创新。优化产业空间布局，构建"一核一廊一带，多点支撑"的重点产业功能布局，重点建设珠江创新带等，形成一批具有全球影响力的核心创新平台、节点和价值创新园区。深化科技交流合作，办好"创交会""小蛮腰科技大会""官洲论坛"等创新创业活动，加强"双创"文化建设，打造全球科技活动交流中心、展示中心和交易中心。

（4）打造中央智力区。目前，广州的高校布局结构调整基本完成，大学城集聚了许多高级知识人才、现代化教育设施。在城市功能上，广州大学城要担当整个城市的中央智力区角色，提供高教、研发等服务。为此，广州必须进一步在高校教育体制改革、创业环境建设、产学研融合发展等领域实现突破，切实推动大学城智力资源转化为经济效益。广州在高科技产业发展及创新城市建设进程中，必须鼓励学校与企业界密切合作，以产学研紧密联系为基础平台，推动知识技术向产业的转化，形成真正的生产力。

3. 打造全球高端产业高地

（1）加强"商服＋科研"等新兴产业用地和旅游休闲产业用地的供给，为高端人才和研发提供载体支撑，塑造旅游休闲品牌价值。大力吸引国际性科技组织、智库和论坛机构落户广州市，鼓励各类国际会议、学术论坛在广州举办，加强与国际一流大学、培训机构和人才中介机构的交流合作，不断拓展国际化引才渠道。打造具有影响力的国际会议品牌，办好世界港口大会、中国邮轮产业发展大会、海丝博览会等国际会议。

（2）加快建设粤港产业深度合作园、粤澳合作葡语系国家产业园等重大合作平台，积极打造穗港澳国际健康产业城、广州南站商务区、临空经济示范区、庆盛枢纽、琶洲数字经济创新试验区等特色发展平台。共建湾区科技金融服务中心、文化中心、国际贸易中心、大数据中心，推进设立广州创新型期货交易所、粤港澳大湾区商业银行，建设国际金融岛。

（3）做优做强高端现代服务业，支持发展法律、会计、咨询、广告、精算、人力资源等专业服务业，建设国际工业设计中心，发展供应链管理、定制化服务、总集成总承包、信息增值服务等服务型制造新业态。加快国际金融城、琶洲互联网创新集聚区等项目建设。打造"国际会展之都"，加快推进"广交会"第四期展馆、琶洲会展塔综合体、物流轮候区、客运口岸码头建设，积极引进国际品牌展会活动落户。发展邮轮经济，加快建设国际邮轮母港。

（4）努力打造国际消费城市，推动高品质步行街和商圈建设，加大保育、养老、医疗、文化、教育、旅游等服务供给，加快新零售业态布局，扶持"老字号"发展，办好迎春花市、广府庙会及国际灯光节、美食节、购物节等特色品牌活动。

（5）依托珠江经济带建设，在核心区方面，高水平集中打造珠江新城、广州国际金融城、琶洲会展总部与互联网集聚区；谋划建设以"国际金融城—黄埔临港经济区"为核心的第二中央商务区；中段重点建设"越秀—海珠文化金融商旅区"、白鹅潭经济圈、黄埔临港经济区、广州国际创新城、海珠滨水湾区等现代服务业集聚区；南段建设国际物流商贸区、高端装备制造业区、滨江滨海生态旅游区和现代航运服务业集聚区；北段以做好环境影响评估为基础，重点建设国家航空经济示范区、生态旅游产业示范区和生物医药健康产业区；东段打造广州开发区、增城经济技术开发区与"东江—增江组团"，打造先进制造业、战略性新兴产业发展区和生态旅游示范区。

（6）建设广州国际金融城、南沙现代金融服务区、广州金融创新服务区，并结合各区产业优势发展特色金融，如支持越秀区加快发展广州民间金融街，打造民间金融规范发展示范区、众创金融集聚区和中小企业金融服务示范区；增城区建设广州中小微企业金融服务区和农村金融改革创新综合试验区；海珠区建设互联网金融产业基地；白云区建设众创金融街；花都区建设绿色金融综合服务体系试验区等。

（三）营造高弹性的连通网络

广州应充分利用其华南交通中心的特殊地位与国际综合交通枢纽发展基础，打造世界级空港、海港、铁路枢纽，进一步增强交通枢纽对外联系度和服务能力。要保持城市各部分、各项功能的高效运转，就必须使市中心内部、市中心与外部之间有一个高度连通的网络。这样，一个高度连通的城市中心区可以有多种交通方式互通，市民也有多种便捷的出行选择，中心区内各功能区的联系将得到加强。这个高度连通的网络不仅是物理上的连接、通达，还将是人们与城市内在品质的一种连通。

1. 构建星状城市骨干交通网络

（1）以多种交通方式无缝整合、促进跨区域转换与连接。广州城乡的多种交通方式（轻轨、地铁、公交车）使不同区域以无缝整合方式带动人与人、人与工作地点之间的连通，特别是在高密度的城市中心区要更加注重高效紧凑的换乘枢纽建设。在广州市全域构建类似于叶片结构的连接网络模式，推进跨区域连接，保障在同一水平同一等级上的要素能够直接连接所有范围内的区域。把空间经济和工作岗位及经济发展密度，与交通可达性结合起来，在广州的高密度城市中心区，按照公共交通在30分钟内可抵达相关人员处、工作地点和商业场所的要求，增加公交载客量，降低汽车保有量，减少交通能耗和温室气体排放量，降低基础设施成本和相关能耗。

（2）主动发挥国家中心城市和省会城市辐射带动功能，加强广州与佛山、惠州、东莞、中山、肇庆、清远等周边城市互联互通，加快轨道交通、高速公路、市政道路、港航水运等方面的综合交通对接，促进区域一体化，引领粤港澳大湾区优化发展。打通广州铁路枢纽东西向通道，实现与粤东、粤西及环北部湾地区的快速交通联系。完善城际轨道走廊，推动城际铁路直接接入中心城区，构筑以广州为核心的珠三角1小时生活圈。

（3）以城市快速轨道交通系统、城市快速路系统的"双快"交通系统为骨干，构建集约化高效型综合交通运输体系，缓解中心城区交通紧张状况。打造覆盖珠三角、辐射华南地区的"双高"（高速铁路、高速公路）一体化区域交通网络，构筑现代立体交通枢纽，强化多种方式联运，促进市内交通与对外交通的衔接，积极推动广佛都市圈、珠三角区域融合和泛珠三角区域合作发展。加快推进惠莞深、广佛环、广清城际线和广从（河）城际接入广州北站；积极推动广州火车站和广州东站的改扩建工程；强化广州南站高铁客运枢纽辐射带动功能；优化广州北站铁路枢纽建设，加快棠溪站、新塘站、南沙站等铁路客运枢纽建设。积极推进穗莞深城际、广清城际、广佛环线、佛莞城际、广从（河）城际、广州铁路枢纽东北客运专线、肇顺南城际、穗莞深城际琶洲支线、广佛江珠城际、中南虎城际等城际轨道交通项目建设，强化广州作为珠三角城际轨道交通网的主枢纽地位。

（4）完善以广州为中心的环形放射式高速公路网布局，增强广州高速公路对泛珠三角省、市的辐射力度，进一步完善高速公路路网结构。强化高快速路与机场、海港、铁路主要客运枢纽的联系，改善枢纽与周边地区交通衔接，建成"四环十九射"高快速道路网。建设机场第二高速公路、花莞高速、广佛肇高速、广花快速、南中高速、番禺至江门高速公路（广中江高速公路）、湛汕高速公路、莲花山过江通道、新广从公路快速化改造、广州北部快线、广州至连州高速公路等高快速路项目。

2. 强化海港、空港等国际枢纽带动能力

广州要建设高效便捷的交通体系、流通体系、服务体系，进一步做强国家重要中心城市、省会城市，做实华南区域中心，做大国际国内影响力。加快建设南沙城市副中心，把南沙新区建设成为国家"一带一路"倡议的重要枢纽、珠三角汇集高端要素的先导区、广州城市副中心。建成集邮轮、客运港、游艇、公交等多种功能于一体的南沙邮轮母港枢纽。围绕建设华南、中南和西南

地区出海大通道，加强与珠江口、"珠江—西江经济带"沿线城市港口合作，在港口航线、航运物流和航运服务方面优势互补，创设"21世纪海上丝绸之路"国际港口城市联盟。推动国际航运中心硬件和软件建设实现突破。以空港经济区为主要载体，打造广州北部国际航空枢纽港，拓展欧洲、美洲、非洲的航线网络，建成国家面对亚太地区的航空基地。强化白云国际机场和广州北站的空铁联运系统，将高铁、城际、地铁等多种交通方式在机场和广州北站汇集，拓展机场腹地。

3. 促进土地集约利用，进行TOD① 集聚开发建设

把空间经济和工作岗位及经济发展密度，与广州交通可达性结合起来，可增加公交载客量、降低汽车保有量、减少交通能耗和温室气体排放量、降低基础设施成本和相关能耗，并提高单位土地面积的经济效率。广州市在交通建设方面，应达到使用公共交通工具在30分钟内可抵达相关人员处、工作地点和商业场所的目标，强化原本已密集的及可进入的区域。在用地规划上，通过公共空间设计，带动TOD开发，建立城市文化新地标，并激发城市中心持续的活力；在交通规划上，通过公共空间的衔接与交通流线的调整，将轨交站点与周边区域融为一体；在业态布局和场所营造中，通过吸引与物理设计相符合的商业、办公业态，通过人气与活动聚集，更好地营造公共空间的社会氛围。

4. 构建慢行网络体系

广州应扩展城市慢行通道，结合珠江沿岸及河涌两岸生态景观建设，打造绿色滨水慢行交通，加强城市、区域、社区三级绿道网络的贯通和连接。开展"密路网、小街区"规划模式，提升内城建筑密度，促进混合土地利用，使内城成为艺术、文化与商业的中心。作为一个"高度连通"的都市，生活在其中的人们应该享有高度舒适的步行空间，这个空间可以确保人们以步行方式可方便到达主要的活动中心、交通枢纽；为生活在城市中的人们提供在户外相互认识、交流的场所。建立一个广泛连接的步行网络，无疑让城市更具生机和生活的魅力，也让人们体验到城市场所的意义。同时，每一条"走廊"也将成为带动其周围地区发展的"神经"，聚集起的人气将使每条"走廊"都转变成大片活动带。提升慢行道功能，将自行车道、人行步道与城市绿道、滨水休闲绿带相结合，将中心城区连点成线，串联城区范围内的城市公园、社区公园和街头绿地等生态空间，形成满足休闲、游憩等多层次诉求的全域性游憩系统。转变

---

① 以公共交通为导向的开发（transit-oriented development, TOD）是规划一个居民区或者商业区时，使公共交通的使用最大化的一种非汽车化的规划设计方式。

以机动车为主导的城市交通建设、管理思维模式，重视慢行交通权利保障，提升步行及自行车通行环境，推广绿色交通出行理念。

（四）推进城市空间资源集约高效利用

1. 内填式发展，规划倡导用地的混合使用

（1）以集约化的开发，实现地区土地价值最大化，形成高密度宜居城市，符合可持续发展的要求。所谓的"混合利用"不光指土地使用，还包括收入群体、年龄群体的混合。在实际操作层面上，不光是把住房和购物放在一起，还应当关照人口的多元化。不仅要注意建筑功能的混合使用，也要注意不同的使用功能在垂直空间上的分层使用，根据实际需要，可将交通、零售商业、餐饮娱乐、文化休闲、商务办公、庭院绿化、酒店式公寓等功能在垂直空间上进行组合，形成一站式城市功能体验空间。在进行再开发的过程中，应当向内看，先看内填式发展有没有潜力可挖掘，重新开发后再考虑是不是用新地做蔓延式发展。这种内填式发展模式应当在市中心就业岗位附近建设住宅，让人们能够重新回到城市中心生活，促进职住平衡，而非另建一个新城，让人们在新城居住、在市中心上班。

（2）创建节约集约用地示范市和节约集约用地示范园区。建立项目准入评估机制，总用地面积超过300亩以上的项目，由市土地审批委员会对产业要求、开发强度、产值税收等要素进行准入审查，并在土地出让合同中明确约束性条款。建立项目用地绩效评价机制，分类建立新增建设用地和存量建设用地绩效体系，考核项目签约率、动工率、履约率，考核单位面积投资强度、开发强度、产出值和税收。优先开发紧凑的、多种多样的、绿色的、安全的、令人愉快的和有活力的混合土地利用社区，同时，将现有山体、湿地和滨水地带、湿地公园、山地公园、滨水休闲绿化带渗透进城镇与产业空间。

2. 统筹中心城区的整体用地布局

（1）完善用地规划，有序引导产业转型升级，新增产业项目向产业集聚区内集中，产业过渡区内加快低效工业用地退出，鼓励重点企业向产业集聚区搬迁集中，按已批准的城乡规划实施改造，土地优先满足区域公共配套、市政交通配套设施需求。产业整治区要落实减量规划目标，突出生态和环境建设导向，按照规划推进土地复垦复绿及公益性项目等改造，改善城乡人居环境。努力提升产业的现代化水平，节约用地并提高用地的产出效率，通过积极发展都市型产业，发展"楼宇经济"，打造"创新街区"，提升中心城区工业用地的综合效益和可持续发展能力。

（2）中心城区功能疏解，降低中心城区的生产制造功能。针对工业用地存在低效工业、空置率较高等问题，结合城市更新和产业升级，对城市内部和边缘工业实行"优二进三"，通过建立产业退出机制，加快淘汰落后产能，增加都市型产业用地，完善人才居住与服务功能，实现产业的整体提升。有序疏解高能耗产业、非科技创新型企业、低端制造业，以及低端物流基地和批发市场等地区性专业市场等部分服务行业，逐渐降低中心城区的生产制造功能。

（3）以广州市被列为国家新型城镇化综合试点地区为契机，树立"精明增长""紧凑城市"理念，整体稳步推进城市更新，积极盘活城乡低效存量用地，促进老城区"退二进三"（工业企业搬迁出城区，三产类企业入驻城区），为城市发展腾挪空间。用好城市危房改造政策，积极引进国家政策性资金和社会资本参与城市更新，将成片连片的城市更新改造项目与PPP①项目结合实施，加快推进项目实施。在城市更新改造中，充分挖掘、延续岭南特有的人文历史景观，充分利用广府文化及近代历史文化遗产，按照改造更新与保护修复并重要求，塑造特色城市文化风貌，提升历史文化名城魅力，打造城市名片。

3. 打造城市活力街区

（1）广州城市要激活街区的创新活力，更加重视新公共空间的塑造，强调街区的功能混合策略和塑造新公共空间，以促进新经济和初创企业的集聚，进而激发城市街区的创新与活力。一方面，实施功能混合策略。街区在城市功能上可以包括居住（商业公寓、人才公寓等）、办公（私人办公楼宇或共享办公等）与服务（如文化、教育、餐饮、娱乐或旅馆等）以及公共服务设施（如绿地、广场等社交型公共空间以及加速器、公共创新中心等公共创新空间等）等，提高街区功能的多样性，缓解交通压力，增强街区活力。另一方面，增加社交型公共空间。当前，要大力推进广州社交型公共空间的塑造，普及免费Wi-Fi，在零售型公共空间中用室外座位与人行道互通，并尽量实行有亲和力的价格。将社区商业的发展与"20分钟社区"（即居民获得日常生活所需的服务不需要用超过20分钟的公共交通/骑行/步行通勤时间）的城市规划理念相契合，通过本地社区商业的集聚，形成影响广东甚至全国的具有独特地理标识的产业品牌。

（2）打造若干公共创新中心。有良好声誉的零售空间可以与办公型公共

---

① PPP（Public-Private Partnership），又称PPP模式，即政府和社会资本合作，是公共基础设施中的一种项目运作模式。在该模式下，鼓励私营企业、民营资本与政府进行合作，参与公共基础设施的建设。

空间比邻而设，以充分发挥社交型公共空间在集聚人气、促进沟通和激活创新活力方面的催化剂作用。包括共享办公空间、孵化器、加速器等，特别是以公共创新中心为代表的办公型公共空间，可以借助 PPP 模式进行建设和运营管理，以提升广州街区对创新型人才和企业的吸引力。

四、改进广州形态、功能与品质提升的对策建议

（一）通过环境综合整治与城市更新，重构宜居城市空间形态

1. 加快城乡空间整治与升级

广州应推进重点功能组团建设，精心规划建设南沙港、明珠湾、南沙湾、蕉门河中心区等 7 个自贸试验区功能区块，加强优质教育、医疗等公共服务资源的布局，有效对接港澳地区和广州中心城区功能。促进组团地区城市紧凑发展，培育提升城市功能，推进产城一体发展，优化城市空间形态，以通勤功能为导向，强化各组团之间的轨道交通连接，倡导以公共交通连接导向的外围城镇社区开发模式（TOD），将其建设成为相对独立、规模适中、功能完善、设施配套、业态完整、宜人宜居、特色鲜明的多组团发展格局。

广州城市的开发建设，要打造独具特色的岭南水乡风貌，展示广州的美食文化、水乡文化、岭南建筑文化、产业文化，提升城市的特色感知度。需要着力从旧城、新区、农村三个方面同步推进特色空间的营造工作。一方面，对既有的"小、散、乱"村级工业园进行系统整治，倒逼城市形态的升级，为城市特色空间和生态空间的营造腾出空间；另一方面，推进城市美化行动，构建优美的城市微空间。

2. 构建 20 分钟社区商圈

将各社区商业的发展与"20 分钟社区"的城市规划理念相结合，通过社区商业的集聚，形成影响广州乃至具有独特地理标识的城市品牌。

3. 建设智能化的管理系统

适时开展乡镇行政区划调整，适当减少乡镇数量，扩大乡镇地域面积和人口规模，提高小城镇集聚发展水平、自我发展能力和公共服务能力。深化广州城乡空间管理创新，形成扁平化、数字化、法制化、智能精细的城市智能管理系统。

4. 分类打造城市功能区域

广州全域可分为中心城区核心区域、滨水地段、道路门户、历史文化街

区、村级工业园、特色乡村六类区域。提升城市形态、功能与品质的关键在于做好广州城市这六类区域。在历史文化街区的提升上，可以围绕重点历史文化街区开展工作。在城市核心区的提升上，应进一步强化市级统筹，实施强心战略，做大做强主城区。在村级工业园的改造与升级上，设立村级工业园改造升级基金，解决前期土地整理开发的资金问题，并建立村级工业园发展利益共享机制，鼓励连片混合开发，形成特色城市产业功能集聚区。

5. 推进全域土地综合整治

按照"生态优先、保护优先、集约优先"的原则，统筹开展广州高标准农田建设、农村建设用地复垦、宜耕土地开发等全域土地整治活动，全面优化乡村用地结构，节约、集约、精准保障城乡融合发展用地。按照"多规融合"的要求，以村土地利用规划编制为基础，按照"控制总量、盘活存量、用好流量"的原则，对各类农用地开展综合整治，统筹推进高标准农田建设、旱地改水田、耕地质量提升、宜耕后备资源开发，以及农田基础设施和配套设施建设，形成耕地集中连片，为耕地规模经营和发展现代农业创造条件。根据基本公共服务均等化和节约集约利用土地的要求，推进建设用地整治，优化布局村庄建设、产业发展、公共服务、基础设施、古村落保护、文化传承等各项用地，注重保护历史文化（传统）村落的传统建筑、街巷空间等历史文化要素，建设规模适度、设施完善、生活便利、产业发展、生态环保、管理有序的新型农村社区。探索推进100个以上的行政村、启动100个左右项目、实施100万亩全域土地综合整治和高标准农田建设，总投资超过100亿元；并选择其中10个项目作为样板示范工程，对其进行高标准全力打造，发挥示范引领作用。

（二）设立城市发展基金，构建复合型城市开发主体

1. 设立城市发展基金

设立城市发展基金是深化财政体制改革和预算体制管理、强化地方政府性债务管控的现实要求，对做强城市功能、提升城市能级、防范和化解地方政府债务风险具有重要意义。广州城市发展基金遵循"政府引导、规范运作、分类管理、防范风险"的基本原则进行设立和运作，拟通过财政资金200亿元带动社会资本500亿元左右参与全市性重大基础设施、重点民生工程的投资建设和运营维护，推动广州城市建设事业健康有序发展。

2. 全面加强政、银、企合作

通过与商业银行签订全面合作协议，将广州重点项目分类整理后进行融资对接，按照项目性质、建设期限和融资成本等要求精选项目方案，选择贷款、

债券、基金、融资租赁等方式进行合作。通过策划包装，整体推进城市形态、功能与品质提升的建设项目，与银行等金融机构、企业进行协同合作发展，创新重点项目融资合作模式，有效突破融资瓶颈。

3. 推进融资渠道多元化

加大财政、银行系统渠道资金投入，以保证财政投入、开发性融资和商业性融资分别在广州公益性项目、准经营性项目和经营性项目中的作用，并让公益性项目能获得政府最高等级信用担保支持，让准经营性项目在信用市场与资本市场得到增信，让经营性项目能获取各类产业基金、民间资本的青睐与投资。制定吸引民间资本和外资进入经营性基础设施领域的产业政策，建立健全服务功能较完善的金融服务平台，开展多种形式的投融资服务。

4. 加强城市化与金融协同发展

统筹各地区、各有关部门资源，建设上下联动、协同推进城市形态、功能与品质提升的金融服务体系。建立广州金融服务信息数据库以及社会、企业与个人信用评估系统等平台，为全面促进城市化和金融结合提供信息化支撑。同时，建立金融服务城市的监测评估体系，定期总结与评估，做好金融服务城市化的跟踪分析、综合评价和各项工作的检查督促。

（三）强调规划引导，提高城市中心品质

1. 引导形成高密度城市中心区

广州中心城区作为整个大广州文化、商业、旅游、零售等活动最集中的区域，应为人们在这里生活、工作、休闲提供一个安全、舒适的活动场所。这个场所包含各种服务、街道元素、文化活动及夜生活，对消费者有足够的吸引力。通过完善路网格局、提升主干道景观及沿线功能，为主干道赋能，提升广州中心城区的品质，引导城市空间高质量发展。特别是要凸显广州高密度城市中心的商务特色，集聚现代服务业，凸显大都市核心区现代服务功能的转化。加强这些区域的商贸功能，提升容积率，基于功能导向，着重引入节庆、文艺汇演、现代服务产业元素，如现代商贸业、金融服务业、信息产业、房地产业、咨询和人才培训服务业等。推进成立开发建设高密度城市中心区高规格的领导小组，建立中心区土地收购储备中心，由政府将闲置土地、利用效率不高的土地收回或收购，纳入土地储备库，作为中心区建设用地，按规划有序供给；以土地开发为轴线，以土地开发投资公司、城建公司为建设主体，由一级开发商完成整体开发计划、总体规划及公共设施的建设，再划分土地，出售给由小型住宅开发商组成的二级开发商进行住宅建设。

2. 建设城市中心枢纽型轨交站点

重点推进黄埔大道至天河员村区枢纽型轨交站点区域的综合立体开发，不仅可以通过空间功能立体组合的方式有效提升城市中心吸引力，而且这也是存量规划背景下应对土地资源高效利用挑战的有效方式。在用地规划上，通过公共空间设计，带动 TOD 开发，建立城市文化新地标，并激发城市中心持续的活力；在交通规划上，通过公共空间的衔接与交通流线的调整，将轨交站点与周边区域融为一体；在业态布局和场所营造上，通过吸引与物理设计相符合的商业、办公业态，通过人气与活动聚集，更好地营造公共空间的社会氛围。

3. 构建广州城乡空间四级体系

科学修编城市总体规划，构建核心区、大都市区、区域中心和功能区、产业园区和特色镇四个城市层级，形成分工合理、层级清晰、有机衔接的大都市城市体系，创新城市发展模式，统筹生产、生活、生态空间，划定生态红线和城市开发边界。坚持以高水平规划引领城市现代化，推动城市中轴线等区域品质整体提升，打造城市客厅及城市地标。

4. 打造品位高雅的都市形象

加快城市中轴线、珠江两岸等滨水区区域整体品质的提升。以广州珠江"三水"（西江、东江、北江）等滨水核心区改造为重点，实施具有岭南水乡特色的临江沿河景观工程，全方位展示现代的、历史的、文化的、生态的高品位都市形象，形成特色城市。加快城市客厅及城市地标打造，进一步塑造城市形象特色，在规划上、设计上、品质上强化精品意识，要用心努力将其打造成品牌效应突出的广州名片。加快重要通道沿线、城中村、旧工业园区、村级工业园等区域城市面貌的改善，全面实施自然生态文明建设，加速提升中心城区的整体核心地位。

（四）突出组团发展，构建多层次的中心与次中心快速便捷的交通体系

1. 对接交通干线枢纽，布局中心星状交通网络

广州应推进高快速路、主次干道沿线景观提升，构建城市景观廊道和城市门户景观。

2. 优化区域的空间连接

结合铁路新客运站、空港、港口等重大基础设施的建设，全面优化城市的对外交通系统、城市道路网络、轨道交通系统、常规公交系统等，加强广州主城区、高新区与外围地区之间的联系，形成便捷的区域交通架构。

3. 突出组团功能的完善

建设多组团相互促进和融合提升的、较为完备的现代都市功能体系，具体包括技艺先进、竞争力强大的生产性功能，辐射有力、配套齐全的综合服务功能，由科技创新、制度创新、管理创新共同支撑的创新功能，战略要素及市场配置功能，资源节约、循环高效的生态功能，环境优美、生活便利的居住功能。在组团内部建设高效运行的设施网络，实现道路、铁路、轨道、电力、煤气、天然气、给排水、河道等基础设施覆盖城乡的目标，形成基础设施的城乡共建共享格局。

（五）运用政府与市场双重动力，打造高质量发展的聚集区

1. 建设产业地标空间

广州老城区土地的潜在商业价值越来越高，应对行政功能用地与商业功能用地进行合理的调整。一方面，以现代服务业、低碳产业、绿色产业发展为导向，是广州城市发展的必然选择；另一方面，新产业的注入与集聚培育，能够带动周边地区产业的发展与升级，形成若干个高品质的产业功能区，如南沙地区有希望发展成为广州产业新地标。在产业地标地区，要充分发挥大学、科研机构对产业集群技术研发的支持作用，迅速将科技信息和知识转变为新产品，促使产业地标地区的产业持续创新，在更大范围内获得竞争优势。

2. 打造中央智力区

在城市功能上，广州的高校要担当整个城市的中央智力区角色，提供高教、研发等服务。为此，广州必须进一步在高校教育体制改革、创业环境建设、产学研融合发展等领域实现突破，切实推动大学智力资源转化为经济效益。广州在高科技产业发展及创新城市建设进程中，必须鼓励学校与企业界进行密切合作，以产学研紧密联系为基础平台，推动知识技术向产业转化，形成真正的生产力。

3. 打造开放型区域创新网络，优化新兴产业布局

通过全面推进产学研合作，打造多层次的创新平台。在高端载体建设方面，全力做好广州国家高新技术产业开发区改革发展和核心园建设启动各项工作；引进中国科学院和所属研究所共建产业技术研发平台、转移转化平台等，促进广州市产业的转型升级。促进各研究院承接国外科研机构，继续推进与国内先进创新示范区的合作。

4. 推进城中村改造与乡村环境综合整治

推进广州全域乡村变革，重点做好农村生活垃圾治理、生活污水处理和厕

所改造，持续推进古村活化、城中村改造，对经济欠发达地区的农村基础设施建设采取特别帮扶措施，建设广州生态、宜居、美丽乡村。其中，城中村改造是广州城市形态建设的重要环节，打造城市形态，建立城市中轴线，要关注城中村改造。进一步统筹推进"三清三拆三整治"、违法建设整治、河道"五清"三项农村人居环境整治重点工作，开展综合治理，提高发展的平衡性和协调性。

（六）修复自然河道，增加岭南地区的生态文化基础设施

1. 以社区为单元推进"最绿城市行动"

"最绿城市行动"包含了绿色经济、绿色街道、绿色建筑、绿色交通、洁净水源、洁净空气和本地食物等多项内容，是对广州城市能耗和生活方式的再审视。此项工作以广州社区为基本单元，在气体减排、绿色能源、绿色建筑和绿色交通方面提出了发展目标和行动措施：积极发展社区内的可再生能源项目；提倡绿色建筑；交通投资从修建道路转换为投建步行、自行车等绿色交通基础设施。特别是要在广州全域探索推进"绿色街道"项目，即将一部分街道上的停车区域改建成种植区，借助栽种多种植物，形成一个集雨水收集、滞留、净化、渗透等功能于一体的生态处理系统，并营造出自然优美的街道景致。

2. 开展生态控制线规划与管理

广州要围绕生态文明建设目标体系，在对现有生态资源的全面梳理和系统评价基础上，通过分级分类的方式划定生态红线，构建多层次、成网络、功能复合的生态空间体系。

3. 修复城市自然生态廊道，建立各组团间的生态隔离带

广州应实行区域协调发展，通过中心城、副中心城、卫星城、中心镇协同发展，互促共进，建设"一核两翼多节点"网络化空间格局。中心城区要实现转型提升与品质提高并重，卫星城、中心镇要向具有专业性中心功能的现代化小城市跨越发展，逐步建成一批承担都市旅游、休闲、生态、创意等特殊功能的新兴区块。

4. 推进历史街区微改造与更新，突出文化特色

广州传统历史街区的本质是居民居住的地方，不能为了商业开发而扰乱原有的街区秩序。各级政府是历史街区保护的主要责任者，专家是科学规划与项目实施的指导者，居民是街区真正的主人。实施强有力的微改造与更新规划方案，需要三方的通力合作，并要尽力保留广州原有的历史和地方文化细节，让

历史文脉得以很好地传承。老的、旧的建筑富有历史韵味，除了非拆不可的危房需要尽量按照原有样式重造外，能修缮的房屋要努力做到修旧如故。广州不同的地区都有各自扎根于故土的地方文化，作为地方的历史文化街区，挖掘并彰显这些具有浓重乡土情谊的本地特色文化，将有助于提升城市文化品位。

5. 完善城市高品质的公共领域体系

高品质的公共领域是广州城乡宜居性的关键所在。广州应在城区基于密集的、狭窄的、相互连通的街道网络打造公共领域。在街道设计中，要尽可能规划出供人群休闲休憩的地方，配有树木、长凳、广场和花草，并且相互之间没有不方便人们走动的物理障碍。特别是城市公共花园，在布局上要保证附近居民步行10分钟即可到达。这些富有人性化的、可视的景观，既可供人自由欣赏，也可在那里获取丰富的信息内容，确保了城市空间相互之间的连贯性、易识别性和联结性，增加了宜居性。应尽可能增加绿地面积，营造公共空间，提供高品质"宜居、宜商、宜业"环境。将一些中心区的行政机构外迁，既可以为商业商务发展，也可以为绿地增加空间。应尽可能地增加人行绿色街区，增加内街的商业空间，为提升传统中心区的商业消费环境创造条件。另外，我们还应将城市的绿色空间融入城市社区，扩大绿色开敞空间分布，实现均享性。

五、国内外城市改造案例

本部分主要通过与国外具有相当经济地位的城市相比较，分析广州在城市形态、功能与品质方面存在的问题与不足，以借鉴这些城市的经验和做法。

（一）巴黎：极化与平衡的多中心战略

巴黎大区面积为12000平方千米，人口近1180万，已城镇化地区面积仅占21%，其余土地均为农地和自然用地。巴黎都市区层次结构由内向外可分为"小巴黎—大巴黎—巴黎大区"三层（参见表1）。在人口密度方面，核心城区的人口聚集度最高，人口分布呈现由核心城区向外迅速递减的趋势；在土地利用方面，最内圈和第二圈层以已城镇化土地为主，最外圈层以未城镇化土地为主；就城市空间形态而言，归因于20世纪五六十年代开始有意识地利用天然河谷地形划定了两条城市优先发展轴线，巴黎渐渐形成沿着河流、主要交通廊道的轴向（指状）发展模式，"市中心+9个副中心+5个新城"的多中心结构基本形成。

市中心即巴黎市区；9个商贸、服务、交通副中心分别是：拉德方斯（La-Défense）、圣但尼（Saint-Denis）、博尔加（Le-Bourget）、博比尼（Bobigny）、罗士尼（Rosny）、凡尔赛（Versailles）、弗利泽－维拉库布莱（Velizy-Villacoublay）、伦吉（Rungis）和克雷特伊（Creteil）；5个新城是指巴黎市区东西两侧、离市中心20～30千米范围内，沿塞纳河、马恩河、卢瓦兹河河谷方向，城市化程度较高的地方建立的塞尔基（Cery-Ponoise）、马恩拉瓦锡（Mane-la-vallee）、圣冈代（St. quentin-en-Yvelines）、埃夫里（Evry）、默龙色纳（Menlun senart）等。

表1 巴黎大区圈层结构

地区	土地面积（km²）	人口（万人）	人口密度（人/km²）	范围界定
大都市区	12011	1185	987	巴黎大区，即法兰西岛，包括8个省： (1) 巴黎省（Paris） (2) 上塞纳省（Hauts-de-Seine） (3) 塞纳－圣但尼省（Seine-Saint-Denis） (4) 瓦勒德马恩省（Val-de-Marne） (5) 瓦勒德瓦兹省（Val-d'Oise） (6) 伊夫林省（Yvelines） (7) 埃松省（Essonne） (8) 塞纳－马恩省（Seine-et-Marne）
中心城区	657	445	6773	大巴黎地区，巴黎小环内，包括4个省： (1) 巴黎省（Paris） (2) 上塞纳省（Hauts-de-Seine） (3) 塞纳－圣但尼省（Seine-Saint-Denis） (4) 瓦勒德马恩省（Val-de-Marne）
核心城区	105	250	23810	小巴黎地区，即第75省巴黎省（Paris）

（资料来源：根据巴黎大区政府网站数据整理。）

随着市中心生活成本的升高，社会弱势群体迁移到中心城边沿地带，导致许多不受控制的"半城市化"地区形成，消耗了大量农村土地，地域发展不平衡现象凸显。住房和就业岗位短缺，导致巴黎大区居民生活条件逐年下降，造成了社会和谐等诸多问题。

为了进一步满足住房和就业增长需求，促进地域公平，同时控制自然土地消耗，构建低碳大都市结构空间，巴黎大区提出了"极化与平衡"的城镇化理念。"极化"是指促进更多集约紧凑的城市中心的形成，具体来讲，就是在已城市化区域，根据其距离公交站点的距离和密度，进一步增加用地强度，将住宅密度提高10%～15%，提升功能混合性，从而提供更多的住房和就业岗位；"平衡"是指区域内的职住平衡以及大都市区的整体发展平衡，主要是通过加密措施来发展大都市区副中心，以改变单中心的极化空间结构。"极化—平衡"就是通过在大区尺度上培育更多城市中心以实现平衡的生活和公平的地域发展。

1. 贯彻集约和紧凑的理念

巴黎大区提出要结束粗放式的发展模式，选择高质量的密集化模式，摒弃功能区划的理念，通过围绕公交站点进行集约化的发展，促进功能混合和社会融合，提高生活质量，节省能源和空间资源，减缓城市扩张。因此，人口和住宅密度的增加，以及功能的混合度提升，是巴黎大区战略发展的重要方向。

2. 强调多层级、多中心的结构

巴黎大区提出要增加更多的中心，并且要重视地方特点，避免中心的同质化。对于巴黎大区来说，经过几十年培育的5个新城已经基本形成，但还远远不足以达到大都市区整体平衡的目标。因此，巴黎大区的未来规划共设置了五级中心，包括20个"大区重要中心"和分为四个规模等级的"地方中心"；前者除了巴黎市中心外，还包括拉德方斯在内的19个"大区重要中心"，集中在距离市中心20千米范围内，以商贸、服务、交通、旅游等专业性功能为主。地方中心共有82个，散布在都市区各个圈层，按规模层级依次为4个、5个、20个和53个。巴黎大区的未来规划并未强调这些中心的等级关系，而是更突出各中心之间相互支撑和互补的关系。

3. 设定实施标准和发展目标

巴黎大区的未来规划提出了三类中心和具体实施标准，并为各类中心设定了发展目标。

总体而言，这些中心都坐落于主要公共交通路线上，具有一定的公共服务设施基础。未来巴黎的城市发展将主要围绕区域快轨站、地铁站和公交枢纽站进行，基于公交站点的临近性、已有基础设施情况和产业发展潜力确定需要重点增加密度的城市化地区，通过轨道交通系统的外延，从而将其培育成区域中心。对于已城镇化的区域，主要通过增加建设强度的方式，提高住宅和人口密度；对于未（新的）城镇化的区域，主要是围绕公共交通站点集约地增加城镇化用地。秉承存量优先的城镇化原则，巴黎大区要求在现有居住区增加人口优先于开发无人居住的土地，新建就业活动场所必须最小化地占用农业、林业和自然用地。为了控制用地扩张，设置了允许开发的城镇化土地面积，并划定了可城市化边界。这些中心的最终确定是以"自上而下"和"自下而上"相结合的方式，由巴黎大区的未来规划给出法定标准和建议选址与规模，由地方进行最终的选址和边界确认。

（二）慕尼黑：全方位、立体化的绿色公共交通体系

慕尼黑是德国的第三大城市，都会区人口270万，其中市区人口130万，约有一半的人居住在市区以外。慕尼黑城市交通出行结构比例为：公共交通占23%、机动车占33%、步行占27%、自行车占17%。都会区每千人拥有小汽车的数量为550辆，市区交通出行总量为281万次/日。由此估算，慕尼黑都会区汽车保有量约为150万辆，市区人均出行次数为2.1次/日。在慕尼黑这样的汽车工业城市，小汽车拥有率非常高，但政府试图改变人们的出行观念，进而转向其他友好型的交通方式。慕尼黑城市交通发展策略的制定考虑了城市生活中每个人的切身需求，并因此促成了当前慕尼黑发达的公共交通体系。

1. 连接区域的外部交通枢纽

慕尼黑城市对外的公共交通枢纽为机场和火车站，是与外界联系的主要纽带。它们与城市内部的公共交通系统都有非常好的联系，便于人们全方位、立体化地使用公共交通工具出行。

（1）慕尼黑机场。慕尼黑机场位于离市区东北28千米处的埃尔丁沼泽，紧邻弗莱辛。慕尼黑机场是汉莎航空和星空联盟成员的一个重要的基地枢纽，其转机乘客平均占机场总客运量37%的份额。机场主要通过城市快速铁路中的S1和S8线到达市区。此外，还有公交车和出租车通过高速公路与市区连接。

（2）慕尼黑中央火车站。慕尼黑中央火车站作为区域对外的交通枢纽，与城市内部公共交通体系衔接更为紧密，共同构成了一个有机整体。慕尼黑中央火车站具有32个平台，由主站及两个翼站共同构成。主站主要为所有城际特快列车（Inter City Express，ICE）、城际列车（Inter City，IC）、欧洲城市列车（Euro City，EC）等国际长距离出行服务，两个翼站主要提供区域性出行服务。此外，该枢纽火车站还与拥有2个车站平台的慕尼黑城市铁路（S-Bahn）和拥有6个车站平台的慕尼黑地铁（U-Bahn）接驳，火车站外还有有轨电车（Tram）、公交（Bus）等其他交通方式与其衔接。作为发挥公共交通

运营服务的重要一环，慕尼黑中央火车站发挥了巨大作用。

2. 慕尼黑城市内部公共交通体系

慕尼黑城市内部公共交通体系主要分为四级，分别是：郊区到内城的城市铁路（S-bahn）、地铁（U-bahn）、有轨电车（Tram）及公交巴士（Bus）。它们在城市内部各司其职，保障了良好的交通运行秩序。在城市内部，城市铁路和地铁在中长距离的高峰交通路线上承担了重要职能。城市铁路系统为城市周边地区和内城中心区建立了密切联系，地铁主要在内城范围内各区域间提供高速直通的交通服务。

城市铁路由德国铁路公司经营，目前有 S1～S8（S 为德语当中"快"的首字母）共 8 条线路，线路总长 442 千米。S1 至 S8 均途经横穿市中心的主干线，以中央火车站为基点向 8 个方向辐射并在两端向不同方向延伸，连接市区、郊区和周边城镇。地铁由慕尼黑运输公司营运，系统隶属于慕尼黑交通协会。慕尼黑地铁一共设有 6 条线路，分别是 U1～U6，设 96 个车站，营业里程 103 千米。

有轨电车活动区间较地铁的运营范围更小，一般主要出现在市中心步行区域以及周边小镇的主干线上。在开放区域行驶的有轨电车速度相对较慢，但有些区域利用封闭的半边马路当作有轨电车的专用线路，行驶速度较快，舒适性也相对提高。有轨电车因其行驶路线的固定性，加之又能够欣赏到城市风光，因此，它为这座城市平添了几分趣味性和仪式感。其带来的不仅仅是城市的出行效率，还形成了一种城市秩序和人文关怀。公交车则主要满足更低一级的交通衔接服务，起到将乘客运送到各轨道交通站点的联结作用。

3. 公共交通制度完善保障

慕尼黑公共交通的扩展除了大规模基础设施建设之外，也伴随着配套服务体系的不断完善。在慕尼黑，公交线路、公交站点、时刻表和自动售票点都很好地整合在一起，大大地减少了换乘的平均时间。有轨电车通过改进轨道和推出新车型更新了形象。在混合交通中，公共交通在交通信号和交通法规上都被给予了优先权。许多车站站点都进行了翻新，而且通过无障碍设计使这里的残疾人无须旁人帮助也可以方便地享有便捷的公共交通服务。

公共交通系统的不断完善也带来了个人票价的上涨，因为只有提高票价才能够让公交运营的政府补贴维持在原来的比例。但是，相比较其他财政支出，人们已普遍认为维持好一定的公共交通服务功能是城市最好的财政投入选择，普遍对上涨的公共交通支出并没有反对意见。此外，近年来随着外来移民涌入和游客人数的增多，慕尼黑也加大了对购票的普查力度，以保证公共交通的收入稳定。

4. 步行和自行车交通环境

慕尼黑在提高交通服务效能的同时，还注意引导改变人们的出行观念。高质量的交通出行服务，不仅仅是某段线路出行的优化或交通工具的升级换代，还需要完整交通出行链上各个环节的优化完善。慕尼黑将步行与自行车作为城市交通出行活动的一个整体来对待，在道路空间内外侧安全区域统一设置步行和自行车道。目前，慕尼黑城市提供了大约500千米的沿街自行车道以及在公园、森林和风景区中约140千米的自行车道。此外，还大规模地在各个公共交通站点设置自行车停放点来鼓励自行车换乘。

5. 停车及附属设施

在慕尼黑城内，道路两侧一般会设置一些停车位，但车位数有限。当地面无法满足停车需求时，则必须在附近区域地上或地下停车场寻求解决。在慕尼黑奥林匹克公园地铁站口设置了换乘停车场和自行车停车场等交通接驳设施。换乘停车场共有地上、地下两层，距离地铁站仅十几米远。地铁站口则直接设有自行车停车场，并配有公租自行车辆。整个地铁站口的接驳设施设计非常精致小巧，与当地人口规模及该站的出行人流量的匹配度较好。

（三）温哥华：多维度、可持续宜居空间实践

温哥华在高密度城市环境下创造了宜居和充满活力的空间，市内交通便利，公共服务完备，景观优美且丰富多样，是大城市建设生态宜居城市的典范。

在可持续发展的区域背景下，温哥华进行了多方面的城市宜居空间实践。温哥华市中心有着区别于大多数北美城市的形态和建筑特征，这和"温哥华主义"密不可分。温哥华规划当局对"温哥华主义"的定义是：①提倡一种融合的生活方式，将丰富的城市生活和优美的山海环境相联系，建设活力迷人的街道；②提倡商用裙楼结合居住塔楼的建筑形式，保证高密度环境下有充足的光、空气和视线；③提倡可持续的交通形态，串联公园体系，创造步行友好的街道和公共空间；④弘扬一种公共空间精神，特别注重滨水空间的建设。在规划理论层面，"温哥华主义"包含了"新城市主义"和"邻里社区"的发展思想，并在居住密度方面深受香港高密度的影响。

温哥华市中心处于优美的山海格局中，城区呈现多中心、小组团的格局，形成高密、混合和多样的整体。4平方千米的城区面积与史丹利公园（面积为4.409平方千米）即为大密大疏的空间对比，两者也在功能上互动互补。市中

心所处半岛的南北两岸滨海地带为连续的城市滨水休闲绿带。市中心在城市天际线、土地利用、道路格局、建筑和公共空间等多个方面都体现了可持续的发展思想，"温哥华主义"通过结合不同维度的空间措施来确保宜居的、高质量的城市空间。

1. **天际线维度**

温哥华为缓解城市蔓延局面，坚持加强竖向拓展，处理城市天际线的山海关系就成为关键。温哥华通过设置 27 个视线通廊保护区来维护北岸山脉和滨水景观界面，寻求中心区高密度发展和山海景观可视之间的平衡，严谨地分析了"在哪里看"以及"看什么的"城市视觉美学问题，尤其注重城市门户地区视角上的市中心天际线轮廓管理。温哥华先后通过了视线保护导则（1989）、温哥华市中心天际线研究（1997）、高层建筑总体策略（1997）和历史保护区高度评估（2010）等规划来调整城市视线。温哥华通过划定锥形视线范围来保护公共视线，如果一个新开发项目处于重要视点的锥形视线内，则不能以一般性区划要求建设，其最大建筑高度和建筑形式都要遵循更具体的视线导则规定。温哥华还特别重视街道观景视线的通畅，在市中心总体城市设计导则中规定：保护公共空间人行层面的视线；保护街道的山海视线通廊；保护地标建筑、艺术品和重要景观的视线；新开发项目要考虑周围环境的视线联系等；人行天桥、雨棚以及其他气象防护结构应该最小化视线阻挡。

2. **土地利用维度**

温哥华已经发展成一个相当紧凑的城市，约有 25% 的当地人口和 35% 的工作岗位集中在 4% 的土地上（2010 年），而且还是北美为数不多的没有被高速公路穿过市中心的城市。长期以来，"居住优先"的策略在温哥华土地利用方式中得到贯彻实施并取得了成功，温哥华积极在市中心发展高质量的、比郊区住宅更有吸引力的住宅。自 20 世纪 80 年代以来，共有超过 74 万平方米的建筑从商业办公改为居住及与就业相关的服务功能，旧有的铁路和工业区被规划为高密度住宅区。这种紧密开发模式节约了 3.33～4.67 平方千米的土地，同时城市中心区增加了超过 65 亩的新公园，滨水步行道也在 10 年的时间内延长了 20 千米。紧凑的开发模式带来了显著的环境效益，不仅增加了绿色开放空间，还减少了对小汽车的依赖。

3. **道路格局维度**

温哥华是典型的 20 世纪格网城市，市中心呈现均质细密的方格网道路格局。随着汽车的普及，人们逐渐发现这种密集的、连通性极高的道路网非但没有造成交通混乱，反而提供了通达性极高的多路径条件。国外学者在研究道路结构对交通的影响时发现，细密的格网道路格局相较其他道路格局，在同等面积内拥有更长的街道总长度、更多街段、更多交叉路口以及更多地进入点，能够提供更多的路线选择和更高的方便性。同时，温哥华的密集路网结构将城市用地划分为（50～80米）×（100～150米）的矩形方格，形成了典型的小街区模式。小街区在城市融合、提升土地经济价值和运行效率方面呈现出很多优势：产生更多的临街面，商业效益更高；利于分期建设，开发周期短；便于基础设施的建设与使用效率的保证；加强了城市渗透性。

4. 公共交通维度

温哥华在其"交通战略2040"中强化了步行、骑行、公共交通、货运交通、私人小汽车的交通优先次序。近年来的交通投资重点也从修建道路转变到完善步行、骑行基础设施，提高步行和骑行的体验，而这些持续的政策也带来了显著的绿色效应。步行道注重连续性，并注重和周围的商业、娱乐设施的良好联系，提供网络化的城市体验系统，进一步促进了中心区的商业繁荣和城市活力；步行道的设计注重不受天气影响的关怀性设计；温哥华一直以来都在倡导地下停车模式，在住宅区建设统一的地下停车系统，在住宅区地面实现人车分流，保证人行环境的安全通畅。温哥华提倡在社区层面完善骑行系统并注重连接性，骑行廊道注重公共空间之间的连接；增加骑行的便利性，在快轨、公交车上设计自行车泊位，并增加自行车停放点，方便停靠。经过近10年的发展，到2012年，其自行车道路总长度从80千米拓展到170千米。

5. 建筑维度

温哥华建筑受到美国著名的城市规划师雅各布斯对连续街道推崇的影响，改进了香港高密度塔楼的形式，注重底商裙楼对城市活力的作用，并加大塔楼间距以提供充足的视线和阳光，形成"温哥华主义"建筑。归纳其一般特点为：细高塔楼出密度，裙楼保证地面活力，发展临街商业用途。近年来，裙楼顶层绿化并提供开放性功能成为"温哥华主义"建筑的新趋势。为了使建筑能耗水平降低至2010年的40%～50%，温哥华积极发展绿色建筑，在区划中规定新建筑的绿色要求，成为绿色社区的重要配置。

6. 公共空间维度

温哥华市中心的公共空间系统层次分明，各有特色，发挥了"点—线—面"开放空间的不同作用，其公园系统即为一例（见表2）。

表2 温哥华公园系统

分类 要素	面状城市公园	线状城市公园	点状城市公园
名 称	史丹利公园	海岸绿带（高豪港及福溪南北两岸公园等）	社区口袋公园（如西端社区内的"迷你"公园）、胜利广场
公园形态			
级 别	城市级	城市级	社区级
面 积	4.409 km²	0.05~0.3 km²	0.01~0.04 km²
功 能	综合性休闲功能（餐饮、购物、游艇、骑马、水族馆、博物馆、火车游览、球类运动、儿童公园、骑行、越野、遛狗、湖泊、果树采摘等）	沙滩观海、体育休闲、游艇出海、跨海飞机、遛狗等	街头休憩、观景植物、果树种植、遛狗等

（资料来源：根据《温哥华市史丹利公园地图指南》等资料整理。）

超过4平方千米的史丹利公园成为城市级公园，具备综合性的康体休闲、娱乐游憩功能。市中心所处半岛南岸、北岸的线性海岸公园开辟了滨海休闲功能，活化了沿岸空间形态，维护了优美的海岸公共界面。社区内的小规模开放空间5分钟步行可达，社区"口袋公园"聚零为整，丰富了社区景观形态，满足了社区内的休闲娱乐需求。自然开放空间之间通过完善的人行道、自行车道和景观廊道互相连接。

受雅各布斯理论的影响，温哥华政府认为临街的商业有助于提升街道的活力和多样性。市中心的"临街零售策略"通过临街业态与步行道设计结合的方式，积极创造具有活力的街道公共空间。在商业形态的引导上，温哥华政府主张发展线性的、覆盖社区的小尺度临街商业，对于综合商业中心的开发则一直是持谨慎态度的。

（四）波特兰：宜居城市增长边界

城市蔓延现象在20世纪后半叶的美国就已经出现，引发了美国中心城区衰落、交通拥堵、污染、职住空间错位、社会分化与隔离等诸多问题，针对这些问题，城市规划领域相继展开理论研究和实践。从20世纪90年代开始，基于可持续发展理论的"精明增长"思想得到了民众的认可并广泛传播，该思想推崇高密度土地利用和服务设施紧凑布局。"新城市主义"和"精明增长"思想在美国的许多城市都得到了推广与应用。其中，美国俄勒冈州首府波特兰大都会区的实践最为彻底，它不仅是"精明增长"的先锋城市，也是美国公认的城市规划实践方面的模范城市。波特兰之所以能够有效阻止城市扩张，成功跃为全美最宜居城市之一，主要有三方面的实践经验。

1. 严格控制增长边界

波特兰所在的俄勒冈州早在20世纪70年代初期就建立了完善的州一级的土地利用规划体系。从1973年起，俄勒冈州全面推广了城市"增长边界"的做法，州立法机关采纳了开创性的《参议院第100号议案》（也称《俄勒冈土地利用法》），限制城市无序蔓延，保护森林和农田。该议案要求地方政府制订总体规划，并必须符合由州政府制订的规划目标；创建州级层面的土地保护和开发委员会，确定城市增长边界，将新的用地开发集中在边界之内。城市增长边界内的土地及其中的服务设施，包括道路、生活生产用水、污水处理、公园、学校、消防和警察部门等都是为城市服务。增长边界外的土地大部分为农场和森林。关于城市增长边界的规划在俄勒冈州具有法律效力，在控制城市无序蔓延的同时提高城市土地利用效率，保护边界外的自然资源。波特兰都会区政府（Metropolitan Service District，也称为Metro）拥有管理波特兰都会区的城市增长边界及边界内20年预留居住用地的权利。波特兰都会区政府每5年会进行一次土地供应审查，根据需求适当调整边界（参见图3）。自1979年至2011年，波特兰的城市边界共变化了36次。由于城市增长边界规划的作用，波特兰地区在2000—2010年期间是美国城市蔓延程度最低的大都会区之一，列第4位。

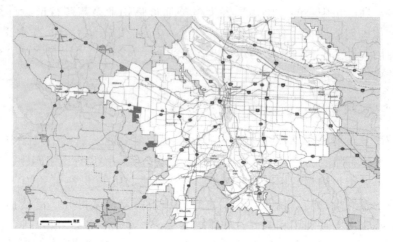

图3　波特兰都会区的城市增长边界（2011年）

2. 适度提高内城密度

在确定城市增长边界规划之前，波特兰内城的密度相对较低，和大多数美国城市一样，其房屋类型以独栋住宅为主，只有少量联排住宅和高层公寓。为了提高城市用地密度，波特兰遵循"精明增长"的原则，在增长边界内部推行了一系列综合的土地利用政策。例如，通过新建或改建来增加居住和办公用地。一个典型案例是位于波特兰市中心的珍珠区由工业地区向高消费混合利用地区转变。该地区的第一轮开发（始于1994年）以3～5层多家庭住宅为主，而新一轮开发（始于2001年）则以8～15层的高层建筑为主，这些高层建筑主要面向中高收入阶层，在高楼的一层有零售商店和其他设施。

同时，波特兰将土地利用政策与交通规划结合，提倡以公交为导向（TOD）的用地开发，以城市公共交通为核心，倡导高密度混合用地的开发模式。在波特兰，一个公交社区以公交站点为中心向外延伸0.25～0.5千米（5～10分钟步行距离）。1988年，波特兰成为第一个将联邦政府的高速公路拨款用于TOD建设的城市，希望加强政府同私人的合作，通过各项鼓励政策和措施，吸引投资，推动公交站点及其周围重点项目的建设，带动市区和周围主要街区的繁荣。

人们通常担心城市密度的加大会带来负面影响，降低居民的宜居感受。但是，由于土地混合利用提高了服务设施的可达性，这种对宜居性的负面影响可以得到缓解。不仅如此，文化适应也能起到缓和作用，经过数十年的宣传和教育，波特兰的居民对高密度的容忍度要高于美国其他城市。

3. 积极营造绿色环境和公共空间

为了避免城市密度提高导致公园和公共空间减少，同时为了减少汽车的使用，波特兰拆除了不少城市快速路和停车设施来增加公园和广场用地。在波特兰市中心，有一个横跨城市、向南北方向延伸的带状公园。此外，都会区政府还出资买下对地区有重要生态价值的自然区域，如石溪绿色通道、萨利希池塘湿地以及斯科特景观自然步行小径等。为了提高居民使用率，这些自然区域被设计为运动场所和儿童游乐场所，并配置野餐和露营设施，以吸引不同类型的居民。可以说，波特兰是全美城市开敞空间的典范。

不仅如此，波特兰还积极推动生态屋顶和绿色街道建设。建造生态屋顶是指在各类建筑物的屋顶上造园、种植树木和花卉，它不仅能美化环境，提高居住质量，还能降低建筑物加热和降温所需的能量，从而减少建筑物的运营成本。波特兰是生态屋顶建设的先锋城市，波特兰政府对建造"绿色生态屋顶"的房产开发商实施一定的奖励措施。绿色街道则是根据自然雨水循环过程，应用不同的雨水花园策略，将街道雨水管理和景观结合在一起的街道概念。从广义上讲，绿色街道不仅包括街道雨水管理和街道景观设计，还包括街道两旁建筑雨水管理和街道交通系统构建，以全面发挥街道雨水控制和水质管理作用。波特兰在2007年将绿色街道纳入城市发展报告和政策制定当中。政府通过发放绿色街道手册、免费提供绿色街道设计资源、支持城市绿色街道建设项目、建设雨水收集基础设施等促进城市绿色街道建设。

4. 实行公交和慢行系统优先的交通策略

波特兰的交通系统以紧密接驳的公交系统和慢行系统为特色。其中，公交系统以轻轨和公共汽车为主，辅以示范性的街车和缆车系统；轻轨系统连接区域的主要节点，比如市中心、机场、居住和就业中心等。波特兰在20世纪50年代通过市区有轨电车的建设，成功带动老市区的繁荣，降低了城市居民对私人汽车的依赖。而公共汽车系统可提供非常智能化的服务，如车辆实时运行时间显示、使用智能手机进行公交计费等。为都会地区提供公交服务的市政公司TriMet，拥有公共汽车线路93条，轻轨全长约70千米，停靠64个站点，其服务区人口数在全国排名第29位，但乘客人次却排名第11位。在过去的15年中，波特兰的公共汽车和轻轨的乘客人次连续上升。据统计，其每个工作日轻轨的运行能减少207750次私家车的出行。

波特兰独立的慢行交通系统由以下几个部分组成：自行车与步行共用的专用道系统；自行车共享计划；专为自行车设计的交通信号系统；提供市中心专用的自行车停车空间；为自行车出行配置的服务设施，如淋浴设施；以及为行人考虑的道路设计。波特兰的自行车推广运动取得了引人瞩目的效果。该市从1973年开始就为自行车进行城市规划，后来又采用降低居民区道路的限行速度的措施以确保行人和自行车的安全以及出行的舒适；1991—2001年期间，该地区的自行车车道长度增加了160%。自1990年至今，波特兰骑自行车通勤的人数增长为之前的4倍，骑车人数在全美排名第一，连续多年被美国自行车协会评为"白金"级自行车友好城市。从1994年起，波特兰就出现了自行车共享服务"黄色自行车"。2016年，波特兰又与耐克公司合作推出"自行车城"公共自行车服务。

（五）波士顿：创新转型，再造大都市区经济

波士顿是美国马萨诸塞州（简称为"麻州"）的首府和最大城市，也是美国东北部的新英格兰地区的最大城市。波士顿大都市区（简称为"波士顿"）作为美国重要的工业都市区，在20世纪20至80年代持续衰退，直到20世纪末，因高等教育人才与机构创新势能的释放，实现城市转型发展，成为美国知名的创新型城市。波士顿大都市区是美国东海岸新英格兰地区的重要都市区之一，包括波士顿市、剑桥市、萨莫维尔市、沃顿市、列克新敦市，人口近600万（2016年）。这5个城市在城市形态和城市功能上高度融合。其中，剑桥市是蜚声全球的大学城（哈佛大学和麻省理工学院等4所高校的所在地），担当着波士顿大都市区的中央智力区和"创新心脏"的角色。

1. 波士顿转型中高科技产业发展的经验

总结波士顿高科技产业发展的经验，一流高等大学的集聚，激励政策和基础设施，创新文化与实践，受过高等教育、技艺熟练且多样化的劳动大军等是波士顿创新发展的主要优势，这构成了波士顿富有竞争力的发展基础。

第一，产学研融合是推动高科技产业发展的基本机制。把智力优势转化为产业优势，是波士顿高科技产业发展的重要特征。可以说，良好的产学研融合机制发挥了重要作用。具体包括三个方面：一是政府、社会与高校合力推进，政府设立产业基金来鼓励高校教师开展产业技术研究，使技术快速产业化以服务社会；二是市场机制起到基础性资源配置作用；三是知识产权成为科技创新的最大激励。知识及创新成果在产学研各个环节流动的主要形式就是专利、版权等，学校、企业工作的主要抓手也是知识产权。

第二，非政府组织是推动高科技产业发展的重要依托。非政府组织是市场经济条件下弥补政府职能和市场失灵的十分有益的补充，在波士顿高科技产业发展中发挥了不可替代的作用。波士顿有3个对地方高科技产业发展作用突出

的组织,分别是麻州技术领导委员会、麻州发展公司、多切斯特海湾经济发展公司。除此之外,麻州港务协会、麻州经济技术咨询委员会等非政府组织都会从不同的角度,为当地产业升级和社会发展服务。

第三,风险资本是推动高科技产业发展的动力引擎。美国各级政府都十分重视发展风险资本市场,出台优惠的税收政策鼓励风险资本的发展。波士顿有40余家专门从事高技术风险投资的公司、100多名专门投向初创科技企业的天使投资人、超过10个天使投资联盟。在麻州2000多家软件企业中,有32%的企业有风险资金注入。正是在风险投资的推动下,波士顿的科技成果转化率、中小科技企业成长速度都遥遥领先于美国其他城市。

2. 推动高科技产业发展的创新政策

波士顿提出三大战略措施,支持波士顿知识经济和创新活动的发展。一是波士顿"1/3计划",敦促政府重视年轻成人群体的问题与意见,涉及领域包括经济投资、住房、就业等。二是波士顿"后街计划",目的是解决波士顿企业发展所需的土地问题。此外,波士顿"后街计划"还支持企业培训员工、支持企业建立网络联系、帮助企业升级关键的基础设施等。三是波士顿生物科技计划。波士顿发展管理局设立该计划的目的是充分利用波士顿丰富的教育、医药、制造资源,引导生物科技产业发展。创新政策是推动高科技产业发展的内生源泉,波士顿的创新政策主要包括以下几个方面。

一是以大学城为中央智力区驱动城市创新发展。在城市驱动力意义上,今天波士顿的城市空间已然呈现波士顿市中心和剑桥市双重心的格局,呈现独特的金融与创新双驱动的发展模式。在澳洲智库"2 Think Now"发布的2011年全球100个最具创新力的城市榜单中,波士顿名列榜首。剑桥市作为波士顿大都市区的中央智力区,其本身的产业结构、社会构造、文化生态、公共治理、空间规划等诸多方面,充分展示了围绕创新展开的城市构造特征。

二是创新城市直接充当产业结构调整的驱动力。高等教育产业是剑桥市最大的产业,其中,哈佛大学和麻省理工学院分别成为波士顿第一、第二大雇主。高校科研成果转化应用是城市新兴产业的主要催生方式。波士顿有超过160家生命科学及相关技术的企业全部脱胎或得益于当地高校。麻省理工学院的校友在当地创办了上千家企业。地方服务业也通过间接服务于创新活动获得自身发展。金融业是波士顿的传统支柱产业。波士顿大都市区商会在2015年提出,当地要基于世界级的大学、领先的企业和产业来构造技术领先地位,成为世界知名的金融创新枢纽,成为金融界的"全球性人才和创新中心"。生物技术产业是波士顿最为重要的新兴支柱产业,其在2010年的就业岗位即达15

万个。麻州生物科技理事会委托波士顿顾问公司撰写的《麻州生物科技2010》报告，特别呼吁"官—产—学"多方合作投资于科学教学，为生物技术产业培养人力资源。

　　三是依托大学城全面改造都市区社会构造。超过七成的剑桥市成年市民受过高等教育，大量的高校相关人士（教职工、学生、访问学者、毕业生、服务于高校的当地人士）都以哈佛广场和麻省理工学院的肯戴尔广场为轴心，放射状地散布居住在各个社区中，构成名副其实的大学城。而且，创新人群的居住和工作地还持续地向周边社区扩散，比如据统计，在2008年，超过4万名哈佛大学的校友生活在波士顿的120千米交通圈内。剑桥市与波士顿市中心已基本融为一体，在功能上，剑桥市提供高教、研发等服务，而波士顿市中心则扮演中央商务区角色，提供各种高等级金融、商业零售服务。

　　人力资本是城市发展最重要的决定因素，而城市生活质量则是吸引高素质人力资本集聚的重要因素。肯戴尔广场吸引资本和顶尖人才的关键原因是，当地引入了优秀的非常重视公共空间开发的房地产商，塑造了良好的街区生活与办公环境，进而激发了街区活力，并促进创新创业企业的空间集聚。全力塑造公共空间，是促进街区人员年轻化和经济多元化进而激发城市街区创新活力的本源。目前，肯戴尔广场已成为一个宜居、繁荣的社区和高科技公司高度集中的创新街区，成为麻省理工学院校友成立创业公司的首选地。

　　四是以知识基因重塑城市文化生态。剑桥市拥有波士顿大都市区密度最高的文化设施，有分属于三大图书馆系统（哈佛大学图书馆、麻省理工学院图书馆和剑桥市立图书馆）的二十余个图书馆；有十几家博物馆、收藏室和画廊；有一大批科学人文出版社和杂志社；有一大批权威的科学人文社团；每年大量学术论坛会议在校园内外召开；大学和地方社区合作举办一系列节庆活动。哈佛广场和肯戴尔广场是城市创新文化生态的典型案例。其中，哈佛广场是国际性的旅游和访问目的地，是波士顿大都市区的市级文化中心、区级购物中心。肯戴尔广场是剑桥市研发市场化的运作中心，也是大波士顿都市区的市级创新中心，经过30年的建设，它已经转型为一个技术广场。

　　五是培育校区与社区联动的公共治理模式。剑桥市政当局和当地社团与高校保持着密切的沟通。沟通方式包括高校校长或教授进入社区介绍高校发展情况，社团商会支持联邦科研经费投入当地高校，当地社团通过委托第三方全面分析高校对当地经济发展与就业增长的贡献，等等。

　　六是引导空间规划响应创新活动。剑桥市政当局积极配合高校的发展。为进一步放大肯戴尔广场作为研发商业化运作中心的效应，剑桥市在2007年通过调整城市规划与土地用途，引导肯戴尔广场工业厂房进行改建，新开辟了 16.72 万平方米的研发空间。剑桥市在 20 世纪 90 年代还接受了哈佛大学奥尔斯顿（Allston）新校区的扩展。在哈佛大学建设"科学中心"期间，为保证师生在科学中心和教学区、生活区之间方便、安全地通行，剑桥市政当局配合哈佛大学，将该地段的剑桥大街改为地下道。所有这些，均体现了当地城市空间规划、市政建设为响应和引导创新活动所做的努力。

（六）芝加哥：从制造业到高端服务业的成功转型

芝加哥作为美国中西部经济中心，曾经是五大湖地区的传统工业重镇，经历了由繁荣到衰落再转型发展的历程。20 世纪 60 年代末期的经济危机，引发许多世界工业城市的转型问题，作为"工业锈带"的芝加哥面临工业衰退、工人下岗、经济增长迟缓、贫困人口增多等诸多问题。随后，美国进行经济结构调整与转型，芝加哥许多制造业企业倒闭或外迁，而芝加哥以产业转型为契机实现城市经济、社会、文化等全面转型，表现出由制造业到服务业再到高端的知识型服务业、文化服务业的演进历程。芝加哥通过科学规划、市场化运行、产业转型等，实现多中心、多元化、低碳化的转型发展。

1. 实施多中心城市群发展，促进城市郊区化拓展

在城市空间转型方面，芝加哥实现郊区化拓展，形成郊区发展与中心城区复兴的互动。郊区变成新的城市或者实现城市周边地区的均衡发展，是芝加哥城市转型和演化的重要特征。中心城区工业外迁，人口向郊区集聚，以及市区本身人口的不断自然衰减，导致芝加哥中心城区的衰退。为促进中心城区复兴，芝加哥市政府提出"发展和多元化、交通和可达性、滨水地区和开敞空间"三条原则，希望通过多元化发展，不断改善交通条件、公共基础设施、商贸设施、住宅等振兴中心城区，实现郊区与中心城区的互动和均衡发展。

2. 实施产业多元化战略，推动第三产业发展

芝加哥通过实施多元化、服务化的产业发展战略，抢占各产业领域的最前沿，形成技术密集、知识密集、竞争力强、特色明显的多元化经济结构。20 世纪 90 年代，芝加哥通过转型和调整，实现产业发展和经济复兴，并在改造传统重工业结构基础上，大力发展第三产业，强化传统金融中心、贸易中心地位，对商业贸易、金融业、会议展览及旅游业等服务产业进行培育和扶持，从而使得城市资源能源消耗降低，服务型经济结构不断形成和完善。新兴的文化产业逐步取代牺牲资源发展的传统制造业成为主流发展驱动力，帮助芝加哥实现了从工业城市向创意城市的转型。

3. 重视吸引外资和发展高科技产业，促进城市产业转型

芝加哥重视外资投入，积极发展高科技产业，建设具有高新技术引领、资本多元化的国际大都市。芝加哥重视改善投资环境，积极推进招商引资工作。在吸引外资的同时，芝加哥重视高科技产业、高端服务业的发展，重视对传统制造业的改造和转型，实现实体经济和虚拟经济高度融合，进而促进芝加哥城市产业转型、经济振兴和竞争力提升。

4. 开展绿色建设，促进城市的绿色低碳化转型

芝加哥积极利用"绿色节日"等活动，通过开展节能环保讲座、展卖环保产品等形式，让大家在愉快享受节日的同时掌握环保知识，参与环保行动。芝加哥重视绿色街道的建设，促进城市环境的改善和低碳化转型。为了抵御洪水，减少对雨水管道的需求，以及减缓城市热导效应，芝加哥施行绿色街道项目。芝加哥为促进城市转型，重视绿色低碳城市建设，特别是大力发展绿色屋顶。芝加哥环保部门拨出奖励津贴，以协助居民和小企业建设绿色屋顶。

（七）班加罗尔：软件产业创新发展实践

班加罗尔是印度南部卡纳塔克邦的首府，面积约为175平方千米，人口600万，最早以重工业及国防工业起家，而今以软件外包产业著称于世，享有印度"硅谷"之美誉，已被列为全球第五大信息产业集群和全球十大高科技城市之一。班加罗尔软件科技园区成立于1992年，核心区面积为1.5平方千米。在印度政府和卡纳塔克邦地方政府的大力支持下，班加罗尔集聚了2000多家国内外知名软件企业，有40多家世界著名企业在这里设立研发中心，形成了以企业为创新主体的技术创新体系，软件出口占了整个印度的半壁江山，成为印度的"软件之都"。

班加罗尔的软件企业正由早期的低成本软件开发的提供者逐渐沿价值链升级，开始进入电子商务、无线应用程序、嵌入软件和客户关系管理编写软件等价值链的高端领域。威普罗、印孚瑟斯、塔塔等一批印度软件企业的领航者，主营业务已经从软件开发附加值低的编码环节转向利润更高的整体客户解决方案，力图在软件开发价值链中获得更大的价值份额。

班加罗尔软件产业成功的原因是多方面的：自然环境优美、气候适宜，适合人们在此居住和工作；所处时区使得跨国公司可以利用时差进行"两班倒"，极大地提高了工作效率；曾经的殖民历史留下了科技基础以及英语环境，能够吸引欧美公司在此聚集。最主要的还是印度政府对软件产业发展的重视以及出台了一系列政策支持印度软件产业的发展。

1. 制定了完善的政府扶持政策

印度政府为促进软件业快速发展,从税收、投资、进出口、产业扶持、政府采购等方面制定了较为完善的政策措施,如表3所示。

表3　印度政府对软件产业的政策扶持情况一览

税收政策	关税	政府对软件出口实行零关税、零流通税和零服务税;免除进出口软件的双重赋税;政府还放宽了对计算机进口的限制,大幅度降低关税等
	所得税	凡是软件产品全部出口的企业,免交所得税;对各种形式的软件出口收入(包括部分由IT带动的服务业出口收入),免征所得税,免税期为5年,每年的免税额以20%的比例递减;风险基金企业投资任何项目的所得,包括利息收入,均免征所得税
	货物税和劳务税	软件园区企业从国内保税区采购货物时,免征货物税;从1999年开始,对软件服务企业免征劳务税
进出口政策		根据1999年颁布的政策规定,对进口各种计算机,无须任何许可证;从1997—2002年,对具备ISO9000质量资格认证和CMM2以上水平的软件企业进行离岸产品开发、网上咨询服务给予特殊进口许可证;从2000年开始,对过去有关企业资格审查方式由1年一审改为4年一审
投资政策		外资控股比例可达75%～100%;允许进口计算机技术的企业资产限额从2亿卢比降至100万卢比
产业扶持政策		从2000年3月2日开始,对计算机业和计算机相关外围产业只征收0.25%的税收,是印度有史以来最低的税收比率;免收硬件业4%的每年续约劳动合同税;公民个人购买计算机和软件,可部分减免个人所得税
政府采购政策		强制性地要求政府购置国产IT产品

2. 政府的正确定位及高效运作的管理体制

班加罗尔政府确定了优先发展软件的战略,明确了"软件立市"的发展目标,并制定了一系列的优惠政策与措施。班加罗尔软件科技园注册为独立的自治机构,直属于印度电子部管辖。软件科技园的主管拥有广泛的权力,他们有意识地像"朋友、哲人和向导"一样为产业提供服务。

3. 制定了严格的保护产权的法律

在20世纪90年代以前,印度的信息产业也和其他发展中国家一样,会有盗版和知识产权保护不利两大困扰。1994 年，印度议会对 1957 年的版权法进行了较为彻底的修订，并于 1995 年 5 月 10 日正式生效，这是和世界上最严格的国际惯例法最接近的版权保护法。印度政府对知识产权涉及的各个方面都进行了具体详细的规定。同时，印度政府还严厉打击盗版行为，积极维护软件创作者的权益。

4. 在科研投资、引进人才和促进产学研联合等方面制定相关措施

印度政府还在引进人才、促进产学研联合等方面制定实施了一些政策措施，并在科研领域加大了投资力度。这在促进电子、软件产业的集群式发展方面起到了很大的作用。班加罗尔目前拥有 8 万多名高新技术人才，这些专业人才中除了部分是外来人才外，大部分是通过本地的教育体系培养的。印度除了对人才进行专门的培养外，还很注重产学研的联合。印度每年将其 1/3 的教育经费投入高等教育，通过高等教育、职业培训和企业联合培养，为产业园区不断输入优秀的高新技术人才。

5. 建立完善的基础设施

班加罗尔自筹资金增建了发电厂，扩建了电信设施，倡导办公、财务活动等电子化。此外，兴建了微波通讯网络 Soft NET，为软件企业提供可靠的高速数据通信连接。班加罗尔软件科技园的网络中心可通过微波中继和卫星地面站与国内外用户联系，为国际业务拓展提供硬件配套。

6. 引入有效的服务中介组织

印度的中介服务组织为企业提供各种帮助，除进行软件市场的信息收集、分析和研究工作外，还扮演着企业与政府之间沟通桥梁的角色，为政府和企业提供市场信息与建议，组织会员单位到国内外举办展览会，帮助企业开拓国内外市场。

7. 培育灵活有效的投融资环境

印度的商业银行会提供优惠的贷款给软件企业，而且许多商业银行的分支行会设立一个专门的 IT 金融部门来为软件企业服务。另外，商业银行经常以股本的模式参与企业投资，为企业提供增值服务。

印度政府为软件公司进入国内外证券市场融资创造宽松的环境，允许信息技术企业注册后 1 年内就可公开上市集资。在班加罗尔本地拥有班加罗尔证券交易所，便于班加罗尔软件科技园区企业在当地上市融资。

印度政府非常重视风险投资，给予政策支持，建立了不同层次和性质的风险基金，包括国家风险基金、联邦风险基金和私营风险基金。

(八)墨尔本:人性化宜居城市空间建设

墨尔本是澳大利亚维多利亚州的首府、澳大利亚第二大城市,澳洲文化、工业中心,城市绿地率高达40%,是南半球最负盛名的文化名城之一。墨尔本的环境非常优雅,曾荣获联合国"人居奖",并连续多年被联合国人居署评为"全球最适合人类居住的城市"。此外,它还连续多年被英国《经济学人》评为世界宜居城市之首。

1. 注重艺术与城市的结合

在城市建设中,墨尔本政府在艺术与城市完美结合方面颇下功夫。例如,政府在对墨尔本城区和旧码头的改造中,对一些历史遗留的房屋和设施,不是简单地拆迁改造,而是强调历史感和艺术元素,使之成为厚重的人文历史景观。在城市规划和功能定位上,墨尔本政府经常规划和举办与文化艺术相关的活动:策划和组织墨尔本原住民艺术节;策划旅游活动来支持和宣传企业;通过完善文化与艺术的基础设施,来改进街巷与购物带的消费体验;组织和举办高端活动,丰富市民的文化生活,包括墨尔本春季时装节、蒙巴节及各类原住民参与的多元文化活动。

2. 注重人性化的设计

墨尔本政府在城市建设方面,处处以人为根本出发点,强调城市的宜居性。以道路设计为例,公共车道、自行车道和人行道分得很清楚;强化车站附近的特色休闲文化,如提供小酒吧、休闲餐厅等,如此一来,可以通过解决民众休闲娱乐问题来增加就业和带动产业发展;有的路面采取两边轻微斜坡的方式排水和回收雨水,以备循环利用;在经常有小孩和老人经过的休闲地方,在土上铺上木屑,以防止走动中滑倒受伤。在建筑物上,墨尔本将艺术与休闲产业结合得最多。在一栋建筑上,可能新老建筑共存一体,即在保持原有的文化性和历史感基础上,增加新的现代设计,以满足人性化的需求。例如,墨尔本的维多利亚图书馆在功能区的设置上,就处处遵循以人为本的精神。

3. 注重社区民众的自发精神

墨尔本的居住以社区为中心,很多独立屋分布在郊区社区中。现在,墨尔本政府提倡社区积极发展和利用新能源。以墨尔本环境战略教育和研究中心所处的环境公园为例,该环境公园在35年前是个建筑垃圾场,后来,通过民众自发参与社区的可持续发展,实现了垃圾场向文化创意产业园的转变。该园区在节能建筑、循环水利用、有机食品、废物利用、太阳能方面颇有创意,而这些创意都是来自社区民众的积极参与。

4. 注重多元文化下的包容性和个性化的统一

在澳大利亚的人口构成中，有来自 120 个国家和 140 多个民族的移民。多民族所形成的多元文化，让整个社会对于不同民族个性具有一定的包容性，而墨尔本的创新精神正是以这种包容性为文化支撑的。在墨尔本，大到每一栋大厦，小到咖啡厅的每一张桌椅，都不一样。这种追求"不一样"的精神，正是澳大利亚创意经济不断涌现的重要原因。

5. 注重政府项目的市场化运作

澳大利亚政府在城市规划方面的政府项目比较强调顶层设计。例如，在墨尔本维多利亚女皇市场规划上，政府购买私人土地后，在土地规划上做了明晰的规定，就如何保持原有的文化风格和增加新的元素，政府要事先征求艺术家和商家的意见后再设计，然后按市场化规则招标选择开发商。再如，澳大利亚政府为鼓励和推进太阳能进入社区，事先做好一个太阳能项目设计、补贴和赢利模式，然后再按照市场化的方式向企业、社区和个人推出这些项目。这样，一方面加快了新能源进入社区的步伐，另一方面解决了创业者的资金成本和摸索成本问题，激发了个人创业热情。

（九）斯德哥尔摩："欧洲绿色之都"建设

瑞典的斯德哥尔摩是世界上最清洁和最美丽的城市之一。2010 年，斯德哥尔摩被评选为第一个"欧洲绿色之都"。欧盟对"欧洲绿色之都"候选城市环境质量的具体评价要素包括：①对于改善全球气候变化的努力；②交通运输状况；③公共开放空间；④空气质量；⑤噪声污染；⑥废弃物管理；⑦水资源消费；⑧污水处理；⑨地方政府的环境管理；⑩可持续的土地利用。斯德哥尔摩"绿色之都"建设的成功经验值得借鉴。

1. 以绿色空间涵养水源，塑造"绿色之城"

当年，伴随着快速城市化进程，斯德哥尔摩迅速膨胀，对于用地空间的挤占非常严重，滨水岸线资源岌岌可危。面对这种情形，斯德哥尔摩并未一味去"摊大饼"，拓展更多的城市用地，抑或腾退工厂建成住宅，挤占滨水资源，而是坚持城市"接近自然、与水相连"的特色魅力，通过绿色空间的营造促进水分良性循环，涵养水源、提高水质，保持土地与水域生物的多样性。

斯德哥尔摩严格划定城市建设区和保护区。斯德哥尔摩清楚地界定城市未来发展必须保留的有价值的绿地，城市发展建设只能在划定的城市建设区内进行，限制城市蔓延增长。"绿色"向城市建成区内延伸，通过"生态绿楔"的方式打入城市内部，串联各个城市组团。不同尺度的组团绿心、大型城市公园及保护绿地共同构筑了斯德哥尔摩绿色城市底板。现在的斯德哥尔摩，45%的城市土地得到了开发，21%的土地属于空旷野地，20%属于森林，14%属于水域。

斯德哥尔摩城市规划的一项重点就是提升现有绿地的品质，同时为公众创建新的绿地和海滩。当一块新开发的土地被用作住宅用地时，另一块面积相当的地块将在别处开发作为自然绿地保留。

斯德哥尔摩还实施了"绿色地图"项目，即在城市规划指南的基础上，进一步深化和确定内城和郊区的绿地品质——生态部分以生物小区图（biotop）为基础显示生物群落的分布，社会人文部分以"社会小区图"（sociotop）为基础标定市民活动和体验的空间。

斯德哥尔摩现有1000个公园、7个自然保护区（周边地区共有200多个自然保护区）、1个文化保护区、1个国家公园、24块公共海滩。水道、梅伦湖和波罗的海边内城建筑共同构成了城市的鲜明特色。与周围环境和谐共存的开放性公共绿地和绿色廊道，构筑了该市的"生态廊道"和"城市绿肺"。

2. 以循环利用为原则，成就"洁净之城"

斯德哥尔摩市政府下属的食品管理部门负责监控和管理城市的水质，自然水体和饮用水都受到严格的生化和微生物监控，以确保水质洁净。斯德哥尔摩和一些周边地区的污水，统一由两个污水处理厂负责净化处理，处理标准和程序都比欧盟规定更严。污水处理过程中产生的生化气体经过再处理，被用作燃料供应给公交车辆、出租车和私人车辆；产生的热能则被用于城市集中供暖系统。

斯德哥尔摩对废弃物处理的目标是尽最大可能回收利用，再生成为有效资源。发展至今，该市已经具有现代化功能完备的废弃物收集和回收利用整体系统。瑞典法律禁止任何有机废弃物被直接掩埋处理。在斯德哥尔摩，所有有机废弃物都被收集，经过回收处理后再生为生化气体和肥料。从1990年起，通过把传统家庭采暖改造为区域集中采暖，该市的温室气体排放总量减少了59.3万吨。具有先进的污染控制装置和优化程序的区域集中采暖系统，取代了大量小型、老旧燃油采暖锅炉。目前，该市超过70%的居民使用城市集中供暖，而集中供暖系统很大一部分的能源来自对废弃物的回收利用。现在，斯德哥尔摩拥有世界最大的绿色制冷系统，且具有2700多家清洁技术公司，人均每年处理可回收废弃物95千克。

3. 以减排为核心，建设"气候智慧型城市"

斯德哥尔摩在温室气体排放的控制方面一直以来都处于世界领先水平，其在2009年的人均排放量为3.4吨，而1990年时是人均5.4吨。

"精明增长"一直是斯德哥尔摩城市规划的重点，其1999版城市规划更是将理念升华为"建设内涵式发展的城市"。该市沿轨道站点布局高密度的城市用地，外围则是低密度的城市开发用地及自建独栋住宅。与轨道站点无缝接驳的环形有轨电车，将城市中各个开发片区相连，作为放射地铁线之间的联络线，充分保证了城市中各个组团都能有便利的公共交通工具到达。城市组团内一直坚持高度混合的建成区用地开发，保证了居住区1千米半径范围内能便利地到达商业、商务、公园等各种公共服务设施和游憩设施，保证了组团内部步行交通的可能性。

为进一步鼓励步行和自行车出行，斯德哥尔摩大力开发步行道和自行车道。发达的城市交通体系设计，使得现在斯德哥尔摩在高峰期78%的出行是使用公共交通，33%的市民骑车或走路上班、上学，避免了城市快速发展所带来的对小汽车的过度依赖，降低了小汽车所带来的能源污染。

从2007年起，斯德哥尔摩针对所有在工作日6：30—18：29进出市中心的瑞典牌照车辆征收"交通拥堵税"。征税过程完全电子化自动完成。这项措施使汽车交通量和废气排放量减少了10%～15%。

为了充分降低城市交通体系对环境和气候产生的压力，斯德哥尔摩所有的市内公交车、轨道交通及私家车都在使用可再生能源，真正构建绿色交通体系。至2012年初，斯德哥尔摩共有"绿色"汽车14.4万辆，覆盖私家车车辆总数的96%。86%的城市车辆使用的是环保燃油。斯德哥尔摩在能源使用上做到了智慧选择，其目标是在2050年实现无石油燃料运营。

4. 以绿色教育为抓手，强化全民绿色价值观

绿色城市需要大家的共同参与，绿色城市行动也一定是全员参与的城市管理活动与方法。斯德哥尔摩在绿色城市的建设中也非常强调全民绿色价值观的培养。

（1）制定法律法规规范民众行为。自1964年首先引入《自然保护法》和1969年首先引入《环境保护法》以来，斯德哥尔摩就成为欧洲绿色环境政策制定的先锋。现在，斯德哥尔摩的绿色城市建设相关法律法规已经涵盖了农业、林业、渔业、环境、水资源、城市建设、食品等诸多方面。这些法律法规从气候变化、土地利用、水、食品、生物多样性、污染物排放、能源、健康等多个方面去全面评价和定义城市绿色规划，完善了绿色城市标准，也有助于市民在日常生活中建立正确的行为准则和价值观。

（2）为了进一步强化绿色意识，斯德哥尔摩从幼儿园开始，就在学校课

堂中开展绿色教育，让孩子从小就树立正确的绿色价值观。同时，斯德哥尔摩成立了多家企业协会，定期举办绿色活动或组织绿色论坛，并积极与绿色组织合作，开展绿色培训教育。通过全方位的教育宣传，目前已有近44家机构和70家企业员工参与了这项培训，扩大了绿色理念的认知度，让绿色理念深入市民心中。

（3）全民参与绿色城市建设也是一种最好的教育方式。斯德哥尔摩政府相关部门会定期邀请环保组织、建设公司、建设管理者、道路使用者、年轻人、本地居民以及公司展开一系列圆桌会议，要求参与者基于自身的体验清晰表达自己的环保建设观点。通过深入的讨论与交流，让每一个人都能从管理者角度考虑环境建设问题，加强公众环保意识。公众还参与管理措施的制定，如2006年9月，斯德哥尔摩市民就公决批准了收取"交通拥堵费"的提议。不仅如此，斯德哥尔摩还根据企业的能源消耗、二氧化碳排放等建立企业绿色账户，不断累积积分，并根据积分兑换不同的奖励，让所有企业真正感觉到"我参与、我自豪、我光荣"。

（十）广州永庆坊：微改造激发老城区新活力

1. 永庆坊概况及改造背景

恩宁路历史文化街区坐落于广州西关一带，东边与宝华路历史文化街区和上下九-第十甫历史文化街区接壤，西边与昌华大街历史文化街区接壤，与荔枝湾、荔湾湖风景旅游区相邻，北边与多宝路历史文化街区接壤。恩宁路地块范围东至宝华路，北至多宝路，西、南至恩宁路，改造用地总面积为11.37万平方米，原有建筑1352栋，共有居民2760户。恩宁路骑楼街是广州保存最为完整的骑楼建筑群，多宝路南侧多为中西合璧风格的民国建筑。地块具有厚重的历史文化积淀，粤剧曲艺、武术医药、手工印章雕刻、剪纸、西关打铜、广彩、广绣等传统文化和民间手工艺曾在此集聚发展并发扬光大。然而随着时间的推移，该地块成了广州市危旧房最集中的辖区之一，辖区内危破旧房密集，公共基础设施薄弱，亟须修缮维护及更新改造，给城市管理带来许多难题。

永庆坊（又名永庆片区）紧邻恩宁路，作为广州旧城第一个历史文化街区微改造项目，包括永庆大街、永庆一巷、永庆二巷、至宝大街、至宝西一巷，占地面积约 8000 平方米，更新建筑物约 7000 平方米。通过 BOT 模式①，引入广州万科企业有限公司（简称为"广州万科"）建设以及运营，并给予广州万科 15 年经营权，期满后归还政府，定位为创客小镇，2016 年 9 月，改造项目完工并投入运营。

2. 广州市政府相关部门对永庆坊改造出台的政策文件

2007 年，广州市规划局完成了《荔湾区恩宁路地段现状建筑历史价值调查》和《恩宁路地段旧城改造规划》，广州市文化局编制了《恩宁路改造项目文物及历史建筑保护方案》。2008 年，广州市规划局编制了《恩宁路危破房改造地段历史建筑保护与利用规划》。2010 年，荔湾区在专家与公众参与下，编制了《恩宁路旧城改造更新地块控制性详细规划导则更改》。2011 年 6 月，广州市城市规划委员会通过了《恩宁路旧城改造更新地块控制性详细规划导则更改》，经过公示后，2011 年 11 月，广州市规划局正式发布《荔湾分区 AL0126、AL0128、AL0129 规划管理单元（恩宁路旧城改造更新地块）控制性详细规划导则更改》，并附有文化保护专门篇章。2012 年，根据荔湾区的申请，广州市规划局出具了《关于申请出具建设用地规划条件的复函》（穗规函〔2012〕763 号）。相关部门从 2016 年开始编制《恩宁路历史文化街区保护利用规划》，立足地区整体要求，突出自身优势，优化功能、空间结构的原则；根据传承文脉，修复历史空间肌理，重现地段风貌特征的原理；并依据行为特征、满足不同人群的使用需求、以人为本的原则，合理利用、可持续性的原则，改善人居环境、促进经济社会协调发展的原则，尊重历史、放眼未来、适应发展、主动保护的原则进行设计规划。恩宁路历史文化街区保护利用规划范围内有不可移动保护文物 7 处、历史建筑 7 处、传统风貌建筑 5 处、传统风貌建筑线索 31 处。2019 年 1 月，广州市政府批复《恩宁路历史文化街区保护利用规划》。2019 年 2 月，荔湾区政府批复《荔湾区人民政府关于恩宁路历史文化街区房屋修缮活化利用项目（二期）骑楼街部分改造工程建设的通告》（荔府〔2019〕2 号）。2019 年 6 月，荔湾区规划资源分局批复《恩宁路历史文化街区房屋修缮活化利用项目（示范段）》的《建设工程规划许可证》。

---

① BOT 是英文 Build-Operate-Transfer 的缩写，通常直译为"建设—经营—转让"。BOT 实质上是基础设施投资、建设和经营的一种方式，以政府和私人机构之间达成协议为前提，由政府向私人机构颁布特许，允许其在一定时期内筹集资金建设某一基础设施并管理和经营该设施及其相应的产品与服务。

3. 永庆坊微改造采用的模式解析

在恩宁路永庆坊的微改造当中，政府采用 BOT 模式。近年来，BOT 这种投资与建设方式被一些发展中国家用来进行其基础设施建设并取得了一定的成功，引起了世界范围广泛的青睐，被当成一种新型的投资方式进行宣传。这种模式由土耳其总理土格脱·奥扎尔于 1984 年首次提出。

永庆坊一期项目按照此模式，采用"政府主导、企业承办、居民参与"的形式实施修缮维护。荔湾区政府制定了《永庆片区微改造建设导则》《永庆片区微改造社区业态控制导则》，通过公开招商引入万科企业股份有限公司（简称为"万科"）建设及运营此项目，在项目建成后的运营期内，给予万科15 年的土地使用权。万科负责项目投融资、设计、建设、运营和维护所发生的一切费用，由万科进行投资、建设以及运营，自负盈亏，经营所得作为项目投资的收益，无须另行向政府支付费用。运营期结束后，若双方不续期，则在 15 年以后无条件偿还给政府。其中，永庆坊一期的运营期为 15 年（已在运营）。

4. 永庆坊改造内容

永庆坊项目修缮的主要内容有三方面。一是原样修复。严格遵循"修旧如旧"的原则，对建筑状况较好、有价值有特色的建筑进行维护修缮，保持原有建筑外轮廓不变，对建筑立面进行保护和修复，主要采用去污清洗方式和使用传统材料及工艺对破损部分进行修复，保留原有街巷肌理，重现岭南建筑原有风貌和空间形态；二是改造提升。对一些原有风貌特征不明显、保护等级较低的建筑立面增加以结构加固为主的现代建筑元素，对存在安全隐患的构件进行修补加固，对后期加建的破坏原有风貌的部分进行清拆；增加设施配套现代化，改善原有社区部分建筑功能，完善社区卫生、排水、消防等配套设施。三是产业更新活化。导入创客空间、文化创意、教育等产业，配套无明火餐饮、青年公寓、文化展览等功能。

5. 改造成效

永庆片区微改造项目取得了"环境提升，文化传承，功能转变，老城新生"的效果。一是历史文化传承。这个微改造项目充分尊重历史，保护现存文物建筑及旧城风貌，使城市文脉得到有效保护和延续，成为传统文商旅活化提升街区建设的一大亮点，为广州市历史文化街区活化利用提供了可以借鉴参考的案例。二是人居环境改善。通过改造，建筑物翻新排危，麻石街面重新规整铺砌，建筑适度抽疏，增加了两处街头绿地、广场，街区整体环境和风貌得到提升。关注建筑物的安全使用，改造后房屋结构更稳固，抗震设防烈度升级为 7 度，结构强度与新建现代建筑一致；对消防设施进行大改造，加装全新消防管网，增设小型消防站，配备消防管理员。"三线"也重新进行了规整，对街巷上空杂乱的线网进行规整，实现大部分线网落地，并增建配电房。市政管网重新进行了铺设。三是产业提升。改造后引入文创、科技研发等新型产业，逐步提升区域业态水平；尊重居民意愿，合理置换居住人群，腾挪产业空间，形成了创客空间、科技研发、文化创意、民宿、轻餐饮等多种业态复合共生的状态，实现文化的复兴和产业的提升。四是人口结构优化。街区原有居住人口低保户、残障人士较多，老龄化十分严重，经改造后疏散了部分人口，同时引入各类新型产业，相应的就业、居住人口较多集中在年轻一代，优化了片区的人口结构，增加了老城区的活力。

永庆坊项目自 2016 年 9 月完工并投入运营以来，已成为全国关注的特色街区、广州老城新景区、年轻人聚集的活力区。2018 年 10 月 24 日，习近平总书记视察永庆坊，对这种微改造方式给予了肯定，并做出了"城市规划和建设要高度重视历史文化保护，不急功近利，不大拆大建，要突出地方特色，注重人居环境改善，更多采用微改造这种'绣花'功夫，注重文明传承、文化延续，让城市留下记忆，让人们记住乡愁"的重要指示。

6. 永庆坊微改造对城市管理的意义

在微改造之前，永庆片区内建筑在不同程度上存在破损，建筑结构老旧，建筑风貌由于建筑年代不同而显得参差不齐，整个街区历史文化气息杂乱，大部分房屋空置，整个片区呈现出一副凌乱的样子。

实施微改造以后，在建筑方面，采用修旧如旧的方式，保留修缮建筑的历史风貌，在保存原有空间肌理的前提下，对部分建筑适当拆除和原址重建恢复，新建的部分运用全新的结构、材料区别开，且尽力与传统建筑达到和谐的状态（参见图 4）；在交通方面，打通片区西侧的步行流线，形成"两横两竖"的井字形交通循环；在配套方面，完善片区内的基础设施，解决环境以及安全隐患；在文物建筑方面，聘请具备相关专业资质的公司、单位进行测量测绘，修缮设计。

由于微改造项目的实施，永庆坊的建筑得到重新修缮以及加固，植入产业，赋予新的建筑功能，让破败建筑焕发出新的活力；拆除部分建筑植入公共空间，弥补原街区缺乏公共空间的不足，给居民与游客提供休憩以及交流的空间。微改造之后，永庆坊片区的环境水平得到全面的提升，垃圾处理、安全隐患、燃气管道和广告牌的统一管理和原有的违章建筑拆除等问题得以一次性的解决，避免了城市管理中的冲突、难点问题，对片区的活化也具有一定积极的

图 4 永庆坊微改造前后俯拍对比

(资料来源：由万科提供。)

意义。

(十一) 广州批发市场：转型与升级

广州自古以来就是国内服装产业的主要供应地，也是国外的主要服装加工基地。经过20多年的发展变迁，广州已建成全世界最密集的服装批发市场群落，成为全国乃至全世界最大的服装流通基地。现有的时代背景，让广州传统的批发市场进入升级改造阶段。

1. 国内专业批发市场转型发展面临的形势

(1) "互联网+"时代现代流通网络变革期。当前，全球正迎来新一轮科技革命和产业变革，科技创新加速推进并深度融合，对商品供应链、消费者行为、企业信息化和商业模式等商贸流通体系和商业生态系统进行了颠覆性变革，新一轮科技产业变革与传统批发市场转型升级形成历史性交汇。"互联网+"新经济形态的出现、电子商务蓬勃发展、第三方电商平台抢滩批发市场及网上零售商集群化发展对线下批发市场造成巨大冲击。

(2) 消费升级和供给侧结构性改革机遇期。"十三五"时期，我国经济进入新常态，消费也呈现新特征，消费结构不断优化，互联网消费、绿色消费、时尚消费、服务消费成为新亮点，科技创新驱动成为消费新动能。我国模仿型排浪式消费阶段基本结束，国内居民消费追求品质、个性化和多样化的趋势更加明显。供给侧结构性改革释放消费潜力,为发展品质消费、时尚消费、服务消费,引领消费升级提供了机遇。消费需求特征转变对商贸流通业提出新要求,要求流通效率、流通服务水平进一步提升;商品以生产制造为主导向以消费者需求为主导重心转移,要求商贸流通企业创新商业模式、商业生态快速响应市场需求,要求制造商加快新技术的研发、新产品的生产,向弹性生产、个性化定制、软性制造转型,要求批发市场由传统"三现交易"(现场、现货、现金交易)、摊位式经营方式向现代商贸流通综合服务功能转型。

(3) 全国批发市场进入转型升级关键期。实体批发市场作为商品流通的重要环节,其发展对提高流通效率、降低交易成本、拉动经济增长、吸纳社会就业具有重要作用。专业市场的繁荣让广州、义乌、成都等城市成为全国商品集散地。当前,随着国内经济进入新常态、商贸流通体系变革、区域产业结构调整、互联网经济兴起、城市化进程加快、城市建设管理要求提升,批发市场面临着新的发展形势,国内外发展环境的变化倒逼批发市场转型升级。国内批发市场竞争更加激烈,新兴批发市场纷纷崛起,全国批发市场发展格局发生调整,国内批发市场加快转型升级。

(4) 传统市场产生的混乱给城市管理带来很大压力。在商品类别上,广州专业市场在纺织服装、鞋业、皮革皮具、水产品等领域具有较强的行业影响力和辐射力,形成了中大布匹、流花—矿泉服装、站西路鞋业、狮岭皮革、三元里皮具、新塘牛仔服装等批发市场园区。可是,专业批发市场在集聚发展的同时,也存在着市场过于密集地分布在中心城区的问题,对城市的环境、卫生、交通、安全等造成较大压力。

2. 广州批发市场转型分析

(1) 推动其转向内外贸一体化,与会展业融合互动发展。

传统专业批发市场主要做内销,而物美价廉的中国商品其实在国外也有庞大的市场。展贸型专业市场的经营形态逐渐由原来的"三现交易"传统批发市场经营形态转变为集商品展示、洽谈、接单和电子商务、物流配送为一体的现代批发经营形态。为了推动传统专业批发市场转向内外贸一体化发展,广州市政府相关部门利用每年春秋两届"广交会",组织海外采购商与辖区内的服装、皮具、鞋业、酒店用品等市场进行洽谈对接,帮助白马服装市场、中港皮具城组织商户参展"广交会",拓展外销市场,也让他们集体展示设计实力和品牌形象;按照"控制低端、引进高端、打造品牌、提升品质"的原则,改造升级批发市场,规划建设展示功能区,并举办时装发布会,引进服装设计工作室、服装设计名人等,力争打造服装设计与展示聚集地;鼓励批发市场通过与各大展馆、国际知名展会公司合作办展等多种方式,打造"实体市场+专业展览+电商"现代展贸交易平台,创新展示方式和技术手段,举办系列化、常年化和产业化的专业展示展销活动,大力发展展览展示、展示交易、合约交易、采购零售、商品集散、电子商务、价格形成、研发创新及相关服务,积极拓展市场增值服务,形成专业特色突出、展贸与批发互动、内外贸一体的现代化国际展贸交易中心。

(2) 打造国际电商交易平台。

广州市统筹建设集电商、仓储、物流、金融等于一体的批发市场综合服务平台,鼓励支持批发市场积极探索电子商务交易新模式,积极促进现有市场及商户"触网上线"与第三方电子商务平台对接,链接整合产业链、供应链和物流链;大力发展电子交易、跨境电商、网上支付、订单管理、仓单经营、电子物流配送、线下体验、电商孵化、电商服务等新功能、新业态;强化电商物流配送支撑功能,构建线上与线下市场融合、上下游连接的专业批发市场生态圈;扩大电子交易规模,拓展国内外市场营销网络,形成线上无形市场与线下有形市场融合、销售与营运统筹的国际电商交易和电商聚集发展平台。主要路径有搭建网上交易平台,推进互联网智慧应用,促进线上线下融合发展,依托大数据实现创意定制服务,等等。

(3) 优化周边环境,打造品牌孵化集聚平台。

广州市政府相关部门针对现有专业批发市场及具体的商户、店铺两个层面,结合国家、行业和本地相关标准,制订实施包括基础设施、环境卫生、样品展示、交易方式、物流配送、检测监管、信息发布、宣传推荐、商铺装饰等环节的标准和规范,优化批发经营环境和秩序;鼓励采用现代交易方式,开展统一结算,对结算资金实行统一管理,充分利用现代交易方式和技术手段进行发展;大力吸纳国内外品牌商品和商家以及总经销商、总代理商等高端商家入驻发展,优化提升市场商户结构,建设集品牌商品展示交易、品牌聚集、品牌培育、品牌交流、品牌认证管理、品牌推广、电商孵化等功能于一体的品牌孵化集聚高地,打造广州国际化的批发市场品牌。主要路径有促进软硬环境标准化改造,以及提升产品标准化水平,等等。下面以广州市海珠区的布料批发市场为例进行说明。

广州以瑞康路为轴心的布市改造已经初显成效,特别是其硬件设施得到了全面提升,轻纺城作为商圈龙头地位的优势已经呈现。轻纺城改造解决了旧市场中存在的治安、消防、交通物流等瓶颈问题,为批发市场的转型发展提供了示范和榜样,促进了周边布市升级工程的进行。

在广州轻纺交易园，旧厂房转型为创意谷，云集了 3000 多名设计师。始建于 2012 年的广州轻纺交易园位于海珠区新港西路 82 号，地处中大纺织商圈的核心位置，占地 15 万平方米，总建筑面积近 30 万平方米，是以纺织服装产品展贸为基础，以面料研发创新、服装创意设计、产业配套服务为发展引擎的综合型时尚创新产业园区。

广州轻纺交易园所在地块原系华南缝纫机厂、五羊—本田摩托车厂等 8 家机械制造企业的生产厂房，在广州市进行"退二进三"和"三旧"改造的政策契机下，广州联合交易园区经营投资有限公司先后投资逾 10 亿元，对原旧厂房进行了改造重建，如今已建设了 4000 余间展贸厅，搭建了展示展贸、创意设计、时尚发布、大宗商品电子交易、检验检测、金融服务六大功能区块。

截至 2019 年 4 月，广州轻纺交易园园区出租率达 93%，进驻企业和商户 2000 多家，带动实现就业超 5 万人。通过与广东省服装服饰行业协会、广东省服装设计师协会联合，合力打造"新港 82 设计师创意谷"，引进设计机构、设计人才、国内外服装品牌，鼓励设计师开工作室。据统计，广州轻纺交易园目前集中了国内外服装设计师 3000 多名，形成规模庞大的设计师群体，超过 50% 的进驻商户具有面料创新研发或服装创意设计实力。

（4）打造商贸综合服务平台，从传统批发走向孵化时尚产业园。

广州依托原地转型升级或搬迁的批发市场，优先解决市场用地及优化空间布局，改善基础与公共配套设施，促进仓储物流分离及外迁，优化发展商品交易、商品集散、展示展览、财务结算、信息传播等功能，延伸发展购物休闲、文化旅游、酒店餐饮、金融服务、研发设计、中介服务、总部办公等功能，形成批发市场功能与其他功能互动、线上与线下双向驱动的多功能现代批发市场平台。主要路径有促进批发市场集群统筹规划，不断完善城市配套服务功能，构建展贸交易、物流配送、产业集群支撑、综合服务一体化平台，实现一站式采购服务。

以广州轻纺交易园为例，孵化时尚产业的创新服务平台"广州·设界"对商户提供了非常大的帮助。商户最大的变化在于从原来档口经营到品牌概念的模式转变，原来经营一间档口服装店，局限在很小的市场里，现在在这里则可以整合外部资源，还有专业检测等配套机构，实现品牌对接，由此带给了商户更多的发展机会，从而使其营业收入也得到提升。

再如，广州轻纺交易园综合服务能力的提高，使得商户可通过平台获得更多的帮助。比如，设计师可以从"广州·设界"里获取更多囊括前端产业在内的面料资源，能更精准地为品牌商服务，这在选择面料上节约了大量时间成本,并极大地提高了资源整合效率。和以往由个体掌握的少数供应商相比,现在的资源库更大,从而能更好地匹配市场。广州轻纺交易园还与世界知名的服装设计院校——意大利卡罗世纪服装学院合作办学,为志愿学生和从业人员提供与国际标准接轨的服装设计和版型工艺的培训,以孵化更多的未来设计师。

(5) 出台转型疏解政策,推动城市管理新进程。

广州商务部门根据市场转型发展的最新需要,牵头制定了《广州市加快推进专业批发市场转型疏解三年行动方案(2019—2021年)》。广州将坚持产业优化与社会治理相结合、全面推进与重点突破相结合、着眼当前与长远谋划相结合,实施专业批发市场转型疏解政策。在严格控制专业批发市场增量的同时,加强统筹协调和部门联动,按照"转型升级、转营发展、拆除关闭、搬迁疏解、规范整治"五种方式分类处理,实施"一场一策",推动专业批发市场转型疏解工作,促进全市专业批发市场高质量发展,为推进国际商贸中心建设提供有力支撑,为实现老城市新活力做出积极贡献。

【参考文献】

[1] 人民日报评论员:抓住大机遇 建好大湾区 [EB/OL]. (2019 – 02 – 19) [2019 – 11 – 06]. http://theory.people.com.cn/n1/2019/0219/c40531 – 30804108.html.

[2] 蔡春铭. 绿色账户在行动 [J]. 中国银行业,2017 (1):114.

全面提高广州城市精细化管理水平研究

黄丽华
(中共广州市委党校课题组)

摘 要：2018年10月，习近平总书记在视察广东期间对广州提出了"老城市新活力"的时代课题，这为广州推进超大城市治理体系和治理能力现代化指明了根本方向。高水平的城市精细化管理是加强和创新超大城市治理的必然要求，也是推动老城市实现新活力的重要前提。广州作为国内一线超大城市，同时肩负国家中心城市和粤港澳大湾区区域发展核心引擎的重任，应立足自身实际，着力加强城市精细化管理以营造良好城市环境。本研究立足近年来广州城市发展实际，以调查研究的方式分析推进城市精细化管理面临的现实挑战，指出下一阶段广州提高城市精细化管理水平的基本方向，并提出具体的对策建议。

关键词：城市发展；精细化管理；粤港澳大湾区

一、导论

(一) 研究背景

自从党的十八届五中全会提出推进社会治理精细化的战略目标以来，"精细化"日益成为引领社会建设、行政改革、城市治理等不同领域政策导向的热门关键词。特别是在城市治理方面，精细化思想更是已经上升为顶层设计理念和核心指导原则。2015年12月，中央城市工作会议提出政府要创新城市治理方式，特别是要注意加强城市精细化管理。2017年2月，习近平总书记在视察北京时强调，"城市管理要像绣花一样精细"。越是超大城市，管理越要精细。2018年11月，习近平在视察上海时强调，"既要善于运用现代科技手段实现智能化，又要通过绣花般的细心、耐心、巧心提高精细化水平，绣出城市的品质品牌"。

2018年10月24日，习近平总书记考察广州市荔湾区西关历史文化街区永庆坊，从城市规划建设和城市文明传承的角度再次指出精细化思想的重要性，强调要"突出地方特色，注重人居环境改善，更多采用微改造这种'绣花'功夫，注重文明传承、文化延续，让城市留下记忆，让人们记住乡愁"。广州在快速城市化进程中也积累了一些矛盾，城市管理运行效率和公共服务供给能力还有提升空间，人口膨胀、交通拥堵、环境恶化等"城市病"问题仍然存在。从城市治理面临的基础性条件看，有两个方面特别值得关注。第一，广州市近年来常住人口持续增加，人口净流入量长期位居全国前列，具体如表1所示。这与北京和上海常住人口规模已经呈现出相对稳定的态势相有着显著差异，流动人口持续增加的形势要求城市服务管理需要具有前瞻性。第二，广州市主城区不充分城市化的状态仍然存在，最为突出的表现就是数量庞大、遍布全市不同区域的"城中村"，这既是城市发展不平衡的集中体现，也是长期困扰城市管理者的主要短板，耗费了大量服务管理成本但治理效果却并不显著。

表1 近年来超大城市常住人口变化情况

（单位：万人）

城市	2014年		2015年		2016年		2017年		2018年	
	常住	户籍	常住	户籍	常住	户籍	常住	户籍	常住	户籍
北京	1332.9	2151.6	1347.9	2170.5	1365.4	2172.9	1376.4	2170.7	1389.6	2154.2
上海	1429.3	2425.7	1433.6	2415.3	1439.5	2419.7	1445.7	2418.3	1447.6	2423.8
广州	842.4	1308.1	854.2	1350.1	870.5	1404.4	897.9	1449.8	927.7	1490.4
深圳	332.2	1077.9	355.0	1137.9	384.5	1190.8	434.7	1252.8	454.7	1302.7

（资料来源：各市历年国民经济和社会发展统计公报。）

（二）研究意义

经历了改革开放以来世界历史上规模最大、速度最快的城镇化进程之后，精细化管理已经成为我国推进城市治理体系和治理能力现代化的关键举措。对于广州来说，城市精细化管理也是新时代引领城市治理现代化转型的重要战略目标和基本政策导向，深入研究这一主题具有重要意义。

第一，为广州提高城市管理效率提供操作指引。现代城市及其管理是一个开放的复杂系统，地域扩张、资源聚集、人口流动等城市化附属产物大大拓展了城市管理的"部件"和"事件"，同时也带来了公共事务治理的巨大压力，特别是防范公共安全潜在风险的压力。加强城市精细化管理，有助于绘制提高城市管理效率、保障城市有序运行的"说明书"，避免因细节管理不善导致连锁性、扩散性风险。

第二，为广州提升城市发展品质提供有益思路。城市不断扩张导致公共事务的外延不断扩大，传统的粗放式管理模式已难以有效应对日益突出的"城市病"问题，这是影响超大城市品质的重要难题。缓解各类"城市病"，必须扭转粗放式管理模式，转为依赖和发挥精细化管理的比较优势，以结构优化而不仅仅是资源要素投入的方式来提升城市治理效率。

第三，为广州落实以人民为中心的发展理念提供重要参考。当前，人口向大城市和都市圈集中的趋势愈加明显，广州市常住人口净流入量近年来持续处于高位。人口持续增长必然带来各类需求的急剧增加，城市精细化管理是回应市民需求的关键有效手段。无论是体制机制层面的管理精准化，还是具体操作层面的作业精深化，都有助于更好地满足城市居民日常生活的直接或间接需求。

（三）研究目标

一是聚焦广州城市管理的重点领域，点面结合，分析推进城市精细化管理的现实挑战。二是结合中央关于超大城市发展的部署，立足中观层次，提出广州推进精细化管理的基本方向。三是借鉴其他超大城市经验，结合广州实际情况，提出加强城市精细化管理的具体对策建议。本研究不求面面俱到，而是通过点面结合的方式分析广州推进城市精细化管理的现实挑战与未来方向。

（四）研究方法

一是文献研究法。广泛查阅关于城市精细化管理的学术论著、调查报告、统计资料等，对该领域相关研究形成学理层面的系统性认知；深入分析北京、上海等超大城市在推进精细化管理方面的政策文件并做出对比，总结归纳关于城市精细化管理的共识性认知和普遍性实践；梳理广州推进城市精细化管理的相关政策文件，更准确地把握目前广州城市管理创新的重点内容和基本方向。

二是案例研究法。超大城市治理涉及领域广泛，本文避免面面俱到的泛泛而谈，而是选取能够突出精细化管理实效性和针对性的焦点领域深入分析。具体来说，就是围绕"城中村"整治、城市环卫保洁、基层网格化管理等具体领域，运用实地调查研究的方式，探讨广州推进精细化管理面临的现实挑战，进而指出下一阶段广州提高城市精细化管理水平的基本方向和具体对策建议。

三是深度访谈法。在实地调研过程中，笔者与城市管理相关政府职能部门工作人员、基层镇街工作人员、村居工作人员等不同群体代表都进行了座谈，从中获得了立足不同角度对超大城市精细化管理的不同理解，特别是对当前城市发展过程中各类矛盾的不同见解以及相应解决思路。

二、广州市城市精细化管理的现状与做法

（一）管理现状

广州市城市管理工作目前实行二级政府（市、区）、三级管理（市、区、街镇）、四级网络（市、区、街镇、社区）管理体制。市城市管理部门主要承担市容市貌管理、户外广告和招牌设置管理、环境卫生管理、生活垃圾分类处理、建筑废弃物管理、燃气行业管理等行政管理职责；执法部门主要行使市容环卫、城乡规划、城乡建设、环境保护、工商管理、水务、人民防空、白云山管理等 11 个方面 376 项行政处罚权。

广州市城市管理的执法模式主要有专项联合执法、常态联合执法、街（镇）牵头属地联合执法三种。市一级的城市管理部门主要采取专项联合执法和常态联合执法的方式开展执法工作，通过加强协调、监督、督导压实基层执法队责任。广州市从 2009 年开始执法重心下沉，各区城管分局在区属各街（镇）设立执法队，作为区城管执法分局的派出机构，执法主体为区城管执法分局，实行属地联合执法。目前，全市已基本完成城市管理和综合执法职能机构合并，大部分区分局已将原城市管理执法局的直属中队下放全街道或仅保留 1～2 支机动执法队伍。

（二）主要做法

目前，广州市推进城市精细化管理主要有以下做法。

一是建章立制，规范有序做好城市管理工作。广州市城市管理规范化、精细化、品质化，围绕"干净、整洁、平安、有序"，制定出台了一系列法规，现行地方法规有《广州市市容环境卫生管理规定》《广州市违法建设查处条例》《广州市建筑废弃物管理条例》等 7 部，政府规章和规范性文件有《广州

市环卫作业市场化运作监督管理办法》《广州市井盖设施管理试行办法》等29部，市城管委出台了十几个关于各方面的提升计划及若干规范制度。广州市还制定了环卫保洁、市容秩序、市政设施管养、绿化养护、市场管理、建筑工地管理等重点领域的行业管理标准规范，有《广州市环境卫生规范和质量标准》《广州市清扫保洁和道路清洗作业规范》《广州市生活垃圾路边临时收运点作业管理规范》等，以严、细、实的要求提高精细化管理水平。

二是结合实际，因地制宜做好城市管理工作。面对人少任务重的管理困境，各区采取抓重点区域、以点带面的方式开展城市管理工作，因地制宜探索适应实际需求的管理模式。例如，越秀区、荔湾区、海珠区等老城区注重主干道的保洁，打造老城区特色风貌，以微改造为契机整治"城中村"的"脏乱差"；越秀区、荔湾区等还建立了环境卫生微信监管群，发现问题马上上传，第一时间进行整改；天河区制定精细化管理细则，结合网格化工作，明确每条街道人员的管理职责，细化任务和职责；天河区、番禺区在考核方面建立了末位排名约谈的责任追究制度；黄埔区、海珠区两区积极发动社会资源，在"城中村"建立志愿者巡查小分队，并聘请第三方监管机构对环境卫生质量进行跟踪检查；白云区推进环境卫生"治脏"、市容及公共安全"治乱"和来穗人员服务治理"三个治理"，梯次推进城区主要道路、重点区域和内街内巷"三个升级"；"外围四区"（花都区、南沙区、增城区、从化区）立足城乡发展不平衡的客观情况，主抓人居环境整治，重点做好建成区部分的道路清扫和示范街建设，再逐步铺开次干道的管理，农村面积较大的增城、从化等地重点保障人口密集地的环境卫生，结合乡村振兴工作，开展农村垃圾整治工作。

三是监督检查，常抓不懈做好城市管理工作。广州市于2012年全面铺开城市管理综合提升考评工作，自2015年以来，结合"干净、整洁、平安、有序"城市环境建设要求，调整检查项目、内容与评价方式，形成了更为科学、系统的广州市建设"干净、整洁、平安、有序"城市环境检查评价体系。由市城管委牵头，联合市交通委员会、林业园林局、公安局、市卫生健康委员会等部门组成若干考评组，采取常态化巡查、暗检、年终明检查等方式对各区城市管理工作进行考核评价，实行"以奖代拨"的考评奖惩方式。各区以问题为导向，抓紧整改，力争上游，常抓不懈，不断提升城市管理服务质量，使市民更有获得感和满足感。市级层面以检查评价工作为抓手，建立了统一规范、上下联动的检查评价机制，深化常态督查，抓实督促指导，进一步提升城市管理规范化、精细化、品质化水平。

三、广州市加强城市精细化管理面临的现实挑战

城市精细化管理作为一种系统性、综合性的顶层设计理念，涉及诸多城市工作领域。本部分选取城市精细化管理焦点领域，以实地调研为基础，从中观层次归纳广州推进超大城市精细化管理面临的突出问题。

（一）城市化发展不充分是推进精细化管理的首要挑战：以"城中村"为例

广州市"城中村"数量多、占地面积大，集中体现了广州市城市化不充分的状态，是当前广州城市公共服务管理的"洼地"，也是需要着力加强城市精细化管理的关键领域。我们要立足更高站位，以强化精细化管理工作的系统性和协同性，为建立"城中村"治理长效机制创造更多更好的条件。

1. "城中村"概况与近期整治措施

根据《广东省住房和城乡建设厅 广东省国土资源厅关于开展全省"城中村"调查的通知》（粤建规函〔2016〕3522号），"城中村"指位于城镇建成区范围内（包括城乡接合部）失去或基本失去耕地，实行村民自治和农村集体所有制的村庄（包括集体土地已转为国有或已完成"村改居"，但原农村集体经济组织的继受单位及原村民保留使用的非农建设用地范围内的建成区域）。根据笔者调查，目前全市城镇建成区范围内的"城中村"共有272个，分布于广州市的11个区。其中，番禺区的"城中村"数量是全市之最，达到了100个，占到了全市总量的37%；其次是白云区，该区"城中村"总数为49个，占全市总量的18%。上述两区的"城中村"数量合计约占全市"城中村"总量的55%。另外，花都、黄埔、天河三区的"城中村"数量也均超过了20个。"城中村"数量相对较少的是南沙、从化、越秀和增城四区，其中越秀区是因为城市化程度比较发达，另三区则主要是因为城市化进程相对滞后。

从占地面积看，全市272个"城中村"的总面积为534.63平方千米，占广州市建成区总面积1237.55平方千米的43.2%。其中，番禺区"城中村"的地域面积为137.35平方千米，"城中村"地域面积占行政区面积的25.92%。荔湾区的"城中村"总量虽然只有19个，但该区"城中村"的地域面积占行政区面积的比例达到51.87%，为全市之最。另外，天河区与海珠区"城中村"的地域面积占行政区面积的比重也分别达到48.45%与37.50%。

（参见表2）

表2 广州市"城中村"数量分布及地域面积基本情况

序号	行政区	城中村数量（个）	"城中村"地域面积（平方千米）	现状建筑面积（百万平方米）	行政区面积（平方千米）	"城中村"地域面积占行政区面积的比例（%）
1	越秀区	6	4.06	3.69	33.80	12.01
2	海珠区	16	33.90	36.64	90.40	37.50
3	荔湾区	19	30.65	24.87	59.10	51.87
4	天河区	25	46.68	34.92	96.33	48.45
5	白云区	49	98.37	148.96	795.79	12.36
6	黄埔区	22	99.43	31.58	484.17	20.54
7	花都区	20	44.90	25.63	970.04	4.63
8	番禺区	100	137.35	69.52	529.94	25.92
9	南沙区	1	4.02	0.27	783.86	0.51
10	从化区	7	9.44	9.50	1974.50	0.48
11	增城区	7	25.84	3.21	1616.47	1.60
总计		272	534.63	388.78	7434.40	7.19

［数据来源："城中村"地域面积数据来源于广州市来穗人员服务管理局；广州市各行政区域面积数据来自"开放广东"（网址：http://www.gddata.gov.cn/index.php/data/datasetdetail/id/1803.html）。］

面对"城中村"发展现状，特别是人居环境差、安全隐患多、治安形势复杂等问题，广州市相关职能部门开展了一系列综合整治活动，体现出精细化管理的基本导向。比较有代表性的工作包括以下几个方面。

一是推进"四标四实"工作。自2017年4月以来，广州市开始开展以"四标四实"为核心的"深化平安有序、规范城市管理"专项行动，旨在实现城市治理基础要素信息"共建共治共享"，摸清城市的人口、房屋、单位设施等家底，将这些数据落到地图上，实现管理落地，更好地辅助相关部门的日常管理工作。

二是推进"城中村"基础信息大排查。在"四标四实"专项行动取得阶段性成果的基础上，为进一步落实中央巡视组对"城中村"问题整改的要求，从 2018 年 8 月至 12 月，在全市 272 个"城中村"范围内开展了基础信息大排查专项行动，采集、排查"人、屋、单位、设施、门禁视频、消防、违建、违法"等基础信息和情况。

三是开展人居环境整治。2018 年 6 月，广州印发实施《广州市"城中村"综合整治工作指引》，明确了"城中村"综合整治工作的改造对象、改造主体、改造方式、改造内容、建设指引、工作流程和保障措施等。之后，广州针对"城中村"环境开展了三个阶段的专项整治工作。从第一阶段的动员部署、摸查卫生黑点，到第二个阶段实施"一镇一方案、一村一张图"挂图作战，再到正在施行的第三个阶段对图销号、整改"脏乱差"，目前"城中村"环境卫生"脏乱差"现象初步得到改善。

2. "城中村"精细化管理面临的主要困难

获得更多高质量的信息、充分了解社会事实，是实施有效而精准的治理的前提。经过前期的集中整治，广州市"城中村"基础信息更加清晰，环境卫生"脏乱差"现象初步得到改善，社会治理的基础性工作也得到加强。但是，由于全市"城中村"社会治理历史欠账多，依然存在工作基础薄弱、工作协同的联动性不足等诸多问题，主要体现在以下几个方面。

第一，基础设施规划建设滞后，违章建筑多，人居环境"脏乱差"问题在短期内难以彻底改观。"城中村"中主要有两种类型的物业：一种是在集体留用地基础上开发建设的物业；另一种是村民在宅基地上修建的住宅，俗称"农民房"。由于土地性质的差异，"城中村"在空间形态上与其周边的城区形成较大反差，土地利用不经济，建筑物密度大，楼间距窄，被形象地称为"握手楼""一线天"。相应地，村内公共绿地、体育活动场地、文化广场、停车场等公共空间设施缺乏，卫生环境差，卫生死角多。同时，"城中村"基础设施不完善，村内道路狭窄，管道天然气、通信网络及地下管网建设滞后，"违建"多，在排水、消防、抗震、抗台风等方面存在大量隐患。另外，从 1998 年开始，广州市就停止了对农村宅基地的审批，"城中村"居民的新增居住需求一直难以得到回应，加上房屋出租的巨大利益诱惑，导致"城中村"在改造过程中仍然不断产生新的违章建筑，继续扩大"历史遗留问题"的规模和复杂性。这些问题叠加在一起，使得解决"城中村"环境"脏乱差"问题将是一个长期的过程。

第二，高流动性的来穗人员以来源地及业缘关系为纽带租住在"城中村"，形成聚居群落，潜在社会风险高。"城中村"出租屋数量众多，租金相对低廉，吸引了大量低端产业就业人群甚至是无业人员集聚，人口流动性非常高,人员管控难度大。综合"城中村"来穗人员的户籍地、就业分布及其在广州的居住地进行分析,可以发现三者之间存在明显的趋同性。籍贯地、行业及居住地的三重聚集为城市社会稳定埋下了风险隐患。

第三,数量庞大的低成本出租屋和廉价劳动力,从供求两端为"散乱污"小企业提供了生存土壤,滋生一系列社会问题。"城中村"居民在失去耕地后,逐渐由过去以农业生产经营为主,转变为依托集体留用地和宅基地物业的租赁型经济形态,即从耕田转变为"耕楼"。由于"城中村"出租屋数量多,租金成本低,且廉价劳动力集中,从供给与需求两端为低端产业的发展提供了最适宜的生存土壤,造成"城中村"低端制造业、餐饮业、仓储业等产业和"散乱污"小企业的蓬勃发展,容易扰乱社会秩序,滋生治安问题及各种安全隐患。

从深层次看,管理体制碎片化、工作统筹力度弱是"城中村"社会治理长期难以实现真正突破的根本原因。广州市"城中村"社会治理缺乏专门机构进行综合性统筹,在管理体制上呈现出典型的碎片化结构,因此,社会治理的常态化工作开展就存在非常大的局限性,无法实现深层次的职能整合,在推进"城中村"社会治理的整体效能方面难以实现质的突破。对于城市精细化管理而言,注重对细节的整治只是初级阶段,更好地实现城市管理绩效必须建基于系统化的工作机制之上,这项短板在"城中村"整治中体现得尤为突出。

(二) 基础性工作体制不健全是推进精细化管理的突出弱项:以环卫保洁为例

城市环境卫生保洁是城市管理的重要领域,也是最能体现精细化管理绩效的领域。近年来,广州市开展"干净、整洁、平安、有序"的城市环境治理取得了显著成效。但是,作为一项基础性事业,城市环卫保洁事业不仅应该获得更大程度的重视,相应的工作体制也需要进一步完善。

1. 对环卫事业认识不到位,管理体制机制不健全

2009 年,随着大部制改革的推行,原市容环卫、建设等部门中有关城市市容环境卫生管理的职责整合到了市城管委和区城管局,由此在广州的市、区两级政府形成了由市、区城市管理部门主管城市环境卫生工作的行政体制并延续至今。另外,街(镇)以及村(居)也不同程度地承担着辖区范围内的环境卫生管理职责,但具体职责内容在不同的行政区呈现出复杂的多样化形态,由此形成了"市-区-街(镇)-村(居)"的"两级政府、三级管理、四级网络"的环境卫生管理体制。但是,政府部门对环境卫生的管理在不同层级与部门之间依然呈现出较强的碎片化特征。尤其是在区级以下，制度安排缺乏统一规范。区级层面的环卫基层管理和作业机构设置也不统一，各区在制度建设上也没有进行统一规范。

2. 投入不到位，城市环卫保洁事业低端化发展

广州市环境卫生经费投入呈现多元化格局。市级层面的环卫经费基本能够由市财政足额保障。在区级和街镇级层面，有的区将环卫经费纳入财政足额统筹安排，而有的区由财政统筹的环卫经费则未达到预算定额标准，另外还有的区下辖的街镇完全以街镇自筹作为环卫经费主要来源。

投入不到位造成了广州市环卫产业的低端化发展。由于之前环卫市场化改革的目标之一就是减少政府投入，有的政府部门在进行市场化公开招标时，也采用了最低报价法进行评标，报价最低者中标。同时，政府投入环境作业的经费也不足以支撑环卫公司按照要求完成作业质量。这导致环卫主体只能以低廉的劳动力、原始的生产方式来支撑环卫作业，无法吸引社会资金的投入、参与和竞争，环卫行业市场上充斥着低成本、规模小、实力弱的小型环卫公司，"劣币驱逐良币"，谋求长远发展的优质环卫企业难以与政府相关部门建立长期合作关系。最终造成行业发展受限，环卫工人待遇较低，整个环卫市场发展陷入恶性循环。从笔者的调研情况来看，由于基层环卫经费有限、环卫工人配备不足，即便市、区层面为街镇环卫站配备了机械化清扫机器，街镇环卫站也难以维持机械化设备的管养维护费用，从而使得推行机械化设备清扫作业的积极性也受到抑制。另外，由于环卫作业过度下沉，环卫服务区域分割太细，导致市场呈现碎片化，绝大多数环卫企业的规模都很小，很多环卫企业只需要添置几台作业车辆、廉价雇佣一支保洁队伍就开始去参与政府购买服务了，这种状况也不容易激励企业在机械化方面增加投资。环卫行业的低端化发展制约了城市环境品质的提升，与城市管理精细化的要求相悖，成为推进现代化建设的薄弱环节。

3. 保障不到位，环卫队伍生存压力大

环卫工收入水平过低，生存压力较大。根据笔者的调查，目前广州市各区环卫工人的月平均工资较低，不仅与其他一线城市的环卫工人有较大差距，同时也远低于广州市在岗职工的平均工资水平。由于住房保障缺位，广州市的大部分环卫工人通过租房解决住宿问题。其中，越秀、荔湾、天河、海珠几个中心城区的环卫工人租房率超过了70%。作为一线城市，广州的租房成本高昂，远远超过了环卫工人的工资承受水平，导致环卫工人的住宿环境普遍差。多数环卫工人为了降低租房成本，只能去到远离中心城区的地方租房，这义导致在

中心城区工作的环卫工人的通勤时间大大延长。此外，环卫工人的工作强度大、基本权益保障不足等问题普遍存在，主要表现在人均保洁面积大、人均作业时间长、安全生产和职业病风险高、配套政策落实不到位等方面。

（三）基层权责不匹配是推进精细化管理的关键短板：以网格化管理为例

细化城市治理单元是落实相关治理主体责任、强化微观事务管理效果的重要举措，也是提高城市精细化管理水平的重要支撑，网格化管理就是这样一种导向性探索。广州市自2012年起开始实行网格化管理，分别在越秀、海珠、荔湾、天河、黄埔等区的部分街道开展试点工作，2014年10月起，即正式在全市铺开网格化管理工作。经过近5年的运行，网格化管理工作取得了一定的成效，但总体上看仍然面临很多困难，集中体现在基层能力责任不匹配的情况。

1. 网格化管理工作整体推进情况

2014年，广州全面部署推进网格化工作，当时共划设了16658个城市社区基础网格，梳理了第一批入格事项176项。2017年，中共广州市委政法委推进综治网格化工作，共有197项综治网格事项实行网格化管理。2017年4月，全市开展"四标四实"工作，将网格化工作扩大到农村地区，重新划设城市和农村基础网格共19430个，梳理汇总网格事项共466项。2017年8月，国家质量监督检验检疫总局、标准化管理委员会出台网格化工作的国家标准《城乡社区网格化服务管理规范》（GB/T 34300—2017），提出总体目标、网格划分、工作机构和运行方式、设施和经费保障等方面的要求，明确各级网格化服务管理中心与综治中心一体运行，这为更好地推进网格化管理工作提供了权威依据。从牵头部门看，广州市网格化管理工作先后经历了市民政局、市委政法委、市政务办等不同部门主管的阶段。2019年以来，广州市来穗人员服务管理局开始全面承担网格化服务管理工作，将全市原标准基础网格优化调整划分为19500个，作为覆盖城乡社会治理和公共服务的基本单元，并强化以出租屋管理员为主体的网格员队伍。

2. 网格化管理工作存在的主要问题

网格化管理有助于细化城市管理目标、明确责任落实主体，是推动行政管理链条向下延伸、深化政府与社会关系和互动的重要举措，但是在实践中面临不少困难。总体上看，推进网格化管理的质量与各个街道、社区的重视程度密切相关，部分投入人、财、物力度较大的街道和社区效果比较明显，部分不重视的区域则流于形式。总的来说，网格化管理工作存在的主要问题有以下五个。

第一，工作体系不健全，无实体化运作机构。目前，广州市网格化服务管理没有形成一个自上而下的健全工作体系，尤其是镇（街）一级的网格化服务管理工作机构大多是临时机构，没有实现实体化运作，中心负责人多为职能科室负责人兼任，相关工作缺乏强有力的协调统筹和指挥调动。在有的区，大多数街道的网格化管理中心负责人为兼职，通常由党政办、民政科、综治办等科室负责人担任。相关机构除了要承担网格化服务管理工作任务之外，还需要同时担负各种非常规、临时性的工作任务。在工作开展过程中，存在边界模糊、责任难落实等问题。比如，在网格事件指派时归属权不明，容易指派错误；事件处理调度员无法与相关职能部门及时取得联系，询问渠道不畅；等等。

第二，工作机制不完善，基层能力责任不匹配。一方面，基层工作中"采办分离"的机制没有得到贯彻落实，导致基层上报的问题最后经常还是返回到基层去办理，降低了基层网格员发现及上报问题的积极性。另一方面，缺乏有效的激励机制。按照某区此前出台的考评规则，每月每个网格员完成12宗事件以上的给予200元奖励，完成9~11宗的奖励150元，6~8宗的奖励100元，完成5宗及以下的没有奖励。这一激励机制与工作任务相比，难以调动起网格员的工作积极性，影响了网格化管理的推进质量。在目前经费、编制等服务管理资源并没有真正下沉到位、基层事权和人员严重不足的情况下，网格员承担的责任与实际能力之间严重不匹配，容易造成服务管理的真空地带。最终造成的结果是，网格化服务管理更加注重事件上报数量以及结案率，而不注重事件完成质量，甚至为了完成指标任务而产生"凑单数"的情况。比如，某街道民政部门负责人就曾谈道，像清理垃圾这一事项，以前环卫工人看到了可能就直接清理了，但是进入网格后，他们还要先拍照、上传网格，清理完后，再上传处理结果，用这样的方式来完成网格事件上报数量和处置数的任务。

第三，网格员专职化程度低，队伍工作能力有待提升。加强网格化服务管理工作是城市社会治理工作常态化机制的需要，也是城市社会治理常态化的方式和渠道。但是，目前全市网格化服务管理的运作存在较大缺陷，尤其是现有的网格员队伍绝大多数以出租屋管理员和居委会专职工作人员兼任为主，难以适应网格化服务管理内容涉及面广、管理难度大的要求。由于人员分属不同队伍，存在业务素质参差不齐、同工不同酬、稳定率低等诸多问题，导致网格员队伍不能真正对社会事务实现常态化管理，难以满足精细化管理工作要求。

第四，信息系统不统一，多平台同时运行。推行网格化管理的一个重要目标就是打破条块分割，破解信息孤岛，实现信息资源共享。然而在实际操作中，网格化服务管理系统并未真正将相关城市管理职能部门的信息管理平台整合在一起，与公安、消防、人社、民政、卫生、住建、国土、城管、气象等部门的业务系统不对接，造成分割的数据之间难以相互衔接和匹配，关键的数据得不到及时更新，数据的时效性较差，未达到真正的信息共享。特别是由于法律法规限制，基层网格化管理工作最需要的常住人口"四大变动"信息、街路巷、门楼牌单元房间、地址地名数据、银行自助设备、监控电子眼和视频数据、计生数据等八大类数据无法通过系统自动获得和比对，造成电子化系统中的基础数据需基层经办人员反复比对、反复录入，工作量大、效率低，信息精确率和动态性难以保证。同时，目前还存在多个网格化管理电子平台并存的情况，各个平台之间不能互联互通，各有考核要求，导致社区工作人员或网格员平时需要在多个系统录入信息，重复劳动的现象普遍发生，大大增加了工作人员的工作量。

第五，网格事项不统一，工作流程欠规范。入格事项中，城市社区网格事项、综治网格事项、"四标四实"事项，有部分交叉重复，工作流程不规范、不清晰。

关于以上三个方面的论述，本文以当前广州城市管理的焦点领域或重点任务即"城中村"整治、城市环卫保洁、网格化管理为典型案例，在对具体工作领域深入分析的基础上，从中观层面透视广州市精细化管理面临的突出挑战，主要总结为三个方面：一是不充分城市化状态是推进精细化管理的首要挑战，这要求从全市顶层设计层面对精细化管理工作加以审视；二是基础性工作体制不健全，这要求在对精细化管理需求最迫切的若干领域进一步完善工作体制，并形成示范效应；三是基层能力责任不匹配，要求在推动社会治理重心向基层下移的过程中完善相应配套措施。由此可见，对广州而言，加快推进城市精细化管理需要在完善顶层设计、重点领域示范、强化基层支撑三个层面重点发力。

四、国内部分城市加强精细化管理的经验梳理

从北京、上海、杭州、成都、重庆、青岛等城市在推进精细化管理方面的实践和经验来看，以下四点值得学习借鉴。

（一）工作重视的程度高

一是领导高度重视。上述城市都将城市精细化管理作为重要工作来抓。例如，北京市以"街乡吹哨、部门报到"机制来推动城市精细化管理；上海市提出对标卓越的全球城市，抓重点、补短板、强弱项，把精细化管理的理念、手段、要求落实到城市管理领域的各项工作中；重庆市提出要"着力在大城智管、大城细管、大城众管上下功夫、求突破"；青岛市提出要"为人民管理城市，坚持世界眼光、国际标准、本土优势，推进青岛城市管理工作走在全国前列"。

二是明确专责机构。不少城市明确了城市精细化管理工作的专责部门和专责人员，负责统筹推进各项工作。例如，杭州市城管委成立了城市精细化管理领导小组，办公室设在规划处；成都市城管委、重庆市城管委分别明确由规划科技处、技术标准处来统筹推进城市精细化管理工作。

（二）制度体系比较完善

一是出台实施意见和行动计划。例如，北京市2019年下发的第1号文件就是《关于加强城市精细化管理工作的意见》，提出落实"精治、共治、法治"要求，推动城市管理法治化、标准化、智能化、专业化、社会化；上海市2017年出台了《关于加强本市城市精细化管理工作的实施意见》，强调以全覆盖、全天候、全过程和法治化、社会化、智能化、标准化为着力点，把精细化管理的理念、手段、要求落实到城市管理领域的各项工作中。

二是健全标准体系。例如，成都市城管委从顶层设计、标准制定、科技支撑三个维度全力推进标准化建设，编制了《成都城市管理精细化标准》，制定了区域性地方标准4项、委系统标准规范55项，开发了标准化数据库。

（三）工作机制比较健全

上述城市在加强城市精细化管理过程中，都注重在示范创建、社会参与、检查督导等方面建机制、下功夫。一是示范创建机制。例如，成都市在全市范围内开展"最美街道、最差街道"评选，每半年评选一次，让市民给街道"选美"。二是社会参与机制。例如，北京市充分调动群众参与基层社会治理的积极性，形成了"朝阳群众""西城大妈"等热心市民群体以及相应的政府引导机制。三是检查督导机制。例如，重庆市成立由市城管委和主城区主要领导、分管领导组成的主城区城市管理巡查督导领导小组，深入"老大难"一线解决积重难返的问题，建立问题督办机制，分级挂牌限时整改。

（四）工作手段比较多样

一是丰富网格化管理内涵。例如，济南市、青岛市、重庆市将网格化管理和"街长制"相结合共同推进，特别是重庆在全市推行城市综合管理"五长制"（即在街道设立一个街长，每条道路、巷子设立双路长、双巷长，每栋居民楼设立一个楼长，每4～5个店设立一个店长），"五长"协同"网格长"一起，发现问题及时督促整改。

二是加强数字化城管建设。上述城市普遍注重以"城管工作、数字先行"理念为指导，着力加强数字城管机构建设，整合公安、交警等视频探头，建立完善"发现—交办—解决问题"的工作机制，设立专门的巡查监督员，发挥数字城管在巡查、发现、上报、督导等方面的作用。

五、广州市加强城市精细化管理的对策建议

推进城市精细化管理是一项系统性工程，既要注重宏观层面的体制建设，也要把握中观层面的机制设计，还要关注微观层面的细节实操，关键在于顺应城市发展规律，把握和遵循精细化管理运作的内在逻辑，着力推动城市整体服务管理水平的提高。

（一）广州推进城市精细化管理需要坚持的基本逻辑

1. 把握投入与产出的平衡

推进精细化管理在提高城市管理效率和公共服务品质的同时，也因其细致、精准、严格等高要求而不可避免地需要付出更多的人力、物力、财力等成本。尽管新一代信息技术可以发挥重要的辅助作用而节约部分成本，但是必要的物质保障是否到位仍然是影响精细化管理效果的首要因素。比如，很多城市的"部件"底数信息采集还不全面，包括土地现状、建筑物信息、地理信息、人口信息等，距离"数据覆盖全、数据采集准、数据精度高、数据更新快"的要求还有一定的差距，而且这些数据经常处于变动过程中，必须持续跟踪才能准确把握。而这些都是精细化管理赖以实施的重要依据，完成此类信息采集工作必须依靠坚实的组织保障和持续的成本投入。如同市场主体在进行经济活动前要进行成本收益分析，考虑相应行为在经济价值上的预期得失，以便对投入与产出关系有一个尽可能科学的估计，实施城市精细化管理同样也要重点考

虑投入与产出之间的平衡，特别是在产出方面要更全面、更系统、更客观地评估实际应用效果，包括市民满意度反馈，以确保在节约成本投入情况下取得尽可能多的回报，保证管理绩效的针对性和持续性，进而形成良性运转机制，避免精细化管理走向"形式化""机械化"而造成资源浪费。

2. 优化过程与结果的衔接

精细化管理以提高城市治理效率、优化公共服务品质作为重要目标之一，"结果呈现"是最能直观体现管理绩效的方式。比如，环境卫生保洁、流动摊贩整治、违章建筑拆除等，都是城市管理中最能体现外在效果的重点领域，也因为便于量化测算而成为当前各管理主体特别是行政机构最为倚重的考核指标。结果导向固然很重要，但过多地聚焦"现象"的最终呈现可能会走向偏颇，这也是导致过度追求细节量化的实践偏差产生的重要原因。更为重要的是，"唯结果论"会分散对事物发展"过程"和"本质"应有的关注力度，影响发现问题的敏锐度和资源配置的科学性，甚至阻碍解决问题的长效机制的形成。长远来看，精细化管理绩效的实现最根本还是有赖于内在管理体制和机制的建立、运作和优化，只有由表及里地挖掘深层次的因素，不断完善管理过程并形成相应的实操方案，才能真正水到渠成、事半功倍地实现预期的外在管理效果。所以，在城市精细化管理中，我们必须正确处理过程和结果的关系，由对结果的重视向更好地把握管理过程和内在规律延伸，最终实现两者的统一。

3. 理顺优先发展与长远目标的关系

如前文所述，城市管理尽管涉及领域众多，但是始终存在需要重点关注和优先处置的领域。有的研究主张，建立"关键问题管理模式"，突出解决城市管理重点问题，选择城市发展的关键区域、关键问题作为城市管理资源配置和确定管理重心的依据。推进精细化管理也可以借鉴这一理念，相关部门需要确立优先发展和均衡发展的辩证关系，把握好近期目标与长远目标的序次关系。在针对不同领域制定或完善相应的精细化管理体系与具体操作方案之前，需要以"底线思维"和"木桶定律"审视城市管理的方方面面，科学考察相关管理领域的"急、难、险、重"程度，集中力量在短板环节率先推行精细化管理，加大资源配置力度。比如，从安全稳定的角度看，涉及应急管理的领域如抗灾救灾、安全生产等应该率先形成完善的精细化管理思路；从人口发展角度看，外来人口聚集区、流动性大的区域应该予以重点关注；从地理区位角度看，城乡接合部、城中村、老旧社区应该下大力气加以改善。在此基础上，我们应该循序渐进，不断扩大城市精细化管理的覆盖范围，而先行制定和落实精细化管理方案并取得积极治理效果的实践领域，则会对后续推广具有良好参考价值和示范带动作用。

4. 把握政府主导与社会协同的关系

实施城市精细化管理的主导者是各级行政部门，但是精细化管理涉及大量微观事务，完全依靠政府力量必然造成极大的行政成本支出，且未必能达到预期的良好效果。如同新时代社会治理必须营造"共建共治共享"格局，精细化管理同样也要推动参与主体多元化，既要强化市民、社区、企业的主体责任，也要发挥行业协会、商会、公益机构等专业性社会组织的作用，还要拓展公众参与渠道，建立健全社会监督和舆论监督机制。需要注意的是，实施精细化管理需要打造的是"一主多元"的管理格局，即加强党委领导，发挥政府主导作用，鼓励和支持社会各方面参与，实现政府治理和社会自我调节、居民自治良性互动，而不是缺少核心的"主体多元化"。因此，我们必须准确把握政府主导与社会协同的共治关系，在强化政府行政管理责任的同时，进一步通过各种方式调动各类社会主体参与精细化管理的积极性，包括加大力度出台各类激励措施，营造参与的文化氛围，活用各类非正式制度如村规民约、居民公约等。

（二）广州推进城市精细化管理的具体建议

1. 把握总体方向，明确城市精细化管理的基本要求

第一，以服务市民为宗旨。城市精细化管理本质上具有公共服务属性，其本身并不是最终目的，而是回应市民需求和助力城市发展的手段。无论是体制机制层面的管理精准化，还是具体操作层面的作业精细化，最终都必须服务于城市居民日常生活的直接或间接需求。当前，推进精细化管理不仅需要重视对"物"的管理，更要注重对"人"的服务，其中不可或缺的就是回应市民的急切反馈，渠道要顺畅、响应要及时、执行要到位。

第二，以提升效率为中心。不论是在企业生产中还是在城市运行中，提高管理效率始终是精细化管理的中心目标。不同的是，由于城市各项公共事务涉及的行业、部门越来越多，提升效率需要频繁的跨界协作、联动实施，综合性统筹机构的稳定设置就显得很有必要。

第三，以过程可控为抓手。现代城市特别是超大城市安全运行的隐患层出不穷，坚守安全底线是各项工作顺利开展的前提，这有赖于城市管理各领域特别是诸如工业生产、交通运输等敏感领域的过程可控和细节可控，尤其要注重源头风险防范和重点环节监控，确保环环紧扣并形成系统的监管闭环。"过程

可控"的意义不仅在于防患于未然，同时也在于事中"救火"的及时性——确保事态发展得到及时有效的控制，遏制形势恶化以不超出可控范围，最大限度地减少可能带来的损失。

第四，以补齐硬件短板为要务。当前，我国城市建设整体上处于快速发展阶段，但是基础设施仍存在不少突出的短板，并且特别集中于"城中村"、城乡接合部、老旧社区等薄弱区域，相关城市"部件"恰恰是精细化管理的必要基础条件。

2. 注重顶层设计，出台城市精细化管理的实施意见

城市精细化管理涉及面广、关联性强，需要统一谋划、统筹推进。广州应立足自身实际，学习借鉴相关城市的经验做法，从完善广州城市管理顶层设计的高度，以市委市政府名义出台加强城市精细化管理的权威文件。就文件主体内容，本文提出如下建议。

（1）明确指导思想。在指导思想上，应做到"三个突出"：一是突出以人民为中心的思想，坚持人民城市为人民、人民城市人民管，把提升市民满意度作为城市管理工作的出发点和落脚点；二是突出遵循超大城市发展规律，以此作为构建城市精细化管理体系的科学基础，并使之与广州城市功能定位相适应、与城市发展战略相匹配、与经济社会发展相协调；三是突出问题导向，聚焦解决当前广州城市管理重点、难点问题，补齐城市管理短板，让精细化管理明显见效。

（2）设定若干方面的主体内容。广州加强城市精细化管理，应该以推动城市管理法治化、标准化、专业化、智能化、社会化为基本路径，相关内容应在文件中充分体现。具体来说：一是加强法治建设，包括完善法规规章、严格规范执法、加强基层综合执法、营造良好法治环境等；二是注重标准先行，完善城市精细化管理标准规范体系，特别是城市街巷、道路交通、河涌管理、园林绿化、市容环卫、城管执法等领域的标准规范，并抓好标准规范的实施；三是提升专业水平，加强城市管理专业化队伍建设，加大科研力量的专业化指导力度，提高管理末梢的专业化服务水平；四是深化科技应用，加强城市管理大数据平台建设，健全网格化城市管理体系，加强科技示范应用；五是引导多元共治，广泛动员社会各方力量，拓宽公众参与城市治理的渠道，健全城市管理公众评价机制，完善公众意见采纳情况反馈机制。

（3）聚焦城市日常运行的重点领域。一是重点关注保障城市日常运行的关键领域，包括城市规划、环境卫生（垃圾分类）、能源体系安全、交通运输管理、地下管线整治、供水排水和防洪排涝等，要在文件中分别细化相应的指导意见。二是将解决城市管理中群众反响大、长期难以解决的"老大难"问题放在显著位置，体现城市精细化管理的实效。建议在全面梳理广州城市管理具体内容基础上，筛选突出短板以及重点环节、领域，如拆除违章建筑、治理污染、治理水体等，在文件中予以重点强调。

3. 强化问题意识，打造城市精细化管理的微观样本

在实践中，推进精细化管理应该以解决城市管理具体问题为起点，以探寻问题背后的基本逻辑和产生机制为主线，以构建解决城市发展突出矛盾的系统化工作机制为目标。从治理主体的角度看，由于在城市运行过程中涉及的大量服务管理细节往往具有跨界特征，单一"部件"或"事件"的处置需要来自不同的政府部门、市场乃至社会等不同渠道力量的通力协作才能完成，否则往往会引发难以预料的连锁反应乃至意外后果，因此，推行精细化管理必然需要连接大量横向治理主体。其中，基层镇街成为首当其冲面对各类矛盾的主体，因而资源、服务、管理向基层下沉和延伸成为必然的发展趋势。在推动各类治理主体协同共治和资源向基层下沉的过程中，作为城市管理矛盾问题处置主要场所的基层社区应该引起更大的重视。

从地理区位上看，各类"城市病"往往集中存在于城市发展的特定区域，因此，集中力量整治重点区域成为许多城市的重要策略。对广州来说，当前城市建设整体上仍处于快速推进的阶段，在老旧社区、城乡接合部、"城中村"等服务管理资源相对薄弱、社会矛盾较为突出的区域，以基础设施建设为突出短板的各类服务管理矛盾亟待通过精细化管理手段加以解决。因此，立足以点带面、示范带动的角度，笔者建议选择城市管理问题突出的若干社区作为精细化管理的试点单位，可以考虑涵盖商品房社区、老旧单位社区、"城中村"三种类型的若干社区，推动相关职能部门力量和资源在试点社区聚合，形成精细化管理的示范性微观样本并突出其推广价值。在此过程中，我们需要把握两个着力点：一是梳理并确定社区精细化管理的内容与清单，突出以社区硬件更新改造、居民日常生活服务为重点的精细化管理任务，并明确各项内容的治理主体及其责任；二是优化服务管理方式，建议重点从强化党建引领、基层自治和居民参与的原则出发，重点回应社区党员干部如何更好发挥作用、社区居民自治能力培育提升两大议题，不断从社区内部挖掘推动精细化管理的积极力量。

4. 推动标准先行，完善城市精细化管理的标准体系

标准体系的建立能够提供治理实践的标尺和依据，压缩模糊或不当的操作空间，最大限度地减少政策执行的人为偏差。不断拓展标准化体系的应用领域，是世界城市治理创新的重要趋势，目前主要集中在垃圾处理、空气与污水

治理、能源管理、节能减排、智能交通、可持续发展等方面。例如，成都市编制的《成都市城市管理精细化标准》囊括了城市管理行业全部10大业务范围，包括市政设施管理、市容秩序管理、城市照明管理、广告招牌管理、固体废弃物处置、行政执法管理、数字化城市管理、城管委网络理政平台、安全生产工作精细化管理标准等，并做出了详细说明，城市精细化管理有了操作指南。

实际上，广州市在城市管理方面已经出台了不少行业标准和规范，既有地方性法规和规章、行政规范性文件，也有相关的行业标准和规范。在城市管理标准方面，主要涵盖了环境卫生领域、垃圾处理领域、市容景观领域、燃气管理领域等，据不完全统计，包括《广州市环境卫生作业质量规范》《水域市容环境卫生规范》《生活垃圾分类设施配置及作业规范》《城市容貌规范》《市政燃气管道设施巡查管理规范》等20余项标准，形成了比较完备和相对成熟的城市管理标准化体系，已经具备了制定城市精细化管理的综合性标准体系的基础。因此，笔者建议在进行大量实地调查研究基础上，综合考察城市管理不同领域推进精细化管理实际执行所需的条件、成本以及最终的效益，对广州现有城市管理方面的标准化体系做进一步的系统化梳理和逻辑性整合，形成既能贴近城市发展现实又能有效推动城市品质提升的标准体系，并且尽可能提高制度文本的行政规格和执行效力。最为关键的是，要详细规定城市管理相关领域的具体作业要求，同时规定各项业务工作的管理流程、管理职责、责任分工、考核标准等，确保城市管理制度化和规范化能够真正落地。

5. 激发社会活力，拓展城市精细化管理的参与平台

党的十九届四中全会特别提出，建设人人有责、人人尽责、人人享有的社会治理共同体，这也是建设城市精细化管理长效机制、有效提升城市服务管理水平的必要前提。当前，我们要以更大力度激发社会活力，强化推进城市精细化管理的群众基础。广大市民是推动城市精细化管理的"催化剂"，要切实增加市民在评判城市管理的产品质量和效果中的权重，将社会动员效应转化为政府自觉行动的动力，并形成具有约束力的倒逼机制。广州市应利用信息技术不断进步的条件，持续拓展市民参与城市精细化管理的平台和渠道，更好地倾听和回应广大市民的各项利益诉求，为加强城市精细化管理弥补薄弱点、创造增长点。

一方面，可以考虑在城市管理特定领域集中开发便于市民参与的移动互联网平台。我们可以在城市精细化管理需求迫切的领域，比如垃圾处置、环卫保洁、市政设施维护等领域，探索开发相应的手机应用程序，给市民提供可免费下载应用的网络软件。市民可通过平台实时发送身边发生、发现的城市管理具体领域的问题，并引入市民发声、市民报料等功能，为市民提供一个参与城市精细化管理的开放平台。该平台还应具备后台数据分析能力，可以提供政策解读、办事指引、城管服务等功能，使市民成为城市管理大数据库的提供者、参与者。

另一方面，可以考虑在城市管理特定区域，特别是社会治理问题复杂的基层区域，通过建立智能化平台组织动员辖区内市民参与社会治理事务。在这方面，海珠区凤阳街建立的"凤阳守望台"这一智能化响应平台具有重要的参考价值。凤阳街建立"凤阳守望台"微信公众号以及手机 App，利用信息化手段组织动员来穗人员主动参与社会治理特别是治安防控工作，提升了群防群治的增量配置和智能化管理水平，成为激发社会成员参与城市管理活力的有效平台。该平台以市民自愿参与任务、自由支配时间和自主配合防控为基本特征，由基层政府定期发布街道辖区内要求清晰的社会治理任务及时间、地点、内容，注册用户浏览后可主动提出参与巡逻勤务，双方签订合作协议，按照任务的性质给予适当奖励。若在工作中发现并提供线索协助破案的，则按照辅助力量奖励条例进行奖励。在监管方面，"凤阳守望台"采取人工督察与平台监管相结合的"三查机制"：即网上实时抽查——通过"布防图"全局综观巡防力量的在岗情况；现场实地督查——通过社区民警、辅警骨干及警辅力量实地督察巡防情况；事后反查——每周随机抽取两宗刑事治安警情，反查当时当地周边巡防力量处置情况。"凤阳守望台"是符合现代城市公民"共建共治共享"特点的新型智能化参与载体，有效体现了政府主导下的社会协同和公众参与的活力。对城市精细化管理来说，激发市民的参与活力非常重要。

【参考文献】

[1] 董少东. "城市管理要像绣花一样精细" [N]. 北京日报, 2017 – 10 – 16.

[2] 新华社. 习近平在上海考察 [EB/OL]. (2018 – 11 – 07) [2019 – 11 – 06]. http://www.gov.cn/xinwen/2018 – 11/07/content_ 5338215. htm.

[3] 丹羽. 人民网评：让城市留下记忆, 让人们记住乡愁 [EB/OL]. (2018 – 10 – 30) [2019 – 11 – 06]. http://opinion.people.com.cn/n1'1030/c1003 – 30372006. html.

[4] 中央城市工作会议在北京举行 [J]. 人民日报, 2015 – 12 – 23.

[5] 中共北京市委 北京市人民政府关于加强城市精细化管理的意见 [N]. 北京日报, 2019 – 01 – 31.

[6] 汤文仙. 精细化管理视角下的城市治理理论构建与探索 [J]. 新视野, 2018 (6).

[7] 汪中求. 精细化管理之基本理念 [J]. 中国商贸, 2008 (9).

[8] 宋刚,唐蔷. 现代城市及其管理:一类开放的复杂巨系统[J]. 城市发展研究,2007(2).
[9] 任远. 城市病和高密度城市的精细化管理[J]. 社会科学,2018,(5).
[10] 熊竞. 大数据时代的理念创新与城市精细化管理[J]. 上海城市管理,2014(4).
[11] 刘波. 重庆出台全国首个城市精细化管理标准[N]. 重庆晨报,2017-04-13.
[12] 施昌奎. 北京要用"标准治市"理念提升城市精细化管理水平[J]. 城市管理与科技,2016(1).
[13] 吴青熹. 基层社会治理中的政社关系构建与演化逻辑:从网格化管理到网络化服务[J]. 南京大学学报,2018(6).
[14] 王少峰. 特大型城市中心城区如何精细化管理:以北京市西城区为例[J]. 中国党政干部论坛,2016(4).
[15] 蒋源. 从粗放式管理到精细化治理:社会治理转型的机制性转换[J]. 云南社会科学,2015(5).
[16] 陆志孟,于立平. 提升社会治理精细化水平的目标导向与路径分析[J]. 领导科学,2014(13).
[17] 吴新叶. 社会治理精细化的框架及其实现[J]. 华南农业大学学报(社会科学版),2016(4).
[18] 沈菊生,纪晓岚. 结构与运行:习近平国家治理思想的精细化向度[J]. 华东理工大学学报(社会科学版),2018(5).
[19] 韩志明. 从粗放式管理到精细化治理:迈向复杂社会的治理转型[J]. 云南大学学报(社会科学版),2019(1).
[20] 赵孟营. 社会治理精细化:从微观视野转向宏观视野[J]. 中国特色社会主义研究,2016(1).
[21] 王郁,李凌冰,魏程瑞. 超大城市精细化管理的概念内涵与实现路径:以上海为例[J]. 上海交通大学学报(哲学社会科学版),2019(2).
[22] 唐亚林,钱坤. 城市精细化治理的经验及其优化对策:以上海"五违四必"生态环境综合治理为例[J]. 上海行政学院学报,2019(2).
[23] 吴苏贵,李昂波. 上海推进城市精细化管理调研报告[J]. 科学发展,2018(1).
[24] 唐皇凤. 我国城市治理精细化的困境与迷思[J]. 探索与争鸣,2017(9).
[25] 张瑾. 城市精细化治理中的政府转型[J]. 观察与思考,2018(8).
[26] 明亮,李春艳,王苹. 提升社区精细化治理水平研究:以成都市社区治理实践为例[J]. 晋阳学刊,2016(6).
[27] 张锋. 以智能化助推城市社区治理精细化研究:基于上海杨浦区控江路街道的实证研究[J]. 城市发展研究,2019(3).
[28] 毕娟,顾清. 论城市精细化管理的制度[J]. 行政管理改革,2018(6).

[29] 狄英娜. 街乡吹哨、部门报到：强化党建引领基层治理，促进城市精细化管理的北京实践 [J]. 红旗文稿，2018 (23).

[30] 赵勇. 规范化与精细化：大城市政府权力清单升级和优化的重要方向 [J]. 上海行政学院学报，2018 (1).

第三部分

获奖案例

社区治理中的"角色迷失"与利益协调

——以 E 小区生活垃圾分类为例

本研究小组

(中山大学)

摘　要：本文选择了广州市的一个生活垃圾分类样板 E 小区作为案例进行讨论，描述了国家出于推行社区公共事务的需要，对社区各主体所应扮演的角色进行设计，但在落实过程中，各方主体通过协调争取其利益最大化，由于协调的过程和结果的不可控性，导致"角色迷失"的治理困境。本研究的经验材料整理自 2019 年 8—9 月的实地调查，包括：与社区居委会主任、街道垃圾分类处负责人、街道分类督导员、居民等人员的深度访谈；对垃圾分类工作的非参与式观察；对媒体报道和政策文本的整理。

关键词：社区治理；垃圾分类

一、引言

垃圾分类政策是一项造福于人民的"千秋之计"。习近平总书记在 2019 年 6 月对垃圾分类做出重要指示："实行垃圾分类，关系广大人民群众生活环境，关系节约使用资源，也是社会文明水平的一个重要体现。"[1] 垃圾分类涉及千家万户的日常生活习惯，政策的实施效果很大程度上取决于政府相关部门携同各主体充分调动居民的积极性，否则垃圾分类可能陷入困境，耗费巨大且难以推动。

在我国城市社区多元主体治理的大背景下，社区公共事务的管理不再只是国家对社会的单向动员，而是涉及政府、市场、社会等多方的协调互动。各行动者在协助国家治理的同时，也有着自身的利益考虑，期望达成各种利益相平衡的结果。

目前，垃圾分类正在各城市社区迅速推开，这为我们观察社区多元主体互动提供了良好的机会。本研究小组选择 E 小区为案例进行分析，是因为该小区的生活垃圾分类工作开展较早，经历了选址、撤桶、宣传等过程，各主体的利益关系及协调过程都有比较充分的呈现。本案例中所反映的街道办事处（简称为"街道办"）、居民委员会（简称为"居委会"）和物业管理公司（简称为"物业"）间的利益立场与协调关系也具有较强的典型性。

二、案例

广州市的垃圾分类工作一直走在全国前列。早在 2011 年，广州就颁布施行了国内第一部城市生活垃圾分类管理规章《广州市城市生活垃圾分类管理暂行规定》，并于 2015 年出台了《广州市生活垃圾分类管理条例》。2017 年，广州市城管局公布了"全市 100 个生活垃圾强制分类生活居住样板小区名单"，城管部门定期对这 100 个小区组织验收打分。90 分以上的小区，将被广州市固体废弃物处理工作办公室（简称为"固废办"）授予"生活垃圾强制分类生活居住样板小区"称号，本案例关注的 E 小区正是其中之一。

E 小区位于广州市 C 区，由 B 街道办事处管辖，是当前广州市 600 个生活垃圾分类样板居住小区之一。该小区有 9 栋 30 层的高层住宅楼，居民 1872户。此外，还有 11 个机关单位，1 个机关幼儿园。E 小区住户大多为机关单位在职或退休人员及家属，以及小部分租客。

E 小区生活垃圾分类的实施可以分为四个阶段：阶段一是起步阶段，此时由政府部门积极主导，物业被动配合；阶段二是全面展开阶段，在该阶段内，由于垃圾分类带来的保洁压力剧增，以及同物业之间的谈判失败，保洁公司退出 E 小区；阶段三是 E 小区保洁状况恶化，街道办与物业展开垃圾分类责任之间的拉锯，街道办发现自己陷入两难的境地；在调研期间，E 小区正处于阶段四，街道办试图重新将生活垃圾分类的责任委托于物业公司，与其展开新一轮的谈判。

（一）样板小区起步：政府部门积极主导与物业消极配合（2014—2018 年）

E 小区居住了大量在职和离退休公职人员。基于特殊地理位置，C 区和 B 街道都希望将 E 小区打造为该区的一个垃圾分类示范点，引领全区的垃圾分类工作，在市内、省内打出品牌。E 小区的居委会主任表示，垃圾分类在这里是一项重点任务，各级政府相关部门与领导对此都非常重视。对街道办和居委会来说，E 小区的垃圾分类工作"不重视都不行"。

2012年，广州市决定打造一批生活垃圾分类样板小区时，街道办和居委会积极实践，将E小区视为潜力股进行资源投入与示范打造。彼时，E小区的样板打造计划属于政府部门的单方面行为，小区物业并未介入。在后续的垃圾分类工作中，物业也并不如街道办上心，更多的是觉得"多一事不如少一事"，长期处在边缘位置。

2014年，E小区正式开始楼层撤桶。在居委会的宣传动员下，完成了E小区3栋楼的撤桶工作，垃圾分类的理念逐渐被居民认同。

2016年，在E小区做了十多年废品生意的陈叔（化名）成立保洁公司，承包了E小区的保洁工作。在陈叔用心的管理下，小区垃圾二次分类工作开展顺利，这是当时广州市其他很多小区都难以做到的。

2018年7月1日，《广州市生活垃圾分类管理条例》正式颁布实施。在验收时，E小区获得了不错的排名，无论是硬件配置，还是软件配套，E小区都走在广州前列，吸引省市内各级领导、各街道以及省外的参观团前来参观学习。

其间，E小区的垃圾分类硬件配置、宣传推广、纠纷处理都交托给居委会和街道办负责。据了解，E小区投入的垃圾分类经费共超过100万元，均由政府相关部门投入，硬件配套经费和修缮经费也全部由街道办出资。

总体来说，在广州市于2012年打造样板小区时，物业并未被界定为小区生活垃圾分类工作的责任主体，E小区主要由街道办和居委会来承担相应的工作。物业要承担生活垃圾分类管理的主体责任，是在2016年开始实施的《广东省城乡生活垃圾处理条例》中予以明确的。但是，由于E小区样板的特殊地位，街道办依然一直保持着积极的干预态势，物业只是维持着和业主间合同的契约边界，仅负责监督保洁公司完成小区保洁等日常工作。

此时，各主体职能分工状况虽然与《广东省城乡生活垃圾处理条例》中所规定的"小区物业负生活垃圾分类管理主体责任"相去甚远，但由于E小区当时的垃圾分类效果较好，各主体关系尚处于较稳定的平衡状态。

（二）保洁公司退场：压力加剧与利益协调（2018年—2019年7月）

从2018年至2019年4月，E小区的生活垃圾分类工作开始加速推进。经业主委员会（简称为"业委会"）和居委会商讨，确定了小区垃圾定时定点投放点的选址；同时，街道办配备资金为E小区备置了80多个垃圾桶，供居民投放垃圾。

然而，工作刚开始就出现了意外。据称，定时定点投放导致大量生活垃圾在短时间内积存，保洁员一时来不及清运，垃圾滞留情况较严重，垃圾大量溢桶并散落四周。这一幕被媒体记录并报道，引起了小区居民的强烈不满。

媒体的报道得到区政府和街道办的高度重视，E小区受到强烈的舆论压力，各方压力剧增。为不落话柄，陈叔经常带领保洁人员加紧巡查直到深夜，街道办也加派人力到小区专门值守。

为进一步开展工作，在2019年5月期间，街道办与居委会一起进行了大规模的逐户入户宣传，终于在6月完成所有楼层的撤桶工作。图1展示了E小区的位置及垃圾分类点布局。

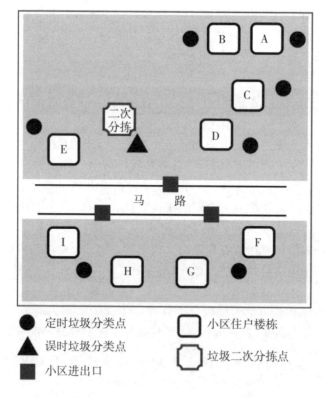

图1　E小区的位置及垃圾分类点布局

在上述紧张过程中，物业却依然保持着边缘化的状态。出现这种状况，既有客观原因：E小区是开放式小区，相较一般的封闭式小区而言，物业日常运营所需的人力财力更多，但由于物业费非常低，物业能够调配的资源十分有限。也有主观原因：街道办长期包揽E小区的垃圾分类管理工作，又加上有认真负责的保洁公司，各方关系相对平衡，物业自认为不需要出太多的力。

但是，这种平衡因陈叔保洁公司的"涨价事件"而被打破。按照最初预期，楼道撤桶和居民分类投放应使保洁工作量降低：撤桶后，保洁人员无须上楼收运垃圾，在投放点集中搬运垃圾桶即可；居民在投放环节分类，保洁人员二次分拣的工作量也将减少。

但陈叔表示，E小区保洁人员的工作量和工作时长实际上增加了许多：楼层撤桶前，保洁人员通常可以用1个小时收完1栋楼的垃圾；但撤桶后，在定时投放时间内，居民囤积了大量垃圾集中投放，垃圾桶要多次、及时更换，这就要求保洁人员在早晚5个多小时的时间里，不断往返于投放点和二次分类点。此外，由于现阶段无法保证居民准确分类，所有压力集中在保洁人员的二次分拣上。由于分类后垃圾袋更多，保洁人员需要一一破袋查看再分拣，也耗费了更多的时间。图2展示了E小区的垃圾清运路线。

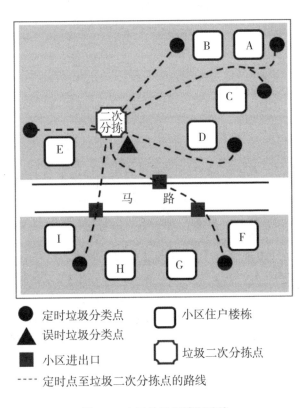

图2　E小区的垃圾清运路线

工序变化使得保洁工作量加大不少,耗时增多,保洁人员无法在空余时间做兼职补贴家用,导致月收入明显下滑,但薪酬却不见涨,保洁人员的离职意愿增大。

为此,陈叔与物业进行谈判,希望为保洁人员增加工资,留住工人。但在谈判中,物业并没有因为保洁公司在社区垃圾分类方面做出的贡献而让步,而是按照自己的理解算了笔账,不留余地地拒绝了保洁公司的涨价请求。

物业表示:第一,楼道撤桶后,保洁人员不用往楼道里的垃圾桶套袋,保洁公司理应能省不少钱;第二,物业处境也难,E小区的物业管理费收得少,只有1.3元/平方米,接近广州小区物业费最低水平,难以支付保洁人员薪酬上涨费用;第三,E小区物业只是分公司,总公司位于深圳,其资金受制于总公司的预算制度,难以更改。

陈叔和物业的谈判破裂,又正值合同到期,陈叔只得退场。部分居民听闻此事,纷纷要求居委会介入,挽留相处十余年的陈叔。但无奈的是,这一合同属于物业内部事务,居委会和街道办无权干涉。了解到民意的物业只好做出两点承诺:第一,同等条件下,优先选择与陈叔保洁公司签约;第二,如果选择新保洁公司,需要做好平稳交接工作,培训好新人再上岗。

> 这是物业内部的事情,街道办不好干涉。但无论是谁来承包,都要按要求做好垃圾分类工作。
>
> (本研究小组对广州市B街道办垃圾分类处负责人的访谈。访谈资料编号:BJD190911)

2019年7月底,双方解除合约,陈叔的保洁公司黯然退场。

(三)新保洁公司接管:成效恶化与责任迷失(2019年7月—2019年9月)

相比起经验老到的陈叔,物业负责确定的新保洁公司并不熟悉垃圾分类业务。同时,由于保洁人员的工资未变,保洁的工作也比尚未实施垃圾分类的社区多了许多,工作多、工资少,不少保洁人员因此向新保洁公司辞职,纷纷打包袱走人。同时,新保洁人员的招聘工作也遇到了瓶颈,应聘而来的保洁人员的数量比原先的保洁队伍少了一半,原先E小区配备了15~18位保洁员,现在因为人员流失和新人过少,保洁团队只剩下不到8个人。

由于人员过少,而市场成本也不允许新保洁公司提高保洁人员的工资水平,在小区环境"脏乱差"的巨大压力下,新保洁公司开始聘请临时工补缺。临时工尚未经过垃圾分类相关的培训就匆匆上岗,却被当作"保洁员"进行工作轮班。不熟练的工作要在有限的时间内完成,工作完成得总是"马马虎虎"。这导致楼道经常未能及时清扫干净,投放点的垃圾也无法及时清运走。本研究小组于9月前往小区调研时,也发现不少定时定点投放处都有居民乱扔乱放的垃圾袋和从投放点里溢出的垃圾。

社区卫生环境的恶化导致居民们更加怀念起陈叔的保洁公司,有几个居民生了一肚子气,怒火全发泄在新聘请的保洁人员身上:"拿着工资不干活的懒虫!"几位保洁人员受不了委屈便离开了,这导致人员频频变动,让E小区的保洁工作进一步困窘起来。由于垃圾未能及时周转清运,这导致非定时的时段也有许多垃圾被堆放在投放点。既然在非定时的时段里都堆放了这么多垃圾,那么居民们也就感到遵守"定时定点投放"的规则没有意义了,有些居民便泄愤式地将垃圾随意丢弃在定时定点投放点旁和楼道中。居委会主任对此颇为头疼,说好不容易做的群众工作,效果又反复了。

> 第一个原因就是有些临时工不一定很懂垃圾分类;第二个原因就是物业管理有问题,以前每个桶旁都肯定有一个人在那里看着桶,桶满了就马上换桶。现在,垃圾桶旁完全没人,就没有人换桶了。桶满了,居民们就随手将垃圾扔在地上。我们上周五才跟(物业)他们那边沟通,说你们再这样下去,就完蛋了!我们前期做了那么多的工作就全白费了,都白搞了。
>
> (本研究小组对广州市E小区居委会主任的访谈。访谈资料编号:BAJW190910)

屋漏偏逢连夜雨,某天,省、市领导前来E小区视察垃圾分类工作,而E小区仍被"保洁人手不足"和"群众情绪不佳"的乌云笼罩。C区和B街道办的领导在早上7点多就到了E小区,却发现卫生环境恶劣。B街道办的领导心想:"我们身为广州市某区的垃圾分类的标杆小区,物业却连垃圾清运都做不好,还是得我来。"于是,为了维护E小区"垃圾分类领头羊"的脸面,街道办的领导临时抽调该街道城管的环卫工人前来清扫,以解燃眉之急。但此举让居民认为,街道办帮物业搞卫生,街道环卫工人又没有加班费,这是在纵容E小区物业公司——原本的垃圾分类责任主体。

在这个阶段,陈叔保洁公司的退场实际上要求E小区的物业必须一改过去的消极立场，开始转换角色，直面"垃圾分类主体责任人"的角色。但是，E 小区的物业没能满足街道办负责人的要求，并没有担起选择不亚于陈叔保洁公司的新保洁公司、监督和协助新保洁公司、协助居委会督促垃圾分类的责任，也没有主动向居民解释在工作交接中遇到的困难，而是试图延续过去一贯的、不管不问的消极作风。

区政府和街道办对物业的相对宽容不是没有原因的。E 小区已经被树立为区内垃圾分类的典范，此时如果对 E 小区撒手不管，或者对物业严加惩罚，都可能会招致媒体的负面报道。而一旦被曝光出来，不仅有损相关政府部门人员的脸面，居民的情绪也会更加消极："原来这么出名的'样板'小区，一点都不'样板'！"街道办虽然已经在 E 小区上投入了大量的资源，但是，现在也不得不把原本应为物业身上的重任，继续扛在自己肩上。

当时保洁公司的劳动量加大，在物业不补贴的情况下，街道办也担心——如果实在没有新的保洁公司来接手的话，我们环卫站来接手。这是街道办在万不得已的情况下的兜底考虑。

物业不配合、不支持我们政府的工作。物业现在很聪明，知道这个点是公务单位的宿舍，政府部门既然拿这个点作为标杆，即使工作不到位，物业也不管，反正物业就一句话："没钱！"相关部门也拿它没办法。没办法，只能是政府部门投入钱去做。

物业其实可以发挥很强的作用，但不愿意在垃圾分类过程中承担主体责任，担当相应角色……物业现在的心态就是，区里包括 B 街道办、居委会，即使是硬撑着也要把这个点做下去。

（本研究小组对广州市 E 小区街道办下派督导员的访谈。访谈资料编号：CJD190918）

但是，在物业作为垃圾分类责任主体的主流语境下，如果街道办过度干预，E 小区的垃圾分类进程同样难以为继。B 街道办的负责人心想："C 区 B 街道总共有 140 多个小区，理论上应该对它们投入同等的精力和资源，如果对 E 小区物业过分袒护，就可能会招致其他小区的物业以此为口实，更加依赖政府的帮助。这样的话，E 小区的样板地位反倒开了个'坏头'。而垃圾分类工作的开展需要持续性的宣传、监督和引导，政府部门不可能代劳到底，这也违背了将社区一线的物业作为责任主体的政策初衷。"那到底是管，还是不管呢？B 街道办的负责人左右为难，进退维谷。E 小区的垃圾分类工作也陷入了僵局。

（四）政企各退一步：角色调适与利益协调（2019年9月至今）

居委会的副主任表示，政府相关部门领导与物业开展过一次谈话，分析了目前的工作问题，并向物业说明了为什么选择物业作为垃圾分类责任主体，以及向物业指出，它可以通过良好的表现获得更多的经济效益。2019年9月13日，物业开始做出一些调整。据街道办下派督导员的解释，之所以会有如此改变，是因为物业的上层领导发现，如果矛盾继续扩大，对维持物业同政府相关部门的关系很不利，这涉及企业的竞争力。于是，物业的总公司换了一位物业经理来管理。在物业让步的同时，街道办也体谅物业进行该行动的付出，故而申请了一定的资金补贴给新保洁公司以缓和物业的支出，并答应继续出人、出资帮物业渡过居民的适应期，保证紧急时期的垃圾分类任务平稳推进。

事态发展至此，双方各退一步，似乎双方计划以合作共赢的方式携手共进，形势也似乎正向着满足各方利益的方向发展。然而，本研究小组在9月18日再次前往E小区调研时，却发现垃圾分类工作的进展却令人意外地"不进反退"。在该小区内有7个垃圾分类定时投放点，然而只有2个街道办下派的督导员在旁边监督，曾经给了了承诺的物业人员却依旧不见踪影。事实上，根据广州市的统一规定，街道办只会派1位督导员在小区中协助物业完成垃圾分类的工作，而如今E小区7个垃圾分类投放点的督导人员却全由街道办包办，曾经允诺会配合推行垃圾分类工作的物业责任主体却又有着其他小算盘，仍然躲在街道办的付出之下不见踪影。

保洁人员："这两天就只派你一个人过来啊？"

督导员："我们现在的人不够用。你不要忘了，我们是来帮助你们的！你们要明白，这是你们的工作。"

（本研究小组在调研时观察到的对话。访谈资料编号：CJD190918）

（五）小结

图3总结了这个案例发展的四个阶段，以及各个主体的行为策略。然而，作为垃圾分类责任主体的E小区物业与这个"垃圾分类领头羊"社区的未来一样，仍然处于扑朔迷离之中，街道办一方则陷入了之前想放却又不敢放、不能放，如果一直帮又更放不了的矛盾境地中，这个恶性循环的突破

口似乎又不见了。

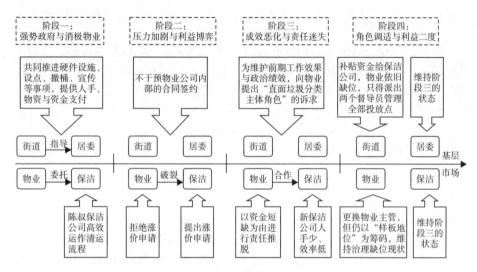

图3　E小区垃圾分类工作的四个阶段

在垃圾分类工作被高度重视的当下，或许街道办还有能力去帮助物业，还能在重点推进时期将注意力分配给这一时期的重点工作，但当垃圾分类工作不再是相关部门的工作重点时，街道办又该如何行动呢？各方的责任角色又该如何去平衡调节呢？E小区的垃圾分类工作又要如何维持甚至推进呢？这些问题都是各相关方必须考虑的问题。

三、分析

（一）文献综述

社区治理体制是社区研究的核心议题之一，其实质是对社区各主体权利和责任的规定，也是对不同主体在社区治理中角色的定位。本文所关注的社区治理中的"角色迷失"现象则是各个主体未能扮演好其应当扮演的角色，担负其所应当担负的责任。其实质为应有功能和行为的失范，往往表现为角色缺位、角色错位和角色越位等。[2]要探索"角色迷失"，首先需要明晰我国社区治理体制中的角色定位。

1. **居民委员会**

居委会在城市社区治理中的作用可诠释为三个角色。首先,居委会是社区公共服务的供给者,负责组织居民开展社区自治活动。其次,居委会是社区居民权利的代言人,代表本社区居民向政府提出诉求。最后,居委会是政府社区事务的助手,协助政府或者其派出机关开展工作。[3]

2. **物业管理公司**

物业由业主选聘,按照物业服务合同约定行事。我国《物业管理条例》规定,物业应对房屋、配套设施和相关场地进行养护、管理,维护物业管理区域内的环境卫生和相关秩序的活动,其日常工作受基层政府的监督管理。

3. **业主委员会**

业委会由社区居民(或业主)选举产生,传达社区居民的诉求,对社区居民负责。业委会可代替全体业主与物业签订合同,并监督其服务质量。同时,依照《物业管理条例》中有关街道办的规定,"地方人民政府有关部门应当对设立业主大会和选举业主委员会给予指导和协助"[4],业委会受政府部门监督和指导。

4. **基层政府**

在社区治理中,政府应承担指导、服务供给、培育公民和监督社区组织的职能。《中华人民共和国城市居民委员会组织法》规定,政府和它的派出机构应对居委会的工作予以指导、支持和帮助。基层政府在城市社区治理中的角色可概括为:社区治理规制者、社区公共服务供给者和社区自治指导者。即它要为社区治理提供制度安排、规范社区建设,向居民提供部分公共物品或公共服务,以及培育社区自治组织的生长和发育。[2]

简言之,在国家的理想制度设计和角色分配下,社区治理体系应是以社区居民需求为出发点,居委会、物业、业委会为主要服务承担者并相互监督、协作,由政府提供支持、指导与监管的现代城市社区多方治理的框架。[5]

图4、图5对比了制度设计中的社区治理多主体关系及其在现实中的"角色迷失"。

治理理论则为寻求各主体角色重新定位、权力再分配和利益关系的调整提供了理论工具。社区治理是指社区各主体遵守公平协商机制应对社区公共问题,合作完成社区公共事务管理和公共产品与服务供给的过程。[6]这些社区主体构成一个复杂的、具有多层次和多维度的行动者网络,社区治理的展开都是在具有不同利益、责任、情感、要求的主体的互动博弈中产生,这使得行动者与社区空间形成一种结构性的公共性联结,从而影响着社区空间中的权力规

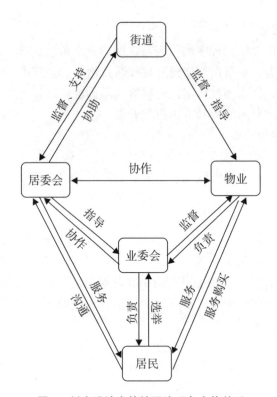

图4　制度设计中的社区治理各主体关系

则,重塑社区空间的权力秩序。[7]然而,在社区治理实践中,研究者们发现,治理主体基于现实条件下的自身利益的考虑采取行动,其行动常会与制度规定相偏离,出现"角色迷失"现象(如图5所示)。

比如,在已有研究中高频出现的居委会行政化就是社区治理"角色迷失"的典型表现,在传统治理格局下,各级政府将行政事务层层下发,最低一级的街道办也无力承担繁重任务,最终造成基层自治组织居委会也被迫纳入行政体系中,成为处在行政末梢的总代理。[8]作为社区公共服务"供给者"的居委会,却承担着大量行政任务,"供给者"角色严重缺位;加之居委会在资金上依赖政府支持,往往必须充当政府的"代言人"和"代理人",站到政府一边,而非代表本社区居民的利益诉求[2],出现组织形式(居委会委员直选、社区代表大会等)与组织实际运作之间的脱节[9]。

除政府部门外,其他社会主体之间的利益协调同样有可能导致"角色迷失"现象。随着商品房小区的急速扩展,由物业纠纷及房屋质量问题引发的

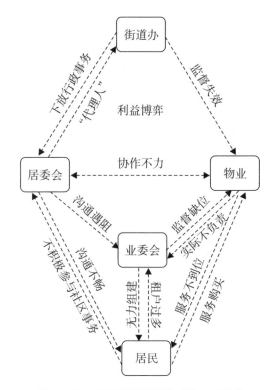

图 5　各主体利益协调导致"角色迷失"

物业、业主、业委会等主体间的冲突越来越多。[10]有研究对基层政府、物业和业主间的利益协调进行分析：有的物业原本应按照合同契约行事，却与基层政府结为"资本—权力"联盟，越位侵占居民公用资产。[4]由于有的政府部门包庇物业，业委会无力监督，形成角色缺位，二者共同导致"角色迷失"的社区治理困境。一些学者也对类似现象进行了研究：某小区业委会因故无法成立，因此，居民试图将监督物业管理的权力让渡给居委会，但物业对此不予承认，于是造成监管者的角色缺位，物业趁机占据社区权力结构中的优势地位[11]，业主的利益则成了居委会与物业间博弈的牺牲品。这些都是"角色迷失"现象的体现。

总之，现有研究对社区治理中的"角色迷失"问题已经有所涉及，也关注了"角色迷失"背后的政府和社会各主体之间的利益协调，但仍存在一些可供探讨的空间。

（1）目前社区治理研究的实证研究较少，更多的是理论上的制度设计和角色分配，缺少结合具体的社区公共事务来探讨何种角色分配更有助于社区事务的完成。[12][13]

（2）以往社区研究中涉及物业的利益博弈往往是发生在其与业主、业委会、居委会等社会主体之间，本案例关注的则是基层政府部门与物业管理公司之间的利益协调：类似居委会"行政化"的逻辑，基层政府部门试图将垃圾分类的行政任务下沉至物业，但由于物业作为市场主体，其行动逻辑不同于居委会，导致基层政府部门在这个问题上的治理行为并未完全达成目标，出现治理困境。对于这类情况，已有文献尚缺乏探讨。

综上所述，本文试图通过剖析案例，对以下问题进行探讨：首先，让物业作为垃圾分类责任主体这一政策设计背后的意图是什么？其次，为什么政策执行效果会违背初衷，呈现"街道办、居委会过度干预，物业消极参与"的"角色迷失"现象？其中经历了哪些利益协调？最后，应如何改善各主体间的利益关系以解决"角色迷失"问题？

（二）案例分析

1. 垃圾分类中的角色定位

（1）物业作为责任主体的政策考量。

将社区垃圾分类责任主体界定为社区物业，是一项在2016年得到确定和细化的政策。

广州市施行的关于垃圾分类的政策最早可追溯到2001年10月颁布的《广东省城市垃圾管理条例》，在这个条例中首次出现"主要责任人"的概念，但并未对责任人身份做出明晰界定。

2011年4月，广州市制定并施行了《广州市城市生活垃圾分类管理暂行规定》，该规定正式将居委会、业委会以及物业纳入城市垃圾分类工作主体中。2016年，广东省开始实施《广东省城乡生活垃圾处理条例》，其中第九条明确了城市生活垃圾分类管理实行管理责任人制度，正式确定了物业对垃圾分类"有责"。2018年7月颁布施行的《广州市生活垃圾分类管理条例》（简称为《条例》）将生活垃圾分类管理纳入物业服务企业的信用管理体系，与物业绩效直接挂钩。

本案例选取的E小区是广州市生活垃圾分类工作的样板小区。《2019年广州市生活垃圾分类样板居住小区（社区）创建工作实施方案》将物业规定为广州市生活垃圾分类的主力军，该文明确规定了物业的责任内容，包括撤桶、选址、清洁分拣、收集清运、培训宣传、空桶撤换等一系列相关工作，涵盖了垃圾分类从前期宣传到中期落实再到后期处理的方方面面。

可以看到,在垃圾分类政策演进的过程中,物业在城市生活垃圾分类工作中扮演的角色愈发重要。结合实际的调研过程,本文认为其背后的政策考量包括了四个方面:

第一,社区垃圾分类需要一系列的配套投入,但城市基层政府已承担了巨大的行政事务压力,政府相关部门试图将垃圾分类的社会治理任务向社会主体转移。物业作为直接与居民接触的一线社会主体,被称为"社区管家",与同时面对数十个甚至上百个小区的街道办相比,其有更大的信息优势[14],适合成为转移的对象。

第二,垃圾分类与社区保洁紧密相关,社区物业是保洁公司服务购买方,与其联系最紧密,不论是出于合约协商的角度还是出于买方与卖方的关系,社区物业都更具有直接指导权。

第三,社区垃圾分类的推行可以为物业发展提供机遇,政府部门可从中寻求合作点。垃圾分类是一项被纳入社区物业管理中的新事务,有良好适应能力的物业能够借此实现"弯道超车",通过提升管理水平来提高竞争力。某"互联网+垃圾分类"公司在深圳市盐田区的试点经验已表明,物业做好垃圾分类工作,不仅能提高其社会声誉,还能促进品牌形象的塑造,赢得更多社区业主的青睐。[15]

第四,我国的国家与社会治理传统格局为"大政府、小社会",政府角色承担较多的社会治理任务,社会各主体容易产生"等靠要"心理。让物业承担垃圾分类主体责任,也可视为我国打造"共治共建共享"社会治理格局的尝试之一。

(2) 街道办和居委会的角色转变。

据 B 街道办工作人员周先生介绍,在 2018 年《条例》颁布之前,垃圾分类工作主要由政府部门推动,以街道办为主力开展,但居委会和物业常以人员、经费不足等理由进行推脱,工作往往难以做实,导致"雷声大、雨点小"的结果。在《条例》出台之后,物业成为责任主体,经费出资等责任从街道办转移到物业,街道办退居为监督、指导和辅助的角色。

《条例》明晰了街道办与居委会的角色定位。街道办作为基层政府组织,最便于跟踪和观察物业垃圾分类工作的落实情况。因此,街道办在垃圾分类中的主要任务是监督和指导各参与主体的工作情况以及设施配置情况。街道办要细化上级要求,督促主要责任人的行为,否则,其本身将作为体制内的被问责对象,承担责任。

居委会作为在社区中与物业平级的基层自治组织，人、财、物均有限，主要起着"协助者"的角色。当然，在实际执行中，由于居委会的协助身份，居委会和物业的责任界限并不清晰。事实上，居委会往往事无巨细地帮助物业，如帮助物业确定定时、定点、误时投放选址等相关事宜，实现与政策、街道办之间的对话，等等。图6是本研究小组根据政策设计制作的垃圾分类角色分配示意图。

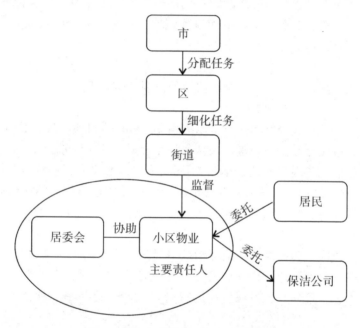

图6 垃圾分类角色分配的政策设计

2. "角色迷失"成因

（1）各主体利益分析。

1）街道办：纠结的指挥者。

街道办属于中国的五级人民政府中的最基层一级，是垃圾分类工作政策的一线贯彻者。

在早期，垃圾分类对所有社区而言都是陌生的工作。街道办希望能够集中精力打造一个样板小区，形成示范或为其他小区探路、试错。在本案例中，E小区的先行先试确实为其他小区提供了经验和教训，比如分类桶的脚踏板不能太沉，否则不易使用等。因此，街道办在早期对E小区的垃圾分类工作进行干预有一定的合理性。

不过，街道办的干预应是阶段性的引导。如今，垃圾分类工作已全面推开，街道办却仍在承担本不该有的压力。因此，面对政策安排的角色设定，街道办也希望尽快将相应的责任交归物业。这背后也还有一点考虑，即街道办的过度投入可能产生不良示范：听闻街道办对 E 小区垃圾分类工作的"偏爱"后，周围其他小区可能以此为口实，争取政府部门的更大投入。

但街道办迟迟不敢放手也有其顾虑：一是担心在政府部门管理 E 小区的垃圾分类工作多年后，物业尚未有足够的能力承接；二是也担心如果完全放手，可能会让前期的工作成果大打折扣。在 E 小区的样板之名远扬的当下，"不像样的样板"会损害街道办甚至是区政府的"颜面"，影响其在上级政府面前的评价。

2）物业：消极的旁观者。

物业属于市场营利主体，其遵循与业主签订的合同的规定，服务提供的边界较为清晰。而垃圾分类事务对物业的规定更多出于政府部门的强制力，物业并不能从中得到明显的利益，反而要付出不少成本。首先，E 社区的垃圾分类工作使保洁人员的工作时间延长、工作量加大，进而产生提高薪酬的诉求，导致物业需支付更高的承包费用。其次，当下居民的垃圾分类准确度有限，保洁人员的专业性不足，需要付出额外的宣传、培训和监督成本。另外，物业所承接的垃圾分类工作有较强的公共性，如对居民的宣传教育和检查监督等工作的边界较为模糊，所需要付出的成本和效果也难以度量。出于上述考虑，E 小区物业在政府部门一手推动的垃圾分类工作一事上，期望"多一事不如少一事"，持消极被动态度。

3）居委会：两难的协助者。

在我国的社会治理体系中，居委会除群众自治职能外，还要协助街道办完成基层行政任务。作为社区服务的主体，居委会的职责边界模糊，社区事务无论大小均有所涉及。但是，由于居委会有责无权且资源有限，其主要充当基层政府部门的协助者，以及基层政府部门与居民间沟通的"桥梁"角色。

在垃圾分类事务中，居委会与过去在其他社区公共事务中所扮演的角色和立场相类似：无论物业是否积极参与，居委会都要积极协调和参与。在本案例中，面对物业的消极态度，E 小区居委会没有权力开出罚单，只能多次沟通教导。如教导无果，居委会也只能替物业分担部分工作（如图 7 所示）。

（2）各主体间的利益协调。

在垃圾分类工作中，街道办受资源所限，需要将社区垃圾分类的具体执行

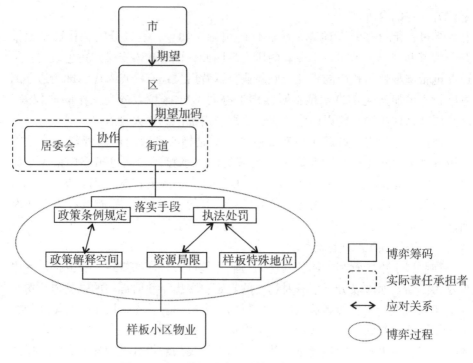

图7　E小区垃圾分类利益协调与"角色迷失"

工作交托给社区的两个"代理人"——居委会和物业。

在我国社区治理中，街道办和居委会遵循国家的等级权力逻辑。街道办通过目标责任制的形式，将工作任务转包给居委会，并进行检查、考核和验收等。

但物业与居委会不同，物业属于科层体制外的市场主体，主要遵循市场的盈亏逻辑，其服务的提供以与业主的合同契约为准，以追求利润最大化为目标。街道办难以依靠目标责任制等行政手段对其展开动员，只能采取其他方式。

在本案例中，街道办用于调动物业的第一个依据是政策条例。虽然在一般情况下，街道办不能以向居委会直接下派行政事务的方式向物业分派工作，但由于近年来我国大力推行社区垃圾分类，《条例》的颁布使物业被明确规定为社区垃圾分类事务的主要责任人，因此，街道办可以顺理成章地根据政策对物业进行调动。

但是，垃圾分类工作意味着大量开支，街道办也并未给予物业特殊补贴，这让物业产生了开脱的动机。街道办根据政策条例要求物业承担相应责任，但物业也可能会借助政策规定下的自由裁量空间对街道办所提的要求进行"消极抵抗"。比如，E 小区的物业工作人员表示：

> 我们物业会按照《条例》的规定，以及居委会和街道办的安排来做……需要我们物业去做的，我们就安排工作，去处理……我们会把垃圾分类作为首要工作，严格依照《条例》去完成工作，然后协助居委会做好这方面的工作。
>
> （本研究小组对 E 小区物业前台的访谈，访谈编码：BAWY190918）

实际上，政策条例难以对每一个细节加以规定，在实际操作过程中有许多解释空间。例如，《条例》第十条第六款规定，生活垃圾分类管理责任人有责任"督促检查垃圾分类，把垃圾交由相关单位处理"。这一制度规定在 E 小区及其邻近小区的贯彻程度相去甚远：E 小区物业并未派人到分类桶旁协助和监督分类，仅仅只是在保安巡逻的时候顺便巡视一下；而在隔壁小区，除了保安每日"站桶"之外，社区的物业经理也常常到现场指导。

物业通过利用政策文本的解释空间来减轻街道办所施加的压力，但是，街道办可以借助执法队的罚单进一步压实责任，迫使物业做好垃圾分类工作。《条例》规定，执法部门可对"未按规定投放生活垃圾，交付收集单位的生活垃圾不符合分类标准"的生产单位进行直接处罚。

在访谈中，街道办派驻的督导员谈道，一些社区物业在一开始向街道办"哭诉"各种人、财、物的限制，以推脱垃圾分类工作。但是，在执法队的罚单面前，它们也只好在小区加大力度，尽力做好垃圾分类工作。

面临执法处罚的压力，物业会将垃圾分类工作中的表现不佳，归因于资金、人力以及其他客观条件的限制（如 E 小区物业在与保洁公司谈判时，不断强调受到总公司预算制度的制约）。当 E 小区居民对保洁情况提出质疑后，居委会曾找到物业反映卫生问题，但物业以自身收取的物业费用有限（1.3 元/平方米，隔壁小区为 2.8 元/平方米），难以招到足够多和专业的保洁人员为由，加以推诿。

另外，在本案例中，街道办的罚单手段在 E 小区物业身上也难以奏效，原因在于 E 小区的样板特殊地位。E 小区作为垃圾分类的样板小区，已经成为多方媒体、其他小区及省市领导重点关注的对象。从政府组织结构的视角看，"样板"已经与 B 街道办和 C 区政府的工作表现相联系。一旦遭受处罚，再被媒体加以曝光,"垃圾分类领头羊"的声誉大打折扣,将严重损害B街道办和C区政府的"颜面"。这不仅会打击其他小区实行垃圾分类的积极性,还可能形成反面示范效应。E小区物业深谙相关部门人员对此的顾虑,并试图借此维持在垃圾分类事务中的边缘地位。

在E小区物业和B街道办关于垃圾分类工作的协调中,居委会的权力有限,多用洽谈、调动党员协助物业工作、向物业传达街道办的意志,以及为物业进行解释等方式来缓和各方的冲突,但这些努力不能在根本上解决"角色迷失"的问题。

在E小区垃圾分类工作中,居委会作为主要协助者,被夹在基层政府部门、居民和物业之间,协调起来颇为困难。由于居委会的职责界限模糊,还往往要分担物业工作失职所面临的压力。例如,在E小区迟迟无法解决的保洁问题,虽然物业和保洁公司是直接责任人,却给部分居民留下居委会无所作为的印象;有的居民还认为居委会包庇物业消极作为,对新任主任颇有微词。

图8展示了这个案例中的"政府部门过度干预,物业责任缺位"的循环。

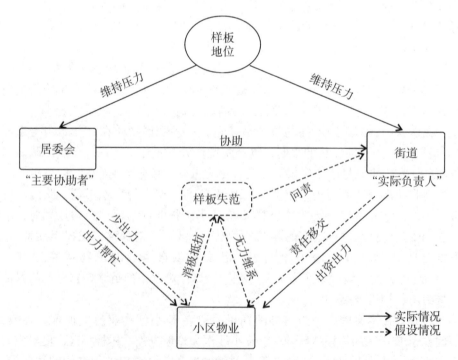

图8　E小区垃圾分类工作陷入"政府部门过度干预,物业责任缺位"的循环

（三）政策建议

在本案例中，由于利益配置失衡导致了各利益主体"角色迷失"，而解决问题的关键在于达成利益共赢局面。对于政府相关部门来说，不能采取架空物业的方式，也不适合只用压力来强推物业行动，而是要考虑彼此的利益诉求以获得最大程度的共识，以互利共赢的方式推动政策平稳落地。基于此，本文给出以下政策建议：

第一，建立共商共建共治机制，允许灵活操作空间。

垃圾分类涉及多主体参与，各方的利益保卫都会影响任务的最终效果，只有各方接纳各自的任务分配，后续工作才有机会有序推进。

政策需要考虑现实层面的执行条件差异。城市社区间的客观条件差别，不仅体现在运营投入、物业收费、物业能力、楼层数和户数等方面，还表现在物业与基层政府部门的关系上。比如，本案例中的 B 街道办下辖逾 140 个小区，但相邻的街道办下辖不到 30 个小区。因此，基于省、市级政策条例的统一规定，基层政府部门也需要一定的自由空间，依据实践需要与各方主体共商更加符合实际的执行方式，避免低效的"一刀切"。比如，政府相关部门可以给予资源紧缺的社区一定的支持，而非单纯地罚款施压。

第二，建立"荣-责"联动机制，给予执行者实际利益。

问责需先予利。物业作为企业，根本目的在于盈利。物业未必追求"权-责"统一，但会追求"利-责"统一。笔者调查发现，物业管理行业内存在一定的排名机制，且会影响物业在市场上的竞争力。物业的竞争力表现在人力、资源等硬性标准以及声誉等软性标准上。如果政府相关部门在宣传中只是宣扬街道办和居委会的功劳，物业在垃圾分类工作中则不会有积极性。所以，政府相关部门不必囿于有限的资金奖励，也可以为物业的积极工作和良好措施做宣传，将"街道经验"转为"物业经验"，以此激发物业的积极性，帮助物业在行业内打响名声，赢得业主青睐。垃圾分类是所有物业终须适应的新兴事物，既是挑战也是机遇，政府相关部门应考虑如何帮助物业转视其为机遇。

第三，建立多方利益共享机制，让回报与付出成比例。

如何更好地协调各方利益是本案例的核心问题，笔者认为，当务之急在于建立成果共享机制，实现利益均衡分配。比如，现阶段居民垃圾分类意识尚未成熟，压力更多地落在了保洁公司甚至是保洁人员身上。然而，保洁人员的收入水平偏低，如此一来，工作变多、工资不增，就变相增加了保洁压力。而保洁公司和物业管理公司的工资支付能力有限，难以加薪。但实际上，垃圾分类工作本身已提供了现成的可分配资源：部分垃圾可被回收站收购。这意味着保洁人员可以通过变卖垃圾的方式从中获得补贴薪资。笔者认为可以将一部分垃圾资源的处置权交给保洁人员，允许保洁人员将可回收垃圾变卖。如此能够实现三赢局面：其一，政府部门减少垃圾处理压力；其二，可以通过商业的形式推动垃圾向资源转化，培育市场；其三，作为一种计量补贴，可提升保洁人员监督分类和二次分拣的积极性，多劳多得，增加收入。

（四）讨论与总结

在传统的社区治理中，我国的公共部门承担的责任过多，社会各主体因此对其过度依赖，建设"共建共治共享"的社会治理格局迫在眉睫。在宏观意义上，垃圾分类也可视为这一治理方式的重要尝试。

本文案例说明，出于社区治理的需要，政策对社区各主体所应扮演的角色进行设计，但在落实过程中，各方主体通过博弈和协调争取其利益最大化，由于协调过程和结果的不可控性，导致"角色迷失"的治理困境。在本案例中体现为，街道办需要依靠居委会和物业这两个"代理人"在社区层面落实垃圾分类工作。由于物业相对更具财物等各方面的资源优势，现行的生活垃圾分类管理条例助力治理责任转移。但在社区公共事务的治理中，纵使条例的角色定位在理论上有助于垃圾分类工作的长期推行，但不可否认的是，在现实中，物业、居委会和街道办在垃圾分类工作中的利益并不一致。作为遵循盈亏逻辑的市场主体，物业消极对待街道办试图推行的垃圾分类政策，而政策解释空间、资源局限和样板特殊地位等具体条件为其与街道办、居委会间的利益协调和责任拉锯提供了空间。

街道办希望物业成为实际责任主体，但物业缺乏主观能动性和客观资源配备，街道办不得已为维持样板小区形象被动投入，形成了"不应该出现的必然结果"。这种僵局，实际上指向了城市生活垃圾分类"由谁来做"的角色定位问题，以及是"要我做"还是"我要做"的行为准则问题。因此，理顺物业、居委会和街道办三者的定位尤为重要。在以往的社区治理实践中，街道办与居委会之间的互动可能更为常见且更易协调，但在街道办试图将垃圾分类责任下沉到物业身上，则需要采取不同的治理方式。

值得注意的是，在客观条件更为困难的小区，物业的资源能力更加有限，缺乏物业的老旧小区只能由居委会承担主体责任，基层政府部门的垃圾分类推行工作可能会遇到更多的具体问题。在这些社区，各主体之间又将呈现何种关系，可成为下一步的研究重点。

【参考文献】

[1]《人民日报》评论员. 做好垃圾分类 推动绿色发展[EB/OL]. (2019-06-04)[2019-11-06]. http://cpc.people.com.cn/n1/2019/0604/c64036-31118118.html.

[2] 陈天祥, 杨婷. 城市社区治理: 角色迷失及其根源——以H市为例[J]. 中国人民大学学报, 2011, 25 (3): 129-137.

[3] 张平, 隋永强. 一核多元: 元治理视域下的中国城市社区治理主体结构[J]. 江苏行政学院学报, 2015 (5): 49-55.

[4] 黄晓星. 国家基层策略行为与社区过程 基于南苑业主自治的社区故事[J]. 社会, 2013, 33 (4): 147-175.

[5] 卢玮静, 赵小平, 张丛丛. 中国城市社区治理政策的困境、原因与对策——基于政策分析的视角[J]. 城市发展研究, 2016, 23 (8): 107-112.

[6] 李晓壮. 城市社区治理体制改革创新研究——基于北京市中关村街道东升园社区的调查[J]. 城市发展研究, 2015, 22 (1): 94-101.

[7] 郑晓茹, 刘中起. 近年来我国城市社区权力秩序的研究述评 (2011-2016)[J]. 上海行政学院学报, 2018, 19 (5): 101-111.

[8] 陈伟东, 许宝君. 社区治理责任与治理能力错位及其化解——基于对湖北12个社区的调查[J]. 华中农业大学学报 (社会科学版), 2016 (1): 101-107.

[9] 何艳玲, 蔡禾. 中国城市基层自治组织的"内卷化"及其成因[J]. 中山大学学报 (社会科学版), 2005 (5): 104-109.

[10] 吴晓林. 中国城市社区的业主维权冲突及其治理: 基于全国9大城市的调查研究[J]. 中国行政管理, 2016 (10): 128-134.

[11] 叶娟丽, 韩瑞波. 吸纳式合作机制在社区治理中为何失效?——基于H小区居委会与物业公司的个案分析[J]. 南京大学学报 (哲学·人文科学·社会科学), 2019, 56 (2): 136-144.

[12] 马全中. 中国社区治理研究: 近期回顾与评析[J]. 新疆师范大学学报 (哲学社会科学版), 2017, 38 (2): 93-104.

[13] 吴晓林. 中国城市社区建设研究述评 (2000—2010年) ——以CSSCI检索论文为主要研究对象[J]. 公共管理学报, 2012, 9 (1): 111-120.

[14] 全祥. 中国绿色物业管理的研究[J]. 现代国企研究, 2017 (12): 178.

[15] 陈红敏. 上海城市生活垃圾分类管理难点与对策[J]. 科学发展, 2018 (1): 79-86.

以人民为中心：城市社区治理创新的动力机制与行动逻辑

——基于西村街的考察

谢治菊　陈一仪　范嘉雯　卢荷英　陈　郑

（广州大学公共管理学院）

摘　要：党的十八届五中全会明确提出坚持"以人民为中心"的发展思想。党的十九届四中全会更是进一步明确指出，要坚持以人民为中心，推进社会治理改革，破解基层社会治理难题。在此背景下，以广州市荔湾区西村街为代表的城市社区纷纷结合自身特色，在破解社区治理难题上开展了系列探索与实践。研究发现，由于能够秉承"以人民为中心"的改革理念，在改革创新中坚持以人民的参与为核心、需求为导向、利益为根本、满意度为中心，致力打造人人参与的社会治理共同体，近年来西村街的社区治理创新取得了较好成效。西村街主要通过政治性吸纳、参与式治理、民主性协商、重复性博弈，以基层党建引领社区创新、以共同参与创新民主决策过程、以多元主体实现社区利益共享、以多种途径化解社区治理矛盾。然而，在创新的过程中，也面临如何平衡少数人与多数人的博弈、解决个人利益与公共利益的冲突、处理居民自治与政府指导的关系的难题。为此，应在继续坚持以人民为中心的发展理念下，进一步有温度地关怀少数人的利益，平衡少数人与多数人的博弈；以协商的方式确保个人利益与公共利益的和谐统一，解决公共利益与个人利益的冲突；在社会治理中，秉承加强居民自治、政府简政放权的原则，处理好居民自治与政府指导的关系。

关键词：以人民为中心；社区治理创新；动力机制；行动逻辑

德国社会学家滕尼斯在《共同体与社会》一书中，把"社区"解释为一种以熟悉、同情、信任、相互依赖为特征的社会共同体组织。[1]现代社会中，社区已成为社会管理和社会生活的基本单元。然而，当前我国社区管理体制尚不健全，社区治理还面临着诸多难题和挑战，主要表现为社区"共同体困境",即社区认同和社区参与严重不足,社区居民的归属感不强、参与积极性不高。[2]在十九届四中全会上,习近平总书记提出了打造"人人有责、人人尽责"的社会治理共同体。国务院也提出了"加强社区治理体系建设,推动社会治理重心向基层下移,提高社区治理社会化水平"的要求。各地也纷纷展开了探索与实践,如珠海市拱北街道的"推行360参与式治理"创新、北京市的"吹哨报到"改革、广州市荔湾区西村街社区治理模式等。其中,西村街紧紧围绕习近平总书记提出的"以人民为中心"的改革理念,从老百姓需求出发,打造社区共同体,推进社区治理创新,并取得良好的成效。在此背景下,我们以西村街作为个案,对"以人民为中心"的社区治理创新的动力机制及行动逻辑进行探讨。

一、研究背景及问题的提出

党的十八届五中全会指出:"必须坚持以人民为中心的发展思想,把增进人民福祉、促进人的全面发展作为发展的出发点和落脚点。"习近平总书记也多次强调"社区是党和政府联系、服务居民群众的'最后一公里'"[3]。2019年党的十九届四中全会更是明确提出:"要坚持和完善共建共治共享的社会治理制度,保持社会稳定、维护国家安全。"如何化解社区治理的难题,打通联系和服务人民群众的"最后一公里",真正做到以人民为中心,这是一个现实问题。

为回应这一问题,学界对此进行了一些探讨,这些探讨主要分为三个方面。一是对"以人民为中心"发展思想内涵的探讨。"以人民为中心"是习近平新时代中国特色社会主义思想的理论精髓,是建设新时代中国特色社会主义的行动指南,指坚持人民主体地位,做到发展为了人民,发展依靠人民,发展的成果由人民共享。[4]王增杰(2016)认为,"以人民为中心"发展思想的基本内涵是坚持人民至上,从根本取向、核心思路和根本目的三个方面对其含义进行了阐述。[5]吴育林和何香明(2019)则从人民是历史的主体、人民是历史动力主体以及人民是价值主体三个方面来对"以人民为中心"的内涵进行了分析阐述。[6]二是对"以人民为中心"发展思想意义的诠释。例如,陈华兴和孙婉君(2018)指出,"以人民为中心"是马克思主义中国化理论的根本线索。[7]刘爱军和段虹(2018)则强调坚持"以人民为中心"可以加强和创新社会治理。[8]三是对"以人民为中心"思想实现路径的分析。坚持以人民为中心是我们党一以贯之并不断发展的思想主张。就"以人民为中心"发展思想的提出及孕育过程，李冉（2017）认为，"以人民为中心"的发展思想是在治国理政历史新实践中逐步发展起来的，有着充分的理论基础和发展条件。[9]这些研究为本文解释"以人民为中心"的概念内涵及逻辑机理提供了重要的借鉴与启示。但是，现有研究都是从较为宏观的视角来讨论"以人民为中心"的内涵及意义，并未对"以人民为中心"的具体实践进行探讨，这凸显出现有研究的不足。本研究基于对西村街的实地调研，发现近年来西村街秉承"以人民为中心"的宗旨，一直鼓励居民积极参与到社区改造中，共同致力于打造出使人民满意的社区。

事实上，已有一些学术研究看到了"以人民为中心"的发展思想对社会治理改革创新起着巨大推动作用。例如，陈鹏（2018）认为，以人民为中心，是加强创新社会治理的根本立场，他认为在中国40年的社会治理改革中，包产到户、乡镇企业、村民自治等改革实践都是来自人民的伟大创造。[10]俞可平（2018）提出，在行政改革方面，"以政府为中心"向"以人民为中心"的转变体现了政府管理理念的更新。[11]吴华和韩海军（2018）对中国减贫治理方式进行了具体分析，指出针对性的"滴灌式"精准帮扶是减贫治理方式的深刻变革，集中体现在"以人民为中心"的发展思想上。[12]

虽然"以人民为中心"发展思想对城市社区的基层治理创新具有较强的指导意义，但到目前为止，除了曾学龙（2012）从人本管理模式的视角探讨了荔湾区城中村改造与政府公信力的关系[13]之外，学界鲜有从创新动力机制与行动逻辑的角度对社区基层治理的荔湾经验进行分析。他们主要聚焦在荔湾区城中村改造面临的困境与出路[14]、政府公信力的实现路径[15]、改造中的公民参与[16]等方面。基于此，本研究拟结合党的十九届四中全会精神，以"以人民为中心"的发展思想为分析框架，以实地调研的资料为依托，从城市社区基层治理创新角度出发，就荔湾区西村街社区治理创新的动力机制和行动逻辑进行系统分析。

本文的素材来自本课题组的实证调查。为深度了解西村街在创新过程当中是如何做到"以人民为中心"的，2019年9月—2019年10月，本课题组一行10余人先后多次到西村街进行调研（参见图1），以集体座谈、深度访谈为主要调研方式。其中，共召开集体座谈会3次，深度访谈街道办干部、社区居委会干部及居民21人次。为保护被访谈者的隐私，文中所涉及的人名均已做了匿名处理。（详见表1）

(a) 正在进行微改造工程　　(b) 已完成电梯加装的居民楼

(c) 前往访谈途中　　(d) 西村街居委会

图1　实地调研图片

表1　访谈对象基本情况

序号	性别	年龄	学历	政治面貌	采访对象
1	男	76	大专	党员	居民
2	男	60	高中	群众	居民
3	女	68	大专	群众	居民
4	男	51	高中	群众	居民
5	男	63	大专	党员	居民
6	女	64	中学	党员	居民
7	男	77	中专	党员	居民
8	女	64	中学	党员	居民

续表 1

序号	性别	年龄	学历	政治面貌	采访对象
9	男	74	中专	党员	居民
10	女	50	高中	群众	居民
11	男	68	大专	党员	居民
12	男	65	初中	群众	居民
13	男	73	初中	党员	居民
14	女	60	高中	群众	居民
15	男	46	本科	党员	工作人员
16	女	46	本科	党员	工作人员
17	男	53	研究生	党员	工作人员
18	男	54	本科	党员	工作人员
19	男	46	本科	党员	工作人员
20	男	33	本科	党员	工作人员
21	男	46	本科	党员	工作人员

二、"以人民为中心"的城市社区治理创新动力机制

荔湾区位于广东省广州市西部，属于广州"老三区"之一，旧楼数量较多，老龄人口比例整体较高，下辖 22 条街道、193 个社区居委会。其中，西村街位于荔湾区西北部，曾经是民国时期广东的第一工业园区，辖区内多为老旧国有企业、集体企业的宿舍楼。据《新快报》统计数据显示，截至 2017 年，西村街单位型社区居民楼有 262 栋，居民 10025 户，占全街居民人数的 50%，楼房楼龄基本都超过 30 年。再加上西村街老龄化现象严重，居民对社区治理改造的呼声大、意愿强。针对社区治理面临的困境，荔湾区西村街对社区治理模式展开了积极探索创新，治理成效显著，先后有上百家媒体对其创新举措进行了报道，有着广泛的影响。正如某社区"电梯服务驿站"负责人柳××在访谈时所言："很多街道来我们这里学习。还有来自内蒙古、广西和本省的人大代表，他们通过电视、报纸了解了这里的情况，也来西村街进行考察调研。"这些考察主要聚焦在两个方面。一是在社区微改造方面，西村街以人

民需求为具体导向，把人民利益放在首位，对社区破旧道路进行了重铺整修，对堵塞冒臭的化粪池管网及排污管道进行了彻底的清理更换，为自来水水压过低的楼层加装增压泵，等等；二是在旧楼加装电梯方面，西村街通过发挥党建引领作用，推动诸多居民自治组织不断发展，比如"电梯小组""电梯加装助建队""电梯服务驿站"，对促进"百梯万人"目标的实现发挥了重要作用。据统计，截至2019年，西村街已完成或正在开展的微改造项目有30个，建成已投入使用、在建、处于审批程序或筹备中的电梯有102台。

为何荔湾区西村街的基层社区治理能在极短时间内取得如此显著的成效？本课题组认为，始终坚持"以人民为中心"的发展理念是主要原因。在此理念的指引下，西村街充分挖掘社区居民的自治潜力，广泛吸纳居民参与社会治理，与居民一起对社区治理展开了一定的探索创新，笔者将其治理创新的动力机制具体分为以下四个部分。

（一）创新主体：以人民参与为核心

西村街既是老居民区，又是旧工业区，导致其管辖区域内普遍存在单位型社区。这类社区原本由单位统筹负责，"房改"之后，住房的产权归个人，按照物业管理条例，本着"谁使用谁负责"的原则来处理物业管理事务，也就是说，当地的社区道路、地下管网等公共设施的修整维护都需要居民自己筹资解决。随着荔湾区越来越重视城市社区的更新管理，基层街道为社区改造申请项目资金并非难事。但是，由于政府相关部门与社区居民之间的沟通不够充分有效，时常会出现"好心办了坏事"或是"办了好事却不被居民理解"的现象。在访谈时，社区居民梁××提道："刚接触（"微改造"）这个新生事物，不少居民还以为是'形象工程'，对此抱有怀疑态度，不能够充分理解政府的行为。"实际上，在社区改造之初，基层政府部门与社区居民之间良性互动缺失的问题，也确实导致了在社区大力推动"微改造"项目的同时，许多居民并不愿意参与。正如西村街党工委的负责人所说："在实际操作中，面临的最大困难是协调问题。这三年来，最头疼的是许多居民不太愿意参与进来，基层治理的实践与探索一直在路上。"除此之外，改造项目还存在着牵头力量及资金缺失的问题，更是导致社区改造面临着"社区改造如何改？""要对哪些项目进行改造？""这些项目改造是由谁说了算？"等治理困境。

针对社区改造前政府与居民之间良性互动缺失的问题，西村街做了以下创新：

第一，模式创新，探索形成"基层自治＋社区微改造"模式。西村街社区改造坚持以人民群众为治理主角，主动吸纳居民参与，最终推动"基层党建引领社区自治，社区自治助推基层治理"新模式的形成。近年来，学界对基层治理模式展开了诸多研究，林磊（2017）认为当前社区普遍通过动员参与、重塑认同等方式强化社区居民归属感，对社区进行重新整合，最终实现社区自治"善治"。[17]西村街道办事处城管科某工作人员就西村治理模式向我们介绍说："在西村街微改造的过程中，他们与居民进行了全程沟通，主要由居民们说了算。"这与部分学者的研究不谋而合。例如，杨莉指出，作为社区治理的主体之一，只有社区居民参与到社区治理格局中来，才能实现社区的共同治理。[18]

第二，制度创新，探索实施"社区建设管理委员会"制度。西村街道办事处某工作人员告诉我们，西村街早在2014年就已经开始了治理模式的创新探索，由于大多数社区居民都是当地老旧国企的退休职工，彼此熟识，是一个典型的"熟人社会"，具备居民自治的天然优势。因此，西村街在条件成熟的社区、宿舍大院，率先成立了社区党支部，通过党员牵头，并在此基础上成立了社区建设管理委员会（简称为"建管委"），由他们来具体解答居民们对微改造项目存在的疑问和困惑，听取居民意见。据西村街道办事处城管科某工作人员介绍："建管委一般由9人组成，由居委会工作人员、居民代表构成，大部分是居民代表。"建管委的建设进一步拉近了社区居民与基层政府之间的关系，改变了以往沟通不够充分有效的困境，不仅为微改造项目收集了居民们的问题意见，还吸纳了更多的居民参与其中。这说明，建管委不仅承担着协调的职能，更是逐渐成为基层政府解决"最后一公里"问题的沟通平台，为社区治理现代化提供了坚实的群众基础。就如同那位城管科工作人员所言："建管委主要的作用，就是在我们改造期间，帮助我们搭建与居民沟通的一个桥梁。因为建管委的成员就是跟居民生活在一起的，很容易听到居民真实的想法：哪些地方还要改，哪些地方还没有改到位，或者哪些地方不能够这样改，等等。我们在微改造的过程中，与居民进行全程沟通，及时修改我们的改造方案。"

第三，方式创新，探索推动"党建引领"新方式。针对改造前牵头力量的缺失问题，西村街通过建立社区党组织，发挥牵头作用，从而大力推动建管委发挥更大的作用。西村街纪工委某负责人认为，西村街微改造项目成功推行的关键因素，在于西村街的党建引领工作能够通过街道贯彻到不同科室、社区居委会，真正发挥了党员的先锋模范作用。西村街抓住了"创新城市社区治理路径的关键在于加强基层党组织建设"这一核心问题，推动党员发挥领导核心作用。[19]西村街党建引领的主要项目是微改造和旧楼加装电梯。这一点，城管科某负责人针对荔湾区"百梯万人党旗红，旧楼加装电梯"书记项目向笔者做了具体介绍。该项目于2017年7月开展，旨在凝聚社区党员与群众代表，由党员干部牵头化解群众矛盾、协调邻里关系、宣传电梯加装经验，直接与居民进行面对面的沟通交流。某社区居委会主任向笔者介绍："从我们社区电梯加装就可以看出党建引领很重要。现有13栋形成了电梯小组，其中只有1栋不是党员牵头，其他都是党员牵头成立的。"同时，西村街党建活动的优势还体现在很多老党员能够主动参与到社区活动之中来。西村街现有党员1700多人，60岁以上的老党员大概为1250人。正如西村街纪工委某负责人所说，许多老党员即便是被人搀扶着也要来参与，只要是社区的活动，他们都很关心，很在乎参与感。

已有研究表明，社区党支部通过整合体制内力量，发挥党员干部们的先锋模范作用，能够对居民产生重要示范效应，重塑意识形态在社区合作治理中发挥了重要作用。[20]西村街党员干部的大力推动（参见图2），让更多热心的居民参与到社区改造的过程中，通过参加志愿服务队，为其他仍在进行电梯加装的楼宇提供经验分享、业务咨询、宣传指引等服务，并且协助居委会进行纠纷调解，为加装工作的顺利推进贡献了自己的力量。正如西村街党工委某负责人所说："社区微改造让居民参与，少走了很多弯路，也赢得了民心。"

（a）西湾东社区党群服务中心　　（b）广雅社区在职党员回归社区服务

图2　西村街党员发挥重要作用

（二）创新内容：以人民需求为导向

作为广州老城区之一，西村街过去的住宅多以老旧宿舍楼为主，楼龄均已超过30年，因此，许多基础设施非常老旧，已经无法适应居民当前的生活需求。暴露出来的问题主要体现在化粪池堵塞冒臭上。在西村街，以往的化粪池管网大多是直径为10厘米的细管，经过几十年的积累，管的内壁早已累积了一层厚厚的污垢，很容易就会导致管网堵塞，甚至是污水冒臭。对于这一点，某社区居委会主任介绍说："今年做的改造工作首先是以化粪池、下水道的管网为主，因为我们这一块儿，老旧楼宇比较多，许多都是建于20世纪70年代的，超过30年楼龄的楼房比较多。现在人口增加了很多，但管网还是旧的。"再者，过去的单位房小区在"房改"后大多变成了独立住宅小区，缺乏系统专业的物业管理与设施维护，暴露出排污管堵塞渗漏、地下管网老旧爆管、小区内部道路破烂不平等问题。这些问题长期困扰当地居民，给人们的生活带来了诸多不便。

这些问题听起来似乎都不大，但却真真切切地影响着居民的生活质量与满意度。同时，由于缺乏专业的物业管理和系统维修，社区改造前，解决排污管道不通、化粪池爆管堵塞等问题主要依靠居民自己。据社区居民谢××介绍："维修化粪池的钱是由整栋楼的居民来公摊。如果你用了这个化粪池，就要交钱，没有用就不用交。"尽管居民自筹经费的维修方式能够及时解决问题，但从长远来看，堵塞冒臭问题并没有从根本上得到解决。在座谈会上，某社区居委会主任向笔者介绍说："之前排污管堵塞了，基本上是每个业主出几十块钱，请个维修工简单疏通一下，治标不治本，无法对老旧的排污管网进行彻底改造。"堵塞冒臭问题仍然在极大程度上影响着居民的生活质量。社区居民谢××说："化粪池一年大概要堵两次。"

这些问题引起了西村街道办事处的重视，为此做了以下改造创新：

第一，街道自筹经费对社区管网进行了彻底整修。西村街从2014年开始，每年由街道自筹经费，对老旧居民楼宇化粪池以及排污管道进行小连片整修，当时是先以一个社区为整修试点。该整修工程于2014年7月正式立项，当年11月开始施工，经过2个多月的不懈努力，整个工程已于2015年1月8日顺利完成。在此次改造过程中，社区自筹经费，把所有化粪池管网经过的地方全部刨开，重新更换铺设了直径为30～40厘米大的管网，同时也对多处化粪池进行了清理、扩大。此次改造与以前简单的抽吸清理相比，更加彻底完善，彻底解决了化粪池爆管的问题。在访谈时，城管科某负责人针对化粪池管网具体改造过程向笔者做了介绍："我们街道就尝试性地以一个社区为试点，因为该社区的居民反映爆管问题解决之后很快又会产生。而化粪池爆管，对老百姓的生活影响很大。我们最早是从化粪池入手，对化粪池进行了一个彻底的改造。后来的整修也不再是简单地采用抽取法，而是更换了所有管道，居民反映这次改造效果比较好。"

第二，成立了以社区居民为主体的监督咨询委员会。此次工程的顺利开展，更是得益于一个在全市首创的制度——监督咨询委员会的成立。该委员会由17人组成，包含街道办代表、居委会代表、人大代表、媒体和居民代表。其中，社区居民为其主要组成部分，体现出整修工程全程由"居民做主""居民话事"的特点。正如城管科某负责人所言："后来，我们街道就根据居民反映的问题进行比较集中的改造，自己筹集资金来做。在做的过程中，我们街道也探索出了一整套模式。从一开始到现在，我们实施的微改造有一个比较突出的特点'依赖于民'。可以这么说，怎么改、改什么、改哪里，对于这些问题，我们在前期就会通过居委会充分征求居民的意见。收集了居民的意见以后，我们会根据资金的情况，把居民希望改造的东西列进微改造的范围内。"

通过与多位居民的深入访谈，笔者了解到，化粪池管网的修缮解决了居民生活中最迫切需要解决的问题（参见图3）。难怪社区居民崔××对笔者感叹道："居委会很好啊，化粪池问题已经全部解决了，都已经换成新的了！"同时，监督咨询委员会的成立更是推动了老旧小区的更新改造，进一步增加了居民生活的舒畅、方便与惬意，真正做到了以人民的需求为中心。据《信息时报》报道，对于此举，西村街居民们纷纷点赞，直言"微改造给我们带来了大幸福"。

（三）创新目标：以人民利益为根本

党的十九大报告强调："必须始终把人民利益摆在至高无上的地位，让改革发展成果更多更公平惠及全体人民，朝着实现全体人民共同富裕不断迈进。"习近平总书记更是强调："带领人民创造美好生活，是我们党始终不渝的奋斗目标。"有研究从价值取向的角度对习近平总书记治国理政思想进行了具体分析，指出要实现"让老百姓过上好日子"的价值目标，就要以构建全民共建共享的社会治理格局为保障，也就是说要保障人民群众的根本利益，把人民群众利益放在首位。[21]

近年来，荔湾区西村街相关部门坚持以"人民群众对美好生活的向往"作为自身奋斗目标，始终坚持"以人民为中心"的发展思想，解决群众最想解决的问题，做群众最想做的事。正如某社区居委会主任所言："改造前，有些决策拍拍脑门就敲定了，没有贴近居民的切实需求。花了钱，群众却不买账。改造后，基层党组织反馈最真实的居民需求意见，让我们把钱花在刀刃上，让群众既满意又舒心。"那么，西村街是怎么做到以人民的利益为根本的

(a) 某社区下水道改造后　　　　　　(b) 某社区化粪池改造中

(c) 某社区化粪池连片改造前　　　　(d) 某社区化粪池连片改造后

图3　西村街的化粪池改造

呢？西村街通过街道宣传政策、居委会收集意见、居民参与治理等方式，真正做到了以"实现人民利益"为根本目标，大力推动社会治理现代化。在座谈会上，某社区居委会主任张××介绍，他们主要的职责就是协调，主要是通过楼宇贴通知、上门宣传，或者是以座谈会、街道办领导挂点等方式向居民们传达政策、了解情况、收集意见。也就是说，居民们想做什么，居委会尽量按照他们想的去做。这正好印证了现有的研究，即以需求为导向的治理，才是真正以居民为中心的，是符合"以人民为中心"发展理念的。[18] 关于这一点，社区居民崔××也向笔者反映，社区的居委会主任在他们反映了问题之后，都能够及时解决,与之前"群众有异议、居委没有明确作为"有很大区别。社区居民曾××更是认为,就他们那栋楼的电梯加装,街道办和居委会发挥了很大的作用,他们在其中做了大量的工作。他们每个人都深深地体会到,如果不是街道办和居委会出面,电梯根本无法建成。在座谈会中,"电梯服务驿站"负责人柳××也向笔者介绍说:"西村街老百姓对这些改造工作,对西村街的党工委、领导还有我们这些(党员)老同志,非常之满意,他们都说'生活在西村街是很幸福的'。"

以上事实表明,西村街真真正正地将"以人民为中心"的发展思想贯彻到了各项改造过程中,始终站在人民大众的立场上,坚持一切为了人民,一切依靠人民,全心全意为人民谋利益,把实现人民利益作为改造项目的根本目标,坚持共建共治共享,凝聚基层治理能力,努力打造社会治理共同体。

(四)创新评价:以人民满意度为中心

2016年,西村街微改造项目被列入"荔湾区十大民生项目",并启动了三年微改造行动计划。截至2019年,西村街内已完成或正在开展的一系列居民反映最大、最迫切需要解决的微改造项目有30个,覆盖辖内8个社区。在老旧楼宇加装电梯方面,西村街早在2015年便由居民自发筹资建成了第一台电梯,并顺利投入使用。2017年7月开始大力推动的荔湾区"百梯万人党旗红"书记项目,更是为西村街旧楼加装电梯送来了阵阵东风。

西村街在民生工作中取得了显著成效,相较于改造前,社区居民更加愿意参与到社区治理中来,满意度也有了极大提高。据西村街党工委某负责人介绍,改造过程由于有居民的参与,改造的都是居民亟待解决的问题,因此,基本上都得到了百分之百的支持,实现了全程零投诉,这进一步验证了顾客参与程度与顾客满意度之间的关系,即呈显著的正向关系。[22]

数据分析发现,居民满意度的提高早就体现在第一期微改造上。第一期微改造以解决民生呼声最大的问题为主,从整体上提高了居民生活的舒适度与幸福感。社区居民崔××向笔者介绍说:"最好的微改造就是建设铺路,以及下水道改造,这些就是最大的变化。现在,基础设施比以前好了很多。以前到处都是破破烂烂的,到处都是垃圾。"还有居民向笔者感叹,老百姓的观念也都有了一定的提高,真正地动起来了。之前看到地上肮脏,他们就只会讲讲,现在就会主动提醒别人不要乱扔垃圾,整个街道就被搞得很干净。

居民满意度的提高还体现在旧楼加装电梯上。社区居民黄××向我们介绍,西村街在党工委指导下成立的"电梯加装助建队"以及"电梯服务驿站",真正地为居民提供了"一条龙"服务,解决了很多专业性的问题,大大增强了他们加装电梯的信心。他更是表示,这就是他心目中想要获得的幸福感。电梯加装很好地解决了老人"上下楼难"的问题。某社区住在高层的阿伯梁××表示,开通和不开通(电梯)就是两个样,没开通之前上楼梯很辛苦,自从旧楼有了电梯,他每天上下楼都方便多了。同时,他还认为邻里关系大大升温,关系好了很多。社区居民刘××也告诉笔者:"我们真是深深地体会到在这里有一种幸福感。大家以前相互之间是很少打招呼的,即使是同一个单位的同事也很少打招呼,但是,现在建了电梯之后,大家关系好了很多。"除此之外,电梯加装对整体房价的上升也有一定影响,因此,对社区居民回迁也有较大的吸引作用。据社区居民梁伯介绍,旧楼加装电梯之后,本来打算搬离社区的老人都不打算搬了,一直把这里的房子租出去、住在外边的人也回来住了,甚至有些原来卖不出去的房子也卖出去了。西村街不少旧楼在加装了电梯后,房价都有一定程度的上升。

三、社区治理困境及建议

西村街进行的社区治理探索取得了极大的成效,增加了居民的参与感、幸福感,为我国其他地方的社区治理提供了宝贵的经验。但在居民不断增长的需求下,仍然存在一些问题,这就需要反思并提出优化路径:

(1)如何平衡少数人与多数人的博弈?在民主制度下,当多数人的权力缺少制约并呈现绝对化趋势时,出现的结果可能会对少数人的正当权益造成侵害,即"多数人的暴政",这一现象反映出多数人与少数人之间权利保护的不平衡。[23]因此,如何有温度地关怀少数人的利益便成为社区治理关注的重点。我们不能忽视群众中的少数人,更不应该因为他们的利益和多数人不相符合,就把他们排除在群众之外,因为"当前群众诉求的内容日趋多元多样,表达诉求的方式日趋活跃,解决诉求的期待日趋强烈,面对人民群众的新期待、新要求,衡量一个地方、一个部门、一个干部践行党的宗旨的重要标准,就是看有没有做到高度重视和始终维护人民群众的根本利益,解决群众合理合法的利益诉求"[24]。

(2)如何解决个人利益与公共利益的冲突?在西村街的走访调查中,笔者发现一栋楼装电梯,会出现"高楼受益、低楼受损"的情况,此时个人利益与公共利益不相符合。事实上,在社会生活中,公共利益时常与个人利益发生冲突,以协商的方式确保个人利益与公共利益的和谐统一不失为一个好的方法。

（3）如何处理居民自治与政府指导的关系？在政府行政过程中，"为人民服务"的政府宗旨，使居委会在很多时候更像是"基层政府"。在社会治理中，我们仍然应该秉承加强居民自治、政府简政放权的原则。

四、结束语

近年来，各个地方一直都在对社区治理进行探索。在西村街的社区治理中，笔者发现了基层群众自治制度也可以焕发出蓬勃的生机和活力。

党的十九届四中全会提出社会治理是国家治理的重要方面，必须加强创新社会治理，完善党委领导、政府负责、民主协商、社会协同、公众参与、法治保障、科技支撑的社会治理体系，建设人人有责、人人尽责、人人享有的社会治理共同体，确保人民安居乐业、社会安定有序，建设更高水平的平安中国。根据党的十九届四中全会关于社会治理的展望，本研究做了一些探索性的思考（参见图4）。而基层社会治理创新的保障机制有哪些？支持体系是什么？地区差异有多大？合作治理如何进行？对这些问题，我们仍待进一步探索。

（a）调研前集体讨论　　　　　　（b）调研后集体讨论

图4　本课题组进行调研讨论

【参考文献】

[1] 杭勇敏，陶维兵. 社区治理视阈下的区域化党建模式创新［J］. 学习与实践，2014（3）.

[2] 郑杭生，黄家亮. 论我国社区治理的双重困境与创新之维：基于北京市社区管理体制改革实践的分析［J］. 东岳论丛，2012，33（1）.

[3] 中共中央宣传部. 习近平新时代中国特色社会主义思想三十讲 [M]. 北京：学习出版社，2018.
[4] 王全良. "以人民为中心"思想的哲学意蕴 [N]. 学习时报，2018-06-25.
[5] 王增杰. 深刻理解坚持以人民为中心的发展思想 [J]. 人民论坛，2016（11）.
[6] 吴育林，何香明. 论"以人民为中心"思想对马克思发展正义观的新阐释 [J]. 贵州社会科学，2019（9）.
[7] 陈华兴，孙婉君. 习近平关于"以人民为中心"重要论述的理论内涵与时代价值 [J]. 浙江学刊，2018（6）.
[8] 刘爱军，段虹. 坚持"以人民为中心"改善民生与创新社会治理：论习近平新时代中国特色社会主义社会建设思想 [J]. 理论探讨，2018（1）.
[9] 李冉. 深刻认识和把握以人民为中心的发展思想 [J]. 马克思主义研究，2017（8）.
[10] 陈鹏. 中国社会治理40年：回顾与前瞻 [J]. 北京师范大学学报（社会科学版），2018（6）.
[11] 俞可平. 中国的治理改革（1978—2018）[J]. 武汉大学学报（哲学社会科学版），2018，71（3）.
[12] 吴华，韩海军. 精准扶贫是减贫治理方式的深刻变革 [J]. 国家行政学院学报，2018（5）.
[13] 曾学龙. 人本管理视域下的城中村改造与政府公信力：以广州市荔湾区为例 [J]. 中国行政管理，2012（3）.
[14] 曾学龙，孙林，李慧，等. 城中村改造的难点及破解对策：以广州市荔湾区为例 [J]. 城市问题，2011（2）.
[15] 曾学龙，吴桂玲，戚秀丽. 城中村改造与政府公信力的实现路径探讨：以广州市荔湾区为例 [J]. 云南行政学院学报，2012，14（1）.
[16] 唐晓阳，代凯. 政务公开与公众参与的运用策略：以广州市荔湾区旧城改造决策为例 [J]. 领导科学，2016（14）.
[17] 林磊. 我国社区治理研究范式的演进与转换：基于近十年来相关文献的回顾与述评 [J]. 学习与实践，2017（7）.
[18] 杨莉. 以需求把居民带回来：促进居民参与社区治理的路径探析 [J]. 社会科学战线，2018（9）.
[19] 王海荣，闫辰. 党建引领城市社区治理创新：问题与发展 [J]. 中共福建省委党校学报，2018（2）.
[20] 张振洋，王哲. 有领导的合作治理：中国特色的社区合作治理及其转型：以上海市G社区环境综合整治工作为例 [J]. 社会主义研究，2016（1）.
[21] 潘格格. 论习近平治国理政的价值取向 [J]. 河海大学学报（哲学社会科学版），2018，20（5）.

[22] 望海军,汪涛. 顾客参与、感知控制与顾客满意度关系研究 [J]. 管理科学,2007 (3).
[23] 夏雨. "多数人暴政"的法理分析 [D]. 湘潭:湘潭大学,2018.
[24] 舒晓琴. 把群众合理合法的利益诉求解决好 [N]. 人民日报,2014-03-05.

被遗忘的角落

——Y 市盲道的"鸡生蛋、蛋生鸡"困境

陈德权　彭　旭　张　莹　卢晶芳　杜天翔

（东北大学文法学院）

摘　要：随着城镇化进程的不断推进，我国各大城市不断涌现出"创文创卫"等城市综合整治活动。盲道作为全国文明城市评选的构成要件，有关部门集中资源采取运动式治理的方式进行整体建设和维护，然而收效甚微。盲道的出现不仅未能为盲人群体带来出行便利，而且极易引发相关各方的矛盾冲突，最终致使盲道被驱逐，搁置在城市的角落。本案例运用实地考察、分群体访谈、统计数据分析等方法，对 Y 市盲道的治理进行分析，探析各方对于盲道的认知和治理困境，并尝试提出走出困境的治理策略，破解盲道不帮"盲"的难题，推动城市文明程度的进一步提升。

关键词：城市治理；盲道；实用性；供需失衡

很多时候，一个社会的温度是以对待弱势群体的态度来标记的。中国是世界上视障人口最多的国家，每年大约有 45 万人失明，这意味着几乎每分钟都会出现一个新的盲人。对于数量如此庞大的特殊群体来说，他们的出行值得引起社会的广泛关注和重视。在视障人群的世界里，盲道是他们的"眼睛"，是他们出行的指南针。盲道的有效利用不仅可以打破视障者的隔离状态，提高社会融合度，还可以体现出对社会弱势群体的人文关怀与尊重。然而在实际生活中，我们很少在盲道上看到盲人的身影，占道经营与违法停车却屡见不鲜。同时，规划建设的不合理也使盲人宁可"走路沿石"也不愿相信盲道。盲道的处境似乎十分尴尬。究竟是热闹的城市拒绝了盲人的参与，还是盲人不愿融入城市的热闹？本案例以此困惑为出发点，经过大量访谈与调查，从 Y 市的盲道使用现状着手，情景式地还原盲道从建设到使用的全过程，探究当前盲道"帮不上盲"的真正原因。

一、案例概述

（一）情景一：盲道"真忙"，人心惶惶

凛冽的寒风呼啸而过，带动地上落满的树叶沙沙作响，今年北方的冬天来得似乎格外的早，小何暗自嘀咕着，裹紧了衣服步履匆匆地往家走。作为一名刚毕业不久的实习记者，小何一如朝气蓬勃的白杨柳般奋发向上，满脑子都是身为新闻人与生俱来的责任感和使命。然而，毕竟初出茅庐，确实缺乏主任上午开会时不断强调的新闻敏感性，以致入职几个月了，还是只能做做整理稿件、打杂之类的工作。"身边、细节……"，夕阳西下，黄昏下的天际线把小何的背影衬托得格外单薄。沿着马路，小何的脑海里不断闪现自己的会议笔记。

感觉到自己的后脚跟碰到了什么东西，小何随意转过脑袋低头一看，是一根棍子。顺着棍子抬头看，一个大爷正拿着棍子往前面比画着什么。"是个盲人，"小何立刻意识到，"不好意思，好像碰到你了。"盲人大爷一边说着，一边小心地划动着手中的盲杖。

"没关系没关系，是我想事情太投入了，没注意到后面有人来了。不过您怎么在马路牙子这走呢，这车来车往的，您这多危险啊。"小何搓了搓手，走到大爷旁边问道。

"我家离这儿不远，我天天回家就走这段路，都走习惯了，没啥事。再说，这旁边有个东西挡着多少也安全着呢！"大爷一边向前探路一边回答道。

"大爷，那上面不是有盲道吗，走着不比这安全吗，我看这里的盲道还挺……"小何一边说一边瞥了一眼上面的盲道：一块块盲道砖码得整整齐齐，上面树叶堆了不少，但靠着盲杖应该不影响辨认；只是盲道旁边有不少共享单车，有点碍事，但影响也不太大；再往前看，一辆车把盲道挡得严严实实（见图1）。小何顿时不知道继续说什么了。

"那东西不实用。"大爷仿佛没意识到小何突然间的停顿，乐呵呵地回答。

"大爷，上面没啥大毛病，盲道修得都还挺好的，就是车挡上了。我给城管局那边投诉一下这个情况，把这块儿整治一下就行了，老挨着马路牙子走也不安全啊。"小何一边说着一边拿手机查询城管局的电话。

"不用不用，不用麻烦了。也不是这个问题，我们这群人都不用那玩意儿，我们不用也不能挡着别人用不是。"大爷摆了摆手，拿着盲杖、佝偻着

图 1　Y 市盲道一角

背,一点点向前探路,慢慢地走远了。

小何感到有些震惊,在他看来这条盲道是有点儿问题,但也并非改善不了的大问题。如果长期在这段区间内行走的话,把这块儿整治好了对自身也是有益处的,为什么大爷会对此毫不在意呢?不是这个问题,那究竟是什么问题呢?大爷所说的"不实用"是什么意思?刹那间,小何突然顿悟了主任所强调的新闻敏感性。说来有些惭愧,身为新闻工作者,本应该对社会现状有着异于常人的观察力,可仔细回想起来,小何几乎从没注意到城市里还有这样一角:被遗忘、被荒置,甚至连切身的利益相关者都不甚在意,盲道似乎忙着为其他社会群体服务而非盲人。为什么会出现这种现象?那么盲道存在的意义是什么呢?什么原因造成了盲人对盲道的漠视态度?小何脑海中涌现出一个又一个令人不解的问题,决定一探究竟。

(二)情景二:喧嚣中的孤独——盲人与社会的"楚河汉界"

"究竟怎样你们才能让我出去?我这样怎么了,是我想这样的吗?"邵正阳歇斯底里地吼着,言语里充满了无奈和心酸。他是 Y 市一家残障人公益机构的盲人按摩师,因先天性白内障和小眼球发育不良而完全丧失视力,目前与父母居住在一起,因为家里离按摩店有一定的距离,邵正阳的父母对于他的这份工作并不支持。

"正阳你先别急，要不你再等等看有没有离家近点儿的店，这么远的路，我和你爸也不方便天天去接送你。"邵正阳的母亲紧紧拽着儿子的手，她知道儿子心里的苦，虽然看不见，却从未自暴自弃，从小学习盲文，学习各种技能，连盲人按摩这项技术也是他自己主动要求学习的。但是，现实条件摆在这儿，他们也没办法。

"我自己可以走的，我之前上学不也自己走过吗?! 我才21岁，我能依靠你们一辈子吗？"邵正阳的内心饱含痛苦，他知道这不是父母的错，没有理由责怪他们，可是他希望得到父母的信任和体谅，希望自己像自己的名字一样充满阳光，而不是成天"藏在"四四方方的房子里不见天日。

"胡说，你自己出去像什么话！别出去给我丢人，家里多安全，你自己出去万一磕着了碰着了怎么办。听你妈的，先好好待在家里，有合适的活儿我会留意的。"邵正阳父亲的话掷地有声，透露着不容置疑的绝对。

"叔叔阿姨你们别急，这事再商量商量。正阳也是想赚点钱，分担一下家里的压力，你们也别怪他。要不这样，我明天正好休班，我陪着正阳去店里看看，你们看怎么样？正阳想出去走走，就让他出去吧，我跟在旁边也出不了什么事。他这么年纪轻轻的，老待在家里也不是办法啊。"小何刚进了屋，就听到了激烈的争吵，忙不迭地劝解道。

"他爸，要不让正阳试试吧。这也没什么好丢人的，毕竟这些年都过来了，只要正阳能平平安安的，我们就别拦着他了，"邵正阳的母亲努努嘴，对着丈夫说道，"小何是你老同事的儿子，这孩子从小看着长大的，细心着呢！你放心吧，让正阳试试看能不能自己走，不行再阻止也不迟。"

"哎……"邵正阳的父亲捏了捏眉头，无奈地叹了口气。

初冬的清晨凉意阵阵，小何裹紧了衣服，准时在邵正阳家楼下等着。两人见面后，便向盲人按摩店出发了。邵正阳拿着盲杖，戴着墨镜，穿了一件黑色的大衣，可能是因为第一次被允许独立走上班的这段路，心情格外的好。两人过完马路，小何把邵正阳引到盲道上，心里想着"大爷不走，年轻人总可以走一下吧"，可邵正阳却拒绝了。这让小何很纳闷："他们为什么都不走盲道？"邵正阳皱着眉头说道："不是所有的路都有盲道或者无障碍设施，而且人行道上杂物很多。我有时候都不愿意走人行道，更喜欢在下面溜边走。只要不跟车抢都没事，但是小磕小碰是难免的。有盲道的路对我帮助也不大，因为你不知道它的终点在哪儿。"

"哈哈，没关系，你走你想走的路就好了，我也只是有些好奇罢了。今天我陪你上班,你放心地走,我会照顾你的。"小何安抚地对邵正阳说道。

邵正阳感受到了小何的困惑,一下就笑了,边笑边说道:"你们健全人理解不了我们的感受,想法有些太理想化。其实在盲道上,即使用盲杖也有危险。我记得我家旁边的商业街有条盲道,那条盲道拐弯就很突然,绕着电线杆转个死角,脚还是直行的,盲杖在前头已一下子杵到电线杆上,震得手都疼。"邵正阳似乎回想起了自己的经历,苦笑着摇了摇头:"真不敢把自己的安全交给盲道,不信一会你自己闭着眼感受一下。"

小何边走边注意这条路上的盲道,他发现建设路口的辅路,是一条比较宽的道路,盲道基本上是笔直铺设的。但是,顺着盲道向复兴路走,路口商场旁边的人行道上,占用盲道停放的车辆成为第一道"拦路虎",狭小的空间连正常行人都难以行走(参见图2)。在商场停车场出入口不远处的配电箱,也是一道坎。之后,还有违规停在盲道上的共享单车,以及阻断盲道的围墙。再加上有的条形盲道砖被磨平或破损,即使正常人走在上面,稍不注意,也会摔倒。细细观察后的小何心里很不是滋味,他觉得盲人在这个社会生活真是不容易。

几站地铁后,两人到了盲人按摩店,一进门就听到盲人按摩师李师傅的抱怨:"我们盲人在这个世界上怎么就没有尊严?这群孩子真是气死我了!"小何跟李师傅打了个招呼,然后询问发生了什么。

李师傅一边整理着自己的衣服一边气呼呼地说道:"今天过马路,路上几个小孩儿见我是盲人,不但没有帮忙,还有些过分地向我丢石子,我也追不上他们。得亏碰见的是我,如果我是刚自己学着独立出行的时候碰到这种事,可能打死我也不愿出门了。"

邵正阳一脸平静地说道:"别生气,这些习惯就好了,还曾经有人对我说'你不在家好好待着,跑出来给人添麻烦'的话呢,咱俩还能走出来上班,总比小刘他们强吧。"李师傅听了,似乎没那么生气了,笑了笑便不再抱怨了。

一旁的小何正热心地帮着邵正阳整理器材,边整理边问邵正阳刚才说的小刘是谁。

"小刘啊,他是我们协会的一个盲人朋友,定向能力比较弱,自己就不想出门,每天待在家足不出户,除非迫不得已才出来看看。不光小刘,还有好多盲人朋友呢,他们没有工作,也都不愿出门。"邵正阳无奈地说道。

小何听了心里也不是滋味,他又把头转向李师傅问道:"李师傅,你每天也自己走路上班吗?"

"对,我就顺着马路牙子走着上班。我一直想着,如果我有一条导盲犬就好了,这是我的愿望。可是,只有少数家庭条件好的才能用上,对于我们这种普通家庭的盲人来说,导盲犬太奢侈了,用不起啊。"李师傅一脸向往地说道。

沿着来时的路,小何坐上了去往公司的公交车。树叶簌簌飘下,车窗外的街景快速倒退。欢庆"十一"的余热尚未散去,行人脸上还挂着喜气洋洋的笑容。这是与国同庆的伟大节日,仍旧熟悉的社会场景,小何却无形中总觉得缺失了什么……

(a)　　　　　　　　　　　　　(b)

图2　涉事盲道

(三)情景三:盲道的"一生"——冷暖交织

铺天盖地的宣传与标语似乎宣告着这座城市的发展与蜕变,"创城"这个有些新鲜的词汇像一阵新风,吹遍了这座城市。老百姓们的生活照常过着,不过人们嘴上多了几个新词:"文明城市""排队""暗访打分"。Y市住建局的张处长手里握着方向盘,看到前方广告牌上"创建文明城市,共享美好家园"十二个大字,心里不禁一凛,因为"创城"这件事情,他已经不知道加班多少次了。

听说市里组织了专家自评组进行打分,以迎接上级检查。不知道什么原因，自评结果下来后，整个办公楼的气氛似乎都凝固了。虽然张处长还没看到那张至关重要的"成绩单"，也能猜到结果可能不太好。但是，久经"检查工作战阵"的他也明白，熬过这一段就好了。

会议室里的压抑气氛让他颇为不适，在被批评责骂后，他还是赶紧向领导认错。一顿批评之后，领导终于提到哪里出了问题。唐局长顿了一下，在手里的一堆文件里开始翻找。一旁的办公室曹主任又提上来一摞文件："领导，我看应该是这份吧？好像是无障碍设施的事情，张处长应该是太忙了，没顾上这点小事。"张处长听了，心里也松了一口气，他本还以为是违章建筑的拆除率不够导致的。"违建"就是雨后春笋，他从来不指望自己有生之年可以让自己的辖区"零违建"，刚上班的一腔热血早就没了，只要不增加，他就谢天谢地了。

唐局长话未停，直接问道："我们这个无障碍设施是怎么回事？之前没注意到吗？为什么检查会不合格？不是花了好大一笔钱去买这买那吗？你们看看，盲道相关这些项目，我们基本上就是零分。无障碍设施不过关，我们怎么建设文明城市？这点小事都做不好吗？"

张处长满脸委屈："领导，这些问题我都汇报过，但是我也没办法啊。"

"没办法？我一件一件和你找办法。"

"……"

"盲道存在'断头'现象，走着走着就没有了；盲道帮'倒忙'，通向电线杆；盲道覆盖到了下水井上，井盖还丢失了；这些公共设施在设计规划时是怎么考虑的，难道不应该避开吗？"

"领导，现在我们这个道路整体上都是由规划设计院进行设计的。以前，我们城建有专门的设计部门，市里建的所有东西都由规划办设计，但现在设计院的性质变成了纯粹的股份制企业，属于私人的。所以，现在由谁来设计是由有关部门统一在网上招标，谁中标就由谁来设计。我们住建局是甲方，设计完按照图纸施工，但验收后基本都是由国企来维修养护的。这个规划我们是要验收的，但是不排除出现几块砖成为'漏网之鱼'，毕竟我们也从来没有专门铺设过盲道啊。"张处长小心翼翼地赔着笑脸，生怕哪句话说得不对惹领导不高兴。

"那这个盲道是怎么规划的？没有针对盲道设施进行专门的设计吗？再说了，不专门设计，你们不也一起验收了吗？"

"领导，我们主要是按照规划图、施工图、竣工图验收的。盲道奇形怪状，也是为了躲公共设施，比如树、电线杆、井盖之类的，这也是无可奈何啊!"张处长察言观色,调动十二分精力回答道。

"所以,这地方因为有很多树就要拐很多弯?"唐局长指着其中的一幅图片质疑道。

"对盲道规划,我们市里采用的设计标准是不允许连续拐弯的,如果那样的话,盲人就没法找了。但是,领导你说的这段路,我好像有印象。当时那个地方也就是为了完成指标,要求必须得建,没有办法了,就只能建成这样。也就是说,当时就是为了完成一些硬性指标,必须设置盲道,但那个地方其实没有建盲道的位置,就只能建成这样了。现在用于建盲道的地形状况就很受限,老城区里面,路两边建筑都是早就建成的,我也不可能为了建盲道把人家房子扒了呀。"张处长努力向领导解释,以表示不是自己懒政,而实在是没有办法。

唐局长语重心长地说:"我知道指标的重要性,这是没有办法的办法。但是,这个路段这样总归是不行的,如果有盲人真的走到那里了咋办?"

张处长无奈地笑答:"这种情况还真没有,干这行这么久了,这些年我也没见过盲人走盲道。盲人出来,要么有人跟着,要么条件好的有导盲犬,对不对?你看他盲人,自己拿个棍在那走盲道,我从来都没见过。可能'北上广'那些大城市有,但是咱这边就几乎没有盲人自己一个人出来溜达的。而且,现在盲道上经常停了很多车,实际上他也没法走。"

"说到这里,盲道上存在占道现象,有违规占道的私家车停放,还有电动车、自行车,更别提乱堆杂物了,这些咱们也该管管。"唐局长正色道。(参见图3)

"局长,我倒是想管,但是你也知道咱们这尴尬地位。我碰见占用盲道的,也就跟他说一声这不让停车,但是他要跟我较真我也没办法啊,毕竟咱们住建部门没有执法权。本来有城管执法局来执法,但是现在他们也都已经下派到各个区了,听说他们现在每天也在忙着处理占道经营、整顿市容,也没有专门的人手来盯着盲道。"

"那这个盲道覆盖率不足呢?你看,新开的百货商场那边,附近的盲道设施就不是很足够,而且和其他位置的盲道还没有连接上,这是怎么回事?新建成的设施怎么还这样?"唐局长继续追问。

"唉,这事,我和上任局长也提过。是这样,这个商场是市里的重点招商引资项目,人家本身也是全国知名企业,一般而言,他们的配套基础设施就比较全面和完善。说白了,相比而言,就是我们的设施比较简陋,没和人家配套。所以,这边就是他们按照自己的标准来修建的,我们当时也不好干涉。所

（a） （b）

图3 部分问题盲道路段

以，现在也是刚落成，我们也在积极沟通，盲道也好，无障碍也好，看怎么能够连接上。"说起这件事情，张处长有些犹豫，似乎这件事情拖了很久了。

"这倒确实急不得。不过上个星期，有市民投诉说这个商业街前边的盲道破损，我们为什么还没有把这段修整完？"唐局长从一堆材料中翻出一幅检查时的照片，抬眼看着张处长。

"是这样，因为那里有很多门市房。如果在门市房的房门前施工，人家可能会觉得耽误做生意，就会闹起来。所以，就只能一直协调着，先把那一段路圈起来。以前搞保护性施工，有公安来配合我们。但是，现在要求规范化了，我们这个部门提供的本来也就是公益性的公共服务，因为这个闹起来也犯不上。我觉得，这个还是得靠社区居委会、街道办这些基层部门去沟通一下。另外，维护的资金也不够，像那个热熔盲道就很贵。关于巡视，我们这个片区有3个巡查队伍，每天都会开车去巡视，实行网格化管理，每人一片，发现有问题及时用微信或打电话报告，立刻派人去维修。我们有完善的考核规章制度，要求一接到报告，必须在24小时内有行动。如果不能一次修完，也要给围上。主干路可以给三天的解决期限，但必须行动，不然耽误一天就要扣一分，低于90分的部门，实行少一分罚款一万块钱的制度，罚了的钱用于维修。所以，我们收到群众投诉肯定会马上解决的，除非有商户或居民阻挠，不然处理效率都是很高的。"张处长刚从上一波质问中解脱出来，忙不迭地回答道。

"说了这么多，张处长，你自己对盲道这个事情的思考就是差钱缺人少空间？对这个工作，你有什么具体的想法吗？"唐局长语气沉了下来，谈了半天似乎没有实质性的进展。

"领导，我觉得要想真正做好这个工作，不是我们这一个单位可以做的，必须得多部门联合行动，至少得区一级出面牵头，去调研哪里有人真正需要盲道。咱们现在的情况就是，上面让我在这条路上放十棵树，我就栽十棵，但是栽在哪、栽什么品种、栽成什么样，上面不管。我只能在我的职能范围内，尽量去做。比如，这个建盲道的地方原来有棵树，我们就花了十几万元去挪。那有什么办法?！都是为了老百姓，那就挪呗。但是，这个东西不好协调，还一点好处都没有，只能花钱办事，还没人说你好，建成之后还没人用。关键是盲人走还是不走盲道的问题。正常情况下，盲道应该是盲人的眼睛，但是现实情况是，眼睛的功能是缺失的，不能说我只让你看见这里不让你看见那里吧。盲道不像无障碍设施，老年人、残疾人都能用。"张处长不知道想到了什么，若有所感地摇了摇头。

"所以，你觉得我们应该实现盲道全覆盖？"

"局长，您也知道这不现实。我觉得盲道的建设也应该看一下社会相应的需求，哪个地方盲人群体比较多，我们就尽量对那里覆盖。之前，我也咨询过残联的同志，他们也不建议对盲道这些设施进行盲目修建，因为很多盲道修了也根本没人用。相比于盲道，无障碍设施更实用一些。这盲道就是一个上边考核的标准，只要商业区有就行了，您看现在哪个商业区没有盲道呢？商家为了挣钱，他得满足所有人的要求。但是，城市管理很难满足所有人，不能什么事都面面俱到。这是我的个人建议，不知道领导怎么想？"张处长觉得自己今天似乎说得有点多，赶紧找补一下。

"目前确实资金困难，上级部门也不会对盲道进行专门的多部门调查，我们'创城'就按照上级的要求来就可以。以后再说细节，现在检查在即，哪块地方没铺就铺上，该修的赶紧想办法修，先执行上级命令，完成指标。盲道就说到这，继续下一个问题……"

办公会还在继续，但是盲道到底应该怎么建、建多少、怎么管、怎么实现效用最大化仍是未解之谜。张处长不知道，也想不出来，只能想着，下次看见盲人真的走盲道了，一定得去扶一下，因为他害怕，这条盲道仍旧没有"准备"好。

（四）情景四：日光下的普罗大众——各怀心事

"都准备好了吗？赶紧的，拿好摄像机、材料，这就出发了，别落下东西。""哎，小张，小刘，你俩照顾着点盲人同志，好好看着，别摔着碰着了啊！"早晨9点，白处长叫上同事和志愿者准时前往博览园。这是由执法机关授权的今年进行的第一次无障碍执法检查，由省残联、盲协带领部分盲人，以残疾人现场体验的方式，对照相关无障碍设施建设标准，对园内通道、无障碍卫生间、盲文指示标识、坡道、盲道、低位服务台等无障碍环境建设管理情况进行系统检查。下了车，小何跟在白处长后面一边走一边观察着四周，空气中散发着淡淡的青草香，令人心旷神怡，建筑错落有致又不失整洁感，园区内盲道铺设醒目、坡度平缓、门槛平整、各个单元都有扶手，盲人出行的困难应该不大。小何心里想着，赶紧跟上白处长的步伐，寻思着找机会进一步了解点情况。

"白处长，咱们多长时间进行一次这种形式的无障碍执法检查啊？"小何走到白处长旁边问道。

"我们现在一年得保证有三次，这是去年下来的规定，我觉得非常好，这些无障碍设施的使用效果如何，还是得靠残疾人的自身的体验。这就相当于征求了这类群体的意见。"白处长笑着说道。

"这个园区内的无障碍设施建设看起来真的挺不错的，停车都很有序。那您看咱们Y市市内那些无障碍设施，比如说盲道，为什么没怎么看见有人用呢？还经常看见有私家车占用这些盲道。"小何没有忘记最初见到的那个盲人大爷的态度，一直心存疑惑，想借机一探究竟。

白处长皱了皱眉，感叹道："这个看具体情况吧。就现在的情况来说，盲道对城市发展的影响不是很大。我们国家的情况不太一样，城市道路比较复杂，城市发展后车辆停放问题特别严重，占用盲道情况严重这是肯定的。你都不用算，你就去马路上看看，只要能停放车辆的地方都是车，许多道路都会被占用。这不是某一个部门的问题，而是整个社会的问题，不是一个文件就能解决的，需要整个社会的共同参与。像咱们H区YX公益组织的韩大姐，自身是一级视残人员，这么多年来，这个组织帮扶了不少盲人或者低视力同志呢。而像我们残联这种群团性质的组织，也只能起到呼吁的作用。"

"呼吁有什么用？这不难为人吗？他就是看咱们监管账户没从他那开，就给我们找事。"YX公益的韩大姐急切地联系着各方，但却被卡在一个证明上，只能着急上火。

"残疾人想生存，不是去争各种权利，不是去争所有的东西，而是在面临很多不公和各种待遇的时候，能够适应、能够生存，周围要有你一个生存的空间。"韩大姐处理完这件事情后有感而发，"每年通过我这里培训的残疾人有1000来人，包括精神、智力方面的残疾人。在我这里康复的残疾人很多，我服务他们、服务他们家属时，从来不会去告诉他们'你有什么权利'。我从来不去普法，因为普法之后，大家从现实中得到的第一个反应就是不平。"身为一名一级视残人员，韩大姐这些年为了维持公益组织的运营，付出了难以想象的辛苦和坚持。虽然自身看不见，但是她的目光灼灼不失神采，在黑暗的世界里摸索出自己的一套价值体系。

"盲道的好坏与盲人是休戚相关的，如果盲人不去争取、不去提议，那么盲道的现状就很难改善，这对盲人来说是百害而无一利的，不是吗？"小何疑惑道。盲人在这个世界生存固然要面对远超于普通人的困难，却也不能因此放弃自身的权利，如果自身都不愿意发声，又有谁来替他们发声呢？小何打心眼里为他们着急。

"因为我们都不用盲道。我就是做定向行走培训的，也从来不会训练盲人在盲道上行走。像盲杖的作用是探路，导盲犬的作用是定位，那盲道有什么实际作用呢？我真的不提倡去给盲道拍个片，哎，这个盲道上停了个车，那个盲道断头了或怎么样，没必要。你看看，盲道上基本都没有盲人走。现在我们周围有很多盲人，但真正会用盲杖走道的人并不多。像那种不好意思的、没学过的、没学好的盲人太多了，宁可不出家门也不用盲杖的盲人有的是，他们最主要的问题就是心理上有障碍。我们主要就是培训残障人的独立生存能力、社会适应能力、社会交往能力。现在的关键点就是，你要让大家先走出去，都走出去之后，一来二去，大家就会有切身体验了。"韩大姐直言不讳道。

"怎么回事儿？我倒要看看这是不是个盲人。"在穿越人行横道的时候，一对情侣在前面小声讨论着，不断地回头往后看，殊不知声音已经传到了孙女士耳朵里。

孙女士不是全盲人员，因为小时候患上视网膜母细胞瘤导致右眼球被摘除，现在有一只正常的眼睛和一只义眼，能够辨别大致方位，但是对离得稍微远一点的红绿灯是看不清的，只能跟着人群走。这么多年的低视力，使孙女士在出行时掌握了一些小技巧。

"我带着您过去吧。"小何快步走到孙女士旁边，拉着孙女士的胳膊往前走。

"哎，谢谢了！但是你别拽我，要不你给我只胳膊，我扶着你走。"孙女士有些不好意思地开了口。

小何一愣，没说什么，只是把拉着孙女士的手松开，继而又把自己的胳膊递到孙女士的身前，慢慢地配合着孙女士的步伐节奏过了斑马线。

送走孙女士，小何恍惚地沿着马路边行走，闭着眼试图感受最初碰到的那个大爷的心理状态，然后又踏到马路上面，闭着眼走了一段盲道，心里默念着：竖条是行进，圆点是停止。走过一段竖条盲道之后，他感觉脚下的形状有些变化，顿时涌现出一种强烈的不安全感，再往前走一步，直接掉进了树坑里。从树坑里跳出来，回头一看，一个年轻小伙正拿着照相机对着盲道砖咔咔一通拍，继而拿起了手机对着电话那边说："主任，DM 路这段的盲道我拍完了，等会儿我发给您看一下啊。哪里不对我再拍，争取这两天发出去。"

小何站在几乎被磨平了的盲道上，望着熙熙攘攘的人群，心头感慨万千。此时正值正午，阳光充沛，是一天温度最高的时候，往来人群匆匆，却仍旧没见到盲人出行，更遑论在盲道上行走。日光灼灼，照耀着 Y 市的万事万物，却鲜有人注意到，这座城市的主要干道也被一种叫作"盲道"的设施贯穿，放置在一个灰暗的角落。（参见图 4）

(a)

(b)

图 4　相关盲道路段

（五）各执一词：基于现状的两个假设

10 月 15 日是国际盲人日，也叫白手杖节。根据中国残疾人联合会发布的数据显示，截至 2018 年，全国持证视力残疾人约有 397 万人，占残疾人总数的 13.5%，而实际上，我国平均每百万人口就有盲人 3800 人。自 1991 年在北京修建第一条盲道以来，我国对于盲道的建设愈发重视，短短几十年间，盲道已经覆盖到全国各地。然而，以每个人的实际生活体验为观察窗口，我们不禁会产生这样一个疑问：为何视障人口这么多，我们却很少看到盲人在盲道上行走？到底是因为盲道建设不力致使盲道没有得到盲人的信任，还是盲人出行率低才导致了政府相关部门不愿规划建设盲道呢？基于此疑问，我们对盲道建设的"鸡生蛋、蛋生鸡"困境做出了以下假设。

1. 盲道不好导致盲人不用

盲道是专门帮助盲人行走的道路设施，是盲人出行时的"眼睛"。残疾人公共基础设施的完备，不仅是城市文明程度的重要标志，同时也能够体现出社会人文关怀的平等与尊重，直接反映出一个国家的文明程度和发展水平。然而，我们在实地走访了 Y 市的多条路段后发现，Y 市在城市盲道建设上存在着诸多问题。首先，盲道的规划设计不合理，未能完全从使用者角度考虑细节，致使频频出现"断头""S 型"盲道，其覆盖范围也不足以完全为盲人的出行保驾护航。其次，盲道建设后缺乏完善的管理与维护，许多老旧城区的盲道已年久失修，砖块已经残缺不堪，普通人踩上去都会崴脚，更何况是看不清路的视障群体。最后，停车和摆摊占道的现象严重，城管部门可以对占用人行道的违法行为进行处罚，但对于占道经营只能进行说服教育。这些显而易见的问题已经严重影响了盲人群体的社会参与，然而从普通市民到相关部门，似乎所有人都选择对这些问题"熟视无睹"，致使盲道根本"帮不上盲"。

我们在与多市城建局负责人的交谈中发现，政府相关部门其实很清楚盲道的使用现状并没有实现预期效果，但事实是，盲道修得越差，盲人就越不敢出门，进而盲道所反映出的问题也就越少，更加无人重视，盲道与盲人之间的矛盾呈现出愈演愈烈的态势。从修建第一条盲道至今的近 30 年来，我们的城市建设从来没有忽略过盲道。2002 年开展的"创建全国无障碍设施建设示范城（区）"活动中，无障碍设施建设就成了一项政绩考核指标；在 2005 年的"全国文明城市评选"中，"在道路、公园、公厕等公共场所设有无障碍设施"成为评选的重点考察项目之一；2007 年，原建设部和民政部决定组织 100 个城市开展创建全国无障碍城市活动，盲道覆盖率成了城市是否文明的指标之一。

但是，盲道建设却经常存在一个很矛盾的现象：在各大城市的商业街主干道上随处可见整齐美观的盲道，但在盲人群体集中的地方，如盲人按摩中心、社区医院等地，却鲜有盲道出现。我们建设盲道的目的是什么？是否已经背离了初心？盲道并不是给那些能看见的人看的，而应该是给看不见的人走的。盲道并非"盲目之道"，不是仅仅在路上铺几块砖就可以了。当盲道的建设不再只是止步于道路验收时，盲道才能真正起到社会关怀的作用。正如1991年新建第一条盲道时新闻报道所写的那样，我们应该为盲人的脚下铺设一条彩虹，这条彩虹是盲人的光明之路，也是残疾人通往幸福的祥和之路。

2. 盲人不用导致盲道不好

截至2018年年底，中国约有盲人600～700万，相当于整个Y市的户籍人口总数。然而，面对如此庞大的视障群体，我们在生活中却似乎很少接触到盲人，他们仿佛只是一个概念，出现在电影里、公益宣传片里。我们不禁产生疑惑，这相当于一个一线城市规模的人口去哪了？他们的生活来源是什么？又是如何参与社会的呢？

一位在省残联工作的低视力人士曾向我们讲述，她在过去的很长一段时间里不愿出门，羞于暴露自己的"缺陷"，而在残疾人群体中，持这类观点的人不在少数。残疾人是社会弱势群体，他们天生会对融入社会产生抵触心理，从而愈发与社会脱离。在我们看来，外面的世界千变万化，到处充满着"速度与激情"；但在视障群体眼中，周围却布满了无处可藏的障碍与危险，他们安于两点（住房与工作地点）一线的生活，排斥外界环境，不愿也不敢踏出自己的舒适圈。盲道的作用不仅在于保障视障人群行走的安全，同时也在于提醒我们每个人，社会上还有这样一个特殊群体的存在。在开始修建盲道之前，盲人普遍较为集中地居住在"盲人大院"里，只能在特定的福利工厂工作。现在虽有所改观，但盲人群体的生活仍十分封闭，社会隔离性较强，只有少数视残者能够从事盲人按摩以外的工作。他们往往不去接触社会，只是通过专门的定向行走培训来熟悉从住所到工作地点的一小段路程。视障群体的社会参与在很大程度上与能否正确定向行走有关，一旦盲人在一段距离中完成定向，那么从心理上就很难再愿意尝试其他路段。盲人对出行的逃避使盲道变得"可有可无"，相应地，有关部门也就倾向于减少盲道的有效供给，久而久之，连占道经营与违停都变成了闲置资源的合理利用。试想一下，倘若每天都有成群的盲人沿着路、沿着石头走，那么政府相关部门想不重视盲道的建设都是一件难事。

（六）供需双方难以有效契合

今天随处可见的盲道，看起来设计非常简单，无非是在一块砖上加上几条棱，但它的出现却非常晚。1965年，日本人三宅精一发明了一种有7×7个半圆形凸起的砖块，这才有了盲道的雏形。1991年，为了迎接即将举办的"远南残疾人运动会"，相关部门在北京蓝靛厂盲人聚集区建起了中国第一条盲道。中国的盲道修建当然不可能靠一场运动会就完成，不过，许多城市的盲道修建也采取了"运动式"的方式来完成。

运动式治理方式固然有"用时短、见效快"的优点，但是它也明显缺乏必要的持久性。许多城市对于盲道的供给一般都是在修马路的时候顺带着修建的，没有系统的规划。甚至有的地方只在"创建文明城市"的时候才会去进行专项整治，而检查人员前脚刚走，这种对盲道监管的运动就会立即停摆，过去存在的关于盲道占用等问题，用不了几天又会卷土重来，盲道还是发挥不了它应有的作用。许多地方往往都是为了建盲道而建盲道，盲道的供给并不是对盲人需求的合理反馈，而这样修建的盲道往往在数量上可以过关，在质量上却没有保障。盲人的需求就是有一个稳定且安全的出行方式，什么方式能让他们觉得实用舒服，能提升出行的安全性，他们就会用什么方式出行。就现在许多城市的盲道而言，它的建设还不完整、不流畅，没有完全贴合盲人的需要，存在着各种安全隐患。不少地区的盲道只能在商业区等主干路上看到，而在盲人出行集中的地方却没有设置，盲人群体的基础需求往往得不到满足。

国家支出大量资金却没实现盲道的实际效用。许多地方的盲道，盲人不愿意用也不敢用。专项整治能起到一定效果，但"乱停车占用盲道"的现象还是没有得到根治；盲道建设一味地求数量而不注意质量，体现不出社会效益，背离了盲道建设的初心；盲人自身存在的心理障碍及定向行走能力的缺失导致其出行率低，需要公共管理部门及社会各方的帮助。盲人的社会需求得不到满足，盲道的占用、"断头"等现象的突出更加把盲人困在了家里，形成了供需不平衡的状态，使得供需双方难以形成有效的契合。

（七）结束语

通过对盲道从建设到使用的情景式还原演绎，我们看到了政府相关部门、残联和视障群体的努力与困惑，看到了各方利益主体背后的矛盾点。盲道的尴尬处境，是因为政府整治的决心不够坚定？是因为残联的宣传力度不够？还是因为缺乏直接受益者的参与？似乎是，又似乎不完全是。这一切看似简单的行为背后，弥漫着各方利益主体的行为困境与困惑。盲道的改进还有很长的路要走，如何使盲道真正发挥作用，还需要更深层次的思考与探索。

二、案例分析

（一）公共治理理论视阈下的城市治理

公共治理理论视域下的城市治理，是一个由多元主体组成的公共行动体系。公共治理不再强调单纯依靠政府的政治权威，自上而下制定和实施政策，它所建立的是主体多元化、方式民主化、管理协作化的上下互动新型治理模式。公共治理模式的理想状态和现实状态并不是完全同步推进的，二者之间往往存在着一定差距。随着经济社会的高速发展，各项考察指标迅速攀升，随之而来的是社会矛盾的凸显。但就现实情况来看，社会治理资源并未实现同等水平的提升，这就使得治理资源和治理需求之间存在着些许错位，治理资源并不能完全满足公共治理的需求。这也就可以很好地理解为什么在国家大力提倡推进治理体系和能力现代化的今天，运动式治理模式仍在某些地方备受青睐。

运动式治理是与常态化治理相对应的概念，它可以看作是由政府相关部门通过自上而下的方式，针对一些突出的顽疾性问题，集中整合各方资源进行综合整治的一种治理模式。这种集中处理方式往往见效很快，但通常难以实现常态化，与之相伴随的是屡禁不止的死灰复燃。运动式治理在城市治理中所发挥的作用需要我们用辩证的眼光去看待，用扬弃的方法去完善。一方面，在社会治理资源还不能完全满足社会需求的大前提下，运动式治理有其存在的空间和必要。相较于其他治理模式而言，运动式治理一般时间不长，但短期效果明显，能够打破现有管理机制存在的壁垒和弊端，在短时间内集中社会上较多的治理资源，充分调动内外资源，实现组织行动力和协调性的短期提升；同时，运动式治理所针对的一般都是社会和群众反映强烈的突出问题，在短时间内高效回应群众呼声，能够在一定范围内凝聚社会共识。但另一方面，运动式治理也有着不可回避的缺点，这种治理模式尤其表现在上级检查和考核期间，为达到指标要求而搁置其他工作，集中全部资源服务于考核检查；而在考核完成后，往往无人问津。所以，虽然短期效果明显，但也容易反弹，引起社会不满。

盲道的建设与使用是一个广泛吸纳社会各方主体参与的过程，不仅需要住建部门的建设与规划，还包括残联和社会公益组织的支持与宣传，更重要的是盲人群体的需求表达与意见反馈。运动式治理的优势无法抹杀，它在一定程度上反映了社会对盲人群体的关怀与尊重，时刻提醒我们不要忽视社会弱势群体的存在。但是，如果能够将一些有效的工作方式和工作机制固化，将其逐步融入常态化的治理模式当中，不断完善常态化治理模式的效能，那么盲道建设的效果将会大为提升。

（二）Y市盲道"鸡生蛋、蛋生鸡"困境中的相关要素及掣肘因素分析

城市的建设和治理无法让所有人满意，但我们理应摆出积极的姿态在城市发展的道路上行稳致远。Y市盲道"鸡生蛋、蛋生鸡"困境出现即在于对影响盲道有效性和可及性的症结没有进行精准界定，不起眼的城市一角糅合着众多复合冗杂的要素，它们互相之间缠绕博弈，使种种矛盾浮出水面。

1. 视障群体—盲道相关政府部门

视障群体是社会弱势群体，他们囿于现状，习惯黑暗并无意打破，只愿活动在自己的安全范围内。他们出行意愿低，社会参与度低，学习能力弱，社会隔绝感较强。他们言语中流露出的多数不是对盲道的种种不满与抱怨，更多的是其自身难以突破自己内心的牢笼和枷锁，主动迈向社会。稳定是他们的基本诉求，而变动不居带来则会给他们带来强烈的不安全感和不信任感。

有的地方政府相关部门在视障群体出行方面的治理仅限于硬件供给，例如盲道的铺设和公交卡优惠等。而Y市与盲道相关的政府部门包括住建局、城管局等，他们常年负责道路建设维护工作，对所辖区域盲道的困境有着明确具体的认识，但无力改变。资金有限、人员不足是老生常谈，更重要的是盲道只是作为文明城市评选的一个微小指标，但却没有一个常态的建设机制，由此导致了盲道的建设、维修、养护必然是一个周而复始的过程，伴随着强烈的不稳定性。

2. 盲道—道路

盲道一般由两类砖铺就而成，一类是条形引导砖，称为行进盲道；另一类是带有圆点的提示砖，称为提示盲道。就其本身而言，盲道的铺设成本并未与普通道路存在显著差异，而在使用率上却显现出天壤之别。视障残疾人是盲道的直接受益者，盲人的出行率将直接影响盲道的使用效率。由于盲道具有效用的不可分割性和收益的非排他性，每个人都可以无偿使用而不必为此承担额外成本，由此使个体在使用过程中缺少节约的内在激励。盲人用路需求不足所导致的效益未饱和，使其他群体对盲道的使用效益相对增加，因而盲道自然被同化为普通道路，被赋予同普通道路同样的功能。相对应的，盲道的特殊服务功能被极度弱化，最终沦为普通道路的附属物。

Y市盲道的建设虽然只有短短的近20年的时间,而普通道路的铺设和使用则有着漫长的历史,因而盲道的铺设必然置于普通道路之后,即在原本的非机动车道上加上盲道砖。Y市是北方老工业基地的代表城市,城市历史悠久,城区道路范围狭窄,现行的道路规划并未区分非机动车道和人行道,而是将二者合二为一。在已经相对拥挤的道路上增添盲道,既无法实现盲道的无障碍功能,也增添了普通道路的使用压力。

3. 运动式治理和常规城市治理

运动式治理等活动旨在通过较短的时间汇总资源,集中力量破解城市发展过程中的顽疾,改善城市面貌,进而实现一种和谐、文明的城市状态。就占道经营、楼墙粉刷等项目而言,运动式治理确实能在短时间内改善城市面貌,提升城市文明程度,但运动式治理过后卷土重来的死灰复燃却是一个反复调试的过程,这并不适用于盲道等特殊公共物品的供给。

运动式治理的突出特点在于"运动式",即变化着的、不稳定的,这与视障人群稳定、安全、可靠的基础需求相背离。视障人群对外界事物的感知有着异于常人的敏锐,对于掌控不了的事物存在强烈的不安全感,而变动则是不安全感的来源。城市治理水平的提升在于个体市民的觉醒与改善,就视障群体的相对弱势地位而言,需要在保障衣食住行前提的基础上实现自身状态的稳步提升。看不见盲人,并不等于盲人不存在,盲道应是盲人出行的安全线、生命线,其重要程度应纳入常规的城市治理体系中。

(三)打破困局,提升城市治理水平的对策

1. 属地性征求意见,实现盲人参与式治理

盲道的合理规划与建设、到位的监管与维护,决定着盲人群体的出行效率。目前,许多城市的盲道建设一味地追求数量而不注意质量,这根本体现不出社会效益,背离了建设盲道的初心。只有盲道的设计科学有效,盲人对其的利用率才会增加。因此,城市道路规划建设部门就要在做好充分的实地调查和研究的基础上,最大限度地考虑视力残疾者出行需要的前提下做好盲道规划。盲道的适用对象是盲人,应充分考虑他们的诉求,听取他们的声音,在较大范围内对盲人群体进行意见征集。除此之外,在盲道建设的前置环节和后置环节应有实地体验,施工单位在修建或整改过程中要严格执行盲道标准,无论是用工还是用料都要按标准严格把关,对不合理的盲道路段进行重新铺设,对损坏的盲道路段及时修复。同时,相关部门应对盲道管理给予足够重视,加强无障碍执法检查,安排专人进行盲道管理,定点定时对盲道进行巡查,发现问题及

时解决，发现漏洞及时查补，加大监管和处罚的力度，共同为盲人群体营造一个安全的出行环境，使他们自然而然将盲道纳入自己的安全阈限内。

2. 渐进性打破藩篱，实现盲人社会性融入

盲人是边缘性社会群体，游离于主流社会之外。健全人大多对盲人报以同情，却并没有去深入了解他们。自教育阶段开始，大部分盲人就被排除在主流社会之外，盲人的教育局限在特殊领域，其工作范围也很受限，社会交往和娱乐活动更是几乎为零。收入有限，社会交往有限，工作环境固定，这些情况导致盲人在公共场所出现的概率被极大地压缩。他们不愿出门，羞于暴露自己的"缺陷"，只在必须出门的时候才外出，太多的阻碍使他们不停在"停止"与"前进"之间徘徊。

渐进性地打破藩篱，是指消解盲人与社会的"楚河汉界"，实现盲人的社会融入。首先，应让社会感受到盲人的存在。我们可通过网络、电视媒体、讲座等方式进行宣传教育，通过加大宣传力度，提高人们对盲道的认知，引起大家对盲道的关注，引导民众在日常生活中维护盲道和保障盲道畅通。其次，从盲人自身的角度来说，我们应该帮助他们克服使用盲杖时的羞怯心理，锻炼独立生存、社会适应以及社会交往的能力，让盲人群体敢于走出去，克服心理障碍；进行针对性的康复训练，培训盲道使用方法，进行盲人出行的体系化培训，如导盲犬、智能盲杖、智能眼镜等的同步培训，提升出行质量，提升盲人群体对盲道的利用率，扩大日常活动范围，促进残疾人拥有平等权利和同等机会参与社会活动，提高生活质量。最后，我们应开展人文关怀活动，通过与公益机构等社会组织的合作，增加对盲人及功能障碍人群的关爱，加深对盲道及无障碍设施的认知，号召社会各界支持和鼓励发展残疾人事业，促进视障群体回归社会。

3. 多渠道开展宣传，实现公众自主性助残

通过全社会的教育与学习，加强大众对盲道的基础性理解，是社会沟通的第一步，也是社会文明发展的基础。

一方面，我们要面向全社会进行全渠道宣讲。残联与各社区组织联动发力，将与盲人以及与盲道相关的基础性知识对各社区居民进行宣讲；通过团委等群团组织，让盲道宣讲队伍走进各个单位；通过地铁、电梯等媒体传播平台，投放公益广告，对往来人群予以潜移默化的影响。

另一方面，我们要借助现代科技信息手段进行广泛宣传。以"走进故宫"等教育型 App 为学习样本，研发关于盲道等无障碍设施知识的教育 App，以寓教于乐的方式吸引各年龄段群体参与，将各种上述所提及的被动宣传变为主动

获取，以吸引各个年龄段的用户了解无障碍知识，提高自主性助残意识，更加理解和尊重盲人等残疾人群体。

4. 实用性规划建设，实现盲道人性化利用

盲道帮"盲"的真正实现需要人性化的服务供给，而非机械化的完成指标。只有人性化的服务理念与整体性规划设计，才能让盲人看到盲道使用的意义与希望。

一方面，要实现从硬指标转向软服务的转变。在盲道的规划建设中，公共管理部门应该选择性地放弃硬指标的机械考核，邀请服务的目标群体——盲人，对规划建设提出意见，将硬指标变成具有人性化关怀的软服务，针对盲人的需求进行实用性的规划建设，提升盲道建设的信度和效度。

另一方面，在盲道的建设推进过程中，要对盲道铺设的区域进行整体规划和设计，对盲人群体经常出入的场所，要进行相应的需求调查，将盲人常常出行的地区构建成衔接畅通的盲道网络。在保证盲道畅通无阻的前提下，同时针对网络内的盲道设施进行危险性排查，提升公共服务的稳定性。

此外，在网络化盲道的建设中，我们应创造性地引入科技化元素，通过感应式盲道、电子导引等科技化手段，升级无障碍设施，让盲人群体感受科技发展带来的便捷红利。

5. 创新性职能转变，实现政府规范化行政

当盲道不帮"盲"甚至帮倒"盲"成了一个社会的共性问题时，政府相关部门职能的缺位、错位就明显暴露出来。"建盲道"不是公共服务的最终指向，实现盲道真"帮盲"的公共服务有效供给才是合理目的。实现公共服务的有效供给，政府相关部门应深化改革，在规范化行政基础上，进行职能创新转变。

第一，通过多元主体共同参与，形成沟通为主、惩处为辅的行政执法干预体系。当前，志愿组织逐渐成为我国社会公益事业的重要参与力量，利用现有的志愿者组织与城市各大高校、群团组织进行联系，创设"我帮'盲'"等项目的志愿活动，对全市现有的盲道进行巡护，登记盲道受损情况，对占用盲道等不文明行为进行柔性干预，实现以教育为主，从而有效地减少盲道被占情况。建立"志愿者—执法者"对接机制，当需要行政执法力量强制介入时，可由志愿者等社会组织向执法力量报告位置，这能够在执法人力短缺的现实情境下提高执法的干预效率，有的放矢地对违法现象进行处置。

第二，通过制度设计，对盲道等公共服务进行常态规制。在有的地方，政府相关部门的盲道建设的标准还停留在"建人行道的时候就顺带着建一下"

"文明城市评比打分里有这么一条,那我就专门铺"上,没有针对无障碍设施进行整体规划的概念。在盲道的日常巡查中,相关部门往往只强调建设与维修,并没有进行常态化的监督,使这部分的行政执法空间陷入了真空地带。在现实条件下,单一部门难以协调大量社会资源进行综合行动,因此,我们需要提高各级部门对盲道的关注程度,在工作中主动从运动式治理模式中跳脱出来,向常态规制转移,实现盲道真帮"盲"。